U0061742

Two Centuries of Excellence:
The Bicentennial History of
Ying Wa College

敬獻給我們的母校

英華書院

目錄

陳耀南教授序

雪中炭・及時雨
——馬牧創英華的學術文化意義（代序）

60 年前（1958）初入崇基，看過圖書館所借簡又文譯《傳教偉人馬禮遜》；五年後（1963）任教英華書院，十載之間，聞知稍多。11 年前（2007），馬牧來華 200 載，感謝後來榮任英華校長的鄭鈞傑兄先後送我幾本有關馬牧的傳記與論述，獲益不淺。今年「英華皕載」，7月初在澳洲舍下喜接新刊陳賜明書名「偉人」改為「巨匠」的全譯，又是鈞傑兄的厚惠，感激之情，實在一言難盡了！

於是才讀到 94 年前原作者海恩波（M. Broomhall）在倫敦中國內地會寫的原序，將近文末那幾句誠懇的話：

> 無可否認，當年中外文明的衝突，雙方都有責任……假如本書側重了中國頑固的閉關政策，而忽略了西方自私的侵略行動，這並不是要蓄意掩飾西方的種種惡行，而是因為傳記的篇幅有限，未能詳論這更大的議題……

一、精兵出兩間，荷戟不徬徨——
孤獨傳道人初來愚傲與侵略者之間

馬牧之世，在山半環、海半抱，似乎自足自安的東亞，在 2000 年所謂「漢字文化圈」、「貢賜體系」中高踞「天朝上國」、「禮義之邦」高位，自己也是外夷「馬上得天下」的滿清政權，一方面繼承秦漢以來陽儒陰法的專制獨裁權術，高壓懷柔並施以安內；一方面閉關鎖國，猜忌提防其他外力，也不懷好意要分一杯羹。特別是康、雍、乾百多年之後，朝野雖然並非無人漸漸感覺「盛時難再」，可是，正如後來啟蒙大師魏源，在鴉片戰後，感慨盛衰的《聖武記》所說：

儒者著書，惟知九州以內，至於塞外諸藩，則若疑若昧；荒外諸服，則若有若無……至聲教不通之國，則道聽臆談，尤易鑿空……徒知侈張中華，未睹瀛寰之大！1

馬牧抵華（1807 年 9 月 8 日），差不多一年之後，26 歲的他在 7 月 15 日所記：

中國人蔑視所有洋人，討厭知道外國的事。我今天有機會和助手討論。他們兩個人認為：要費神去明白洋人的事，是完全無益的。人所欲獲得或知道的一切，天朝自己已經具備。由於最有學識的人尚未讀通中國的全部文學，又何苦去操心異國的情調呢？關於宗教和倫理，《四書》藏有的淵博學問，人們尚未能一探究竟；同時，若未做這等學問工夫之前，就去涉獵其他，實在是愚不可及。2

到十年稍多之後（1819 年 11 月 25 日）與米憐（William Milne, 1785-1822）繼續協力譯《聖經》，主理英華書院時，在寫給倫敦會董事的信中，他的看法是：

中文擁有大量古籍，多個世紀以來一直由一群特權階層，稱為文人學士的儒生苦心經營。他們把文字精雕細琢，弄得簡潔古雅，充滿成語典故。如此一來，文人的書面體裁便異於百姓的土談，就如古羅馬的文字異於歐洲今日的方言一樣。既是這樣，中國的文人於是極之講究文體，凡不合古代格式的就惡心。此外，他們對外邊的世界和科學懵然不知，兼且極之自負，凡不合乎自己的人情世故的，便視之為粗魯笨拙夷蠻所為。這種自負誘使他們甚至在歷史變遷的問題上，仍然是「不愛光倒愛黑暗」，因為他們發覺「光」傾向於要他們平等對待別的民族——但僅僅是平等，不是矮化他們——他們已經接受不了！3

馬牧所從來自者，正如鴉片戰後，魏源在劃時代巨著《海國圖志》所描述，是比幾千年來不斷侵擾中國的蠻夷戎狄厲害得多的遠方海洋戰國英吉利：

四海之內，其帆檣無不到，凡有土有人之處，無不睥睨相度，思朘削其精華！4

魏源沒機會聽懂許多人掛在口頭："for God and for gold"這句洋話，不過這兩句描述海國群雄之首的英吉利，實在生動而精到。繼葡、西、荷之後，後來居上，高懸十架交叉而成「米」字旗，朝野所為，不一定本乎《聖經》所教，不過已經領土遍於全球，霸權雄於寰海的英吉利，已經領導洶湧澎湃、史無前例的西潮，準備把這個馬哥孛羅當年艷稱的花花世界，轟戶破門，捲落到非洲、西亞、印度、大洋洲、南北美同樣的淵穴！

二、皕載風雲幻變多

劉勰的名言：「文變染乎世情，興廢繫乎時序」，「樞中所動，環流無倦；質文沿時，崇替在選」5——豈止文學如此？社會文化的價值核心：哲學、宗教，也莫非如此。問題在甚麼力量，是價值觀念的「樞中」；而最明顯而有力的，莫如戰爭與政治。馬牧一生，這邊，是遠洋競逐的商戰群雄；那邊，是陰法陽儒、立國於農戰耕讀，在崩潰前夕仍然虛憍自欺的「天朝上國」。52年間的事，選較在馬牧人生始末幾項，以觀世變。

馬牧晚年，從他而歸主的中國首位新教信徒梁發，努力印書傳道。時在穗應試的洪秀全偶得福音小冊《勸世良言》，日後讀之，乃立「拜上帝會」，於是繼有「太平天國」——再下就是又一大段重要歷史了！

上帝看千年猶如昨日。放眼世事，宏觀論定，當然「萬事互相效力」，「敬畏上帝」而「篤信善行」者終之得益。200年來國家大事，世所共知。本文目的，不在辯論新儒家前輩所謂「多一個基督徒便少一個中國人」的「名言」。既以「雪中炭」、「及時雨」為題，自然也如海恩波所謂「側重」地交代：為甚麼「冷」？如何地「乾」？也是名言，而且遠遠地更為正確：「國必自伐而後人伐之」6——聖人孟子為甚麼用個「必」字？

	馬牧	英法	中華	
1782	1月5日生於英國	英使秘密赴法與北美殖民地獨立代表談和。 法與南印度蘇丹密謀逐英勢力。	江蘇查禁鳥槍,停止伊犁銷貨內地。 遼金元三史改譯完成。暹羅朝貢且告嗣位。《四庫全書》第二分成。	乾隆四十七年壬寅
1798	16歲成長老會教友,習速記法努力讀書靈修。翌年元旦,始作日記,堅立一生壯志:為天國得民。	法拿破崙遠征埃及,廣携專才,備建軍政文化帝國。	白蓮教已起事二年,未平。苗民亦亂。 明年正月太上皇(高宗)死,和珅下獄被賜死。	嘉慶三年戊午
1805	23歲始習中文於倫敦	英將納爾遜擊潰法西聯合艦隊於特拉法加地角,從此拿破崙凶燄限於歐陸。埃及經略,由英專利。	繼續嚴禁西教士刊書傳道……特別注意以澳門為基地之活動,違者圈禁斥逐,華人助者罪至死刑。	嘉慶十年乙丑
1815	33歲,譯畢《創世記》,出版《華英字典》,遣米憐赴馬六甲設印刷所,創月刊,立傳教基地。	英將威靈頓敗拿破崙於滑鐵盧。綜合國力,已冠當世。	絞殺西洋人傳教者蘭月旺。 凌遲聞香教主,從者放逐回疆為奴。	二十年乙亥
1816	任職英訪華團中文秘書兼通譯,兩年後建立英華書院。	派特使赴北京。禮儀衝突,華吏欺瞞,清帝怒逐英使。其後真相雖白,亦已無成。		二十一年丙子
1834	7月28日,日記止筆。兒子代續至8月1日所記,馬牧已息勞歸主。	英船粵海走私,英艦在珠江與守兵衝突,中國申禁販運鴉片。		道光十四年甲午

馬牧一生，榮神益人，傳福音、譯《聖經》、編字典、辦刊物，宗宗偉業，我們今天主要討論的是「皕年校慶記英華」——試以百年為一段，扼要思想一些重點：

1818 —— 200 年前，英華創建。為甚麼用此校名？何以建於其時、立於其地？知者論者早已很多，不必贅說。何以拙撰本文，謂之「及時雨」和「雪中炭」？這就關係到中國當時的處境和歷史的負擔；特別是論者所謂「貧、弱、愚」的國家民族大病。要深究探討的是：解決問題的活水泉源，由何而來？心靈之火因何而旺？對症的藥怎樣找到？

1918 ——英華停辦了差不多半世紀，靠着有心人的奮鬥，恢復了數年，仍然難關處處，舉步維艱。揭揭 17 年前出版那本《古樹英華》校史第五章，英華子弟的心潮又一次悸動，而所有炎黃子孫都不應忘記的是：當時「民國」已經建立七年，2000 多年君主獨裁專制極權，已經號稱結束。不過，內憂外患仍然深重。翌年五四，跟着新文化運動，高唱的是「禮教吃人」、「打倒孔家店」；請進的是「德先生」，「賽先生」。時至今日，仍然有些憂國傷時，文章動眾的基督徒政論家，既不喜今，又仍憎孔——《漢志》所推「助人君、順陰陽、明教化」，「游文於六經之中，留意於仁義之際」的儒者，為甚麼總免不了「極權幫凶」的惡名？公平地說：論到「壓制民主」、「拖誤科學」的責任，一向與儒家鼎足三分中國心靈的以「逍遙觀賞」為樂的「道」，以萬法為幻，以「捨離解脫」為高的「佛」，是不是也應該計量一些咎責，而並非讓觀察不精、裝備不良、培訓不足，於是屢敗屢戰、焦頭爛額的那位可憐消防員，獨帶罪枷？

2018 ——歐戰（1914）之年復校的英華，又超過了百年。「承傳使命，皕載自強」，怎樣緬懷「西來良牧、本國英才」之夙昔典型？怎樣繼續鑑往思來、立足基地、融滙文明、益人榮主？

三、碩人頎頎致命傷——龐大的文化體系與痼疾

個人、學校、國家，不論在哪一個層次的「差不多先生」、「阿Q」抑或「憂樂關天下」的君子仁人，都是所生知安行的宗教與哲學的產品。在信仰文化接觸和翻譯交流史上，三位偉人：玄奘、利瑪竇、馬禮遜，所碰到對方個人師友和政府領袖品質，馬牧的遭際最差，時代也最晚。2000多年中國學術思想主流遞變之跡，由晚周諸子、兩漢經術、魏晉玄談、隋唐佛教、宋明理學、而乾嘉考據，已經屆完。「數千年未有之大變」的西潮洶湧新時代，逼在眉睫。一向充滿在馬牧腦中、心上的自己信仰體系，和極短時間展布在他眼前、身邊的紛繁理念事象，要如下頁表。

2000多年來的中華文化，在清虛而疲軟的老莊，捨離以解脫的佛教夾持牽制之下，儒學孤軍奮鬥於社會倫常政治世界。面對複雜而敗壞的人性，特別是眾惡所聚的世襲終身君主終身專制極權傳統，認識不足、裝備不良，於是捉襟見肘，屢戰屢敗！孔子所謂「君不君」，沒有預防和補救的有效機制。孟子所謂「民貴君輕」，2000年還突破跳躍不上「民主民權」的地步。荀子所謂「性惡」、「隆禮」，只助長了尊君卑臣而賤民的法家惡道，和輕女重男，父權夫權過盛的不良傳統。

英華書院創立前兩年（1816，嘉慶二十一年）7月7日，馬牧隨英國使團由澳門經香港轉兵船直抵天津準備謁見清帝，因為三跪九叩禮儀，清吏媚欺君主、謊報實情等等問題，變作不成而散的鬧劇。回程經歷數省，翌年元旦抵穗，幾乎半年之間，馬牧所見所聞所思，詳記於《北遊日誌》。他的感想是：中國禮儀的長幼有序、尊卑有別，以至此方則頤指氣使，彼方則卑躬屈節；君王最甚，猶如西人所尊的上帝！至於寺院僧眾愚蒙，照本宣科如儀，完全不知義理：

> 基督教的通則是要提升人的氣質和尊嚴，但在這裏卻感覺不到這種格調。我們定時崇拜和接受宗教教育，使到王侯、貴族和百姓不斷想到上帝的偉大無窮，從而有感世上的差等實屬無

基督教	比較事項		儒家
信奉耶穌為「基督」（希臘文，即希伯來「彌賽亞」、救世主）之獨神宗教。	名號本義		以良心為主的溫和學者
耶穌基督，曾經降世為人，道成肉身。	宗師		孔子、孟子、荀子等
神所啟示，與神同在，作為經典教訓。	大道本質		以心性為本的倫常之理
天地萬物萬事，皆神造、允存。	宇宙觀		陰陽和合，難以究詰。
神所計劃的救贖世界	世界觀		人文世界
			是非善惡親疏貴賤，一切有別有序有等。
			萬物以人為貴
萬物成毀死生，皆有定時。	生死觀		靈魂身後存而不論，立德立功立言死而不朽。
彰顯上帝榮美大能，人依神形象而受造。世界末日審判，因信而蒙恩者得救而永生。認識人類之軟弱與罪性，盡心性、意念，祈神賜力，榮主益人。	人生觀	目的	人生是實，群居和一為榮。
			人際關係之協和通達
			立德、功、言
			在人生使命中希聖希賢
			社群公範之維修
		修養	知其不可（命）而為之（力），以化成人文。
依上帝啟示之誡命而知罪行善	道德觀		履行忠恕，立己立人。
人因律法而知罪：不信上帝而誇仗自力任意妄行，是為最大之原罪。	罪惡觀		違逆倫常
因信稱義，善行由真信而生。	價值觀		彰顯善惡，化民成俗。
痛苦來源：1. 人之罪惡過犯；2. 人之經驗歷練；3. 神之奧秘。	痛苦觀		天災難明，人禍因無知與情欲。
一切在造物司命的真神掌握	天人命運觀		苦樂在天，善惡由己。
			盡人事以安天命
			遵天而勉人
自有永有、真善美之獨一主宰	根本得力		吾心良知
知心解物，信神應世而益世。	教義括要		重心輕物 重德輕智 重人輕法 敬神而遠
			誠心入世而淑世

（釋）佛	道家	道教
悟、行、度化圓滿的覺者	順服最高真理的智者	以道為名的多神／泛神信仰者
釋迦牟尼、諸佛	老子、莊子等	神化了的老莊等虛實人物
悟解執幻的靈明自覺	自本自根，涵蓋一切的超越本體。	倫理承儒，哲詞襲道，教儀仿釋而不重出家；盡取陰陽五行術數之學，時時選取他家所説而游移離合其間，滙構而成龐雜信仰，作為中國本土之一大宗教。
因緣散聚，心識所現。	自然形成，不必究詰。	
感覺世界	情意世界	
一切分別皆是虛幻；泯除差異即是覺悟。	一切差異分別，相對共存而互轉。	
萬有皆空	萬物皆一	
生死形軀之變，四大聚散心識輪迴不已。	死生無變於己，天地與我並生。	
人生亦幻，常樂我淨是真。	人生如夢，逍遙自得為適。	
自我與眾生之捨離解脱	個人處世之獨立自由	
自度度人	自然無為	
在人生痛苦中覺悟自在	在人生勞累中逍遙觀賞	
心靈解悟之啟發	個人情意之安適	
覺悟虛幻，捨離世累，以放下、解脱。	無為（順應自然）而無不為（心靈自由），心齋坐忘以自安自樂。	
（權法）諸惡莫作，眾善奉行。 （實法）善惡皆幻，因果是真。	人為規範，不必認真。	
	適應自然是善，否則是惡。	
差別皆泯，自度度人。	淡處差別，嬉戲應世。	
因果輪迴業報	不能究詰，無可如何。	
迷悟在己，知幻是樂。	順天為樂，勞人是苦。	信行「我命在我不盡在天」，修內外丹功以求益壽延年甚至肉體升仙，通天人之隔。
自業自報，自作自受。	以無待而遊於無窮	
本心主天人禍福之報	天與人不相勝	
本性覺悟，他力接引。	自意逍遙	兼雜天、人、心、物、自、他諸力
攝神歸心 實心虛物 無可執持	輕忽世務 不莊不敬	貴心任物
釋心悟世而出世	游心超世而玩世	泛神應世而戀世

謂，行將要成為過去。這種看法，使人生處順遂高位時，較易克制支配別人的心，同時有勇氣感受一下最窮最下賤者的心境，而毋須打亂社會的良好秩序。這個國家的人，待人接物從來未有過類似的情況。他們拜神時並未以近乎平等的地位互相交接……7

「這個國家」億萬「無牧之羊」的如此悲劇，如果「元兇」是眾生罪性，如果「認知不足、能力不夠」是責在「助人君、順陰陽、明教化」的儒家，「不本其所以欲而禁其所欲」，「是猶決江河之源，而障之以手也」8，至於逍遙高唱「凡事相對流轉、不必認真」的道家，妙悟迷人「緣起性空、無可執着」的佛家；是可能無意而實在冷腸的實質幫兇，那麼，宣揚掌權者憑勢、用術、行法，使「百代多行秦政治」、「祖龍魂死業猶在」9的、集法家大成的韓非，以及害死韓非的荀子另一高足、嬴政的權相李斯，就是中國 2000 多年專制惡政的設計師、辯護士和劊子手了！

15、16 世紀間，意大利政客馬基維利（Niccolò Machiavelli, 1469-1527）著《君主論》（*The Prince*），力主英明領袖宜應不擇手段，用盡詭謀，以取個人及政權利益。其書梓行，風動士林，影響日後歐西政治。論者就多說他與千餘年前中國韓非頗有近似。其實細究起來，相異之處也不可忽視：

第一，西方自基督教普遍流行，原罪觀念深入人心，朝野上下對權力中毒之防治，早成共識。中國文化主流，以仁心善性為宗，韓非承荀子而變本加厲，強調性惡，懷疑仁愛，但又輕視禮教，只言賞罰，於是歷代掌權利己者多陰用其言，而陽棄其說。

第二，自羅馬帝國崩解，長期裂為多數獨立民族國家，元首不過位同諸侯，權威有限。中國處東亞一隅，影響於地理因素，久有「普天之下莫非王土，率土之濱莫非王臣」信念，秦漢一統之後，國家機器龐大，君主更被擬為聖為神，世襲專制獨裁，法家更易助紂為虐。

第三，自羅馬君士坦丁大帝之後，基督教會地位崇高，國君登基，教皇加冕。宗教改革之後，政教分離，但朝野共同信仰，成為制衡政府之公民權力。中國自西周以人文精神代替殷商尚鬼多祀，此後亦並無可與政權抗衡之教會；反之，教主亦受君王冊立，封贈尊號，而接受管制，神權反被政權利用。由此觀之，法家佞臣更易逢迎君惡。

關鍵在於制度，更在於人性。只要功名利祿、禮樂征伐都「自天子出」，酷吏、佞臣就自然永不止息。至於權源以至身家性命都繫於皇帝的「首相」，必然也無力甚至無心牽制平衡與時俱熾的絕對君權了！

不知道撒母耳反對立王的諍議（《撒上》8:4-9），沒聽過「順從神不順從人是應當的」使徒名言（《徒》5:29），缺乏了「原罪」、「主內肢體」、「認識上帝奇妙大能」、「為主盡心作工」……等等共識，一切「民主」、「法治」、「平等」、「人權」、「科學」……等等普世價值與合宜管理，也就都無從談起！「虛君立憲」、「議會政治」、「民主共和」等等，先進而卓立於馬牧的祖國，後步而蝸行於自詡的天朝，——實在並非無故。曾經智勇而創闢的孟子名言：「民貴君輕」（《盡心下》），於是就變得庸常、落後；而所謂「上致君、下澤民」，「憂以天下、樂以天下」的儒者襟懷，也就大半落空——如果不是笑柄！

至於孟子另一句名言：「物之不齊，物之情也」（《滕上》），荀子致力宣揚的所謂「辨分差等」（《禮論》），附會黏上陰陽尊卑學說，就更反而加強了社會以至男女間的不平等、不公義了！

於是，與儒互補的道家，老子講「相生」、「相成」，莊周言「齊物」、「齊論」，佛氏更是非雙泯，空有皆忘，而三教所言一切皆出於「心」，都靠「自力」。問題是：借助於印度傳統的「業報」、「輪迴」信仰，還可以說「緣生性起」、「不生不滅」；道家（不是「道教」）老子之學，以「獨立而不改、周行而不殆」的、形而上的「道」作

為「萬物之宗」，還可以説「常」，至於孔孟所説良心善性，怎樣講自有永有，不隨人的「生老病死」而「成住壞空」呢？到了《中庸》就提出一個又是形而上意義的「誠」（真實）作為「天命之性」的「本體」，即如《大學》的「明德」，因之而有「率性之道」、「修道之教」的「明明德」、「親民」工夫，以「止於至善」，整個儒學倫理體系要如下表：

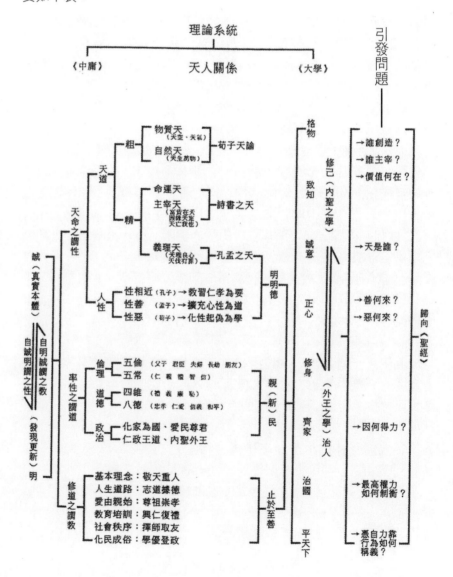

沒有價值自覺，人不成其為「理性的生物」，因信仰而導致所知所行的分殊，決定了文化路向的差異。人不忘本，要尋根；要知道先探索過往的軌跡，然後才有把握掌控前途。南宋陸九淵（1139-1193）名言：「學苟知本，六經皆我注腳」、「宇宙便是吾心，吾心便是宇宙」10；以此上張孔孟、下啟白沙、陽明，成為「心即理」一派，而與程朱主張「性即理」者相抗。遙遠的歐西千年，也有「唯心」、「唯物」的不已爭吵。宏觀中外古今，在基源根本問題上，或覺多元，或宗一本，甚至勇悍地宣稱「從來就沒有救世主」，要幸福快樂，仰望神仙皇帝，不如依仗自己！

物質的「自己」何來？如果說「進化」，那原先的設計與動力又何在？能自由思想的終之會問。

同樣嚴重的是：講「自力」就必須「自本自根」。以「心性」為本體，就除非如佛教之承襲印度「業報」、「輪迴」信念，所說「真知」或者如《老子‧25 章》所言之「道」，否則就並非自有永有，所以，後來不知名儒生所作《禮記》名篇《大學》，以「三綱八目」闡釋內聖外王之成德達材，而《中庸》更以形而上意義之「誠」為真實本體、「天命之性」，因之而有「明」的「修道之教」，而所謂「率性之道」就是整個歷程。最後，《學》《庸》配合《論》《孟》而為《四書》，為《六經》的精要：箋注疏解於碩學大儒，鼓勵弘揚於科舉政令，最後，實現施行於家族社會，構成整個儒教體系──只不過，「神何由降？明何由出」這個極其重要的基源問題，如果不認識又真又活，自有永有的獨一真神，而總是瞎找胡思一個形而上的本體，宇宙論的架構，或者無窮後退於所謂「緣生性起」，那就永遠破碎支離，「可憐無補費精神」了。此所以馬牧東來，全譯《聖經》，努力傳道，履行的是真神使命，送來雪中之炭、及時之雨。

四、根源要害賴成全──創建英華的最高意義

其實，心也好、物也好、人作為特別有心的生物也好，都絕非「自有永有」；連帶同步而生之「理」，即使說「從太空掉下來」吧，也

還要解答：「天上」是甚麼？何以有「大爆炸」和「萬有引力」呢！

近世荷裔美籍作家房龍（Hendrik Willem Van Loon, 1882-1944）在他普及而生動的《人類故事》一開首就問：「我們是誰？來自哪裏？去向何方？」——其實，前此 2000 多年，中國正史之祖司馬遷，早就要「究天人之際」，而不只「通古今之變」；更在他以前，《楚辭‧天問》已經探詢：「陰陽三合，何本何化？」；《莊子‧天下》，更總結晚周學術的終極關懷，是「神何由降？明何由出？」物理的宇宙，心靈的世界，以文藝繪描，以史學研究，以哲理宗教為依歸。「普天之下」的人類比其他生物更會自覺地努力「適者生存」。

「我生不有命在天？」商紂驕狂自滿的聲音，活現在《尚書‧西伯戡黎》的記載。「天」就是《詩》《書》兩經的「上帝」。「上帝」兩字，在中文表示「崇高」、「華美」。不過，從《聖經》原意到信徒如馬牧等的用法，卻比只知「尚鬼好祀」的殷人多了修德、專一與敬虔。周初革命者鑒殷之亡而增加了憂患意識與人文精神。制禮作樂、諄諄告誡時人的周公旦，便是後來崇敬而夢寐見他的孔子的模範。作為殷人後裔，孔子並不阿尚祖風，反而讚賞「周監于二代」，於是努力於顯耀「郁郁」之文，以建立尚德傳統，而歸宗於仁心本性。他為學與施教的方針，是「志道、據德、依仁、游藝」，總旨是尊天愛人，基礎是孝親敬長，方法是勤學尚思，功能是興仁復禮，典範是君子、聖王。

這位偉大的教育家，後世尊為「先師」、「素王」。唐玄宗過魯祭孔之詩：「今看兩楹奠，應與夢時同」，從國典朝章到民間自發，這禮也 2000 多載了。

1808 年 4 月 24 日馬牧日記，承認孔子是聰明好人，該受尊崇；不過，他也只是全能上帝創造的僕人，不應當尊為神靈而祭祀。兩個多月後說：「耶穌為人贖罪……孔子卻從不提上帝的名字，也不教任何關於他的事」（1808 年 7 月 7 日）所以兩者明顯差別」云云。[11] 孔子生在耶穌之前 500 多年的萬里以外，「未曾聽見他，怎能信他呢？

沒有傳道的，怎能聽見呢？」（《羅馬書》10:14）。到次年 10 月 11 日，馬牧日記說，孔子「似乎是位能幹而正直的人」，「大體上拒絕當時的迷信風俗，但卻沒有甚麼稱得上宗教信仰的東西來填補。」12 個多月後（12 月 4 日），他又提到：中國人對「天地間有一位永活真神」這個觀念「十分模糊」「沒有一位理智的、自主的、完美的存有者，既是造化之主，也是世界的掌權者。」至於幾年前（1802）9 月 25 日 20 歲時所記，《聖經》所教「你要專心仰賴耶和華，不可倚靠自己的聰明」；「在你一切所行的事上，都要認定他，他必指引你的路」；「你要盡心盡性盡意愛主你的上帝。這是誡命中的第一，且是最大的。」就都是基督徒的共責共識，和有別於不信者的位份標記了。

當然，馬牧、特別是得力後繼者、全譯《四書》、《五經》的理雅各（Rev Dr. James Legge）見了《論語》「志仁則無惡」（《里仁》），「欲仁斯至」（《述而》），「為仁由己」、「內省不疚，何憂何懼」（《顏淵》）以至孟子「性善」「四端」之說，從小就爛熟《聖經》特別是《羅馬書》第七章的他們（以至幾乎所有信服福音之道的基督徒），一定不能同意。

在割香港、開五口、任傳教等等大事發生之前約十年，1823 年 1 月 29 日，40 出頭的馬牧應邀赴新加坡，與代總督共商：以英華書院為基礎，在多民族多文化的當地，擴建而成中英融滙的「新加坡學院」（可惜後來沒有成事）。他致詞說：

> 今天看來，除在基督教世界外，科學與哲學似難有所作為。真宗教有利於真哲學；真哲學是真宗教的婢女⋯⋯因為自然和啟示都來自同一位全能的主。13

要真正了解這段話，除了熟悉歐西文化外，對東方，特別是中國學術、宗教，不能不清楚交代——當然，一切都在上帝計劃、掌握和容許之中。要社會和政治合理有序，要了解和運用宇宙奧秘，大前提是對上帝的虔信與順服。馬牧以至天下後世一切敬虔的基督徒，

是不是共識都如此呢？[14]

陳耀南教授

英華書院前教師、副校長

香港大學退休教授、榮譽教授

悉尼南洲國學社社長

1　《聖武記》卷十二，《武事餘記：掌故考證篇》，頁 358-359，世界書局，1970 年 6 月再版本，台北。

2　《馬禮遜回憶錄（全集）》，〈日記選錄〉，1808 年 7 月 15 日，未亡人編，鄧肇明譯，基督教文藝出版社，2008，香港，頁 123。

3　同註 2，頁 284-285。

4　《海國圖志》卷 52，〈大西洋　英吉利國〉二，按語。光緒六年邵陽急當務齋新鐫石卷本，頁 27B。

5　《文心雕龍・時序》

6　《孟子・離婁上》

7　同註 2，〈北遊日誌〉，頁 231-232。

8　《淮南子・精神訓》

9　毛澤東《讀封建論》詩

10　《象山全集》卷 34，〈語錄〉。

11　同註 2，頁 124。

12　同註 2，頁 151。

13　同註 2，頁 377。

14　詳參拙著：《宗教比較》（2、3、4 章），中國基督教播道會文字部，2016，香港，頁 63-204，請參考書中有關表解在本文之補充修訂處。

丁新豹博士序

1818 年，倫敦會馬禮遜牧師及米憐牧師，在馬六甲創辦英華書院，開啟基督教以辦學宣教的先河。在其後的 200 年，不同的基督教團體在神州大地上開辦了大量的中、小、大學，還通過辦報、翻譯及印刷《聖經》及西學書刊，把基督新教及西學傳入中土，培育了大量通曉西學的人才，對近現代中國產生巨大影響：從洋務運動、晚清啟蒙思想的傳播到辛亥革命，都與基督教有千絲萬縷的關係。而這一切，溯本尋源，正起源於馬禮遜牧師及米憐牧師在馬六甲──這個遠離中土的華人聚居地創辦的簡陋的學校──英華書院。

1841 年，香港開埠，兩年後，理雅各牧師把英華書院搬到香港來，開啟該校歷史新的一頁。然而，開埠初期的香港人口不多，當時本地的青少年大多是漁民或佃農的子弟，加上原在澳門開辦的馬禮遜紀念學校也在此時搬到香港來，造成競爭。此時的香港政府沒有任何資助，英華書院收生不足，經費短絀，只能艱苦經營，直至 1858 年結束。但英華書院的印刷部仍繼續運作，不單出版翻譯的中國經籍、雜誌等，更在 1853 至 1856 年間出版首份中文月刊《遐邇貫珍》，向華文讀者介紹西學知識及歐美時政要聞，成為華文讀者（包括幕府末期的日本知識分子）認識西方文化事物的重要讀物，廣受關注，影響十分深遠。1873 年，英華書院把印刷部讓予王韜，後者成立中華印務總局，並在 1874 年創辦首份華資中文日報《循環日報》，開啟香港中文報章的先河，這對於知識傳播，特別是增進國人對時局的認知、催生改良主義思想，發揮重要作用。另外，英華書院印刷部的負責人黃勝，是香港最大的慈善機構東華醫院的創院總理之一，可知他是香港華人社會的領袖，1884 年，更被委為立法局的華人代表。

踏入 20 世紀，特別是清末民初這一段時期，香港人口增長較快，更有舉家避難而來的，就學年齡的青少年漸增，1911 年香港大學創立，倫敦傳道會獲邀設立社堂（也就是馬禮遜堂），道濟會堂及倫敦傳道會認為需成立一間中學，以培育學生升讀港大，遂於 1914 年，重新成立英華書院。英華書院復校後雖然很快便成為政府的補助學校之一，但嗣後的發展並非一帆風順，在 1920 年代，香港工

運頻仍，政治局勢動蕩，經濟蕭條，港府的資助減少，英華再一次受到經費不足問題困擾，並數易校址，對師生造成不便。幸而幾經艱辛，總算能熬過這段歲月，學生人數有所上升。1941 年底，太平洋戰爭爆發，香港淪陷，英華書院亦被迫停課，校長被囚禁於集中營。重光後，英華復課，戰後，香港人口激增，港府對教育資源的投放大增，英華書院的發展步入坦途，1963 年遷入牛津道校舍，在 1972 年，學校增至 31 班，有學生近 1,200 人。2003 年遷到深水埗新填海區，新校舍面積更大，設備更完善。又復辦英華小學，與中學結成一條龍學校，方便莘莘學子。2008 年加入直接資助計劃，讓學校有更大的自主權和發展空間。

200 年一晃眼過去了，對英華書院來說這是極不平凡的 200 年，從馬六甲創校，到遷往香港，到停辦，再到復校及在戰前的數遷其址，不是收生不足，便是飽受經費短絀之苦，走的是一條崎嶇不平的路，但正因如此，更能突顯辦學團體為貫徹教學理念，培育出「篤信善行」的學生而擇善固執，百折不撓的精神。200 年來，英華書院培育出無數的人才，在不同範疇均有傑出成就，為香港以至祖國作出貢獻。英華書院的印刷廠翻譯、出版了大量書刊，促進了中西文化的交流，也對於國人認識西學，從而催生改良主義思想的出現，發揮了巨大作用。這 200 年的歷史與香港以至祖國都息息相關，值得翻閱各類檔案，搜羅資料，爬梳分析，就 200 年英華書院的歷史作深入系統的研究，《皕載英華》正是英華校友用三年半時間訪尋原始檔案寫成的，受作者之一翁永森醫生所囑託，謹綴數言以為序。並祝英華書院在邁向第三個百年中為國家和香港貢獻更多人才。

丁新豹博士
香港歷史博物館前總館長
香港中文大學歷史系客席教授及名譽高級研究員
英國皇家亞洲學會（香港分會）名譽院士
香港大學及香港教育學院名譽院士
香港故宮博物院理事
衞奕信文物信託理事會成員
香港及廣東省多所博物館名譽顧問

出版緒言

1818 年 11 月 11 日，馬禮遜牧師和米憐牧師在馬六甲創立英華書院，以溝通中西文化、廣傳基督福音為宗旨。兩個世紀以來，累計逾萬學子蒙受其恩。為慶祝創校 200 年，一群校友經過三年多努力，編成了這冊校史——《皕載英華》，作為獻給母校的賀禮，並藉此凝聚英華力量。

這已是校友會第二次出版校史，第一次是在 1999 年，李永權學長向校友會建議編纂校史，諸執委咸表贊同，乃推舉永權兄擔任出版委員會主席。在楊寶坤校長引薦下，聘得中國神學研究院的劉紹麟先生代筆。劉君雖非英華人，但對基督教東傳史和香港教育發展素有研究，足以勝任此職。兩年後書成，取名《古樹英華》（*Sanctuary of Excellence: The History of Ying Wa College*）。為隆重其事，委員會假尖沙咀商務印書館舉行新書發佈會。轉眼至今，匆匆 17 年矣，2,000 多印本也早已售罄。

2015 年，校董會和校友會開始籌劃 200 週年的慶祝活動，鄭鈞傑校長和我選擇了最感興趣的「重編校史」一項。我倆邀請了十多位熱心校友，聯袂組成出版委員會。委員會在數月間召開多次會議，商討編輯方向、分工和時間表。既然是重新編撰，當然要在內容和形式兩方面來點新意，我們最終決定出版一本雅俗共賞的圖史：除一如《古樹英華》般以文字詳述學校變遷外，也加插大量圖片，讓文物親自向讀者訴說英華故事；又把內容重點從校政擴大至學生層面，例如課程、學習用品、課外活動等，盼與校友一同緬懷昔日多采多姿的校園生活。此外，新史特設「英華一家」一章，介紹多個與學校關係密切的組織，包括辦學團體、教會、家長教師會和校友會，冀大眾對我校歷史有更立體的了解。

本校史共計 12 章，主要由八位校友撰寫，分工如下：

馬六甲時期
- 第一至第三章　　　　　　　柯保羅

香港時期
- 第四章　　　　　　　　　　　　張家輝和一位不署名的校友
- 第五至第七章　　　　　　　　　方展雲
- 專題文章（1914-1972）　　　　翁永森
- 第八章　　　　　　　　　　　　邱　逸
- 第九章　　　　　　　　　　　　何熙力

英華一家
- 第十至第十二章　　　　　　　　劉善鵬、張家輝

其他成員則分擔資料搜集、校對、翻譯、編製附錄、出版發行等工作。

英華書院歲歷綿曖，值得表彰之人、可堪回憶之事不可勝數，八位作者難免有力所不逮之處。幸得 20 多位校友鼎力襄助，包括譚福基校友、陳文輝校友、陳顯生校友、歐偉賓校友、梅威倫校友、吳金華校友、阮志偉校友、高志雲校友、羅漢良校友、蔡錦滔校友、黃琨暐校友、胡聲雄校友、楊永寧校友、林欣榮校友、許世鋒校友、李天豪校友、梁永健校友、盧宇軒校友、呂沛聰校友、葉冠霖校友、黃偉嘉校友、梁逸軒校友、劉永佳校友、黃鐳鈞校友和郭曜林校友。他們各按所長和興趣，合共撰寫了 30 多篇專題文章，以補各章未盡完備的地方。

本校史推出中英文版，原擬定由各章作者撰寫雙語史稿，唯因時間緊迫，故再情商了兩個「英華家庭」和幾位校友義務擔任翻譯，包括歐偉賓校友和太太李淑卿女士、廖永泰校友和千金廖卓琳小姐、方展雲校友、秦凡校友、關志德校友、林欣榮校友、林俊健校友、李俊蔚校友。此外，委員會聘請了勞延韻女士翻譯部分文稿。他們的譯文信達優雅，倍添我校史價值。

荷承前副校長陳耀南教授賜題「皕載英華」。「皕」（粵音 bik[1]，普通話 bì）者，二百也；「英華」者，既為母校之名，又有精英、

菁華之意。委員會把「皕載英華」翻譯為「Two Centuries of Excellence」，正與《古樹英華》Sanctuary of Excellence 之題互相呼應。英華學生絕不敢以「卓越」自居，惟此乃書院歷代良師對自己的教學要求，以及對莘莘學子的共同期盼。母校栽培之恩，我輩定當畢生感念。

劉小康學長再次應邀為校史書設計封面及版式。小康兄乃蜚聲國際的平面設計師，歷來獲獎無數，出自他手筆的《古樹英華》，一度以藝術品形式在香港文化博物館展出。是次他用上了 200 個大小不一的圓點，拼湊出一個「皕」字，象徵我校兩個世紀以來崎嶇起伏的辦學之路，從而表達先輩們不屈不撓、委身教育的崇高精神。封面「皕載英華」題字是香港中文大學前校長沈祖堯教授墨寶。小康兄的西方風格，配上沈教授的中文書法，正好契合我校「溝通中西文化」的宗旨。

《皕載英華》可順利面世，除獲上述數十位師兄弟三年來不計較的付出外，也端賴多位友好支持。

感謝沈祖堯教授為封面題字，香港大學中文系名譽教授陳耀南博士、香港歷史博物館前總館長丁新豹博士惠賜中文版序，校董會前主席陳志堅牧師、理雅各校長曾孫 Christopher Legge 先生惠賜英文版序，使校史增色不少。

本校史由三聯書店出版，過程中得到李安女士、李毓琪女士大力協助，趙寅女士悉心校對編輯，並安排排版、印刷、發行等事宜，敬申謝悃。

感謝書院的公共關係主任徐玉鳳女士。若沒有她的協助，分擔了大量文書及聯絡的工作，此書恐難如期出版。

編委會亦蒙多個組織及各方人士幫忙，或接受訪問，或居中聯繫，或整理文稿，或提供物資，凡此種種不一而足，謹在此一併致謝：

中華基督教會香港區會、英華書院校董會、京力士校長、楊寶坤校長、李志華校長、鄭鈞傑校長、林浣心校長、何恩德副校長、李錫韞副校長、許耀賜副校長、麥德祥副校長、曾志滔副校長、李綺媚副校長、招成滿老師、曾令琪老師、葉秀賢老師、蔡義鴻老師、黃啟鴻老師、鄭德富老師、陳業祥老師、龐耀榮老師、李寶龍老師、陳卓能老師、張錦豪傳道、林雅斯老師、楊紫軒老師、鍾麗玲女士、吳君輝先生、英華書院校友會、英華書院家長教師會、英華小學家長教師會、中華基督教會合一堂（香港堂）、中華基督教會望覺堂、中華基督教會英華堂、中華基督教禮賢會香港區會、大英圖書館、日本國立國會圖書館、日本圓光寺、牛津大學博德利圖書館、何鴻毅家族、怡和控股有限公司、明報、東華三院文物館、信報、南華早報、星島日報、耶魯英國藝術中心、英文虎報、英國檔案館、香港中華基督教青年會、香港政府檔案處歷史檔案館、香港童軍總會、香港藝術館、倫敦大學亞非學院、倫敦國家航海博物館、雅麗氏何妙齡那打素醫院、尹孟浩先生、吳遠光先生、李清詞牧師、周德年先生、冼紈女士、邱素貞女士、邱碧英女士、徐兆華先生、翁永漢先生、翁思恒先生、翁傳鏗牧師、馬志民牧師、陳鳳娥女士、陳德義牧師、陳繼廉先生、馮天聰先生、黃子華先生、黃信先生、黃詠瑜女士、楊欣諾先生、葉深銘博士、劉紹麟博士、潘美美女士、鄧皓忻女士、羅桂芬女士、羅廣權先生、關卓然先生、關烱承先生、Denise Baldwin 女士、Graham Roger Stevenson 醫生、Joanne Ichimura 女士、Noor Azimah Binti Md Ali 先生（Perbadanan Muzium Melaka）、Sara Chiesura 女士、Scott Davidson 先生、方培章校友、方榮華校友、毛錦權校友、王文錦校友、伍志偉校友、伍健強校友、朱家全校友、吳任輝校友、吳金華校友、吳智光校友、李克辛校友、李家浩校友、李康駿校友、李超穎校友、李翰志校友、李錦祺校友、李鴻祥校友、李麗香校友、林立基校友、林銘創校友、姚文孝校友、容應麟校友、徐漢明校友、馬家文校友、區耀興校友、張宏強校友、張偉雄校友、張曼麗校友、張詩聖校友、張榮洲校友、梁志昌校友、梁偉光校友、許振興校友、郭騰瀚校友、陳世豪校友、陳廷光校友、陳志滔校友、陳啟新校友、陳淑儀校友、陳紹均校友、陳維國校友、陳澤文校友、

陳曉輝校友、陳駿輝校友、陳瑋納校友、陸志道校友、麥健德校友、傅啟基校友、彭健輝校友、曾昭群校友、馮俊豪校友、黃志輝校友、黃保羅校友、黃恒敏校友、黃愛美校友、黃德安校友、楊浩宗校友、楊偉炫校友、楊鑑明校友、溫宗燿校友、葉渠輝校友、董挺根校友、廖力行校友、劉天成校友、劉天浩校友、歐陽裕鋒校友、潘燿基校友、蔡本讓校友、蔡榮甜校友、鄧志明校友、鄧順耀校友、黎仲鵬校友、盧厚敏校友、謝智豪校友、戴樂群校友、羅志桓校友、羅榮忠校友、羅銘江校友、譚以勒校友、譚淑玲校友、關啟昌校友、嚴顯義校友、洪芳豪校友，以及 1978 年畢業班校友。

諸君慷慨提供之資料、照片、書信、用品等，書中都已一一註明來源。篇幅有限，未能盡錄。如因無心之失導致錯漏，謹先致歉。

兩個世紀以來，英華書院在教育、宗教傳播、華文出版、英漢翻譯、漢學研究等方面貢獻殊多。它的歷史不單單是各代英華人的集體回憶，也是近代社會史研究不可或缺之課題。惜書闕有間，文獻無徵，很多人和事已難以考析。希望本圖史能引起更多英華人和學者對我校歷史的興趣，或搜求文獻，或著書立說，合力保存這份人類共同擁有的文化遺產。

囿於我們識見所限，書中或有訛漏偏頗之處，懇祈師長、校友和各方先進賢達海涵，不吝賜正，以利日後本書再版時更臻完美。

——《皕載英華》主編　張家輝

Anglo-Chinese College
Deed.

I, Robert Morrison, D.D. of the University of Glasgow, having been sent to China in the year of our Lord Jesus Christ one thousand eight hundred & seven by a Society of Christians meeting in London, & composed of Members of various British Churches, for the purpose of acquiring the Chinese Language; rendering the Holy into the said tongue; & composing an English Chinese Dictionary, with the ulterior view of the diffusion of the Christian Religion in China, & the other Tartar Nations; and having in the year 1818, nearly brought well several works to a conclusion, my mind was led to pray to God for direction, & to meditate on what further means could be used to bring about the final object of my Mission.

The Divine Providence having increased my personal property in a small degree, I determined to appropriate one thousand pounds Sterling to found a College to be called The Anglo-Chinese College, the object of which should be the cultivation of English & Chinese Literature in order to the spread of the Gospel of Jesus Christ.

As the above Preamble shews, the cultivation of Literature, is not to be considered the final object of the Institution, but intended to act as a means of effectuating, under the blessing of God's Holy Spirit, the conversion, to the faith of Christ, of the extravagant Nations, who read or speak the Chinese Language: And, on the other hand, the College must never be considered as a mere dwelling house for Christian Missionaries; but as a place devoted to study, with apartments only for the Principal of the College, & such other Persons engaged in tuition, or the appropriate labors of the College, as it can accommodate with rooms.

Having intrusted the building of the College to the Rev. William Milne, my first Associate in the Chinese Mission, and we, unitedly, having laid our views & wishes before the Public, soliciting their pecuniary aid, and they having

having confided in the sincerity of our intentions, and deemed our object laudable, & deserving the pecuniary aid of Christians — all monies received from the Donors & Subscribers (whose names are written in the College Record) are to be considered as appropriated solely and inalienably to the objects stated in the preamble.

The College, then, and its Funds, shall never be diverted from the original object, stated in this Deed, by any authority whatever; whether by the Will of the Founder, or of the first Principal of the Anglo-Chinese College, the Rev. William Milne, or of any Trustees, hereafter to be appointed.

May He, on Whose shoulders is the government of the World — who has all Power in Heaven and on Earth — recognize this offering, humbly designed to operate as a means of bringing many sinners to obedience and to happiness. — And may He secure the performance of this Deed. To His Providence the Anglo-Chinese College is reverently committed; — and may the whole earth [...] soon [...] filled with the glorious light of His Gospel, & be taught to ascribe to him the glories of Creation! Amen & Amen!

Since neither Doctor Morrison, nor Mr Milne although the Founders of the Institution, have any Power to alienate either the Buildings or the Funds, of the Anglo-Chinese College, so, as long as they adhere to the original object of it, as stated above; it is but equitable & seemly, that the first named should be a perpetual Trustee, and the last named, perpetual Principal, during their lives.

The Honorable the East India Company's Penang Government, having granted at the request of Mr Milne, a piece of ground in Malacca to the Missionary Society, (usually called the London Missionary Society) & that Society having at the request of Dr Morrison & Mr Milne allotted a part of that ground, to be the site of the College; the ground, as well as the buildings & funds (already or hereafter to be received) cannot be alienated from the aforesaid object of the College.

The Books given, by Dr Morrison and various other Donors (whose Names are regarded) to the Anglo-Chinese College.

College Library shall be inalienable.

I will not anticipate the failure of the object for which these grants have all been made, and therefore I shall not insert any reservation of my personal property, in case of the object failing; nor stipulate that in case of such an event occurring, it shall revert to my Heirs or Successors — I have a firm reliance on the Divine Providence.

But, should it happen that circumstances render it impracticable to conduct the studies of the College at Malacca, the Premises shall in that case be sold, & the College removed to some other place in Extra-ganges Ondries — No merely local difficulties shall put an end to the Institution. If it be stopped in one place from any unforeseen cause, let it be recommenced in another.

The Records of the College shall always be open to the inspection of the local Christian authorities, in the place where it may be situated: and annually, at least, a statement of its affairs, either shewing its progress or its decline, shall be laid before the Christian Public, in a printed Document.

To the fifteen Churches of Christ on Earth — to the learned, the scientific & the opulent; and also to poor and unlearned Christians — to all who, next to their own salvation desire the happiness of their fellow creatures, of every Nation & of every tongue; — the Anglo-Chinese College is, by this Deed, respectfully commended.

In case of a failure of Trustees appointed according to the constitution of the College, on the demise of Mr Milne, the temporary management shall devolve on the Senior Member in the Chinese Department & by a joint committee of the Extra-ganges Missions and in case of a failure of regularly appointed Trustees, & of such Senior Member & Committee, the management of the College shall devolve on the above named Missionary Society in London.

Sealed, signed & delivered at Canton in China, where no stamps are used, this twentieth day of March, A.D. one thousand eight & twenty.   } Robt Morrison

In the presence of us, who have hereunto set our Names;   }

J.T. Molteno
Chief for all affairs of the United East India Company in China

O. Reval

Anglo-Chinese College Deed

I, Robert Morrison, D.D. of the University of Glasgow, having been sent to China, in the year of our Lord Jesus Christ, one thousand eight hundred & seven, by a Society of Christians meeting in London, & composed of Members of various British Churches, for the purpose of acquiring the Chinese Language, rendering the S.S. into the said tongue; & composing an English-Chinese Dictionary, with the ulterior view of diffusion of the Christian Religion in China, & the Extra-Ganges Nations; and having in the year 1818, nearly brought these several works to conclusion, my mind was led to pray the God for direction, & to meditate on what further means could be used to bring about the final object of my Mission.

The Divine Providence having increased my personal property in a small degree, I determined to appropriate one thousand pounds sterling to found a College to be called The Anglo-Chinese College, the object of which should be the cultivation of English & Chinese Literature in order to the spread of the Gospel of Jesus Christ.

As the above Preamble shows, the cultivation of Literature, is not to be considered the final object of the Institution, but attended to as a means of effectuating, under the blessing of God's Holy Spirit, the conversion, to the faith of Christ, of the Extra-Ganges Nations, who read or speak the Chinese Language; and, on the other hand, the College must never be considered as a mere dwelling house for Christian Missionaries; but as a place devoted to Study, with apartments only for the Principal of the College, & such other Persons engaged in Tuition, or the appropriate Studies of the College, as it can accommodate with rooms.

Having intrusted the building of the College to the Rev. William Milne, my first associate in the Chinese Mission, and we, unitedly, having laid our views & wishes before the Public, soliciting their pecuniary aid; and they having confided in the sincerity of our intentions, and deemed our object laudable, & deserving the pecuniary aid of Christians – all monies received from the Donors and Subscribers (whose names written in the College Record) are to be considered as appropriated solely and inalienably to the objects stated in the preamble.

The College, then, and its Fund, shall never be diverted from the original objects, stated in this Deed, by any authority whatever, whether by the Will of the Founder or of the first Principal of the Anglo-Chinese College, the Rev. William Milne, or of any Trustees, hereafter to be appointed.

May He, on whose shoulders is the government of the World – who has all Power in Heaven and on Earth – recognise the offering, humbly designed to operate as a means of bringing many sinners to obedience and to happiness. – and may He secure the performance of this Deed. To this Providence the Anglo-Chinese College is reverently committed; and may the whole Eastern Hemisphere be soon filled with glorious light of His Gospel, & be taught to ascribe to Him the glorious of Creation! Amen & Amen!

Since neither Doctor Morrison, nor Mr Milne, although the founders of the Institution, have any Power to alienate, either the Buildings or the Funds, of the Anglo-Chinese College; so, as long as they adhere to the original object of it, as stated above, it is but equitable & seemly, that the first named should be a perpetual Trustee, and the last named, perpetual Principal, during their lives.

The Honourable, the East India Company's Penang Government, having granted at the request of Mr Milne, a piece of ground in Malacca to the Missionary Society (usually called the London Missionary Society) & that Society having at the request of Dr Morrison and Mr Milne allotted a part of that ground, to be the site of the College; the ground, as well as the building and funds (already or hereafter to be received) cannot be alienated from the aforesaid object of the College.

All books given, by Dr Morrison and various other Donors (whose names are recorded) to the Anglo-Chinese College Library shall be inalienable.

I will not anticipate the failure of the object for which these grants have all been made, and therefore I shall not insert any reservation of my personal property, in case of the object failing; nor stipulate that in case of such an event occurring, it shall revert to any Heirs or Successors – I have a firm reliance on the Divine Providence.

But, should it happen that circumstances under it impracticable to conduct the studies of the College at Malacca, the Premises shall in that case be sold, & the College removed to some other place in Extra-Ganges India: - no merely local difficulties shall put an end to the Institution. If it be stopped in one place from any unforeseen cause, let it be recommenced in another.

The Records of the College shall always be open to the inspection of the local Christian authorities, in the place where it may be situated; and annually, at least, a statement of its affairs, whether showing its progress or its decline, shall be laid before the Christian Public, in a printed Document.

To the Spiritual Church of Christ on Earth – to the learned, the scientific & opulent, and also to poor and unlearned Christians – to all who, next to their own salvation – desire the happiness of their fellow creatures, of every Nation & of every tongue; – the Anglo-Chinese College is, by this Deed, respectfully commended.

In case of a failure of Trustees appointed according to the constitutions of the College, or the demise of Mr Milne, its temporary management shall devolve on the Senior Member in the Chinese Department & the acting Committee of the Extra-Ganges Missions; and in case of a failure of regularly appointed Trustees, & of such Senior Members & Committee, the management of the College shall devolve on the above named Missionary Society in London.

Sealed, signed and delivered at Canton, in China; where no stamps are used, this twentieth day of March, A.D. one thousand eight hundred & twenty;

(Signed) Robert Morrison

In the presence of us, who have hereunto set our names,

(Signed) James Brabazon Urmston

Chief for all affairs of the United East India Company in China

(Signed) John Reeves

英華書院約書

余羅拔馬禮遜，忝為格拉斯哥大學道學博士。諸英國基督教會組倫敦傳道差會，於主降一千八百零七年遣余赴中華，乃為學習中華語言、繙譯華文聖經、編纂英華辭典，冀終將基督教義泛傳於中華及恒河外方諸邦。一千八百十八年其功垂成未竟，方沉思何得圓滿，仍祈求上主續引前路。

萬有之主賜余薄產，余決供貲千鎊建一學府，是為英華書院，旨在以英華二國文學培育學子廣傳福音。

前提所言，培育文學非學府之最終目的，乃藉上主聖風恩福，[1] 使恒河外方、中華語文諸邦諸民皆歸信基督。學府乃教育之所，或置師長生徒寓，固非宣教人士家宅所在也。

建校之責，已託付余之首伴中華差傳同工米憐牧師。彼與余同心同德，使願景捫誠昭告，冀公眾捐獻貲財；而眾感余等之懇摯，意亦認同，遂相與解囊。捐獻者芳名錢銀皆誌書院記錄，其用也不能貳於前提所陳。

受此約書所束，任何人士、創辦者、首任英華書院校長米憐牧師、及其後之信託人等，均無權置書院及其貲財偏於初發之鵠。

願管治世界之天地萬物全能上主悅納此卑微奉獻，使罪人可重遵主道得享喜樂；又求上主助吾等貫徹此約。英華書院全然恭敬尊崇萬有之主；唯願上主榮美福音充盈東半球，使之服膺於偉大之創造者。誠心所願。誠心所願。

馬禮遜及米憐乃首創學府，固必不使校舍及經費偏離英華書院，若恪守前提之宗旨，則終其生也，前者適足以託付本校，而後者永續長之。

尊貴之東印度公司檳榔嶼政府，允米憐君所求於馬六甲劃地一方予倫敦差會，差會准馬禮遜及米憐所申規其地之一部使建英華書院；

至斯土斯樓斯財，其用途均不得殊異於前提書院之旨。

馬禮遜並捐獻諸君（芳名已冊錄）贈與英華書院圖書館之書籍不得遷易。

余未嘗設想蒙諸般供給之目的或臨敗績，故無備方保障余所投之貨，亦未曾擬定承繼之法。余堅心不墜，信賴萬有上主。

唯若因世道之變及於馬六甲之書院，至學業授受有堪虞之象，則校舍可出而售之，書院可他遷至印度恒河外方諸地，而學府斷不中止。即設若因一地之不測致學務戛止，務必他地重興之。

書院之記錄須隨時公開予當地基督教機構審視；毋論進退每年皆得令其現況印刷成文供基督教眾省覽。

謹藉此約書恭呈英華書院與地上屬靈基督教會——基督徒不論博學寡聞渥富貧乏、樂推己身蒙恩之福及於他人者，以及世上語不同言之各邦各民。

設若書院憲章委派之信託人有所不逮，或米憐先生逝離，暫管之權授予華文教授及恒河外方傳道會署理委員會；使書院常任信託人或深資教授及委員會皆有不逮時，管理之責得轉託於倫敦差會。

主降一千八百二十年三月二十日中華廣州蠟封、簽署及呈遞。並無鈐記。

（簽署）羅拔馬禮遜

吾等今茲具名見證：

（簽署）詹姆斯布拉巴宗厄姆斯頓

在華聯合東印度公司全務主事

（簽署）約翰里維斯 2

1　　馬禮遜牧師把「Holy Spirit」翻譯成「聖風」或「聖神風」，今天一般翻譯為「聖靈」。
2　　《英華書院約書》中文版由方展雲校友譯出。

校祖與諸先校長行述

馬禮遜校祖（亞非學院藏品）

馬禮遜博士　校祖、校監（1818-1834）

馬禮遜博士（1782-1834），1782 年 1 月 5 日出生於英國諾森伯蘭郡的莫珀斯鎮。1803 年 1 月開始在非主流教派的何斯頓學院接受神學訓練，翌年 5 月加入倫敦傳道會（簡稱倫敦會），並入讀戈斯波特學院，跟從博格博士學習。1805 年 8 月，他回到倫敦，在聖巴托洛繆醫院學習醫術，在格林威治天文台研究天文學，又跟容三德修讀中文。1807 年 1 月 31 日被按立為牧師，次月乘船繞道紐約來華。

馬禮遜於 9 月 4 日抵達澳門，往後穿梭澳門、廣州兩地居住。1809 年 2 月，他與莫瑪莉小姐結婚，成婚當日更獲東印度公司聘為中文翻譯員。1816 至 1817 年間，他陪同阿美士德勳爵的使團到訪北京。1817 年馬氏獲格拉斯哥大學授予神學博士榮銜，表揚他在神學和文學方面的卓越貢獻。1818 年 11 月 11 日，他和米憐牧師在馬六甲創辦英華書院。馬師母於 1814 年返英，1820 年帶同孩子重回澳門，不幸於翌年因霍亂病逝。

馬禮遜於 1823 年初前往馬六甲，重新肯定英華書院發展方向，同時授課、傳道、寫作、監印中文《聖經》及改善學校設施。次年，他休假回國，推廣在華傳教及英華書院事工，開辦語言學院教授中文，並向英皇呈上中文《聖經》。其時馬氏當選皇家學會院士，更首次破格以在職傳教士的身份獲任命為倫敦會董事。留英期間，他為書院募得大量物資和捐款，包括來自金伯格勳爵的 1,500 英磅和 300 冊稀有圖書。1824 年 11 月，他與伊麗莎・安施同小姐結婚，繼而攜同孩子回華。

1833 年底，東印度公司的海外營運專利結束，馬禮遜隨即獲英國駐華商務總監律勞卑聘為中文秘書兼翻譯員。但他不幸在廣州突然感染重病，於 1834 年 8 月 1 日安息主懷，長眠澳門的基督教墳場。

馬禮遜博士著作等身，包括《新約聖經》（八卷，廣州，1813）、《神天聖書》（21 卷，馬六甲，1823，含新舊約全書，與米憐合譯）、《中

華之晷：中國通俗文選》（倫敦，1812）、《通用漢語之法》（雪蘭坡，1815）、《華英字典》（六卷，1815-1823）、《米憐回憶錄》（馬六甲，1824）及一些基督教小冊子和中文教科書等。

米憐博士　創校校長（1818-1822）

米憐校長（亞非學院藏品）

米憐校長（1785-1822），1785 年 4 月出生於蘇格蘭阿伯丁郡的亨特利鎮。他六歲喪父，16 歲在農場工作時決志歸主。他大約在 1809 年加入倫敦會，進入戈斯波特學院修讀，並即時獲博格教授認定為到華傳道之理想人選。米憐於 1812 年 7 月 16 日被按立為牧師，8 月與瑞秋·考惠小姐結婚，一個月後兩人便啟程來華。

1813 年 7 月 4 日，米憐抵達澳門，但幾天後，澳門當局已勒令他離開。他只好遷往廣州，在該處逗留數月，秘密學習中文。於 1814 年初，米氏開始歷時七個月的南洋之行，向華僑派發宣教冊子，順便考察民情，探討在當地建立宣道基地的可能性。他於 9 月回澳，翌年 3 月再次離開，前往馬六甲設立「恒河外方傳道會」之基地。未幾，他在馬六甲開辦免費小學，於 1818 年 11 月 11 日更創立英華書院。米憐師母於 1819 年 3 月去世，遺下四名孩子，包括後來亦為中國傳教士的美魏茶。

書院主樓於 1820 年 8 月竣工，內設大型圖書館，藏有大量中外書籍。七名早前已入學的男孩成了首批享用新設施的學生。往後幾年，創校校長在教育學生、傳播福音、翻譯《聖經》、撰寫書籍和出版期刊等方面均取得驕人成果，身體力行地實踐英華書院的辦學理念。

米憐於 1820 年底亦獲格拉斯哥大學頒授榮譽神學博士學位，是為書院第二位獲此殊榮者。1822 年初，他病情嚴重，只好往星加坡和檳城休養。但由於病情惡化，他於 5 月下旬重回馬六甲，6 月 2 日即黯然離世，年僅 37 歲。米氏被埋於馬六甲荷蘭墳場，與他的妻子同葬一穴。

米憐校長著作豐富，包括《神天聖書》（21 卷，馬六甲，1823，與馬禮遜合譯）、《察世俗每月統記傳》（1815-1822）、《印支搜聞》（1817-1822）、《基督新教在華傳道最初十年之回顧》（馬六甲，1820），另有不少於 19 種多為宣教用的中文小冊子，例如《幼學淺解問答》（1816）、《聖書節解》（1825），以及極具影響力的《張遠兩友相論》（1819 年）。

宏富禮牧師　第二任校長（1822-1826）

宏富禮校長（1794-1876），蘇格蘭人，先後在格拉斯哥大學和戈斯波特學院進修。1821 年 2 月在倫敦被按立為牧師，隨後由倫敦會差派東來宣教，於同年 9 月抵達馬六甲。由於其時較早到埠的傳教士多已轉往其他宣教基地，他很快地就成為米憐唯一的左右手。

宏富禮校長（亞非學院藏品）

米憐牧師於 1822 年 6 月病逝，宏富禮隨即接任書院校長一職。但於 1823 年，馬禮遜和倫敦會決定遷移書院往星加坡，由高大衛負責校務，宏富禮亦開始專注馬來傳教事工。在 1826 年底，雖然遷校計劃告吹，宏牧師也因健康問題辭去校長之職，只繼續宣教工作。次年他的妻子離世，他的健康亦進一步惡化。1829 年，宏富禮終於決定帶同兩名倖存的孩子返回英國，同時離開書院和倫敦會。

他回英後學醫成為醫生，並在蘇格蘭的邦希爾鎮行醫。他於 1876 年 12 月 30 日在邦希爾鎮逝世。

高大衛簽名

高大衛牧師　第三任校長（1826-1828）

高大衛校長（1789-1828），先後入讀阿伯丁國王學院和戈斯波特學院，1821 年 9 月在英格蘭布里斯托爾被按立為牧師，隨後被倫敦會差遣往馬六甲。途經馬德拉斯時，新婚妻子不幸病逝，他只得獨自繼續旅程。翌年 6 月底，他抵達馬六甲，開始對華人宣教的工作。

高大衛的中文進步良好，1823 年即被委任為書院之中文教授。按當時計劃，他將隨書院遷往星加坡，而宏富禮校長健康亦持續不佳，

故他已逐步擔起學校大部分的重要職務。1826 年 2 月,在宏牧師之見證下,高大衛和耶芝夫人結婚,他們育有一子。是年底,高牧師正式獲任命為校長。

在宏富禮和高大衛掌校期間,書院在學生人數、班級數量、學生質素、課程拓展、書本編撰、雙語教學、宗教教育或刊物出版等方面均有滿意發展。此時英華書院校務蒸蒸日上,日就月將,可說是馬六甲年代的黃金期。

高大衛身體一向很好,但在 1828 年初突然發病。他於 2 月 25 日乘船前往星加坡療養,豈料第二天便在船上撒手塵寰,遺體只好按航海慣例安葬大海。

高大衛校長嘗翻譯《四書》(馬六甲,1828 年),是為該儒家經典的第一套完整之英文譯本,亦曾撰寫約十種中文宣教書籍,包括《聖經釋義》、《耶穌言行總論》、《天鏡明鑑》及《聖書憑據總論》等。

修德牧師　第四任校長(1828-1832)

Samuel Kidd

修德簽名

修德校長(1804-1843),1804 年 11 月 22 日出生於英格蘭赫爾郊區梅爾頓村莊。1820 年加入倫敦會,並入讀戈斯波特學院。1824 年 4 月在赫爾被按立為牧師,未幾即登船前往亞洲,11 月抵達馬六甲。

修德勤習中文,終能操流利官話和閩南話,1827 年獲高大衛校長委任為中文教授。同年 4 月,他和宏富禮、高大衛在打金街籌建的小禮拜堂啟用,書院學生和其他居民經常到那裏參加華語、葡語、馬來語或英語禮拜。1828 年初,高大衛逝世,修德即接任校長一職。他在掌校的大部分時間裏,都是書院唯一的倫敦會傳教士,獨力支撐大局,唯仍能使學校穩步發展。當時學生人數雖略有減少,但課程、宗教教育、出版等方面皆有可觀成果。

修德的妻子漢娜因健康不佳,於 1829 年返回英國。三年後,他亦因

癲癇病時有發作而回鄉長居。1833 至 1837 年他在埃塞克斯郡擔任牧師，1837 年他成為倫敦大學學院的漢學教授，也是英國首位漢學教授。1843 年 6 月，他在康登鎮因癲癇病逝，享年 42 歲，臨終時太太和七名子女均陪伴在側。

修德校長的著作包括中文宣教書籍如《勸世善用光陰》、《人心本惡總論》、《時鐘表匠言行略論》、《論神風感化新心》和中文報紙《天下新聞》（1828-1829）等。回英後，他刊行了《中國，或中國人之符號、哲學、古物等》（倫敦，1841）等英文著作。

湯雅各牧師　第五任校長（1832-1833）

Jacob Tomlin

湯雅各簽名

湯雅各校長（1793-1880），1793 年 10 月 28 日出生於英格蘭蘭開夏郡，畢業於劍橋大學聖約翰學院。1826 年加入倫敦會，翌年 2 月抵達馬六甲。他除了 1828 年 3 月曾在英華書院教學一個月外，其餘時間多於星加坡或亞洲各地旅行宣道。

1832 年 1 月，修德校長因病返國，湯雅各回馬六甲接手宣教基地和英華書院事工。他的妻子之前已留在馬六甲，而兩名女兒則分別於星加坡和馬六甲出生。湯雅各於 1833 年底離開書院和倫敦會，其後在當地開辦另一家學校，直至 1836 年回英為止。湯雅各短暫出掌英華期間引入兩項改革，即以閩南話代替官話作為教學語言，又取消華裔學生的每月津貼。

湯雅各返英後，在 1845 至 1876 年間先後擔任幾家聖公會教堂的執事、助理牧師和主任牧師，1880 年在北安普敦郡主懷安息。

湯雅各校長的著作包括《1830 年 5 月至 1832 年 1 月星加坡和暹羅宣教日誌》（馬六甲，1832）、《傳教日誌與書信》（倫敦，1844），以及幾種宗教書籍，全以英文撰寫。

伊雲士牧師　第六任校長（1834-1840）

伊雲士校長（1801-1840）是個自學成功者，在加入倫敦會前已是一名經驗豐富的老師，教過古典文學、數學、希伯來語和阿拉伯語等。他於 1832 年 12 月在赫特福德被按立為牧師，翌年 8 月和妻子范妮、兒子埃德溫抵達馬六甲。

伊牧師在 1834 至 1840 年間出掌英華書院，是為馬六甲時代任期最長的校長。在他領導下，學校有長足發展：學生人數翻了一倍，主樓加建左右兩翼，華裔學生寄宿亦得以落實。他在任時，小教堂裏也開始有一批經常聚會的華人信眾，當中有不少是書院的學生。

伊師母和兒子於 1840 年 6 月初因健康不佳回英休養，伊雲士則仍然留在馬六甲工作。同年 11 月底，他在探望因霍亂而臥床垂死的曉士牧師時染上霍亂，不久後不幸病逝。

伊雲士校長曾出版月刊《期刊雜誌與少年教師》（1836-1837），還編有《馬來語詞彙與對話》（馬六甲，1837 年）等。

伊雲士校長（亞非學院藏品）

理雅各博士　第七任校長（1840-1856）

理雅各校長（1815-1897），1815 年 12 月 20 日出生於阿伯丁郡亨特利鎮，是米憐校長的同鄉。他以第一名的成績考進當地的國王學院，亦以最高榮譽畢業，當時年僅 19 歲。畢業後理雅各決志獻身傳道，1837 年入讀海布里神學院，翌年加入倫敦會，並跟從英華書院前校長修德教授學習中文。1839 年 4 月，他在倫敦布朗普頓被按立為牧師，7 月與妻子瑪麗‧伊莎貝拉離開英格蘭，翌年初到達馬六甲英華書院。

1840 年 11 月底，伊雲士牧師猝逝，理雅各隨即接任校長。他上任後嚴格篩選學生，吸納信徒方面亦如是，結果學生和教友數目均大大減少。

晚年理雅各校長（理雅各家族藏品）

理雅各校長私章（理雅各家族藏品）

理雅各於 1843 年奉倫敦會之命把英華書院遷到香港。他變賣倫敦會和書院的產業後，於 5 月前往星加坡，8 月抵達香港。他於 1843 至 1956 年在香港繼續掌理英華書院（時稱倫敦傳道會中國神學院）。後來他亦在港島成立愉寧堂，牧養中西信眾。他曾帶同三名英華學生回英，於 1846 年初至 1848 年初間遊歷英國，轟動一時。理氏返港後再度成為愉寧堂的牧師，直到 1873 年歸國為止。

理雅各於 1875 年成為牛津大學基督聖體學院院士，翌年就任大學新增設的漢學教授職，乃繼修德後英國的第二位漢學教授。理氏曾於 1870、1884 年先後獲阿伯丁大學及愛丁堡大學頒授名譽博士學位。1897 年，理雅各教授在任內辭世，長眠牛津的和夫寇特墓園。

理雅各校長著作甚多，如《中國經典》（五卷，香港和倫敦，1861-1872）、《孟子傳》（倫敦，1875 年）、《中國的宗教》（倫敦，1890 年）等。他亦曾為香港首份中文報刊《遐邇貫珍》的第三任編輯，直至該刊於 1856 年停辦為止。[1]

曉士牧師　第八任校長（1914-1922）

曉士校長（1887-1922），1887 年 10 月 11 日出生於倫敦劉易舍姆，[2] 在家中排行第六，[3] 其兄歐內斯特牧師是倫敦會福建地區的傳教士。[4] 曉士中學階段在阿理夫學校度過，1906 年到劍橋大學聖約翰書院修讀古典學，[5] 畢業後任職切爾滕納姆的汀高斯學校。[6]1913 年獲倫敦會聘為英華書院校長，9 月 17 日受按立為牧師，不久便啟程來港履新。2 月 9 日英華書院正式復校。

曉士對學生愛護有加。黃輝光老師憶述道：

曉士校長

Arnold Hughes.

> 曉士先生不獨對於辦學很有精神和毅力，就是對於愛護學生，調劑教員，更為具特別的能幹和責任心。他看學生，猶如善牧看待群羊，不當自己是傭僕，甚至看學生和他所親生的兒女一般⋯⋯到了放假的時候他都未有找自己的快活和休養，還要住一班小孩子旅行，耍樂，寓教誨在遊戲之中。故此一般天真爛

熳的孩子,極願親近他。況且他的恕道,非常講究,平常人不
容易做到的。學生有過,他唯一的善法,就是和他祈禱。7

1918 年 7 月曉士被召入伍,8 前往印度服役。一戰結束後回港,繼
續掌校。1920 年 7 月 22 日,在皮堯士和威禮士牧師見證下,他與
來自蘇格蘭伯斯郡的倫敦會傳教士嘉梅倫小姐締結婚盟。9

1922 年夏,曉士回英休假。他偕同妻子乘坐「日本皇后」號離港,
但輪船啟碇後不久便感不適,須在橫濱醫院調理一個多月。8 月 10
日轉乘「俄國皇后」號前往溫哥華,豈料在 23 日心臟病發逝世,年
僅 34 歲,遺體安葬大海。10

曉士夫人任職看護,一直關心英華書院的發展,11 嘗捐款贊助遷校
弼街。12 1931 年,曉士的母親把兒子遺款贈予英華書院,成立「曉
士學額」,名額每年兩個,13 讓校長對學校的關愛得以延續下去。

皮堯士博士　署任校長(1918-1919)

皮堯士校長(1854-1938),倫敦會傳教士,1854 年 12 月 26 日出生
於英格蘭一個基督教家庭,少時已立志委身傳道。中學畢業後,入
讀倫敦新學院的神道學院。1879 年 9 月 3 日受按立為牧師,未幾即
經香港到廣州傳教。1893 年來港,推動香港和澳門的福音工作,愉
寧堂、合一堂、灣仔堂、深愛堂等皆沾其惠。1904 年,他集合道濟
會堂和香港愉寧堂之力,組織香港新界傳道會,在新界地區開展佈

皮堯士校長(亞非學院藏品)

皮堯士校長紀念碑（合一堂藏品）

道工作。皮堯士牧師精通中文，曾參與《聖經》（深文理和合）譯本的翻譯工作。1915 年，倫敦會、公理會、聖公會、循道會、巴色會、浸信會和禮賢會七大差會，攜手成立香港基督教聯會。皮堯士牧師被推舉為首兩屆聯會主席，足見他在香港基督教群體中的地位。14 他又經常慷慨資助教會，1920 年起更停止支薪，好讓差會可多派一位傳教士來華。15

皮堯士牧師在港 30 多年，除委身福音事工外，也參與本地的教育事務，例如協助道濟會堂復辦英華書院，並於曉士牧師服役期間署任校長（1918-1919）；又嘗任教育司署督學、考試委員會委員、教育委員會委員、馬禮遜堂舍監、香港大學終身校董等。他對香港社會的貢獻屢受表揚，1917 年獲香港大學頒授法學博士學位，1923 年再獲大英帝國官佐勳章。16

皮堯士牧師退休後長居倫敦，1938 年 10 月 9 日中風辭世，享年 83 歲。他與夫人夏里遜育有一子一女。其子湯馬士・歐內斯特・皮堯士曾任香港立法局非官守議員（1939-1941）。

腓力士牧師　第九任校長（1922-1924）

腓力士校長（或譯作力戈登，1884-1979），1884 年 4 月 12 日出生於倫敦伊靈，家中排行第五，17 在倫敦大學修讀道學，1911 年以一級榮譽畢業。18 同年 10 月 18 日受按立為牧師，被倫敦會差派往廈門宣講福音，翌年 10 月 5 日與布萊寧小姐結婚。19

除 1922 至 1924 年短暫出掌英華書院外，腓力士青壯年時期主要在廈門度過，嘗擔任福民小學主理、20 鼓浪嶼公共租界工部局董事、21 閩南聖道專門學校（後改名閩南神學院）教員、漳州協和醫院院長、22 並參與撰寫《新約釋義全書》、《舊約釋義全書》等書。1979 年與世長辭，享年 95 歲。23

腓力士校長

沈維昌先生　第十任校長（1924-1930）

沈維昌校長（1900-1991），廣東新安人，1990 年 11 月 3 日出生於香港。父親沈榮貞為路德會教士，24 母親陳恩珍在一所女子教會學校任校長。25 沈父早年隻身前往夏威夷，在茂宜島庫拉建立聖公會聖約翰禮拜堂。1910 年，沈校長隨父移居夏威夷，先後入讀意奧蘭尼書院、阿什蘭高中和俄勒岡大學，取得文科學士學位。他學成回港，加入英華書院任教英文和擔任體育主任，26 1924 年底掌校。1930 年辭任後，一直從事保險業工作。

沈維昌校長

沈校長熱愛運動，尤好棒球和籃球。他曾代表中華民國參加第六屆（1923 年）和第七屆（1925 年）遠東運動會棒球賽。又嘗出任華人棒球聯賽主席、校際籃球聯賽主席等職，27 對推動香港體育發展不遺餘力。

沈校長與劉王英小姐於 1926 年 4 月締結婚盟，28 育有二子一女。晚年定居檀香山，1991 年 4 月 24 日辭世，享年 90 歲。29

1923 年 5 月，香港南華體育會代表中華民國遠赴大阪，參加第六屆遠東運動會棒球賽。時任英華書院老師的沈維昌擔任隊長和投手。30

舒活校長

舒活牧師　第十一任校長（1930-1938）

舒活校長（約 1896-1975），倫敦會傳教士。1926 年偕同妻子麥嘉娜來港傳道，事奉於愉寧堂、中華基督教會灣仔堂、香港新界傳道會、英國及海外聖經公會、聖書公會等。日佔時期，他被關赤柱拘留營，仍不忘服侍上帝，出任聯合教會委員會主席。31 1949 年，被派駐上海，兩年後回港差傳，並兼任基督教輔僑出版社（即日後的基督教文藝出版社）首任總幹事（1951-1953），出版多種基督教刊物，積極推動文字宣教事工。

舒活在華的 27 年間，一方面努力宣揚福音，一方面貢獻香港教育。1927 年，他加入英華書院校舍建築兼學務委辦，協助遷校旺角弼街。1930 至 1938 年出掌英華而不受薪，32 其間增辦漢文小學，並取得政府補助，一紓學校財困。他又嘗擔任教育委員會成員、灣仔堂男校和女校校長、33 香港大學馬禮遜堂舍監（1948-1949）等職，並協助創立崇基學院，對香港教育界貢獻良多。

1953 年，舒活校長返英，先後出任英愛傳道會大會的亞洲秘書和總幹事，34 又於謝爾本公理堂擔任牧師。1975 年 6 月 15 日辭世，享年 79 歲。

鈕寶璐校長　第十二任校長（1938-1964）

鈕寶璐校長（1905-1964），早年在英格蘭約克郡生活，先後入讀阿普米爾公立學校、奧爾德姆高中和曼徹斯特大學，取得理學士學位。1929 年起在西爾克羅夫特書院任教數理科目。1933 年，受倫敦會差派來港加入英華書院，五年後接替舒活牧師擔任中小學校長。太平洋戰爭期間，加入海軍志願後備隊，被關押深水埗拘留營。重光後，因身體虛弱，須回英休養。1947 年初重掌英華，直至退休。

鈕寶璐校長，約攝於 1937 年。（亞非學院藏品）

鈕寶璐校長除獻身英華外，也熱心服務社會。1947 年起，他在補助學校議會擔任不同職務，包括主席（1954-1956）、副主席（1959-

Frank Short was 'a man of vision'

The late Rev Frank Short possessed a gift which few people had.

This was stated by the Senior Missionary of the Council for the World Mission (formerly London Missionary Society), Dr E. H. Paterson, at a memorial service for Mr Short, held yesterday at the Union Church, Kennedy Road.

"He was a man who obtained a broad picture, a vision, of what was going on in great precision and knew what to do with it," Dr Paterson said.

"We in Hongkong must consider ourselves fortunate to have had a man like Frank Short to knit together the various strands of activities in the Church and the mission," he continued.

Mr Short was a prominent missionary and teacher in Hongkong for more than 25 years. He died in England on June 15 at the age of 79.

Dr Paterson described him as a man who could make decisions at a decisive time.

Mr Short was appointed by the London Missionary Society to serve in Hongkong in 1926. He was headmaster of Ying Wah College from 1927 to 1934. He was also Warden of Morrison Hall (the London Mission Hostel attached to the University of Hongkong), and was deeply involved in the educational life of Hongkong.

During the Japanese occupation he was interned at Stanley. After the war, he was minister of the Kowloon Union Church and, for a time, principal of the Ying Wah Girls' School.

He helped to revive the Bible Book and Tract Depot, better known as the Challenge Bookshop. Supported by a large group of students he helped rebuild Morrison Hall to serve as a university residence hall.

In 1949, Mr Short was transferred to Shanghai where he served as secretary of the China Council of the mission.

He returned to Hongkong two years later as the London mission representative in Southeast Asia.

In 1953, he returned to England and was general secretary of the Conference of British Missionary Societies from 1957 to 1965.

He then became minister of what is now the Sherborne United Reform Church in Dorset, a post he held until his death.

Among those attending the memorial service yesterday were the former Vice-Chancellor of the Hongkong University, Sir Lindsay Ride, the General Secretary of the Church of Christ in China, the Rev Dr Peter Wong, the Headmaster of Ying Wah College, Mr Rex King, and friends and colleagues of Mr Short.

The service was conducted by the Rev Dennis Rogers.

The Rev Dennis Rogers meets friends of Rev Frank Short at the memorial service.

有關舒活牧師悼念會的報道 35

1961）、36 補助學校補助基金管理委員會主席、補助學校校舍折舊基金會委員等，並代表議會成為香港大學校董會董事。1959 年，他領導成立就業輔導主任協會。37 此外，他嘗出任教育委員會、雅麗氏何妙齡那打素醫院理事會、馬禮遜宿舍管理委員會的成員。1963 年元旦，英女皇賜以官佐勳章，表揚他對香港社會的貢獻。

1964 年，鈕寶璐校長以健康理由提早退休。他偕同夫人路絲和女兒珍納、瑪嘉烈乘坐輪船芝萬宜號經澳洲返鄉，38 未料抵英不久即遺下妻女撒手塵寰。

先生生於 1905 年 9 月 21 日，終於 1964 年 12 月 27 日，享年 59 歲。39

有關鈕寶璐校長獲頒官佐勳章
的報道 40

容啟賢先生　署任校長（1946-1947）

容啟賢先生（1904-1987），廣東中山人，1904 年 10 月 8 日出生。1920 年入讀英華書院，屬高材生，五年後在大學入學試取得優異成績，到廣州升讀大學。

容啟賢副校長

容先生 1930 年回母校任副校長，教授英文和數學。1937 至 1940 年兼任學生宿舍舍監，乃挈眷入住校舍；其後校方為增加教學空間而取消宿舍，校董會仍留容氏一家住校。41 1941 年底香港淪陷，學校停課，容副校長轉往澳門教學。42 1945 年 8 月香港重光，11 月 1 日英華復課，久困集中營的鈕寶璐校長因身體虛弱，須回英休養，其間由容先生署任校長職，43 至鈕校長 1947 年 1 月復職止。44 舒活牧師對容副校長評價甚高：「我擔任校長期間認識到要完全信任他。」45

容副校長在基督教家庭長大，是中華基督教會望覺堂教友，教導學生需要品德學業兼備。戰後，他「念傳統之優良校風，亟宜保持光大，以符合基督意旨」，乃以「篤信善行」為英華書院校訓。1950 年代中，校董會有見弼街校舍殘舊狹小，乃議決籌建新校舍，容副校長即身先士卒約同教職員自行按月捐獻，然後再大規模向各界募捐。46 他又協助校長重興校友會，並擔任副會長，動員舊生出錢出力回饋母校。1963 年牛津道校舍落成，眾師生一同受惠。

1964 年，容副校長年屆退休之齡，適值鈕寶璐校長榮休，他乃獲邀延任，協助艾禮士校長處理校務，至 1968 年功成身退。

容先生與夫人梁妙芳育有二子二女，即應芬、應輝、應勤、應麟。1987 年 1 月 18 日辭世，享年 82 歲。47

艾禮士校長

Terence Ileo

艾禮士先生　第十三任校長（1964-1972）

迄上世紀 60 年代，英華書院創校早逾百年。六三孟夏，遷新校舍。越新學年，師生人數俱增。中有英籍文史科老師艾禮士先生，由倫敦差會派任。先生年將而立，風華正茂，應主感召，委身教育，丁年去國，首赴英華。上任伊始，其丰神吐屬，德行文質，識見抱負，學養才情，闔校師生，無不耳目一新也。

先生生於 1934 年 4 月 9 日，少長於英格蘭威爾特郡鄉鎮，得獎學金入讀倫敦大學歷史系。其時已積極參與學生福利活動及基督徒組織，獲大學學生會授予終身會員之榮譽。1956 年以榮譽文學士學位畢業後，因服國民兵役派駐香港英軍教育部隊，負教導華籍兵員英語之責，著有英語教育教科書三種。退役後赴南非供職銀行，因不滿種族隔離政策請辭，轉往岡比亞任歷史科教師，並加入當地政黨，鼓吹脫殖獨立。回英後入倫敦會，矢志基督教之差傳事工。

1964 年夏，本校鈕寶璐校長盡瘁退休，告老歸國，艾先生眾望中繼任。掌校之初，英華正期增長，存廢舊新之衡，興替破立之間，每能提掣精準，而井然有序。百齡臥龍，行見煥發舉步，起舞騰飛。

校長育人以全，而不偏學藝。曰人皆有才，而稟賦各異，固不囿於章句典籍之中。而學子之早慧遲熟，資質潛能，亦因人而殊，勿以一時一考之成敗而取捨也。故課內之教，案牘勞形，課外之訓，海闊天空，校長均兼而重之，尤着重於領袖之訓。每委大任於學生，其力若不勝者，然後聽之於困惑艱難之中，而任之於窮山暗柳自出蹊徑，只關鍵竅要處略加提點。是以學生接物處事之信心經驗，已自得之於進退思行之中矣。對日後經世致用，裨益甚大。

校長殫精竭慮，朝夕英華。協助學生前途出路，心德俱盡而不遺餘力，每能就其所長而褒揚有加。其薦於外者，恒譽為本校之最佳，而輒得其門而入。學生受惠之餘，必勤奮向上，以報知遇。大器既成，弟子感戴終生者，所在多有。

校長一生忠於基督，關愛學生。1972 年，校長於掌校八年後約滿離任，海內外舊生數百人聯署挽留，懇切依依之情，經數十年積澱，已成不朽之愛戴。而校長離英華後，轉至聖潔靈女子中學任教並為英文科主任，於斯七載。離任後長居菲律賓，研讀神學，亦恒常與一眾子弟聯繫。每過港必有良晤，執手問安，並垂詢各同學近況有可代禱者，殷殷之情，令人感動。

1998 年，有校友以艾校長年事已高，且素無家室，乏人照料，眾籌成立「艾禮士校長信託基金」，支付校長居住及健康所需。由是艾校長遷居馬尼拉一服務式公寓，且有一全面而全球之醫療保險。

2013 年 6 月 24 日，艾校長因心臟病猝逝於菲國，享歲 79。得英華熱心校友遠赴菲國辦理後事，攜回骨灰，並於 7 月 12 日在英華鈕寶璐堂舉行安息禮拜，骨灰安放香港基督教墳場。

校長遽去，音容如昨。疾來洶湧，去不纏綿，遐齡得享，固稱善終。校友遵校長遺願成立「艾禮士校長神學基金」，獎助英華子弟攻讀神學，迄今遺澤已及八名校友。捐款與受惠者皆年有所增也。48

艾禮士校長

1   校祖及英華書院第一至第七位校長共八位先賢之生平由柯保羅校友撰寫。

2   James Sibree, *London Missionary Society: A Register of Missionaries, Deputations, Etc., from 1796 to 1923*, pp. 168-169.

3   Census Returns of England and Wales of the following years and households:-

a. Year 1891: 7 Lingards Road, Lewisham, London (The National Archives of the UK (TNA); Class: RG12; Piece: 520; Folio: 178; Page: 58; Schedule No. 340)

b. Year 1901: 27 Trinity Square, Trinity, Newington, Southwark, London (The National Archive of the UK (TNA), Class: RG13; Piece: 371; Folio: 140; Page: 5; Schedule No. 35)

4   *Missionary Magazine and Chronicle*, Oct. 1913, p. 229.

5   *The Eagle*, October 1906, p. 111.

6   *The Eagle*, December 1918, p. 108.

7   黃輝光：〈曉士先生傳略〉，見《英華青年》，頁 38。

8   *The Hong Kong Government Gazette*, 26 Jul. 1918, p. 320.

9   "Hughes—Cameron", *South China Morning Post*, 23 Jul. 1920, p. 6.

10   James Sibree, *London Missionary Society: A Register of Missionaries, Deputations, Etc., from 1796 to 1923*, pp. 168-169. Registry of Shipping and Seamen, The National Archives of the UK, Series BT 334, Box 0082, "Deaths At Sea 1891 - 1972," p. 38

11   曉士夫人 1934 年出席了全年所有校董會會議。

12   〈建築香港中華基督教會旺角英華書院進支數結冊〉（1929 年 11 月 18 日）

13   校董會會議紀錄，1931 年 11 月 25 日。

14   李金強主編：《香港教會人物傳》，頁 14-15。

15   劉粵聲：《香港基督教會史》，頁 336-340。

16   "Obituary: Rev. Dr. T. W. Pearce Deeply Mourned Service in China", *South China Morning Post*, 12 Oct. 1938, p. 11.

17   Census Returns of England and Wales 1901 regarding the household of 27 Craven Park, Willesden, Hendon, Middlesex, England (The National Archives of the UK (TNA); Class: RG13; Piece:1215; Folio:143; Page: 36; Schedule 204).

18   *University of London, The Historical Record (1836-1912)*, p. 323.

19   James Sibree, *London Missionary Society: A Register of Missionaries, Deputations, Etc., from 1796 to 1923*, p. 159.

20   洪卜仁主編：《廈門老校名校》，頁 191。

21   何丙仲：《鼓浪嶼公共租界》，頁 152。

22   《閩南基督教大議會年錄》第 1 冊（福建），頁 171、363。

23   *Deaths Registered in October November December 1979, England and wales Civil Registration Indexes*, p. 714.

24   Arlene Lum (ed.), *Sailing for the Sun: The Chinese in Hawaii, 1789-1989* , p. 64.

25   "Mrs Yin-Chin Shim," in *Honolulu Star Bulletin*, 11 March 1959, p. 13.

26   "Ying Wah College, Report of a Year's Work," *South China Morning Post*, 17 Jan. 1924, p. 3.

27   "Local Baseball: Close of the Chinese League Season Yesterday's Event," *South China Morning Post*, 22 Apr. 1929, p. 8; Matty Chang, "Basketball: Ying Wa Wins the Junior Division A Sporting Game," *South China Morning Post*, 1

Jul. 1929, p. 6.

28   "Weddings," *South China Morning Post*, 6 Apr. 1926, p. 8.

29   *The Honolulu Advertiser*, 2 May 1991, D5.

30   【日】飯田基之《第六回極東選手權競技大會記念寫真帖》，頁 50。

31   "Memorial Window Dedication", in *South China Sunday Post – Herald*, 26 Aug. 1951, p. 23.

32   校董會會議紀錄，1934 年 5 月 16 日。

33   蔡義鴻主編：《中華基督教會灣仔堂 150 週年堂史特刊》，頁 102。

34   Harold C. Fey (ed.), *A History of the Ecumenical Movement*, Volume 2: 1948-1968, p. xiii.

35   "Frank Short was a Man of Vision", *South China Morning Post*, 3 Jul. 1975, p. 7.

36   Patricia P.K. Chiu, *A History of the Grant Schools Council*, p. 255

37   "Masters and Mistresses of Schools: Association to be Formed," in *South China Morning Post*, 12 May 1959, p. 8.

38   "School Headmaster to Leave on Retirement," *South China Morning Post*, 15 Jul. 1964, p. 9.

39   以上六位先賢生平由張家輝校友撰寫。

40   〈英女王元旦授勳：官民名單〉，收入《華僑日報》，1963 年 1 月 1 日，頁 5。

41   校董會會議紀錄，1937 年 2 月 4 日；1940 年 5 月 8 日。

42   根據舒活 1945 年致香港教育司署公函，容啟賢曾在澳門 Wah Yan Middle School 擔任校長（1927-1930），在 Sung Sat Middle School 擔任署理校長（1942 至 1943 年），在 Hip Woh Middle School 擔任副校長（1942 至 1946 年 1 月），以及在 Lingnan Senior Middle School 擔任副校長（1943 至 1945 年）。詳情待考。

43   根據舒活 1945 年致香港教育司署公函，容啟賢於 1946 年 1 月開始署任英華書院校長。

44   Mr. Herbert Noble's Log Book.

45   舒活致香港教育司署公函，1945 年。

46   容啟賢：〈告英華同學書〉，《英華書院校刊 1967-1968》，頁 9。

47   容應麟校友訪問紀錄，2018 年 11 月 3 日。〈容啟賢副校長〉一文由劉善鵬校友撰寫。

48   艾禮士校長生平由方展雲校友撰寫。

校舍今昔

《沁園春·英華書院二百週年紀念》　　　　作者：方展雲

高矚前人，創我英華，垂二百年。
始海南蓽縷，繙經授業，亞東櫛沐，育性陶賢。
薈萃中西，溝通學術，基督弘揚主旨先。
春秋過，抱善行篤信，歷久彌堅。

幾番滄海桑田，更幾度、艱辛欲折肩，
幸師生同赴，難關渡厄；神人共建，窟谷回天。
山半芒街，龍塘水埗，佳址何妨一再遷。
蒼生念，秉前賢遠志，奮著先鞭。

馬六甲（1818-1843）

1818 年，馬禮遜牧師和米憐牧師在馬六甲成立英華書院。校舍豎立在特朗奎拉城門外的「恒河外方傳道會」會址上，地皮原由東印度公司檳榔嶼政府撥予倫敦差會，差會再劃出其中一方興建英華書院。11 月 11 日，剛卸任馬六甲長官的法夸爾少校主持校舍奠基禮。

1843 年，理雅各牧師按倫敦會指示，把英華書院搬到香港。遷港前，他出售了馬六甲英華書院校舍和倫敦會產業，得款 3,650 西班牙元。

昔日的校舍主樓，面朝今天敦陳禎祿街，毗鄰培風第一小學。

《英華書院簡章》曰：「主樓長（包括牆壁）90 英呎，闊 34 英呎。側牆離地高 35 英呎，基座深約地下 5 英呎，是比較鞏固的設計。主樓四面設有走廊，寬 16½ 英呎，連走廊建築物的寬度達到 67 英呎。主樓兩端走廊寬約 6½ 英呎，連走廊建築物的長度為 103 英呎。整個主樓連走廊周長約為 340 英呎。每層規劃了九個房間在走廊旁邊。左右兩端各有四個房間，中間為大堂。地面和一樓設計相同。地面兩端的八個房間間隔為 14½ 英呎乘 13 英呎 7 英吋。大堂是 29½ 英呎乘 30 英呎，地面房間和大堂高度都是 15 英呎。一樓同樣是八個房間和一個大堂，但由於牆壁比下面的薄半英呎，所以房間比地面的大幾英吋，一樓高度只有 13 英呎。閣樓與底下兩層的面積相若，只是高度不同。如果花一些錢裝置樓梯和窗戶，閣樓可以為本地學生提供 10 至 12 個舒適的宿舍。走廊的閣樓也很寬敞，適合各種用途。雖說大樓，不包括閣樓和走廊，規劃了 18 個房間。但要補充的是，由於不是所有房間馬上就要用到，所以還沒有完全間牆。等到有需要時，間牆也是不用太多功夫。如果需要更大呎吋的房間，把兩個房間合併就可以了。看見房間的高度、窗戶的大小、門的結構，以及怡人的環境，想像得到每個房間都會是舒適通風的。目前，走廊是開放式設計，如果蓋上威尼斯風格的屏風，就可以把它變成一條長 103 英呎寬 16½ 英呎的展覽長廊，在大樓兩面

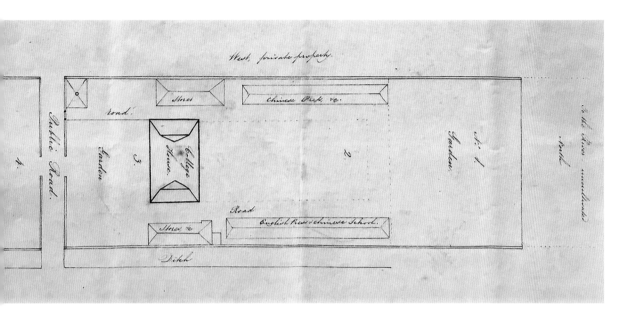

上：馬六甲校舍平面圖1
（倫敦大學亞非學院藏品）

下：馬六甲校舍2

提供一個難得景觀開揚的教學藝術空間。大樓有 36 扇雙扇門，其中 18 扇是威尼斯風格的。還有 36 個窗戶，其中 34 個是威尼斯風格的雙扇窗，配有百葉簾。地面上有 28 個堅固的磚柱支撐着走廊的結構，正面 10 個，後面 10 個，側面每端四個。走廊上有相同數量的堅固木柱支撐着上蓋。主樓的基座主要是石造，而牆是磚造，手工精細，非常穩固。樑、椽子、門窗的帖子、走廊上的柱子和欄杆，和各主要木製部位，均是採用非常耐用的默羅木。這種木材是防白蟻的。木板和其他材料都是當地優質的建材。人行道的路磚從中國運來，其他的磚、瓷磚、石灰等則是馬六甲本土優質製造。鎖具、鉸鏈和部分釘子是歐洲製造廠出品，有的鐵製品雖然粗糙，但已是可以採購到的最高品質了。樓梯建在後面，和走廊分開。待資金到位，還是要多建一條樓梯在正面。人行道是升高了的。地面房

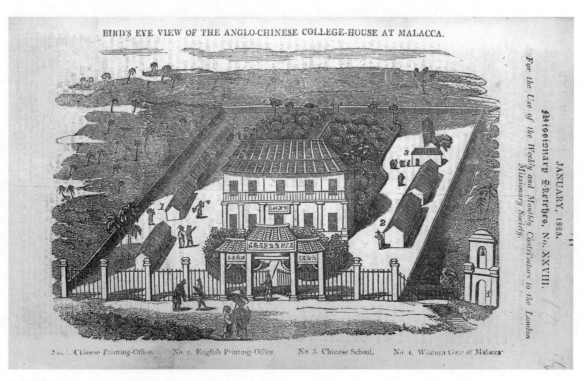

BIRD'S EYE VIEW OF THE ANGLO-CHINESE COLLEGE-HOUSE AT MALACCA.

For the Use of the Weekly and Monthly Contributors to the London Missionary Society.

Missionary Sketches, No. XXVIII.

JANUARY, 1825.

No. 1. Chinese Printing-Office. No. 2. English Printing-Office. No. 3. Chinese School. No. 4. Western Gate of Malacca.

馬六甲校舍 3

間的地磚下鋪了木炭和石灰，用來防潮防白蟻。大樓部分上了油，但未上漆。現在只有學監和一名學生住在那裏，其他人讀書工作出入並沒有寄宿；主樓有圖書館、演講室和其他規劃。」4

馬六甲敦陳禎祿街。中央紅色
建築物為培風第一小學，箭嘴
下的一排小樓房約為舊日英華
書院前門位置。

士丹頓街（1844-1856）

1844 年 1 月，理雅各牧師和合信醫生在香港從政府投得維多利亞城兩塊相連地皮，面積接近 40,000 平方呎。地皮由士丹頓街、鴨巴甸街、荷李活道和伊利近街圍繞着。倫敦會在上面興建了二層高的「傳道會大樓」，設英華書院、辦公室、宿舍、印刷所、圖書館等。英華書院設在二樓，1856 年停辦。

昔日傳道會大樓位置，今樓宇林立，包括太利樓、華怡樓、大利樓、永活樓、興揚大廈、永利大廈等。

傳道會大樓／士丹頓街校舍
（亞非學院藏品）

This Indenture, of two parts, made the *twenty third* day of *January* —— 1863.

between OUR SOVEREIGN LADY VICTORIA, by the GRACE of GOD, of the United Kingdom of Great Britain and Ireland, Queen, Defender of the Faith, of the one part, and *James Legge of Victoria in the Colony of Hongkong, Doctor of Divinity, and John Chalmers of Canton in the Empire of China, Missionary under the London Mission Society*

————————————————————————————————— of the other part.

WHEREAS by Letters Patent under the Great Seal of the United Kingdom of Great Britain and Ireland, made and dated at Westminster, the Fifth day of April in the Sixth Year of the Reign of aforesaid Majesty, the Island of Hongkong and its Dependencies were erected into a Colony, and full power and authority to the Governor of the said Colony of Hongkong, for the time being, were given and granted in the Name of Her said Majesty, and on Her behalf (but subject nevertheless to such provisions as might be in that respect contained in any Instructions which might from time to time be addressed to him by Her said Majesty,) to make and execute, in the Name and on the behalf of Her said Majesty, under the Public Seal of the said Colony, grants of Land to Her said Majesty belonging, within the said Colony, to private persons for their own use and benefit, or to any Persons, Bodies Politic or Corporate, in trust, for the public uses of Her said Majesty's Subjects there resident, or any of them; AND WHEREAS by certain other Letters Patent under the Great Seal as aforesaid, bearing date the *twenty second* day of *June* in the *twenty third* Year of the Reign of Her said Majesty, *Sir Hercules George Robert Robinson, Knight*

———————————————————— was constituted and appointed ———————————————————— Governor and Commander-in-Chief of the said Colony of Hongkong, and its Dependencies; AND WHEREAS by certain Instructions of Her said Majesty, addressed to the then Governor of Hongkong, under Her said Majesty's Signet and Sign Manual, and dated the Sixth

belonging to Her said Majesty;

Current Dollars, which are at this time a legal tender in the said Colony of Hongkong, in hand paid to the said *William Thomas Mercer* as *acting* ———————————— Governor of the said Colony, for the use of Her said Majesty, by the said *James Legge and John Chalmers* ————————

at or before the Sealing and Delivery of these Presents, the Receipt whereof is hereby acknowledged; HER SAID MAJESTY QUEEN VICTORIA, Doth demised, leased and to farm let, and by these presents Doth demise, lease and to farm let, unto the said ————————

James Legge and John Chalmers, their ———————— Executors, Administrators and Assigns, ALL that piece or parcel of Ground situate, lying, and being at Victoria in the said Island of Hongkong,

together with all easements, profits, commodities and appurtenances whatsoever to the said demised premises belonging, or in any wise appertaining. EXCEPT AND ALWAYS RESERVED unto Her said Majesty, Her Heirs, Successors and Assigns, full power

given to the Occupant thereof of its being so required, and a full and fair Compensation for the said Land and the Buildings thereon, being paid to the said *James Legge and John Chalmers, their*

Heirs, Executors, Administrators or Assigns, at a valuation to be fairly and impartially made by the Surveyor of Her said Majesty, Her Heirs, Successors or Assigns, and in which said valuation, the benefit to accrue to the said *James Legge and John Chalmers, their*

Heirs, Executors, Administrators or Assigns from any such improvement or public purpose shall be allowed by way of set-off against any Damage, he or they may suffer from such resumption as aforesaid; EXCEPT AND RESERVED ALSO, all Mines, Minerals and Quarries of Stone in, under and upon the said premises, and all such Marl, Clay, Chalk, Brick-earth, Gravel, Sand, Stone and Stones, and other Earths or Materials, which now are or hereafter, during the continuance of this demise, shall be under or upon the said premises, or any part or parts thereof, as Her said Majesty, Her Heirs, Successors and Assigns may require for the Roads, Public Buildings, or other Public Purposes of the said Colony of Hongkong; with full liberty of Ingress, Egress and Regress, to and for Her said Majesty, Her Heirs, Successors and Assigns, and Her and their agents, servants and workmen, at reasonable times in the year during the continuance of this demise, with or without horses, carts, carriages, and all other necessary things into, upon, from and out of all or any part or parts of the premises herein before demised, to view, dig for, convert and carry away, the said excepted Minerals, Stone, Earths and other things respectively, or any part or parts thereof respectively, thereby doing as little damage as possible to the said *James Legge and John Chalmers, their*

1863 年政府發出的內地段第 98 號地契（土地註冊處藏品）

1845 年維多利亞城地圖上的
英華書院（Anglo-Malacca
College）（英國國家檔案館藏
品，FO 705/82）

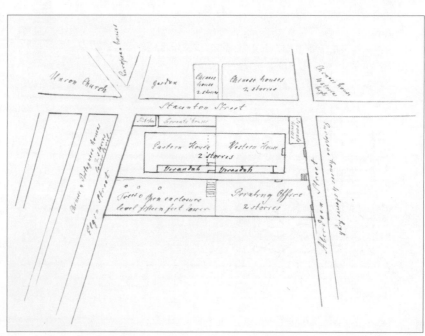

傳道會大樓平面圖，繪於
1873 年 5 月 17 日。5（亞非學
院藏品）

今太利樓（鄭德富老師提供）

相片中央的建築群乃昔日傳道
會大樓位置（鄭德富老師提供）

堅道（1914-1917）

1914 年 2 月 9 日，英華書院於堅道 9 號（內地段 67 號）復校。尋以物業拆卸之故，遷往堅道 67 號（內地段 574 號），後又搬到 45 號（內地段 100 號）。

1925 年，政府重編堅道門牌，9 號、67 號和 45 號分別改為 21 號、139 號和 97 號。6

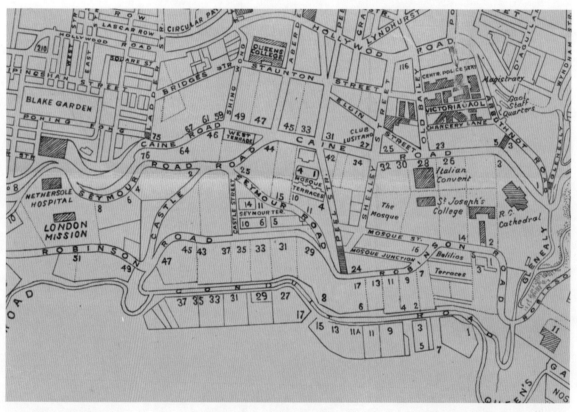

1909 年維多利亞城地圖上的堅道（英國國家檔案館藏品，CO 700/HongKongand China48）

上：今堅道 21 號雅苑（鄭德富老師提供）

下：今堅道 139 號堅苑（胡澤明校友提供）

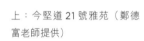

今堅道 97 號香港浸信教會恩典樓（胡澤明校友提供）

基加拿希（中華基督教禮賢會
香港區會藏品）

般含道（1917-1928）

般含道 82 號校舍建築物原名「基加拿希」，坐落內地段第 609 號 A，7 最初為香港庫務司（即今財政司司長）科庫所擁有，8 其後一度成為太古洋行大班麥金托什的住所。9 1899 年禮賢差會購入自用，10 一戰爆發後被香港政府接管。1917 至 1928 年間，英華書院向港府租賃「基加拿希」作校舍。該址今為般含道 78 號寧養台。

郭木開（1924 至 1928 年般含道校舍寄宿生）記曰：

> 在那時候，我們母校的校舍是一幢租來的樓高二層的古舊大洋房，位置在香港般含道，背山臨海，環境十分清雅，洋房背後，有一塊空地可作籃球場，場之三面種植有百數十年之古老大樹多棵，綠樹成蔭，極宜運動後之休息。在大洋房之另一角

般含道校舍

建築有屋宇一所，樓高兩層，每層有房間兩個，每個房間設有上下格之木床四張，我就在那層房子樓下的一個房間度過了五年的寄宿生活。在那宿舍樓房不遠處設有一學生食堂，該食堂供應全校百餘學生之膳食。當時母校校舍是用木建築的樓房，經過相當年月，樓房已有顯著之殘舊和破爛，牆壁批盪有些脫落，百葉窗多不完整，每遇風雨，住近窗戶的宿生均不得安睡，如遇颱風則更使宿生們提心吊膽，在校數年來颱風襲擊次數不少，颱風之威力可使百年老樹連根拔起可使洋船沉沒，但是貌似風燭殘年的英華老校舍卻昂然屹立不動。至一九二八年暑期，我們才放棄這座我們不能忘懷的校園，我們校舍遷至旺角弼街新校址。從那時起，我遷回家中居住，結束我在英華寄宿階段。11

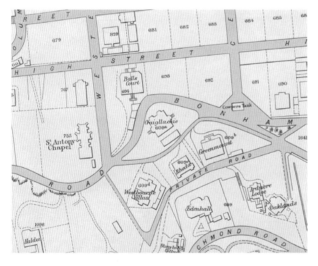

1901 年維多利亞城地圖上的「基加拿希」（Craigellachie）（英國國家檔案館藏品，CO 700/HongKongandChina21）

今般含道 78 號寧養台（方培章校友提供）

弼街 (1928-1963)

1920 年代初，道濟會堂和公理堂合力籌建「中華基督教會旺角堂」，當中包括教堂和一所新的男女校，但最終用作英華書院校舍和望覺堂堂址。

道濟會堂捐出紅磡遺愛書室，並由中華基督教會和英華書院補地價 4,000 餘元，[12] 向政府換取九龍內地段第 1784 號興建校舍，政府再撥出相連地段第 2274 號作為運動場。兩地分別為 6,200 和 5,890 平方呎，合計 12,090 平方呎。

新校舍由建築師 Raven 和 Basto 先生設計，[13] 由謙信公司承建，1927 年動工，翌年秋落成，英華書院和望覺堂共用一廈。此乃英華書院復校後首個自置校舍，地址為弼街 56 號。

弼街校舍北面（正門）和東面

方展雲（1956 至 1963 年弼街校舍學生）記曰：

學校建築物坐南朝北，正門開向弼街。上階梯入前庭為第一進，
呈方形，東西各有一房。東房為望覺堂辦公室，學生禁入。西房
為校務處兼售練習簿。前庭南面有鐵閘，上課日晨鐘響後校工即
關閘，遲到學生不得進入，早會後經萬威先生記名始放行。

經鐵閘入第二進，分東中西三部。東部為圖書館，館內另有門
南開入禮堂。中部為順時針方向而上之樓梯，自東面始，向南
上數級至一頓步平台，正面有木門開入禮堂之講台上，若過門
不入，右轉 90 度上一長梯至第二頓步平台，再右轉 90 度又至
一短梯，梯盡又右轉長梯，如是經四段樓梯可至二樓。其餘樓
層佈局相同。地下第二進西部有方形空間，有一南開門可入禮
堂，一西開門可出樓外。

懸掛於弼街校舍正門的招牌

弼街校舍西面

第三進為禮堂。講台坐北向南，左右各有上落階梯。台沿半圓。從台下仰視，正面牆上鑲有「何進善堂」四個大字，其下有英華書院校徽。右面有何福堂瓷像連銘文石壁一方，正中有木講壇。台下左方有鋼琴，供早會唱詩時司琴所彈。禮堂南端東西角各有一板間房，分別為小一及小二課室。禮堂東南西面皆有窗，掛竹簾。禮堂南極有門開入一小室，內置木櫃放體育用品，小室再有門開至南面之操場。

主建築由第二、三進之間壁約分為南北兩部。北部之上層供教務行政，為教員室、校長室等辦公處，及各層之洗手間。南部乃學生日常學習處，地下為禮堂，上層為課室實驗室等，每層有一北南向之走廊，東西各有三課室。四樓一部分為實驗室、特別教室等。走廊盡頭處乃一可下望操場之露台，其西端連接

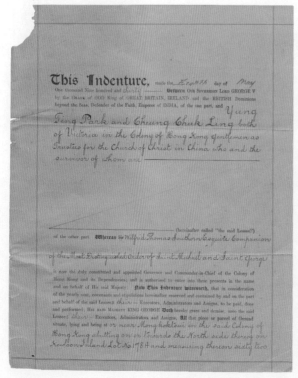
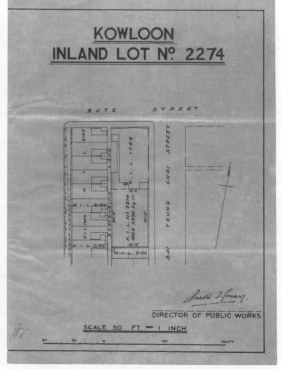

截自弼街校舍地契
（香港歷史檔案館藏品）

鐵造太平梯（鐵梯）供學生上落。

主建築物外西面露天處建有一平房，其內南北分隔，南為體育
課更衣室，北為洗手間。平房與禮堂平行，均為北南走向，中
有小巷分隔。小巷有門開入禮堂西側，其南端出操場前經主樓
之西南外角可見鐵梯全貌，由地下呈之字上天台，髹黑色，有
扶手，每層俱有出入口，最高入天台處為鐵枝頂，有水平拉閘
可鎖。

1963 年英華書院遷校牛津道，望覺堂以 44 萬元承接整個校園。1980
年，望覺堂在運動場興建了五層高的啟愛學校。1997 年把舊建築拆
卸重建，2002 年新廈落成，命名基督教大樓。

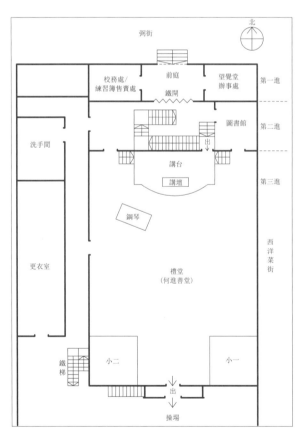

左：1950 至 1960 年代底層
結構（馮俊豪校友繪畫）

右：今基督教大樓（胡澤明
校友提供）

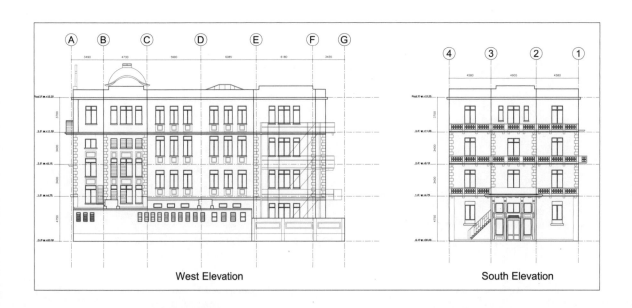

West Elevation

South Elevation

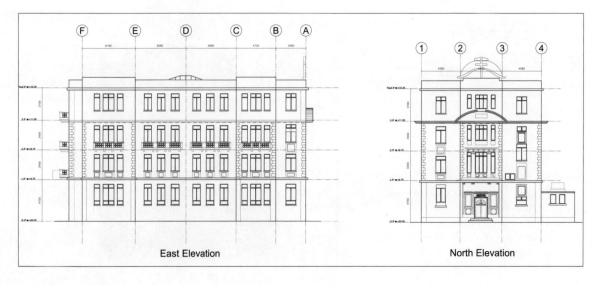

East Elevation

North Elevation

弼街校舍圖則（由麥健德校
友按 1990 年代望覺堂結構重
繪，跟英華書院略有出入。）

牛津道（1963-2003）

1955 年，校董會向政府申請土地興建新校舍，幾經波折，終於 1960 年獲批新九龍內地段第 4398 號，地址為牛津道 1 號 B。新校舍由著名建築師朱彬（基泰工程司）設計。[14] 1962 年 6 月 10 日校董會主席歐炳光奠基，翌年 5 月 27 日正式上課，10 月 4 日由港督柏立基爵士揭幕。

牛津道校舍門牌

牛津道校舍包括大樓一座和兩個籃球場。大樓東翼有鈕寶璐堂和雨天操場，西翼及北翼包括課室、校務處、教員室、宿舍（後改為圖書館）、圖書館、飯堂等。

2003 年英華書院遷出，2005 年起成為中華基督教會基華小學（九龍塘）校址。

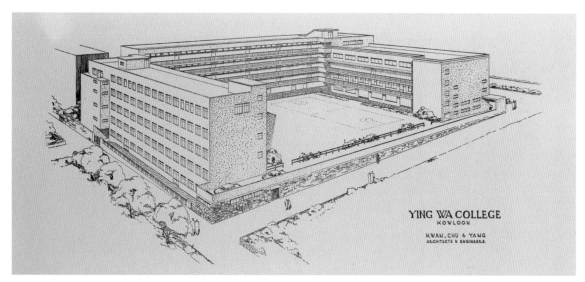

牛津道校舍圖

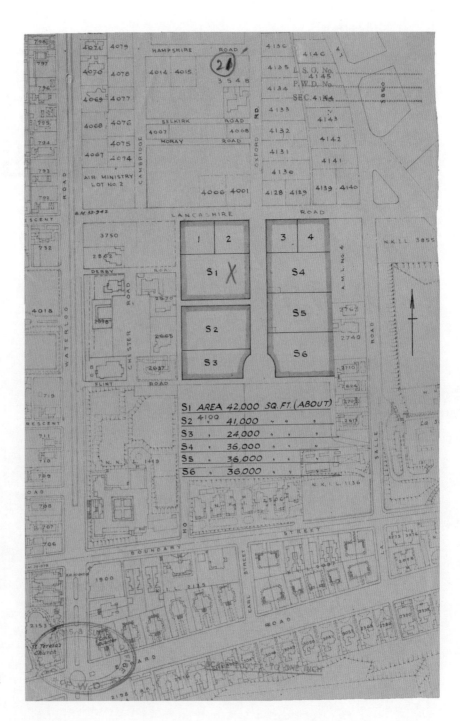

牛津道校舍位置圖（香港歷史
檔案館藏品）

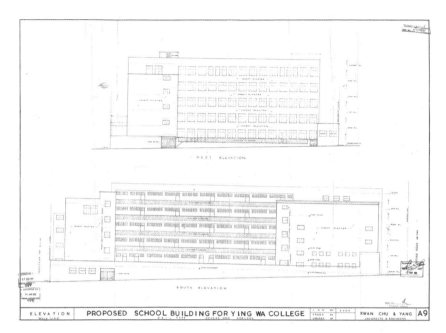

牛津道校舍西面和南面圖則

左：牛津道校舍東面（正門）

右：今中華基督教會基華小學

（九龍塘）（李俊蔚校友提供）

英華街（2003 至今）

20 世紀末，英華書院校董會計劃遷校，並復辦英華小學，把兩校設在同一校園，結合成「一條龍」學校。2000 年，政府批出深旺道和東京街交界一幅地皮，面積約 130,000 平方呎，足可容納兩所學校。政府原要求新校舍按「千禧學校」準則興建，即小學和中學分別為「L」型和「U」型佈局。校方認為「千禧學校」不切合英華的需要，跟政府多輪磋商後，終成現在的模樣。

新校舍於 2003 年啟用，包括三座大樓、三個標準籃球場和一個七人足球場。書院和小學各有禮堂。2018 年恒溫泳池大樓落成，建有五條 25 米泳道，天台設跑道和跳遠沙池。15

英華街校舍鳥瞰圖

校友會教學大樓。「英華書院」四字，出自著名書法家馮兆華（華戈）手筆。

譚益芳博士樓

羅氏基金教學大樓

泳池大樓

1   "Report of the Anglo-Chinese College in Malacca, Furnished to the London Missionary Society at the Request of the Directors by John Smith", 1830, LMS/SOAS.

2   Peter James Begbie, *The Malayan Peninsula, Embracing its History, Manners and Customs of the Inhabitants, Politics, Natural History &c. from its Earliest Records*, p. 368.

3   *Missionary Sketches: For the Use of the Weekly and Monthly Contributors to the Missionary Society*, Jan. 1825.

4   *Prospectus for the Anglo-Chinese College*, LMS/SOAS.

5   "Sketch Plan of the London Mission Buildings (Inland Lot No.98) in Hong Kong", 17 May 1873, LMS/SOAS.

6   *The Hong Kong Government Gazette*, 15 May 1925, p. 190.

7   *The Hong Kong Government Gazette*, 24 Nov. 1866, p. 470.

8   "Land Register of the Land Registry," Inland Lot No. 609A.

9   "Old HongKong," *South China Morning Post*, 5 Jul. 1933, p. 17.

10   "Land Register of the Land Registry"；劉粵聲《香港基督教會史》記為 1898 年，見頁 58。

11   郭木開：〈母校與我〉，見《英華書院校刊 1964-1965》，頁 3。

12   校董會會議紀錄，1933 年 3 月 22 日。

13   "The Builder: The New Ying Wah College Handsome Building to be Erected on the Mainland at Mongkok," *South China Morning Post*, 18 Apr. 1928, p. 9.

14   校董會會議紀錄，1955 年 10 月 4 日。

15   本章由張家輝校友撰寫

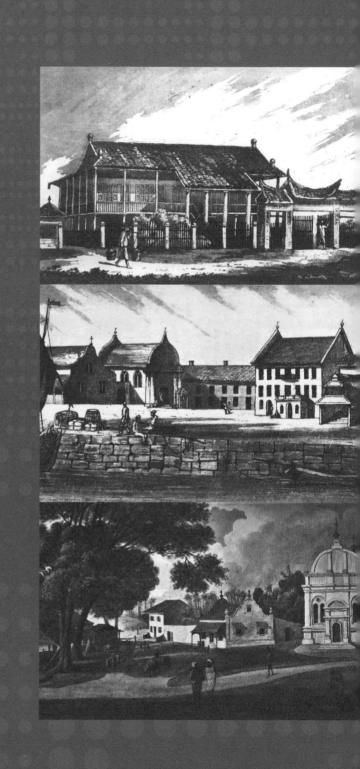

D'S EYE VIEW OF THE ANGLO-CHINESE COLLEGE-HOUSE AT MALACCA.

ting-Office.   No. 2. English Printing-Office.   No. 3. Chinese School,   No. 4. Western Gate.

簡介

從 1498 年葡萄牙探險家達伽馬登陸印度至 1945 年二次大戰結束時止，歐洲各國曾多次企圖在亞洲擴展勢力。這些嘗試在不同時空有不同結局，有時亞洲人會遏制甚至排斥外來者，有時歐洲人會成為主導甚至統治者。[1] 馬來半島在這幾百年裏曾歷經多次歐洲人的侵略及本土馬來人的反攻。當中亞洲貿易路線最早期的港口之一，以及曾向中國及暹羅進貢稱臣的馬六甲，就在自 1511 年起的幾百年間，先後成為了葡萄牙、荷蘭和英國的殖民地。

在 19 世紀初，英華書院首任校長米憐初次到訪時，馬六甲是一個由英國暫管的荷蘭殖民地——歐洲人是不折不扣的主導及統治者。相反地，當倫敦傳道會來華首位傳教士馬禮遜初次抵達時，廣州是個牢牢地被清廷掌控的中國港口——中國人遏制與外來者之通商貿易，更完全排斥文化交流。

兩地客觀環境之不同，促使馬禮遜和米憐在當時歡迎傳教士並有頗多華人聚居的馬六甲創辦了英華書院。他們期待，有一天最終的目標中國能夠開放。[2] 在 1824 年，當地的政治環境對英國變得更加有利，因為英國透過與荷蘭交換殖民地而成為了馬六甲的正式主人。不過，亞洲地緣政治不斷演變，在 1842 年第一次中英戰爭後，清廷把香港島割讓了給英國，更開放了五個沿海城市。一年後，倫敦傳道會終於授權時任校長的理雅各把英華遷往在中國南端的香港。

傳道差會和聖經公會的檔案積累了豐富的一手資料，而多年來的中外學術和宗教研究也產生了大量的二手資料。我們只能夠非常選擇性地使用這許多涵蓋馬六甲年代而質量參差的資料。本書中英文版本將會先後出版，鑑於一手資料幾乎全是英文，這個時期的校史亦先用英文撰作，再用中文重寫，在引用原文等情況下，需要翻譯時則往往會意譯而非直譯。為求附註簡潔，引用之資料只會以原文列出，而解釋則會用中文。

本校史馬六甲年代的部分共有三章，每章有六節加兩篇專題。第一章介紹倫敦會的始創、馬禮遜和米憐抵達亞洲的經歷、書院之構思

及英華於 1818 年在馬六甲的創建等；兩篇專題分別講書院位置和校園概況。第二章討論首任校長米憐在英華成立後的短暫而關鍵任期；專題則談書院圖書館及英華出版的中文聖經。第三章概述 1822 至 1843 年繼任校長期間書院的發展；而兩個專題就分別論述當時中外校友和校友兼第一位華人新教傳教士梁發。

各章節有不少插圖，已知來源者會附於說明下方括號內。一些近年的照片為作者往馬六甲（2008 年 4 月，2017 年 11 月）、澳門（2008 年 7 月，2018 年 3 月）和廣州（2018 年 3 月）實地考察時拍攝的。

馬六甲年代的校史有許多人物和無數事件。作者在重構這段歷史時嘗試平衡以時間及以主題為主的兩種敘事方法，但平衡亦意味着妥協，兩種方法都無法完全實現。期望讀者能夠耐心閱讀這些有時會比較複雜的故事。

 柯保羅（馬六甲時期撰文者）

1   參見 A. Clulow, *The Company and the Shogun: The Dutch Encounter with Tokugawa Japan*, pp. 9-34.

2   根據考據，早於明朝初年、鄭和 1408 年初次到訪前，馬六甲已有華僑居住。參見 V. Purcell, "Chinese Settlement in Malacca," *Jr of the Royal Asiatic Society*, Malayan Branch, 1947, pp. 115-125.

第一章

馬氏始創　等待中華

最早來華的新教傳教士及英華
書院創始人馬禮遜博士。（J.
R. Wildman）

英華書院肇始於馬六甲，創辦人馬禮遜博士和他的同
工米憐博士乃基督新教最早來華的兩位傳教士，分別
於 1807 年和 1813年由傳道差會派遣到中國。本章六
節簡要地介紹傳道差會的成立，馬禮遜和米憐的早期
經歷，選擇於馬六甲而非中國立足的背景，書院於
1818 年 11 月在荷蘭殖民地馬六甲的始創，以及當年
的一些人員流失和分歧；亦透過兩個獨立故事探討書
院位置及校園設施。

差會成立

英國海外差傳運動之根源複雜而久遠，包括 16 世紀
末至 17 世紀間令到非主流教派人士被排斥於主流社
會外的清教主義與英國國教聖公會之爭，[1] 以及 18 世
紀初導致當地基督徒宗教熱情高漲之福音派復興。至
18 世紀末，很多英國基督徒都認為有需要將福音傳遍
世界各地，短時間內成立了三個基督新教宣教團體，其一是由非主
流教派人士主導的傳道差會（於 1818 年更名為「倫敦傳道會」）。[2]

諸如循道會（包括衛斯理宗）、公理會、浸信會和長老會等非主流
宗派，當時已是英國基督教的重要組成部分。根據 1851 年的一次普
查，在屬於重點工業區的 29 個城鎮中，有 20 個信奉這些宗派之人

數甚至比聖公會更多。3 他們的領導人物之一，蘇格蘭裔牧師博格，曾於 1794 年 9 月的《福音雜誌》裏為海外傳教作出這典型呼籲：

> 你們曾為異教徒，生活於殘酷可憎之偶像崇拜中。耶穌僕人來自它方，向你們傳講祂的福音⋯⋯難道你們不應派使者往那些處於與你們以前同樣光景之國度〔去傳道〕，作為對他們善心之合理回饋？4

1795 年 9 月 22 日，數以百計來自各宗派的傳道者紛紛響應類似的呼籲，參加了傳道差會的成立典禮。繼而不少有志傳教者陸續加入差會，而第一批傳教士亦於 1796 年底被派往大溪地。

1804 年加入差會者包括年輕的馬禮遜。他於 1782 年 1 月 5 日在英國東北部諾森伯蘭的莫珀斯鎮出生，雙親均為虔誠教徒，父親更是長老會的長老。他曾在 1801 年的日記中宣稱：「若神給我機會，我的志願是⋯⋯為傳基督之福音事奉。」1803 年 1 月，他開始在非主流教派的何斯頓學院接受神學訓練。5

被倫敦會接納後，馬氏於 1804 年 5 月轉到屬差會的戈斯波特神學院跟博格牧師繼續進修，並於 1805 年 8 月返回倫敦，在聖巴托洛繆醫院學習醫術，在格林威治天文臺研究天文學，以及跟來自廣州的年輕人容三德修讀中文。6 馬禮遜於 1807 年 1 月 8 日被按立為牧師，並於同年 2 月從英國坐船往中國。除馬禮遜外，戈斯波特神學院的博格也曾是米憐、宏富禮、高大衛及修德等英華校長的教授，對書院早期的影響可謂深遠。

民間流傳的説法有時會把傳道差會視為西方帝國主義的盟友，但早期在亞洲之英國殖民統治者其實並不認同差傳。於 1600 年根據皇家憲章創辦的英國東印度公司在當年不僅僅是一家大企業，也是一個擁有準政府權力，甚至可以委任總督和統治殖民地的跨國組織。

曾教授過幾位英華校長的博格博士

1844 年 9 月發行的倫敦傳道
會金禧紀念幣正面

1807 至 1813 年間駐守印度的總督明托伯爵曾明令禁止向當地人傳教或派發基督教書籍，難怪一位早期歷史學家曾感嘆「政府的行為較適合無神論者之俱樂部，而非自稱基督徒的人所組成之議會」。7

鑑於當時東印度公司的既定政策，馬禮遜於 1807 年離英赴華時，當局甚至不肯批准他乘坐英國船隻直接去亞洲。他別無選擇，只好長途跋涉，乘搭中立國的船隻經北美間接來到中國。

差派馬禮遜往中國的倫敦會是進入此龐大宣道工場的第一家宣教會，比隨後來華的荷蘭和美國差會早了足足 20 年。8 多年來，世界各地有許多來自倫敦會的著名傳教士。除了馬禮遜以外，在中國傳道的倫敦會會員包括米憐、理雅各、麥都思、施敦力兄弟、湛約瀚、台約爾、艾約瑟、合信、慕維廉、偉烈亞力、楊格非和生於天津及曾贏得 1924 年奧運金牌的李愛銳等。

馬氏來華

第一位來華的新教傳教士及英華書院創辦人馬禮遜，於 1807 年 9 月 4 日從倫敦經紐約的漫長海上航行後，抵達葡萄牙的殖民地澳門。第二天，當他拜候士丹頓爵士和其他寄居當地的歐洲人時，他們都不約而同地警告他，英國東印度公司會基於貿易理由反對他的事工，而在澳門的天主教教士和主教亦很可能會干預他的行動。9

抵達澳門後不久，馬氏即搬往在珠江沿岸的廣州「十三行區」，在那裏秘密地通過中間人購買中文書籍及跟隨當地老師學習中文，因為當時滿清政府是不准外國人進行這些活動的 [他曾感嘆說：「我的罪行是希望學習（中國）語文」]。10

儘管在廣州和澳門面對不同的困難，他仍然於兩地交替居住，努力學習漢語，搜集中文書籍，並於不久後開始編寫中文字典及翻譯中文聖經。多年來他一直聘請中文老師兼助手，他們包括容三德、李察庭、雲官明、桂有霓、葛茂和、李先生及朱先生，其中最重要的

澳門沿海地區景觀，1839 年。
（C. Legrange）

是他在英國已認識及後來也回粵的容三德，以及在 1808 至 1817 年間教授他儒家經典及幫助他編輯字典和中文書籍的葛茂和。11

馬氏在 1808 年初曾透露，希望神能賜給他合適的伴侶，與他分享一切及同作主工。12 翌年 2 月，他的祈求得到應許，與在澳門認識的莫瑪莉小姐締結連理。她是一位愛爾蘭裔軍隊醫生的女兒。他們其中一個孩子就是後來與英華書院及早期殖民地香港都關係密切的馬儒翰。13

在成婚當日，他被任命為東印度公司的中文翻譯員，年薪五百英鎊。要理解為甚麼一個傳教士會加入一家商業機構，我們必須明白當時在中國宣教甚至學中文的種種困難。此職位使他可以在廣州合法居留，繼續學好中文及開始翻譯聖經，並可以「減輕英國教會所需要承擔的福音事工費用」。14

差會的董事們支持他的兼職，但也提醒他要避免「過度疲勞」，以便「執行艱巨的任務」。15 雖然他身兼數職，在來華的頭十年中，馬禮遜在翻譯中文聖經、撰寫宣教冊子及推廣中國語文各方面的「艱

廣州十三行區 19 世紀初景觀

巨任務」都取得了長足的進展。

在翻譯中文聖經方面，他參考手頭上的天主教「巴色」手稿，在 1810 至 1812 年間就分別刊行了《使徒行傳》、《路加福音》及保羅書信，更於 1813 年出版了一套印刷精美之八開本的《新約聖經》，題為《耶穌基利士督我主救者新遺詔書》，這是歷史上首套刊行於世之中文《新約全書》。16 其後馬氏利用同事裴理於 1814 年逝世時之捐贈再刻印了一套 12 開本的《新約聖經》，以便降低他打算大量派發聖經之平均成本。17

馬禮遜也嘗試透過中文宣教冊子來闡述基督教思想。他在這段時期刊行了《神道論贖救世總說真本》（1811）、《問答淺註耶穌教法》（1812）、《古時如氏亞國歷代略傳》（1815）、《養心神詩》（1818）及《祈禱敍式》（1818）等書，這些是基督新教的第一批中文宣教冊子。

不過，中文《新約》及宣道冊子面世後，東印度總公司之高層感到震驚，「擔心其對英在華貿易可能造成之嚴重損害」，曾於 1815 年

（有點假冒為善地）表示非常尊重馬氏之餘，指令廣州分公司解僱他！幸好分公司並無執行指令，只是向總公司解說，並私下向馬氏傳達指令內容，請他小心處理宣教工作。[18]

馬氏在促進西方對中國語文的認識方面同樣取得了好成績。倫敦會於 1812 年替他在倫敦出版了《中華之晷：中國通俗文選》一書，內有七篇英文譯作，包含中國經典《三字經》和《大學》的部分翻譯。1815 年，他委託印度雪蘭坡浸信會宣教基地印刷的中國語文書《通用漢語之法》經過多次延誤後終於印好；而他由澳門東印度公司承印的中英文大字典的第一冊亦在不久後刊行。

1817 年 12 月，馬禮遜實至而名歸，獲蘇格蘭格拉斯哥大學授予神學博士之榮銜，表揚他在神學和文學方面的卓越貢獻。[19]

馬禮遜的八開本初版《新遺詔書》，1813 年於廣州刊行。

其時清廷實施教禁多年，天主教徒會被流放甚至處死，信眾常活在迫害的恐懼中。這樣的政治環境當然會使新教傳教工作同樣舉步維艱，甚至是完全不能進行。當時官府嚴禁印刷西方宗教刊物，1811 年馬禮遜在廣州刊行第一本宣教小冊《神道論贖救世總說真本》時也必須秘密行事。葛茂和老師曾於 1813 年主動要求受洗，但因害怕當局迫害，幾天後改變了初衷。

所以我們可以想像，當上帝賜給馬禮遜來華後的第一顆屬靈果子時，他是多麼的感恩。他在 1814 年 7 月 16 日於澳門「海濱一處陡峭的丘壑，有湧泉流出而人所不到的地方」為他的助手蔡科施洗。蔡科是為中國首位基督新教徒。注意那是在「人所不到的地方」，因為即使是在澳門，他也擔心殖民地政府和天主教當局會不高興。在當天的日記裏，馬氏寫了這段禱文：「願他成為大豐收的第一顆果子」。[20] 這個祈禱多年後確實得到了很豐盛的回應。

學校構思

馬禮遜抵埗澳門的第一天，一位年輕的英國軍官曾經帶他到鎮上參觀「幾所教堂和修道院」。[21] 這些當然全是天主教的機構，也必定包括古老的聖約瑟學院以及更古老的聖保祿學院的標誌性廢墟。

聖保祿學院是亞洲最古老之西式大學，由耶穌會士范禮安在 1594 年創辦，隨後幾個世紀曾為亞洲尤其是明朝和清朝中國培植了很多歐裔和一些亞裔天主教傳教士。馬氏到達時，儘管幾十年前耶穌會已被葡萄牙國王鎮壓，學院也不再運作，但許多學院的附屬建築物仍然存在，相信他遊覽時會印象深刻。〔不過，在 1836 年發生的一場大火裏，這些建築物大多不幸被燒毀了，今天只剩下巍峨的聖保祿大教堂之正面外牆（「俗稱大三巴牌坊」），是聯合國教科文組織公認的世界遺產之一。〕

其時西方人在廣州的居留和活動受到當局之嚴格監控。早期東印度公司的洋人翻譯洪任輝，曾於 1759 年違反既定禮節及越過廣東官員，直接向乾隆皇帝揭發廣州當地的腐敗情況，乾隆當時龍顏大怒，因為「事涉外夷，關係國體」，下旨徹查嚴懲有關人員。調查後當局決定懲罰腐敗官員、協助洪告御狀的華人及洪任輝本人（後者因為繞過廣州政府，違反了貿易條款）。

在「洪任輝事件」之後，兩廣總督曾頒佈越加嚴厲的「防範外夷規條」（即所謂「防夷五事」），使在中國境內公開宣教或辦教會學校根本不可思議。[22] 當時馬禮遜曾指出，雖然「一個進入（中國）內地的傳教士」可能不會被處死，但「他很快就會被攔住、綁起、扔進監獄、送往廣州，並被勒令離境」。[23]

由於在澳門和廣州每天都要面對許多障礙，馬氏在 1812 年米憐來華之前，已曾在致差會的信中談及在中國以外成立學院的願景：「一家在馬六甲的機構，以便培訓來自歐洲及本地的傳教士，為恒河外方的所有國家服務……一個亞洲宣教中心。」[24] 換句話説，他期望在

1835 年，大火燒毀前的澳門聖保祿學院遺跡圖。（G. Chinnery）

歐洲人和基督新教徒控制的馬六甲建立一所為亞洲新教徒而設的書院，類似前幾個世紀耶穌會在歐洲人和天主教徒控制的澳門，為亞洲天主教徒建立的聖保祿學院。

米憐同行

米憐是來華的第二位新教傳教士及英華書院的首任校長。他在 1785 年 4 月出生於蘇格蘭阿伯丁郡的肯利鎮，六歲喪父，16 歲當農場僱工時決志歸主，深信基督教信仰之「美與善」，並視之為人生「唯一值得專注追隨之對象」。他相貌平凡，申請加入倫敦會時，面試委員們曾想拒絕他，但當他們聽到他祈禱時的「熱誠和謙卑，以及表達出之想法和情緒後，委員們感到驚訝」，終於決定接納他。25 和馬禮遜一樣，他在 1809 年左右加入差會後，亦被送往戈斯波特神學

院進修；而博格教授很快就認定他適合在中國傳道。米氏在 1812 年 7 月 16 日被按立為傳教士，於 8 月與瑞秋．考惠結婚，一個月後，這對新婚夫婦即啟程前往中國。

米氏夫婦於 1813 年 7 月 4 日到達澳門，但幾天後，澳門總督即通知馬禮遜說米憐「必須在八天內離開澳門」，顯示當局可能受到本地天主教會的壓力，對新教傳教士的態度越發不友善。26

米氏別無選擇，只好乘坐「一條中式小船」靜悄悄地北上廣州。27 他在那裏寄居了四個月，但東印度公司並不願意給他一個官方身份，使他無法在十三行區裏長期居留。當時，他每天都努力學習華語，曾幽默地表示只有「如瑪土撒拉（聖經裏最長壽的人）般長壽」的人才有可能掌握流利中文！28

他離澳時，他已懷孕的妻子並沒有陪他冒險北上，而是留下由馬夫人照顧。所以在 10 月，當瑞秋生下了米氏夫婦的頭胎女兒時，親愛

倫敦會面試委員們在阿伯丁郡會見米憐。（The Vanguard of Christian Army）

的丈夫和焦慮的父親並不能夠在她們身旁陪伴。

早前馬禮遜曾表示希望離開澳門和廣州，「去到⋯⋯可自由及公開傳福音之地」，米憐此時的困境自然越發加強他這個意欲。29 於是，他決定透過米憐進一步探索實現此夢想的可行性。

雖然他之前刊行的《路加福音》已被澳門主教勒令燒毀，馬氏仍秘密地再印製了多本剛譯好的《新約聖經》及許多宣教冊子。1814 年 2 月，米憐與一位印刷工人帶了這些書籍上船，開始歷時七個月的南洋之行，在華僑圈子內派發書籍，順便考察各地民情，看看是否可以在當地建立一個傳道基地。是次同行的印刷工是「阿宏」（譯音），並非有些書籍裏所說的梁發。

1811 至 1815 年任爪哇副總督的萊佛士爵士在此期間曾遇見米憐，寫下了對他的印象：

> 米憐牧師 ⋯⋯ 是一位思想開放，信息靈通而出類拔萃的人物 ⋯⋯ 這樣的人無論在哪裏都會做出好事，榮耀自己的國家和事業 ⋯⋯ 他處事謙虛、恭順、懷柔而充滿善意。30

米憐在 8 月 11 日抵達馬六甲。當地的英國長官法夸爾少校十分友善，「為他提供住宿及和他同桌進餐」，甚至建議他「負責當地的基督教會眾」。這樣的接待確實是與他在澳門或廣州所經歷的明顯不同，足以影響他對在何處開展事工的想法。31

在傳教士仍須耐心地等待中國打開福音大門時，自 1511 年以來已由歐洲人管治的馬六甲顯得頗有吸引力：該市來往南洋和中國的交通便利，是歐亞貿易之重要口岸；而當地華人眾多，並幾乎全都聚居在城裏，十分有利宣教或辦學。32

米憐 9 月回到澳門後，馬禮遜和他很快達成共識，同意以馬六甲作為他們希望成立的「恒河外方傳道會」的宣教基地，而構思中的學

湯生牧師（LMS/SOAS）

校將會成為其重要的組成部分。馬氏選擇了這個有點繞口的名字，是希望能夠涵蓋亞洲所有在印度恒河以東國家裏的傳教士。33

1815 年 3 月，米憐一家和剛被僱用的印刷技工梁發（阿發）一同乘船啟程往馬六甲。瑞秋在船上生下了雙胞胎男孩，幸好這次她的丈夫可以在她身旁照料。

米氏於 5 月回到馬六甲，開始建立基地，倫敦會傳教士湯生亦在 9 月加入。後者的主要任務是籌組基地的馬來宣教工作。從一開始就支持這個項目的馬六甲政府很快就批准免費給差會提供一塊土地，但由於該處位置比較偏遠，米憐終於決定額外支付七百西班牙元，與當地的印裔商人更換了一塊面積小一點但更方便的地皮。34

米憐抵達後不久，就按照原定計劃開始刊行一份叫《察世俗每月統記傳》的中文月刊。為了招徠學生，他曾在 1815 年的《察世俗》裏刊登了一則「立義館告帖」，是為英華書院附屬小學的第一個招生廣告，相當有歷史價值。告帖以《禮記》之「玉不琢，不成器；人不學，不知道」起頭，結語是：

> 今定在呷地，而立一義館，請中華廣、福兩大省各兄台中，所有無力從師之子弟，來入敝館從師學道成人。其延先生教授一切之事，及所有束金、書、紙、筆、墨、算盤等項；皆在弟費用。茲擇於七月初一日，在敝處開館……請早日帶子弟來見面敍談。35

他於 1816 年搬進校園裏改成差會基址的舊房子，更於翌年在兩旁加建了兩排房屋，作為印刷館及義學等之用。另一位傳教士麥都思亦於 1817 年 6 月抵達馬六甲，他不僅嫻熟印務，更「頗有學習語言的天份」。他接手了基地的一些工作後，米憐就乘機抽空回澳門和馬氏再次商討基地的各種事宜，擬定了「恒河外方傳道會」涉及土地設施、免費學校、雜誌及傳教等的決議，以及與馬氏合作翻譯仍未譯成中文的《舊約》餘下書卷。36

書院始創

馬禮遜於 1817 年 12 月寫信給倫敦會，要求他們批准「在馬六甲建立一所學院，以便訓練傳播福音的人才」。他在翌年 1 月再寫了一封信，表示擬議的「英華書院」打算教授「華裔青年英語及基督教道理，及（歐裔）傳教士和其他人中國語言及文學」。[37] 米憐也在其任編輯及於馬六甲刊行之英文雜誌《印中搜聞》同年 2 月號裏發表了一篇報道，聲稱有一位「基督教和文學的朋友」（即馬禮遜）已然慷慨捐贈資金，在當地創辦一間書院，歡迎「任何忠誠的年輕人（不論是華人、歐洲人或在印度出生的歐裔人士）」入學。[38]

1818 年 10 月，書院發行了一份三頁紙長的學校簡介，介紹其辦學目的（「中西文學的相互交流培養⋯⋯藉以促進基督教原則之和平傳播」）、服務設施（華洋教授、圖書館、住宿、出版社和「一個為貧困本土學生而設的助學基金」）及收生對象（歐洲人、美洲人和來自亞洲亦「不需要改奉基督教的本土青年人」）。[39]

英華書院附屬小學的第一個招生廣告（部分），1815 年。
(the Chinese Magazine)

在拿破崙戰爭（1803-1815）後，英國同意把馬六甲歸還荷蘭，而後者也於 1818 年 9 月重新接管該地。幸好再次回來的統治者亦認同馬氏和米氏所倡導的教育及宣道計劃，英華書院於是在 1818 年 11 月 11 日由剛卸任的英國長官法夸爾奠基，剛上任的荷蘭殖民地總督蒂姆曼・蒂森、馬六甲和檳城的一些公民，以及幾位東印度公司的職員均有到場觀禮。

米憐在奠基禮上的講話重申「書院只有兩個目的——促進文學和廣傳福音」。他認為實現前者需要透過提供一個良好的學習平台，讓「歐洲人修習亞洲尤其是中國語文，以及中國人學好英文及實用西方科學」；而他重視後者是因為基督教信仰是一門「教導人如何今生為善及死後得福的神聖科學」。最後他更強調「語文是我們學習諸多

極重要的學科之不可或缺的媒介」，這當然可以說是放諸古今中外皆準的道理。40

書院注重文學和語言，視其為學習其他科目的關鍵，正正符合西方古典教育的理想——先修「文科」（*Rhetorica*，包括古賢明訓、史書詩文、文章議論等），繼而學「理科」（*Philosopia*，明辨之道等「義理之大學」，注意與近代所謂理科的定義不同），然後到「道科」（*Theologia*）、「教科」（*Canonis*）、「法科」（*Legis*）及「醫科」（*Medicina*）等專門學科。換句話說，這就是明朝耶穌會士高一志和艾儒略的著作《西學凡》中所強調的「以文闢諸學之大路」。41

可是學校的創辦人並不想我們忘記修習文學和語言背後的理念。馬禮遜在《英華書院契約》中強調這個重點，就是：「文學修養不應

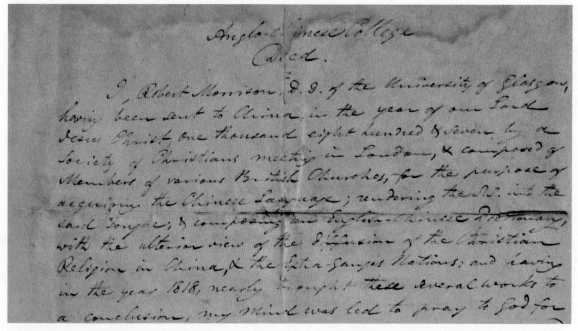

由馬禮遜簽署的《英華書院契約》（部分），1820 年。（LMS/SOAS）

被視為學校的最終目的」，甚至也不只是上段提及的「闢諸學之大路」，「而是作為在聖靈的祝福下，實現在華文國度裏促進基督教信仰之途徑」。42

雖然馬氏不能出席是次書院的奠基典禮，他卻很慷慨地捐贈了一千英鎊以興建校舍，更答應在五年內每年再捐一百英鎊作學校經費。他毫無疑問是英華書院當時最重要的贊助人，正如書院奠基石上所雕刻的簡單拉丁文碑文：*"Collegium Anglo-Sinicum, sub auspicio et impensa Roberti Morrison S.T.D. fundatoris, 1818*（英華書院，在創始人馬禮遜神學博士的支持及贊助下於 1818 年成立）"。43

流失分歧

早年書院經常要面對傳教士及其家人患病甚至死亡而導致的人員流失，偶爾也會發生一些傳教士之間的分歧。我們會在此扼要地討論這些或多或少影響了整個馬六甲時代書院運作的情況。

好景不常，書院創辦的喜慶事後，接踵而來的卻是米憐家的傷心事。那是一個疾病多、死亡率高的年代，而在天氣炎熱和衛生條件惡劣的馬六甲和廣州，這些現象更加普遍。馬禮遜的長子詹姆斯在 1811 年出生後即不幸早夭。米憐在 1816 及 1817 年分別失去了剛出生的兒子大衛和女兒莎拉。湯生在 1815 年抵達後，不久就需要暫停工作，陪染病的妻子回歐休養，但她在旅途中卻不幸逝世，他只好在 1817 年年底隻身回來基地。

1819 年 3 月，米憐在信裏悲傷地告知傳道會，他「世上最親愛的朋友已離開了她地上的帳棚」，留下了「喪母孩兒」。44

瑞秋虔誠賢淑，把丈夫的工作放在第一位，常常告訴他：「雖然我非常希望你能陪伴我，但如果我令你疏忽你的責任，我會感到很抱歉」。她曾說，能夠目睹《新約全書》中文譯本的完成及首位華人

基督徒之洗禮（馬禮遜替蔡科施洗時她剛好在澳門），已是足以彌補她離鄉背井、遠走他方的「大收穫」。45

米憐夫人安葬在馬六甲的荷蘭墳場，基碑上刻有她丈夫親自為她撰寫的墓誌銘，告訴我們她去世時才 36 歲，「曾埋葬了早殤的兒子及女兒，並留下了四個年幼的孩子和愛她的丈夫。」米憐説。

> 她生前是一位孝敬的女兒、謙信的教徒、溫順的妻子、柔情的母親和賢慧的社會成員。她雖逝世卻期望透過主耶穌基督而得永生。

米憐喪妻後，很多時侯情緒會相當波動。在其他章節裏我們會見到更多的傳教士及他們的家人生病或去世，包括於 1821 年過身的馬禮遜夫人瑪莉。馬禮遜和米憐在這段艱難時期的通訊反映出兩位喪妻傳教士弟兄之間的愛心和他們繼續忠於職守的堅持。正如一位傳記作者所説：「他們都在主面前哭泣，但他們既不會像沒有指望的人那樣悲傷，也不會讓哭泣阻擾事工。」46 同樣的評語也適用於一些後來加入英華而受病痛纏身或痛失親人的傳教士。

在書院創辦前後幾年，除了米憐、麥都思和湯生外，更多的倫敦會成員亦陸續加入：司雷特於 1817 年年底到達；恩士、米爾頓及貝敦於 1818 年 9 月；傅林明於 1820 年 1 月，而宏富禮則於 1821 年 9 月。

米憐是神的忠實僕人，全心事奉，也自然而然地對宣教同工們有較高的期望。但與典型的天主教傳教會不同，馬六甲新教基地裏的領導權威尚未建立，而倫敦會亦沒有明確頒佈。況且書院主要是馬禮遜的事工，差會雖然有提供一些支援，卻不見得會把它放在基地工作的首位。作為喜歡獨立自主的宣教先驅，不是所有新來者都完全接受米氏的領導及他偶爾的家長式管理風格。恩士及貝敦更曾聲稱「多數弟兄們均決意不接受有人在他們之上」，顯然認為自己是不受管轄的。47

麥都思牧師（LMS/SOAS）

馬禮遜對這種獨立文化不敢苟同，認為雖然在英國「年輕而魯莽」的牧師會被很多資深的牧師、執事和教會合理地遏制，然而：

> 在遙遠的地方，這種遏制卻不復存在，而在國外，不幸的是（有些人）會缺少一種謙卑和克制的感覺，在獨立制度裏，也沒有權威或基督教社團來壓制他們⋯⋯ 分歧於是會出現，而呈現在敵人面前的，只會是一份個人的努力，不是一個密切和很有方向感的方陣。48

恩士牧師（LMS/SOAS）

「分歧」果然很快浮現，一些傳教士和米憐及各傳教士之間均有一些矛盾甚至紛爭，這些情況都反映在各自與傳道會的來往書信中，互相指控對方的種種不是，似乎只能看見弟兄們眼中的「刺」，卻不能看見自己眼中的「樑木」。49 多年後書院也曾再出現一些分歧，尤其是湯雅各和倫敦會，以及伊雲士和年輕時代的理雅各之間。

由於這些紛爭，亦因為附近實在有很多地方需要發展，大多數同工們在幾年內都陸續搬往檳城、星加坡和巴達維亞等新工場，有些最終甚至離開了倫敦會，留下米氏仍然努力不懈地開展馬六甲之教育與宣教事工。在我們批評這些早期來亞洲的傳教士們為何不能按基

督教之崇高標準和睦相處前，我們也許應該提醒自己，比他們更早的門徒保羅和巴拿巴也曾對約翰·馬克是否應該陪同他們傳教有不同意見，「於是二人起了爭論，甚至彼此分開」，但他們的不和並沒有減低他們各自宣教的熱忱。50

米憐夫婦（R. Philip, c. 1840）

英華在馬六甲哪裏？ [51]

由於年代遠久，地貌變遷，很多近代研究談到馬六甲英華書院的位置時都只是援引原始資料或重拾前人牙慧，多數語焉不詳，所以這個問題值得我們深入探討。

根據米憐的描述，「書院……坐落於馬六甲城的西門之外，前方面海」。[52] 馬禮遜在 1823 年繪製的基地草圖顯示，書院大樓位於長形校園的前方，靠近公路及海濱，而校園東側接壤一條溝渠，西側接壤私人產業。施約翰於 1830 年提交附繪圖的報告表明，校園在「城鎮西邊城門以外」，面臨公路和海洋，而「地皮東邊界外有一條溝渠」。[53]

我們也可以看看 1825 年進入書院、其後肄業的美籍「英華仔」亨特怎麼形容學校：

它（書院）位於一個很大的校園內，前面是一條公路……由鄰近約三百英呎的城門通往住滿了馬來人、葡萄牙人、荷蘭人和華裔混血兒（土生華人）的甘榜格南村莊，然後到達丹絨端邊界。[54]

阿卜杜拉是米憐時期的英文學生兼馬來語老師，他亦指出：「這塊地就在特朗奎拉城門外……是一條寬約 70 碼及很長的長條，一直延伸到（後方的）河邊。」[55]

綜合以上由對英華很熟悉的人所撰寫的一手資料，我們知道書院面對公路與海峽，在校園東邊有一條溝渠，而校門距離西面城門只有大約 300 英呎。簡而言之，書院定位的關鍵是馬六甲城的西門，更準確的説應是特朗奎拉城門。

但是特朗奎拉城門到底在哪裏呢？如果一個現代遊客在馬六甲尋找「古城門」，當地人往往會指向該市今天仍然存在的古堡門，即位於馬六甲河左岸（面對馬六甲海峽時）的法摩沙堡壘（葡文 *"A Famosa"*，意指聞名）之聖地牙哥城門。可惜原來此門並非彼門！

我們只要徹底一點去研究，很快就會發現葡萄牙人曾於佔領馬六甲不久後就在該城的北部建造了一座木製堡壘，而它的西北角有個

19 世紀末的法摩沙堡壘城門

該堡壘內添置額外槍砲，以「鞏固北面的防衛」。57

但由於城鎮多年來不斷擴張，古堡圍欄及此城門亦逐漸全被拆毀，蕩然無存。今天，除了少數當地的歷史愛好者，大家根本不知道堡壘及城門曾經存在。

木製古堡雖已無跡可尋，幸好我們仍可以透過研究古舊地圖和其他資料來確定城門的位置。葡萄牙人伯嘉祿在 1635 年繪製的一本地圖集裏有一張很漂亮的馬六甲市手繪地圖，在地圖的左下角，亦即馬六甲河右岸市鎮的西北側，清楚標明一排木製堡壘及一個小城門（淺棕色，注意北方是在地圖的左面）。58 同一張地圖上還可以看到橫跨馬六甲河的橋樑（粉紅色）及河左之磚石堡壘（亦是粉紅色）。

法國人貝林在 1764 年刊行的馬六甲地圖已不再有堡壘的木圍欄，但仍然標明堡壘的舊城門（法語 "Porte"）和城樓（法語 "Tour"）的位置，也是在市鎮的西北側。59

關卡，控制了由南至北及沿海峽而築的通道。此關卡自 1500 年代初期葡萄牙印度總督阿爾伯克基治下時，已被稱為特朗奎拉城門（葡文 "Tranqueira"，即指壁壘）。56

荷蘭人佔領該地後，仍然沿用此堡壘。它的主要目的是保護「最多富裕居民及外國人居住」的北馬六甲，免居民受到外來襲擊。荷蘭總督波特在 1678 年的報告裏透露，不久之前北部土著曾突襲當地，促使他在

馬六甲手繪地圖，1635年。
（A. Bocarro）

當英華書院於馬六甲成立時，這座古城門仍然存在，因為馬氏在 1826 年的信裏曾形容它為「該市鎮（指馬六甲城西）碩果僅存之古城門」。但一張 1874 年的古地圖卻只標明有「古城門之柱子」，估計當時城門可能已大致塌陷。60

一張 1945 年英國軍部出版的馬六甲城鎮規劃圖顯示，沿海峽而築的荷蘭街在與庫布路相交的西面約兩百來英呎的地方，有一條從北向南流入海峽的溝渠跨過。61

最後，一張 1958 年介紹馬六甲遺蹟的舊地圖就只標出古城門以前所在的位置，更指出「遲至 1940 年仍可在該處見到此門的柱子」，確認當時連門柱也已經湮沒了，大概是二次大戰時毀掉的。62

由於英華書院毗鄰「沿海道路」，即英國時代所謂的「荷蘭街」（及其延伸部分，亦即是特朗奎拉路），在一條溝渠的西邊，而離特朗奎拉古城門只有「三百英呎」，我們可以很容易在 1958 年的舊地圖上為它定位，亦即該地圖上作者後加的藍色標記

的位置（注意：雖然溝渠今天仍然存在，此地圖並沒有把它畫上）。

可是，如果我們嘗試在今天的馬六甲地圖上尋找書院以前的地點，我們可能會再次感到十分困惑。因為在現今的地圖上，它的正確位置是在陳禎祿街（即以前的荷蘭街／特朗奎拉路）和古務路交界處附近。但是這裏與海峽相隔了好幾條街；而當年所有描述均聲稱書院位於海濱，面臨海峽！

不過，這個明顯的矛盾其實很容易解答：原來自 1970 年代以來，該市曾有大量填海工程，把土地向外伸展，終於導致今天的陳禎祿街不再是一條臨海道路，而是與海峽有一定距離的內陸街。

英華書院在馬六甲的舊校園面積頗寬且非常長，後來被分割成多塊不同大小的地皮，其中有一些是住宅，有一些則是不同的機構。如果我們在 2018 年到訪此處，陳禎祿街

在馬六甲鎮中心的荷蘭教堂（左）及政府大樓（右），1834年。（P. J. Begbie）

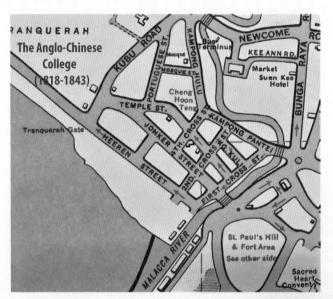

馬六甲遺蹟地圖，1958 年。

荷蘭街旁的「中式」老房子
（2017）

和古務路交匯處之西北角有一所空置了的校舍。由交匯處沿陳禎祿街朝西（更準確地説是西北）走，過了這所舊校舍和一條溝渠後，就會看到好幾棟住宅。這條溝渠與當年校園的東邊接壤，而過了溝渠後，在特朗奎拉路北邊的住宅群就是以前英華書院大門口的位置。63

殖民時代的主要公共設施，如荷蘭教堂、政府大樓和法摩沙堡等都是在馬六甲河的左岸，但大多數居民卻都居住在右岸的城鎮或村莊裏。施約翰在 1830 年的報告説，書院的地理位置「對於所有人，尤其是華人來説，都是相當適中的」。64 據曾多次到訪的英國軍官畢比之描述，書院只離橫跨馬六甲河的「大橋西邊四分之一英里左右」。65 這座橋直通雞場街，而雞場街與沿海峽而築的荷蘭街大致平行，只隔了一條街。

星洲《海峽時報》於 1861 年 3 月的一篇文章裏曾提及馬六甲荷蘭街上那些「生活在海邊的華裔富裕人家」。66 正如《馬六甲：來自街頭的聲音》一書所説：

荷蘭街上居住着鎮上最富裕的商人⋯⋯馬六甲河以北的海濱一直是控制馬六甲貿易的商人群體之首選居所⋯⋯但是這個地區的房屋在 19 世紀初開始由華裔居民壟斷。面對海峽，靠近鎮上的商業中心以及河對岸的政府設施，這個城區幾百年來吸引了所有尋求卓越居所的人們。67

簡而言之，當年的英華書院坐落於市鎮和村莊之間的中心地帶，靠近橋樑，對當地居民，尤其是需要每天步行上學的學生，都十分方便。今天，如果我們沿着舊荷蘭街或雞場街由河岸朝西而走，會看見兩旁有許多漂亮的老房子，多數有典雅的中式裝飾；過了古務路後不久，就會到達面向特朗奎拉路首段的書院舊址。這也是 19 世紀早期到中葉，一些居住在這兩條街上的華裔青年每天回書院上學之必經路線。

校園設施 68

位於馬六甲的倫敦會地皮面積很大，寬度超過 200 英呎，面向沿海公路，而長度更達半英里（超過 2,600 英呎），向北延伸至河邊，「其後緣即馬六甲河之右岸，在該河與海岸線大致平行，仍未開始轉向南方流入海洋的一段」。69 但是，這塊地皮的後半部對我們來說並不重要，因為正如馬禮遜和施約翰所說，當時這一半地皮只是塊「未開墾的」的「低沼澤地」。70 我們會集中討論地皮的前半部，亦即面對沿海道路、前方有大門及圍欄、另外三面有圍牆的校園。

我們今天仍可看到兩張早期書院的雕刻印刷插圖，分別刊登於 1825 年 1 月的一份宣教雜誌及畢比在 1834 年出版的一本書。71

1825 年的校園鳥瞰圖之右下角處繪有已灰飛煙滅之特朗奎拉古城門的式樣，顯示它有雙層結構，頂部掛有吊鐘（圖上標示為 4 號馬六甲西城門），相信是這個古城門極罕有的繪圖之一。城門旁邊是一座小橋，連接沿海公路，橫跨校園東牆外流入馬六甲海峽的溝渠。

在插圖底部橫跨校園前方的是面對沿海公路及馬六甲海峽之牌坊式大門。學校大門外就是一條公路，「而公路外至海岸邊之間是一個三面有圍牆而很寬敞的空間……這是一個休閒和娛樂場所」，學生們經常在那裏嬉遊及進行各種戶外活動。72

校園裏最重要的建築當然是全新的書院大樓。米憐於 1820 年 8 月左右，花了接近 7,500 西班牙銀元，在校園的前方蓋了這座寬敞及兩層

英華書院校園鳥瞰圖，1825 年。（Missionary Sketches）

高的書院主樓。除了一些中國地磚及歐洲鎖外，整座建築物都就地取材，用了大量當地以耐用著稱的梅爾堡木。米氏指出：

主樓長達 90 英呎（臨海的一面），寬達 34 英呎，周圍 1/2 有寬敞的陽台，前後各寬 16½ 英呎，每層兩邊各有四個房間和中間一個大廳，房間各 14½ 英呎乘 13 英呎 7 英吋，大廳 29½ 乘 30 英呎，高度均為 15 英呎，多數門窗都是雙葉及配有百葉窗，樓梯在後面，但經費許可時前面會加建另一條。73

主樓樓下是教室、圖書館和博物館，而樓上則為駐校教授及學生們提供舒適的住宿。74

1826 年到訪的兩名倫敦會總部成員曾稱許書院為馬六甲市內「最好的建築物」。75 兩張插圖均顯示書院主樓確是非常漂亮（雖然我們不能夠肯定它是馬六甲當時「最好的建築物」）。

順便一提，比較兩圖時，我們會發現米憐希望在大樓前方加建的樓梯終於在 1834 年之前添加了，因為較早的插圖主樓前並沒有樓梯，但在較遲的插圖中，主樓前則明顯有一條有蓋樓梯。

馬禮遜於 1823 年在馬六甲暫住時，決定把坐落於書院大樓之前只有數呎之距的舊房子拆掉，在該處種了一排樹木，並在近大路旁添加了一座漂亮的中式「牌坊」大門。這些改建為書院提供開放及通風的環境和莊嚴及中式的風格；亦給在主樓陽台上走動的師生們有暢通無阻的海景。現存的兩張插圖都是在這些改動後繪成的。

1837 年，當時的校長伊雲士還在書院大樓增加了一座小型的右翼，其後再加建了一座類似的左翼，以便容納寄宿的華裔學生。可惜我們手頭上並沒有任何這些在英華遷港之前幾年書院擴建後的圖片。

從鳥瞰圖可以看見，在書院主樓後面有一個大花園，覆蓋著鬱鬱蔥蔥的植被；花園中間有一條路徑，從

書院主樓經過花園直達後牆的一扇門，再通往外面的沼澤地。前面提及的美籍「英華仔」亨特便非常喜歡主樓後的大花園，説那裏「長滿了鮮花，咖啡、胡椒、肉荳蔻和肉桂樹，還有各種各樣的水果，如紅毛丹、有水果王后之稱的山竹、芒果、大蕉、榴蓮及鳳梨（菠蘿）等等。」[76]

兩位於 1826 年到訪之倫敦會總部代表的日記裏，也曾提到他們在書院花園裏看到「非常出色的熱帶植物」，包括「一棵叫做印度之驕的樹，上面長了精緻的丁香花。此標本高達 30 英呎，有許多優雅的樹枝，但它是兩年前才種植的，而它的莖更曾經被砍掉至根部的位置。」[77]

在後花園與後牆之間還有一個相當大的空間，可供日後擴展之用。施約翰的報告説這是「一塊配備圍欄而排水良好的空地，很容易就可以發展成一個好的花園，或者在上面蓋一棟平房。」[78]

最後，主樓兩旁有兩排較低的建築物，一直由前方近圍欄處延伸到校園的後牆。鳥瞰圖左側的一排建築物主要是用於中文印刷業務（標示為 1 號中文印刷局），也有工人的房子、中文老師的宿舍及儲物室等。右側的一排建築物則主要是用於英文和馬來文印刷業務（標示為 2 號英文印刷局）、華裔和馬來西亞裔小孩的義館（標示為 3 號中文學校）及書籍和紙張的倉庫。[79]

校園裏有亨特同學喜歡的山竹
（B. H. van Nooten）

這兩排建築物距離主樓大約 20 英呎，為「兩層高的紅磚房子，供眾多的華籍及馬來籍工作人員使用，包括木刻製版工人、抄寫員、書本釘裝工人、木匠、園丁以及三名中文老師」。有一段時間，基地更曾經提供過一些基本醫療服務，因為右邊的「第一間磚屋是一家藥房，向有需要的人免費提供藥品及（醫療）意見」。[80]

1. 英國國會在 1661 至 1670 年間通過了一系列的法案，禁止非主流教派的基督徒們成為政府公僕、牧師及教師等。參見 C. A. Daily, *Robert Morrison and the Protestant Plan for China*, pp. 15-21.

2. 英國浸信會率先在 1792 年成立了傳道會，其他非主流教派於 1795 年成立了傳道差會（於 1818 年更名為倫敦傳道會），聖公會於 1799 年成立了非洲與東方傳教會（於 1812 年更名為聖公會差會）。

3. D. W. Bebbington, *The Nonconformist Conscience, Chapel and Politics, 1870-1914*, ch. 1.

4. *The Evangelical Magazine and Missionary Chronicle*, Sep. 1794, v. 2, p. 379. 博格牧師是 *History of the Dissenters from the Revolution in 1688 to the Year 1808* (London, 1808) 的兩位作者之一。

5. Morrison's letter to the Hoxton Academy, 1802; *Morrison's Journal*, June 19, 1801; in E. Morrison, *Memoirs of the Life and Labours of Robert Morrison*, v. 1, p. 4, 20.

6. 博格牧師於 1777 年創辦戈斯波特學院，但該校於 1800 年成為倫敦會的神學院。容三德從廣州來到倫敦學習英文，繼而於 1803 年開始教授倫敦會屬員中文以換取英文課程，他回華後仍然繼續與馬禮遜來往。Conversation w/ Sam Tak, 1803, LMS Collection, SOAS Archive (LMS/SOAS).

7. E. H. Nolan, *The Illustrated History of the British Empire in India and the East*, p. 58. 東印度公司的憲章於 1813 年在英國民意的壓力下並經國會同意後終於修訂，允許教會在其領土上成立宗教組織及向當地人宣教。

8. W. Dean, *The China Mission*, p. 160. 遲來的兩個差會先後於 1827 及 1829 年到達中國。

9. *Morrison's Journals*, 5 Sep. 1807, LMS/SOAS.

10. M. Broomhill, *Robert Morrison: A Master-Builder*, p. 56.

11. 蘇精：《馬禮遜與中文印刷出版》，頁 55-78。

12. Morrison's letter, 23 Jan. 1808, LMS/SOAS.

13. 長子詹姆斯於 1811 年出生但不幸早夭，女兒瑪麗誕生於 1812 年，約翰於 1814 年。

14. Broomhill, *Morrison*, p. 62.

15. Letter from the Directors, 9 Jan. 1809; E. Morrison, *Memoirs*, v. 1, p. 261.

16. Burder to BFBS, 30 Aug. 1811; n.d., c. 1813, BFBS Archives/Cambridge University (BFBS/CANTAB). 法國天主教傳教士巴色 (c. 1662-1707) 曾把部分《新約》書卷翻譯成中文。斯隆爵士獲得該書的抄本後，把它捐贈給大英圖書館，而馬禮遜來華前曾取得該手稿的副本，並在翻譯新約時以此作參考。

17. E. Morrison, *Memoirs*, v. 1, p. 381, 383.

18. C. Hancock, *Robert Morrison and the Birth of Chinese Protestantism*, p. 117.

19. 馬禮遜把他的《通用漢語之法》之手稿於 1811 年寄往雪蘭坡浸信會宣教基地印刷，但一系列（有時候可疑）的延誤導致它在 1815 年（亦即該基地傳教士馬士曼自己的漢語語法書出版一年後）才印好，促使許多人（包括馬禮遜）懷疑馬士曼曾經參考及利用馬禮遜的手稿。馬禮遜的大字典全在澳門由東印度公司承印，這套字典分三部分，共六冊，其餘五冊在 1819 至 1823 年間出版。

20. 馬禮遜稱他為 Tsae A-fo 或 Afo，而鑑於廣東話與普通話發音的不同，他的中文名字應該是如傳教士兼漢學家湛約翰所說的蔡阿科或蔡科，而不是蘇精所採用的蔡軻。見 *Morrison's Journal*, 16 Jul. 1814; E. Morrison, *Memoirs*, v. 1, p. 410; 蘇精：《中國，開門！》，頁 213。

21. *Morrison's Journals*, 4 Sep. 1807, LMS/SOAS.

22. 《高宗乾隆實錄》，589 卷，1759 年 7 月 23 和 27 日。

23　E. Morrison, *Memoirs*, v. 1, p. 352.

24　Morrison to LMS, 22 Dec. 1812, LMS/SOAS.

25　Milne's remarks on his ordination, 16 Jul. 1812; R. Morrison, *Memoirs of the Rev. W. Milne*, p. 5; Religious Tract Society, *The Vanguard of the Christian Army*, pp. 157-9.

26　*Milne's Journal*, 9 Jul. 1813, LMS/SOAS.

27　*Milne's Journal*, 20 Jul. 1813, LMS/SOAS.

28　原文全段是：“To acquire the Chinese is a work for men with *bodies* of brass, *lungs* of steel, *heads* of oak, *hands* of spring-steel, *eyes* of eagles, *hearts* of apostles, *memories* of angels, and *lives* of Methuselah!” MSS 1814; Philip, *The Live and Opinions of the Rev. W. Milne*, p. 137.

29　Broomhill, *Morrison*, p. 81.

30　J. A. B. Cook, *Sunny Singapore: An Account of the Place and its People, with a Sketch of the Results of Missionary Work*, p. 15.

31　*Milne's Journal*, 11 Aug. 1814; Milne's report to the Society, 30 Dec. 1815, LMS/SOAS; E. Morrison, *Memoirs*, v. 2, p. 73.

32　*Milne's Journal*, 11 Aug. 1814, LMS/SOAS.

33　W. Milne, *Retrospect of the First 10 Years of the Protestant Mission to China*, p. 138. 也曾被譯為「恒河域外佈道團」。

34　當時西班牙銀元是通行的國際貿易貨幣，而英鎊和西班牙元之間的匯率為 1：4-5 左右。

35　《察世俗每月統記傳》，嘉慶乙亥全卷。

36　LMS letter of Instructions to Medhurst, 29 Aug. 1816, LMS/SOAS; Milne, *Retrospect*, pp. 137-139.

37　Morrison to LMS, 7 Dec. 1817; 18 Jan. 1818, LMS/SOAS. "Xn"=Christian.

38　*The Indo-Chinese Gleaner*, Feb. 1818, pp. 68-69. 這本英文雜誌由馬禮遜及米憐共同創辦，於 1817 年 5 月首次在馬六甲發行，至 1822 年米憐去世後才停刊。

39　*Missionary Herald*, Apr. 1819, pp. 73-74.

40　*A Brief Statement of the Objects of the Anglo-Chinese College*, p. 7, 8, 13.

41　艾儒略（G. Aleni、高一志／王豐肅、A. Vagnone 原著），《西學凡》（明崇禎年間刊）。

42　Morrison, *Anglo-Chinese College Deed*, 20 Mar. 1820. LMS/SOAS.

43　B. Harrison, *Waiting for China: The Anglo-Chinese College at Malacca, 1818-1843, and Early Nineteenth-Century Missions*, p. 169.

44　*Milne's Letter*, 23 Mar. 1819, LMS/SOAS.「地上的帳棚」乃聖經上的名詞，指人的軀體。參見《歌林多後書》5:1-4。

45　"Memoir of Mrs. Milne," *The Indo-Chinese Gleaner*, VIII, April 1819, p.114-5; Morrison, *Memoirs*, p. 66. 本章的插圖攝於 2008 年。在 2017 年底再次到訪時，看見大門上方增添了一個馬來語和英文的標誌，標明為荷蘭基地；但大門和外牆均顯得有點殘舊，需要重新油漆。

46　Philip, *Milne*, p. 326.

47　Beighton & Ince to LMS, 1820, LMS/SOAS.

48　R. Morrison, *A Parting Memorial, consisting of Miscellaneous Discourses, etc.*, pp. 396-397.

49　見《新約聖經·馬太福音》7:3。在閱讀這些信件時，我們應該提醒自己，所有資料，即使是歷史學家所心儀的原始資料，往往只是（也只能是）從某人的角度及根據他的

了解或經歷看事件。我們也許應該善待被指控者，把「疑點利益歸於被告」，至少直至各方面的證據確鑿為止。畢竟，像所有人一樣，傳教士們並非完人；我們對他們的看法，或多或少取決於我們是選擇將他們看作所謂「半滿」或「半空」的杯子。

50　《使徒行傳》15:37-40（和合本）。

51　見 P. Kua, "The Anglo-Chinese College in Malacca, 1818-1843: its Location and Facilities," *Journal of the Malaysian Branch of the Royal Asiatic Society (JMBRAS)*, Jun. 2018, pp. 71-90. 此專題故事基本上來自上述文章的第一節。

52　Milne, *The Anglo-Chinese College*, c. 1820, LMS/SOAS.

53　Morrison's sketch of the LMS Mission in Malacca, 1823; John Smith's report on the ACC with a drawing of the site, 1830, LMS/SOAS.

54　W. C. Hunter, *Bits of old China*, pp. 237-238.

55　Abdullah Bin Abdul Kadir, A. H. Hill (tr.), *The Hikayat Abdullah*, p. 113.

56　G. Correa, *Lendas da India*, Livro 2, Tome 2, p. 426 提及葡萄牙印度總督阿爾伯克基曾於 1515 年下令在特朗奎拉城門旁設一桌子（"á porta da tranqueira em mesa"）以便公開付款給當地人。

57　M. J. Bremner (tr.), "Governor Balthasar Bort on Malacca, 1678," *Jr. of the Malayan Branch of the Royal Asiatic Society*, August 1927, p. 20, 23.

58　A. Bocarro, *Livro das plantas de todas as fortalezas, cidades e povoaçoens do Estado da India Oriental* (1635), Biblioteca Nacional de Portugal（此地圖的繪製日期是 1629 年）.

59　J. N. Bellin, *Plan de la Ville de Malaca*.

60　Morrison to Hankey, 11 Apr. 1826, LMS/SOAS; *Plan of Part of Cooboo, 1875*, Arkib Negara Malaysia, Kuala Lumpur.

61　War Office, *Town Plan of Malacca*, 2nd ed., 1945, Bodleian Library, Oxford Univ., Oxford.

62　*Malacca: Guide Map Showing Features of Historical Interest*, 1958, Bodleian Library, Oxford Univ., Oxford.

63　由交匯處沿古務路朝北（東北）走，我們會看見一所醫療學院（即衛理公會英華學校的舊址）。英華學校由英國衛理公會在 1910 年代創校，與倫敦會的英華書院沒有關係，現在仍然存在，但已搬了去另一個位置。不過，由於兩家學校名字接近，很多人會誤會這就是英華書院的舊址。

64　Smith's report on the ACC, 1830, LMS/SOAS.

65　P. J. Begbie, *the Malayan Peninsula*, p. 368.

66　*The Straits Times*, 2 Mar. 1861, p. 1.

67　Lim Huck Chin and Fernando Jorge, *Malacca: Voices from the Street*, p. 48.

68　見 P. Kua, "The Anglo-Chinese College in Malacca, 1818-1843: its Location and Facilities," *Journal of the Malaysian Branch of the Royal Asiatic Society (JMBRAS)*, Jun. 2018, pp. 71-90. 此專題故事基本上來自上述文章的第二節。

69　Harrison, *Waiting*, p. 54.

70　Morrison's sketch, 1823; Smith's report on the ACC, 1830, LMS/SOAS. 隨著城市多年的擴張，這片沼澤地現在已變成堅實的地皮，充滿了各式各樣的建築物。

71　*The Missionary Sketches*, No. XXVIII, Jan. 1825; P. J. Begbie, *The Malayan Peninsula*.

72　Hunter, *Bits of old China*, pp. 237-238.

73　Milne, *The Anglo-Chinese College*, LMS/SOAS.

74　Milne, *Retrospect*, p. 350.

75   J. Montgomery, *Journal of the Voyages and Travels of D. Tyerman and G. Bennet*, v. 3, p. 75.
76   Hunter, *Bits of old China*, p. 238.
77   Montgomery, *Journal of the Voyages and Travels*, p. 76.
78   Smith's report on the ACC, 1830, LMS/SOAS.
79   *Ibid*.
80   Hunter, *Bits of old China*, pp. 238-239.

第二章

米憐掌校 身教口傳

米憐於 1815 年從澳門搬往馬六甲，在那裏居住和工作，並於 1818
年 11 月擔任英華書院的創校校長，直到他 1822 年逝世為止。他在
短短的任期內開展了許多重要的事工。本章扼要地描述他五個不同
但相互交織而相輔相成的角色，即教育家、傳教士、譯經家、作家
和出版者，亦透過兩個專題介紹早期書院的圖書館及由馬禮遜與米
憐共同翻譯，並由英華出版的第一套中文新舊約聖經。

教育學生
英華及附屬義學在馬六甲的創辦，其實是教會學校在此古城之復

興。原來早在 1548 年，耶穌會的開基人物聖方濟‧沙勿略已曾派遣佩雷斯神父及奧利維拉修士在當地開辦馬六甲學院。他們教導孩子讀書寫字，也培養年輕人往印度果阿該會的學院深造及在亞洲傳教。[1] 不過，當米憐抵達馬六甲時，這段遠古歷史應該已被當地人們完全忘記了。

19 世紀初馬六甲的人口狀況是重要的背景資料。英國殖民地當局 1827 年的人口普查提供了「城鎮和近郊」人口之詳情如下：

馬六甲城鎮和近郊人口，1827 [2]

		成人		兒童		總數
		男	女	男	女	
華人		1,548	1,338	616	487	3,989
馬來人		1,232	1,303	701	657	3,893
葡萄牙人		759	811	397	322	2,289
印度人	回教徒	481	515	242	240	1,478
	印度教徒	289	265	138	113	805
歐洲人		55	71	55	52	233
總數		4,364	4,303	2,149	1,871	12,687

從左岸的堡壘看馬六甲海峽、馬六甲河和右岸的市鎮，1835 年。（S. Himely）

米憐的《幼學淺解問答》，
1816 年於馬六甲刊行。

當時華人是居住在馬六甲城鎮和近郊的最大族群，其次是馬來人、葡萄牙人、信奉回教或印度教的印度人，最後才是少數的其他歐洲人，主要是荷蘭人和英國人。這些家庭裏不同族裔的 4,000 個孩子們是免費小學（義館）的主要服務對象；而他們之中年紀較大的華裔青少年則是書院的主要學生來源，後者大多來自福建，也有一些廣東人。

義館於 1815 年 8 月 5 日在米憐家裏由馬槽改裝的課室裏試辦，當時他還未搬進宣教基地新址。開學時只有五個學生，到了年底增加至十餘名。3 由於中國傳統文化強調教育，而馬六甲當時只有幾間由較富裕人家資助的小書齋，師資不見得特別好，義館的學生在短時間內就迅速增長。至 1816 年初，米憐已開辦了兩所小學，有「70 多個男孩」，由他及一位華人老師「用華語教授閱讀、寫作及算術」，和學習由他編寫而基督教色彩濃厚的《幼學淺解問答》。4

這兩所義館可以説是第一批為英華培訓未來學生的附屬小學，比書院早成立近三年。雖然小學有華裔老師和《三字經》等傳統書籍，米氏亦採用了當時在英國頗受歡迎的一些先進教學方法如以沙盤練習書寫、按程度分級教授及「導生制」（通過年長而績優的學生為導生去教導其他同學）等。5

需求似乎很大，因為米憐很快就開辦了更多的免費學校，而學童人數亦增加至數百名，包括不少當地其他族裔的學生們。為了教學的需要，米憐請了一些不同族裔的老師，曾在 1821 年的報道裏説義館已有「華人、暹羅人、越南人和馬來人（教師）……只欠日本人而已」。

可能是為了避免將來與倫敦會發生無必要的紛爭，馬禮遜在 1820 年 3 月起草和簽署了一份《英華書院契約》，正式將 1,000 英鎊捐

贈英華，列出書院運作的條款，並委任自己為終生校監和米憐為終生校長，但註明兩人必須遵守創校原來的目標。6

書院主樓於 1820 年 8 月竣工。米憐校長處理財務的態度認真謹慎，特別邀請經馬六甲三名由總督確認為「值得信賴及備受尊重的居民」檢查工程和審計帳目，他們亦於 9 月份正式簽署確認工程及帳目一切妥當。

大樓建成前英華已然開始了試驗教學，所以在 1820 年 8 月搬進大樓時，書院已經有七名學生。兩位兼職的高班學生是姚同學和盧或魯同學（音譯），他們分別在 1819 年 10 月及 1820 年 1 月入學，主力進修官話（即現在的普通話），以便日後擔任教職。五位全時間和受資助的學生是 1 月入學的印工梁發（31 歲）及傅林明牧師、2 月入學的歐裔青年波昂（16 歲），3 月入學的張春（音譯，下同，16 歲）及 8 月入學的馬敬全（16 歲）。當時還有最年輕的謝希（12 歲），仍在義館上學，但已打算進入書院（上述校友音譯名稱的英文原文見第三章第一個專題）。三位年輕同學均為土生華人，其中馬敬全及謝希按英文拼音估計原籍可能是廣東。這些是校史上的第一批「英華仔」。7

米憐當時曾說，馬禮遜承諾的金錢「足夠資助至少八個孩子」。根據馬氏 1823 年報道，由 1819 到 1822 年間，書院共有 17 位學生，多是十來歲的土生華人，還有梁發、本地的歐裔青年波昂和倫敦會的傳教士傅林明、宏富禮及高大衛。8

書院大樓樓下的大廳經常用作課室，而與典型課室不同，學生和老師們均坐在一張橢圓形的桌子旁邊。高班在七時早餐前與老師一起讀《書經》。初班九時開課，歐裔同學讀《淺解問答》，華裔同學讀《四書》並把《淺解問答》譯成英文。中午高班重溫《書經》，初班讀當時傳統書齋經常用的《明心寶鑑》、學翻譯和練習書法。晚上八時飯後兩班再上課。高班星期六沒有中午課，初班禮拜一、六的課程內容有些變化。

馬禮遜的《中英文會話及凡例》
之一頁，1816 年。

後來米憐增加了英語和地理課程，以及一些新的教科書，如《馬太福音》、《希伯來書》、馬禮遜的《中英文會話及凡例》及他自己寫的一本會話書等。9

雖然大部分課程主要由華人老師負責教授，校長每天都會出席，並親自教授一到兩堂課。10 馬禮遜一直堅持英華聘用合格的官話中文教師。當時的中文老師是一位來自中國的李先生，而李先生後來的助手則是英華的第一位畢業生姚先生。不過李先生曾於 1821 年返華至少一段時間。這位李先生的全名不詳，但如果他是曾於 1818 年初開始教馬禮遜中文的李老師，他就是一位秀才。

此時由馬禮遜替麥都思僱用的中文老師朱清，應該也是英華及義學的中文老師，因為麥都思在 1820 年已離開馬六甲，但朱老師仍然留在當地任教。不過朱先生的薪水仍是由差會而不是由學校支付，所以他的名字並不見於書院的年報。朱清是一位秀才，也曾教過馬氏中文。

這個時期的華裔學生們在完成三個月的試讀期後，需要簽署一份由米憐用中文起草的協議，才可以開始接受資助。他們要承諾「用官話修讀華文，兼而學習英文」，服從校規，留校六年，並在這期間努力學習。受資助的學生每人每月可獲生活津貼，從第一年的三印度盧比提升到第六年的八盧比，另加每年兩套校服。11

協議制度在學校創辦早期應該已經開始執行。米憐在 1820 年 8 月的信中曾說：「今天晚上，小伙子景泉（音譯）的母親已為他在書院餘下的六年簽了協議」，這使他可以獲得馬禮遜提供的資助。12

按原來計劃，英華應該是一所寄宿學校，因為協議註明學生們除了第一年可以在家中食宿外，餘下五年均須寄宿。13 但多年來只有寥寥可數的幾位歐裔學生和少數來自中國的華裔學生住在校園裏。絕

大多數的華裔學生們都是來自馬六甲鎮，他們只有少數人在 1830 年代才住在宿位有限的書院大樓裏。

除了受英華資助的學生外，學校也會招收一些 12 到 18 歲的自費生。華裔學生的學費是每年 100 西班牙銀元，不包括衣服和洗衣費；歐裔學生的學費則是每年 100 英鎊（按當時的匯率，約等於 400 至 500 西班牙銀元），但包括食宿費和洗衣費。如果任何學生需要僕人或馬匹（當時有些富裕學生是會有此要求的），無論國籍，都必須自己支付有關費用。14

用於支付華裔學生津貼的印度盧比

後來經常被馬來西亞人尊稱為「現代馬來文學之父」的阿卜杜拉當時住在馬六甲，聽説書院「會免費教授英語，甚至紙張、墨水或筆也不收分毫」，於是慕名而至，到學校拜訪米憐。不久之後，阿卜杜拉開始跟米憐學英語，更被聘為馬來語翻譯兼老師，教授當地的馬來學生，也是米憐及宏富禮的馬來語老師。但可能是由於英華當年的服務對象是華裔和歐裔青年，他顯然不被認定為書院的正式學生，沒有出現於馬氏 1823 年的學生名單。

馬六甲博物館外牆壁畫上的阿卜杜拉像（2017）

阿卜杜拉於 1849 年出版了一本題為《阿卜杜拉的故事》的回憶錄，普遍被認定為是現代馬來文學的經典之作。該書以馬來文撰寫，多處提及英華書院、馬禮遜及米憐。阿卜杜拉很尊重米憐，在回憶錄裏常常懷念在學校進修的日子，曾説「（米憐）溫馴、細心、樂於助人及充滿善意……黃金的債務可以償還，但感激之情我們只能夠帶進我們的墳墓」。15

傳播福音

米憐很注重書院內外的各種宣教活動。義館開學後不久，學童就需要參加每朝的聚會。至 1816 年底，除了學生每天崇拜外，安息日也有早晚兩堂中文聚會，根據米氏的報道「有些城裏的華人會經常參加」；而中午則有專為書院學生而設的英語講道。

由 1817 年 1 月起，他開始在星期一晚上用「很不完善」的馬來語於基地裏舉行短暫的講道，每次大約有 30 人參加，包括一些兒童。他在 1817 年 7 月的日記裏是這樣寫的：「現今經常在四處用中文講道；每天在家一次，和在鎮上三個地方——求神祝福這些工作」。16

1819 年，他的夫人瑞秋去世，而霍亂疫症肆虐馬六甲，米憐的宣教熱忱曾受到很大的挑戰。他當年不少的日記內容都反映出對亡妻的懷念、對喪母孩兒們的擔心、對多人死亡的悲傷和對不能全心投入工作的自責。幾段寫於安息日講道後的日記可以說明當時他內心之掙扎：

> 5 月 9 日：用中文講了兩遍道⋯⋯瑞秋啊！瑞秋！但是讓我把目光專注上帝；5 月 23 日：用中文講了兩次（道），一次英文⋯⋯我喪母的孩子們⋯⋯令我心痛——哦，願上帝把我的心從世上釋放——把它固定在永恒的東西上；11 月 17 日：像往常一樣講道⋯⋯但願神透過這次疫症使許多人得益，開啟他們心靈接受福音⋯⋯但願我能夠坦然面對死亡、疾病、墳墓。

到了年終回顧時，他的精神似乎已然好轉，因為他是如此說的：

> 但我應該發牢騷嗎？無限智慧（的神）會犯錯嗎？上帝不能彌補我的需要，並且保佑我脫離兇惡嗎？我不應該為瑞秋的救贖而歡欣嗎？

他繼而訴說過去一年的諸多恩典，包括孩子和自己的健康、附近宣道基地的成立、宣教、寫作、譯經及書院等各方面的進展。原來雖然該年困難重重，書院大樓工程卻頗為順利，外牆和屋頂都已經完成，而部分地磚和地板也已鋪好。17

米憐在 1820 年的崇拜時間表再次排得滿滿的。他每周仍在市中心的荷蘭教堂用英語講道，這是他抵達馬六甲不久後接手的任務。（此教堂在 1753 年建成，是馬來西亞現存最古老的基督教會）。而他在安息日的工作看來比以前更繁忙、更充實：

早上七點中文講道，十點英文講道；中午用中文講解教義，約五到七人參加。四點與一些小伙子和成年人見面，聽他們讀《教義問答》或其他宗教書籍……五點，聽愛丁頓先生、波昂和艾蜜莉（他的女兒）念一首詩篇等。七點，再用中文講道。八點半，用馬來語與基地的馬來人聊了一會兒。18

類似的宣教活動整個禮拜都有，每天有崇拜、講解、教導和禱告等，亦包括在鎮上寺廟前與一些華人異教徒交談。看來每周單單傳福音的活動對於一個全職的傳教士來說已是十分吃力，更遑論他仍然還有很多其他耗費時間的事情要做，包括書院和義館的教學，以及聖經翻譯的工作等等。

不過，和馬禮遜一樣，米憐宣教的努力與其即時的成果其實很不成比例！在馬六甲的七年內，他只有替梁發及約安娜兩個人施洗。

米憐改變梁發及引導他歸主的努力是他耐心和堅持的好例證。早在他們等待船隻離華往馬時，米氏已要求華裔員工們參加日常的敬拜，梁當時覺得很奇怪，也很不高興。抵達馬六甲初期，他仍不認識上帝，當他聽到米憐講道時，他「心中極甚惡恨，不喜歡聽之」。馬禮遜後來亦指出梁承認「當他在馬六甲的書院大廳裏開始受米憐博士的教導時……他在心中嘲笑他的禮拜」。19

儘管每天都有崇拜，梁發還是不相信，曾經和馬六甲寺廟裏一個來
自雲南的僧侶有密切接觸。他後來回想當時常念佛經，希望能夠
「不欠負前生之債」等等。20 此廟宇是青雲亭，乃馬六甲也是馬來西
亞最古老的華人廟宇，多年來都有來自中國的和尚駐廟。

但從 1816 年起，透過聖靈感動，梁越來越想接近基督教，米憐亦花
了很多心血教導他，使他終於決心信主。在 1816 年 11 月 3 日，米
氏在日記中寫道：

> 安息日——在今天 12 時正，我奉聖父聖子聖靈的名替梁公發
> 洗禮……這個儀式在基地的一間房間裏私下進行……之前已
> 透過談話，指導和祈禱小心地為此神聖的教儀做好準備……然
> 而，凡夫又豈能知人心？21

米憐的日記透露，他在梁發洗禮後仍繼續關心他靈性的長進及經常
培育他：「禮拜二晚上八點鐘，與阿發用中文祈禱……禮拜三、四
和五由四點鐘起，花一些時間向阿發解釋聖經」。

馬來西亞最古老的華人廟宇青
雲亭（2017）

但在馬六甲工作了四年後，阿發決定於 1819 年 4 月回國，期望能帶父親歸主，順便成家。米憐當天的日記是這樣寫的：

> 華人基督徒阿發離開了我們——在給了他一些適當的指示——在禱告和許多眼淚後，我們分手了——願上主賜他堅定信心，至死不移。

後來梁發果然沒有令領他歸主的米憐失望。

我們對約安娜所知不多，只知她是個混血兒，父親是華僑，母親是緬甸人，而約安娜顯然就是米憐 1820 年教導過的那位「本地婦女」。在 1821 年 7 月 1 日，米憐在書院大廳裏用馬來語在會眾的見證下替她施洗。22

後人對馬氏在華傳教的評語用於米氏也很恰當：「他工作之根本性質乃在開創大業，奠定基礎，其價值在質，固不能以區區數量估定之也」。23

米憐也透過活出基督愛人如己的精神而宣揚福音。馬六甲在 1819 年初發生霍亂疫症，導致多人病亡，同年 9 月，米憐創辦了「馬六甲濟困會」。該會有一個由粵、閩、歐人組成的管理委員會；而當地華人的「甲必丹」（荷蘭殖民地當局認可之華人頭目）曾有亮（號敬信）是最早捐款的支持者之一，他的辦公地點就是在青雲亭。24

與其他事工一樣，「濟困會」的運作與英華息息相關。書院刊行的中英文期刊經常會有該會的捐贈和發放詳細報道。「濟困會」於 1821 年 2 月 8 日在書院裏舉行年會，根據當天的報告，過去一年該會共有 59 位捐助者（包括一位孟加拉東印度公司的英國人和一位星加坡的華人），並曾為原籍福建或廣東的 12 名年邁、生病、喪偶或殘疾而無所依的當地華人提供生活資助。年會也通過了會長米憐及其他委員的連任，但任秘書的李老師則由姚老師代替，因為前者即將啟程返華。25

翻譯聖經

米憐在英國被按立為牧師之前，已明白譯經是「在華宣教使團極重要之目標」，表明決心在這方面努力，及跟隨馬禮遜學習。26 他來華時，馬氏已經把《新約聖經》譯完，所以在 1815 年，他的中國語文達到一定水平並開始參與譯經工作時，只分擔了《舊約》一些書卷的翻譯。

米憐在 1817 年底時，曾趁返華期間請馬禮遜校對他的《申命記》和《約書亞記》初稿，同時完成了《士師記》的第一次翻譯。此時他們兩人已決定了「舊約其他書卷的分工，期望盡可能在 1818 年內完成翻譯」。27

不過他們的工作進度比原定計劃慢，米憐在 1818 年僅僅譯完了《撒母耳記上、下》和《列王記上、下》四卷書的初稿。

在 1819 年，他完成了《歷代志上、下》、《以斯拉記》、《尼希米記》、《以斯帖記》及《約伯記》六卷書的初稿，但也感嘆一些譯經家喜愛的「文字直譯」方法「實非易事」，更明言「擔心修訂會像初稿同樣耗費大量精力」。

同年，大部分《舊約》書卷的初稿完成後，米憐即開始撰寫一些聖經註釋，年底前寫好《以弗所書註釋》一書中的第一和第二章註釋，並開始進行印刷。

《舊約聖經》翻譯的修訂果然需時頗久。雖然《士師記》的初稿早於兩年前寫好，可是米憐在 1819 年 9 月時仍聲稱「從《士師記》起我的部分之修改至今還未完成」。

同年 11 月，馬禮遜曾致信倫敦會說中文《新舊約聖經》翻譯已經全部完成，但這顯然只是指初稿而言，因為遲至 1821 年 6 月，他們兩人仍然在修改文稿。米憐於當時的信函說《尼希米記》的完稿已

謄寫好及寄出，請馬禮遜檢視和更改，而《以斯拉記》和《以斯帖記》的修訂稿也準備付郵，這些書卷的初稿均是在差不多兩年前寫好的。28

《聖經》個別書卷在翻譯完畢後就刻板刊行，繼而派發。這些早期出版的《聖經》書卷在華人圈子內有時候似乎也有一定的影響力。一位東南亞殖民地官員曾於 1818 年致函米憐，提到巴東的華僑「頭人」手上有一些聖經書卷，並向他說希望能盡快陸續取得「《新約》其他書卷的譯本」。29

由馬禮遜和米憐共同翻譯而命名為《神天聖書》的《新舊約聖經》所有書卷於 1823 年終於由馬六甲英華書院印刷完畢，是為歷史上最早出版的兩套中文新舊約全書之一，本章會有一個專題比較詳細地介紹這兩套《聖經》。

1823 年在馬六甲英華出版的《神天聖書》

馬禮遜負責翻譯整本《新約聖經》及《舊約》39 卷其中的 26 卷，包括摩西五經中的四卷（《創世記》、《出埃及記》、《利未記》及《民數記》）、12 卷歷史書中之一卷（《路得記》）、五卷智慧書中的四卷（《詩篇》、《箴言》、《傳道書》、《雅歌》）和所有的大先知書（《以賽亞書》、《耶利米書》、《耶利米哀歌》、《以西結書》、《但以理書》）及小先知書（《何西阿書》、《約珥書》、《阿摩司書》、《俄巴底亞書》、《約拿書》、《彌迦書》、《那鴻書》、《哈巴谷書》、《西番雅書》、《哈該書》、《撒迦利亞書》、《瑪拉基書》）。

米憐則負責翻譯《舊約》39 卷其中的 13 卷，即摩西五經中的一卷（《申命記》）、12 卷歷史書中的 11 卷（《約書亞記》、《士司記》、《撒母耳記上、下》、《列王記上、下》、《歷代志上、下》、《以斯拉記》、《尼希米記》、《以斯帖記》）及五卷智慧書中之一卷（《約伯記》）。

米憐的《鄉訓五十二則》

米憐的《張遠兩友相論》

撰寫書籍

米憐是一位多產作家，曾撰寫和出版了最少19種中文著作。這些著作及其初版年份如下：《告別演詞》(1814)、《救世者言行真史記》(1814)、《進小門走窄路解論》(1816)、《崇真實棄假謊略説》(1816)、《幼學淺解問答》(1816)、《祈禱真法註解》(1818)、《諸國異神論》(1818)、《生意公平聚益法》(1818)、《聖書節注十二訓》(1818)、《賭博明論略講》(1819)、《張遠兩友相論》(1819)、《古今聖史紀》(1819)、《受災學義論説》(1819)、《三寶仁會論》(1821)、《全地萬國記略》(1822)、《鄉訓五十二則》(1824)、《靈魂篇大全》(1824)、《上帝聖教公會門》(1825)及《聖書節解》(1825)。30

除了第一及第二本之外，其餘的都是在馬六甲英華書院首先刊行。《全地萬國記略》是談地理的，其他均為基督教書籍。《受災學義》一書寫於1819年霍亂肆虐馬六甲，每天都有人死亡時，目的是「在這個苦難之時刻喚醒人們」。31 最後四本刊物是在米憐逝世後才出版的，而其中《鄉訓五十二則》和《聖書節解》都只是他計劃中兩套較大型書籍的一部分，可惜他沒有完成，因為前者只有12則而不是52則鄉訓，而後者只有《新約聖經》中《以弗所書》的節解。除了第一種作品以外，米憐一律採用了「博愛者」這個筆名。32 有些作品是在月刊《察世俗每月統記傳》連載發表後再以獨立冊子的形式重刊的。當年的英華學生有很多機會在課堂裏或崇拜時使用這些書本。

多年來，不少上述小冊子曾由不同人在各地多次修訂和重刊。幾個例子：《救世者》在廣州初刊，米憐認為該書「普羅大眾都看得懂，也有興趣看」，曾在馬六甲用它的刻板重新印刷。33 《進小門》更曾在馬六甲 (1832)、星加坡 (1843)、廈門 (1854) 和上海 (1856) 等地重刊。《幼學淺

解》、《兩友相論》及《鄉訓》也均經過好幾次重刊，然後由米憐的兒子美魏茶大幅修改，於 1850 年至 1851 年間以新的書名在上海重新出版。

《兩友相論》是米憐的著作中最受歡迎和最為重要的宣道冊子。該書共有 12 篇對話，透過一位華人基督徒和他非基督徒的鄰居之對話，探討罪惡與悔改、禱告、天堂與地獄及救恩等重要的基督教議題。此書各段首先於 1817 年 9 月及其後兩年間在《察世俗》裏以連載形式刊行，於 1819 年各篇對話完成後首次推出單行本。

後來的宣教士曾在馬六甲（1831）、星加坡（1836）、香港（1844、1851）、倫敦、寧波（1847、1851）和上海（1847、1849、1851、1858 及 1861）等地多次重刊該書，有時也會作出一些修改或換上新書名。近年的學術研究估計，到 1886 年時《兩友相論》可能已有超過 30 個版本，而至 1906 年為止該書已印刷了估計幾十萬以至 200 萬冊之數。漢學家韓南教授更尊稱其為「傳教小說之濫觴」，「可能是該世紀最常重刊的中文小說」。[34] 它的影響亦超越了華人社會，起碼有幾種日文和韓文的翻譯本。[35]

米憐還寫了兩本英文著作。其一是源於康熙的《聖諭十六條》及由雍正加以推衍解釋之《聖諭廣訓》的英譯本，於 1817 年在倫敦出版，並在英語世界裏獲得不少好評。當年的一篇評論指「其非凡優點吸引了許多讀者關注」，認為它是繼馬禮遜的《中華之晷》後關於中華習俗和道德最重要的英文書。該書頗受歡迎，曾於 1870 年在上海重版。[36]

第二本英文書《基督新教在華傳道最初十年之回顧》於 1820 年由馬六甲英華出版，書裏有不少資料來自馬禮遜早前編輯的一本手稿。此書乃研究中國傳教史不可或缺的標準參考書之一，有很多非常有用而往往難以在別處找到的一手資料，曾多次被本校史引用。

除了米憐的中英文作品外，基地出版社也經常刊行馬來語書籍。湯

生在 1817 年底回來後開始負責馬來語的出版工作,刊行了不少關於教理問答,讚美詩和其他宗教話題的馬來文刊物。到 1819 年為止,馬來出版部刊行了 5,000 多冊他為初學馬來語的兒童編寫的馬來語初階拼寫書。翌年,他更出版了一本英文和馬來文的詞彙書,對促進早期西方和馬來文化交流有一定的貢獻。[37]

出版期刊

米憐於 1815 年 8 月在梁發的協助下出版了《察世俗每月統記傳》的第一期。翌年,隨着印刷宣道冊子和期刊等的工作量增加,馬禮遜更幫忙另外在廣州找了三名印刷工人,並送他們到馬六甲做梁發的助手,其中一位是以後的篇幅裏仍然會再出現的屈昂(阿昂)。[38]

《察世俗》基本上是一份中文月刊(雖然不是每個月都出版),每年的卷數和號數分別為:1815 年(卷 I/ 共 6 號),1816 年(卷 II/ 共 9 號),1817 至 1820 年(卷 III 至 VI/ 各 12 號)和 1821 至 1822 年 3 月(卷 VII/ 共 11 加 3 號)。該月刊五年內各卷共有 1,098 頁,發行量逐漸增長,由每月約 500 本增至 1,000 本,另加每年的年度綜合版約 500 至 2,000 套左右。[39]

月刊首頁有雜誌名稱、清代年號、論語引句「子曰多聞擇其善者而從之」及「博愛者」的筆名。序言承諾該雜誌「神理、人道、國俗、天文、地理、偶遇,都必有些」,但「最大是神理,其次人道,又次國俗……其餘隨時順講」。他還指出「各地方的唐人,有願看此書者……請來弟寓所自取,弟即均為奉送可也」。[40] 因此,每一期的《察世俗》都是在馬六甲、東南亞地區,以及通過到訪船隻和傳道差會而免費派發到中國和世界其他地方。

《察世俗》既然開宗明義地聲明「最大是神理」,宗教當然是最重要的議題。根據粗略的統計,有關基督教和道德的文章佔了大約 85% 的篇幅。它們包括一些首先在雜誌裏連載或單獨刊登然後再以宣教冊子重刊的作品,一些不曾重刊的文章(例如《鐵匠同開店者相論》和關於貪腐、孝道、夫妻的討論等)及中文《聖經》內各書卷的摘錄。

米憐頗喜歡中文雜誌提供給他每月分期寫一小篇文章
的機會，因為他覺得工作繁忙，實在沒有時間一口氣
地「坐下來好好的寫一篇完整的論文，編撰一系列的
歷史，或充分地討論一個重要的話題」。41

中文月刊世俗文章相對較少，包括廣告（例如義學招
生廣告）、通告（例如濟困會的通告）、專欄（例如少
年人篇）、天文地理（例如《全地萬國記略》）、科技
（例如蒸汽船）、文學（例如詩歌、英文簡介、比喻、
四書）、國俗（例如馬六甲的偶像崇拜）、歷史（例如
羅馬帝國之暴君卡里古拉的奢侈）以及時事（例如英
國土產所缺、1815 年的日食預測）等等。42

對米憐而言，雜誌的工作量無疑相當大，因為多數文
章都是由他親自執筆的。因此，他經常會在年度回顧
裏把《察世俗》列為他的「著作」之一，雖然也曾説
過有一些文章是來自馬禮遜、麥都思和梁發等。43

在馬六甲刊行的《察世俗每月
統記傳》，1816 年。

《察世俗》普遍被認定為近代中文報刊之濫觴，啟發了
以後的一些早期刊物，如《特選撮要每月統紀傳》、《東西洋考每月
統記傳》及《遐邇貫珍》等。後者於 1853 年由香港英華書院開始
出版，先後由麥都思及理雅各等擔任編輯。這四份刊物分別為馬六
甲、巴達維亞、廣州和香港的第一份中文報刊。

除了中文月刊外，米憐也於 1817 年 5 月開始刊行一本叫《印中搜
聞》的英文季刊。該雜誌每年的卷數和號數如下：1817 至 1818 年
（卷 I 共 6 號），1819 至 1820（卷 II 共 8 號）和 1821 至 1822 年 4
月（卷 III 共 6 號）；三卷共 20 號，共計有 1,061 頁。

這本雜誌的主要目的是促進傳道會各基地間之交流，以及與英文讀
者分享亞洲各地的信息。刊物首頁承諾雜誌會著重刊登有關印中各
國文學、歷史、哲學及傳説的文章，基督教信息和一般新聞，但也

會有「東方傳教士來往書信之摘錄」。44

與《察世俗》不同,《印中搜聞》只分發給付費的訂戶,原意是希望將雜誌訂購收益用於傳教士的孤兒寡婦基金及當地之慈善事工。可惜此目的顯然並沒有達到,因為在短暫的出版期間它根本沒有利潤,而在 1823 年停辦時更累積了「大約 1,000 西班牙銀元的欠款」。45

由於閱讀對象和收費模式都不一樣,雜誌內容亦與中文月刊截然不同。有關基督教、宗教及倫理的文章僅佔總頁數之四分之一左右,包括傳道基地報道、宣教片段、宗教情報和基督教雜項等專欄。世俗文章則佔據了大部分的頁面,包括一般情報、雜項、散文、翻譯、文學和新聞等。大部分文章內容側重有關中國之報道,也經常提及馬六甲。

英文雜誌之投稿者比中文雜誌的為多,大約有 20 個左右,但馬禮遜和米憐是最主要的兩位。馬禮遜常用筆名 Amicus(拉丁文「朋友」之意)投稿:在涵蓋 1817 至 1818 年之第一卷中,用這個筆名的共有 12 篇文章,用他自己名字的卻只有一篇。Amicus 經常介紹中國

THE

INDO-CHINESE GLEANER.

No. VIII.]　　　APRIL, 1819.　　　[PRICE, 1 SA. RUP.

CONTENTS.

I. INDO-CHINESE MISCELLANEA.
　　　　　　　　　　　Page.
1. Journal of Occurrences.
News from Peking, Sze-
Cuen, &c.　　　-　　49

II. ESSAYS, &c.
　　　　　　　　　　　Page.
Illustrations of Scripture　-　75
Hindoo's account of Christ　76
Views of Idolatry　　-　-　78

在馬六甲刊行的《印中搜聞》
(部分),1819 年。

新聞（其中有些譯自《京鈔》之類）、風俗習慣及中文書籍等。米憐經常以筆名 Servus（拉丁文「僕人」或「奴隸」之意）和 Too-yu（現代拼音為 Dùyú，即「蠹魚」或書蟲之意）投稿，本章書院圖書館專題裏會再提及這些文章。[46]

《印中搜聞》裏的一些信息可能成為了在華傳教後期發展的催化劑。東印度公司的利文斯頓醫生曾在 1821 年刊行的文章裏介紹馬禮遜在澳門開設的一家中西醫學結合的免費醫館，並說在短時間內已有 300 多名病人受惠。[47] 這個實驗是醫療傳教之先鋒，啟發了 1820 年代中期在馬六甲英華的免費醫館，以及 1830 年代以後在中國內地及香港一些更大規模而且相當成功的醫療傳教事工。

馬禮遜曾説《印中搜聞》「在歐洲知識分子間頗為知名」。[48] 雖然此刊物在米憐逝世後即無以為繼，它卻間接促成了於 1832 年在廣州創刊、並由美國來華的第一位傳教士裨治文任編輯之英文雜誌《中華叢報》。時至今日，《印中搜聞》仍是這個時期的中西文化交流史研究者之寶貴一手資料。

一個段落

儘管資源短缺兼且人手不足，英華首任校長米憐仍在幾年內開展了很多事工，為書院奠立了一個穩固的基礎。作為創校校長，「前無古人」這句話他固然當之無愧，但即使與繼任者的成就比較，「後無來者」也應該是句合適的評語。米氏任內工作雖然涵蓋各方面，但很多其實都與書院的運作息息相關。義館提供免費小學教育，也為英華培育了一些未來學生。講道的對象經常是書院的師生及職員。他翻譯的《聖經》書卷及撰寫的小冊子往往是書院裏的教材及崇拜時的經文。中英文雜誌很多時候也是招徠學生、報道進度和推廣學校的平台。

英國蘇格蘭格拉斯哥大學於 1820 年 11 月授予「對華傳教士暨中文書院院長」米憐榮譽神學博士學位，表揚他的傑出成就。[49] 他是繼

馬禮遜後第二位獲此榮銜的英華人士。

米憐身體一向不好，但卻不懈工作。馬禮遜在 1817 年在中國再次見到米憐時，已說很擔心米氏的健康，因為他有肺病，看來非常瘦弱。50 接下來的幾年，米憐工作量大，亡妻喪兒，加上當地疫症頻繁，他的健康狀況更越趨嚴峻。至 1822 年初他病情嚴重，終於不得不在同工和醫生們的苦勸下同意前往星加坡和檳城休養。

但米憐的身體每況愈下。1822 年 3 月 20 日，即瑞秋逝世三周年之際，他在日記裏承認大概不能再像以前那樣工作了。4 月 21 日，他在檳城寫下了他一生最後的一段日記，卻也是與工作有關：「周六和今天協助恩士修改他正在撰寫的聖經教理問答」。51

5 月下旬，他的病情惡化得十分厲害，檳城基地的人認為必須把他送回書院，政府當局相當合作，立刻派出船隻載他回到馬六甲。

書院的中文老師朱清曾試圖安慰米憐，請他不用擔心將成為孤兒的孩子們，米憐卻回答說，他並不擔心他們日後的生活，只掛念朱氏將來靈魂之救贖。朱秀才後來回華，途中經歷神蹟，受到感動，終於在中國接受了主。他在 1832 年 12 月成為第四位、亦是最後一位由馬禮遜親自施洗的華人信徒，戒了鴉片，更定期在家裏舉行小型聚會。52

6 月 2 日星期日早上，米憐英年早逝，安息主懷，終年才 37 歲。他的遺體由書院運「往荷蘭墳場，被安置在他為妻子和孩子們預備的墓穴裏」。很多人出席了他的葬禮，包括許多當地居民、署理總督、宏富禮、剛到達書院不久的印刷技工赫曼、華人教師、書院同學、印刷工人及許多義學學生們；他們均依依不捨地自發參與喪禮，對為他們的福祉努力而鞠躬盡瘁的校長致以最後的敬意。53

自 1881 年以來即長期在星加坡傳教的庫克牧師曾多次到馬六甲荷蘭墳場憑弔宣教先賢米憐，並預言「在未來的日子裏，米憐的墓，也

就是他妻子遺體休息的地方，將會吸引很多感恩和虔誠的華裔基督徒到訪」。54

雖然米憐夫婦同葬一穴，墳墓前並沒有加上新的墓碑，所以我們在那裏並不能看見他的名字，於是很多不明底細的人根本就不知道米憐牧師的葬身之地何在。今天，我們仍可以在馬六甲荷蘭墳場裏找到他們的墳墓，墓前有一棵充滿活力的老樹，部分樹幹掩蓋了墓碑的左下角，但繁盛的樹枝樹葉亦同時為古墓遮蔭，免得它受馬六甲酷熱天氣之苦。

米憐夫婦在馬六甲荷蘭墳場的基穴，墓前有老樹遮蔭。（2017）

在馬六甲米憐擔任過駐堂牧師的荷蘭教堂（現稱基督堂）內有一塊米校長的紀念碑，提醒我們：

> 七年來他以英華書院校長之身份在當地居住，監督華裔和馬來裔青年的教育，用他們的語言寫成有禪益之宗教書籍，並主持本教會，作為基督福音的忠心僕人，但他與馬禮遜牧師合作的主要目標是翻譯出最早的基督新教聖經中文版，他亦為此作出了寶貴和有效率的貢獻。

但對米憐最後的評語應留給他最友好的朋友和最親密的同工馬禮遜。馬氏在 1823 年的兩封信中感慨萬分地哀嘆「他短暫的日子」，但亦補充說：「他在很短的時間裏做了很多，他的各種事工歌頌他。」55

荷蘭教堂內的米校長紀念碑（2008）

學校圖書館 [56]

米憐校長很早就認為英華需要有一個「獨立於個別傳教士私人書室」的圖書館，因為傳教士離開時都會把自己的藏書帶走。[57] 書院成立後不久簽署的《書院契據》亦有特別提及圖書館，規定「捐助者所捐贈給英華書院圖書館的書籍均不可轉移」。米憐隨即起草了一份「書院圖書館規章制度」。[58]

書院圖書館館藏在當時來說可謂相當豐富，可以分為中文和外文書籍兩大類。像早期歐美許多圖書館一樣，大多數書籍都是來自捐贈，但也有一些是書院出版社的刊物，或是用學校資金購入的。

中文書籍數量在幾年間已相當可觀。早在 1817 年書院開辦前，圖書館已擁有「300 多冊中文書籍」。[59] 到了 1823 至 1824 年間，中文藏書多達 2,850 冊。但其後的增長則不能確定，因為學校年報沒有再提及中文書

馬六甲荷蘭街旁中式老房子牆上的裝飾（2017）

的總數。

馬禮遜應該是中文古籍最主要的捐贈者和供應商，因為他對書院一向鼎力支持，也熟悉廣州的古籍市場。在 1817 年的報告中，米憐曾指出手頭上的中文書籍大部分是由馬禮遜捐贈或者代購的。[60]

根據馬氏的介紹，圖書館的中文古籍包羅萬有，涵蓋了「倫理、法律、地理、地形、天文、歷史、詩歌、作文、尺牘、八股、宗教、自然、醫學、軍事、占卜、戲劇和小說」等。[61]

但要瞭解館藏的具體內容卻並不容易，因為主要是針對西方讀者的學校報告和雜誌文章中絕少提起圖書館裏的中文古籍之具體書名。可幸的是，米憐校長顯然是圖書館的第一位也許是最忠實的擁躉，他曾在《印中搜聞》用筆名 *Too-yu*（蠹魚）寫了一個專欄，有時也會用 *Servus*（僕人）的筆名投稿，不時評論書院之中文藏書或提供它們的英文摘錄，因為他承認其時他正在「爬梳

一些滿載這些書籍的書架」。62

除了米憐的專欄外，多年來的年報或來往書信裏也會偶然提及少數的中文書，尤其是書院刊行的書籍和雜誌。

接下來的幾段會簡單介紹一些來自這些一手資料的中文書籍。

古籍館藏有義館及書院經常採用的課本《三字經》、《明心寶鑑》、《論語》、《孟子》、《大學》、《中庸》和《禮記》等。這七套經典書籍都是當時中國傳統儒家教育常用的教科書。也有米憐不久前才翻譯成英文版的《聖諭廣訓》。此乃滿清皇朝推行教化的官修典籍，屬國教必修，源於康熙之《聖諭十六條》，再由雍正推衍解釋，當時會由政府在各地定期宣講，更曾併入科舉考核內容。時至今日，我們閱讀此書仍然可以獲益匪淺。

藏書也有很多其他各類的古籍，包括談天文地理的《高厚蒙求》，佛家書籍《功過格》、《西方公據》及

《天然和尚同住訓格》，章回小說《繡像正德皇遊江南》和屬雜項宗教類的《神仙通鑑》（又名《三教同原錄》）等。後者編修於明代，清初曾經重修，其中有不少佛教、道教和儒教傳說，也有一些天主教資料，包括關於耶穌誕生的故事，顯然把祂也納入了中國傳統神仙體系之中。63

圖書館還有大型著作四種，每種都有 100 卷或以上，即《佩文韻府》、《三才圖會》、「一套共有 240 卷的大清皇朝統計大全」及《律曆淵源》。後者由康熙於晚年領導編纂，「排日進呈，親自釐訂」。該書共分三部，即《曆象考成》42 卷、《律呂正義》5 卷及《數理精蘊》53 卷，「三書相為表裏，稽古準今，可謂集曆律其大成」，堪稱當時極其重要的科學著作。64

上：滿漢文版的《聖諭廣訓》
下：《神仙通鑑》裏有耶穌繪圖的一頁

書院圖書館裏自然也有不少由倫敦
會傳教士們翻譯或撰寫的中文書
籍，包括馬禮遜和米憐共同翻譯的
中文《聖經》，以及由他們兩人和高
大衛、修德、麥都思及梁發等人撰
寫的多種大多與基督教有關的中文
冊子。它們的書名在其他章節裏都
會比較詳細地介紹，這裏只會簡單
地提及幾本最重要的，包括1813年
在廣州出版，題為《耶穌基利士督

我主救者新遺詔書》的馬禮遜版新
約全書；1823年在馬六甲出版，題
為《神天聖書》的新舊約全書；米
憐於1819年在馬六甲出版的《張遠
兩友相論》及梁發在1832年於廣州
刊行及翌年捐贈給書院的九本《勸
世良言》等。65

圖書館還有一些天主教中文書籍，
包括澳門聖約瑟書院出版的兩套

書，分別介紹聖母生平和講天主教諸位聖人。但根據報道，這兩套書「模糊難讀」，因為它們是用粗糙的木活字版而不是雕刻木塊印刷的。66

當然，館藏裏也有一些罕有的早期中文期刊，包括米憐編輯的《察世俗每月統記傳》（1815 年 8 月至 1822 年 3 月發行）、麥都思編輯的《特選撮要每月紀傳》（1823-1826）、修德編輯的《天下新聞》（1828-1829）和郭士立編輯的《東西洋考每月統紀傳》（1833-1835、1837-1839）。米氏、麥氏和郭氏創刊的雜誌分別是馬六甲，巴達維亞和廣州的第一本中文期刊。

圖書館收藏的外文圖書（包括部分中文的雙語圖書）數量略少。在 1824 年，目錄只列出了 192 種共 558 冊的外文圖書。一年後，總數急增至 367 種或 1,079 冊。但接下來每年只略有進帳，到了 1835 年，館藏終於達到了 504 種或 1,575 冊。67 其後書院沒有再報道外文藏書總數，其進一步增長的情況無法

確定。

與中文書籍的主要來源不同，外文藏書大部分來自不同地方的捐助者，間接反映了當年英華的支持者相當廣泛。馬禮遜的名字在捐贈名單上當然出現了好幾次，但是還有許多其他人，包括克理牧師（在印度雪蘭坡的浸信會傳教士）、戴斯爵士（後來成為香港第二任總督的漢學家）、法誇爾少校（馬六甲英國長官）、韓基先生（倫敦會董事會主席）、克樂博士（都柏林三一學院院長）、龍思泰爵士（瑞典首任駐華大使）、莫頓醫生（馬禮遜的岳父）、湯斯先生（英國來華印刷技師兼作家）、英國及海外聖經公會、法國巴黎亞洲學會、倫敦會以及許多其他人和機構。68 其中有一個大型捐贈來自一位匿名者「伯雷牧師的朋友」，總數多達 131 種或 413 冊書籍。69

外文館藏種類也同樣多樣化，包括「英文、法文、拉丁文、希臘文、希伯來文、阿拉伯文、孟加拉文、泰米爾文、馬來亞文和暹羅文」的書籍。70 由於學校年報和英文雜誌經

常會列出各界捐贈的外文書籍，相對來說，我們比較清楚這些藏書的詳細內容。

外文館藏裏當然有許多與基督教或《聖經》研究有關的書籍，下列是其中的一部分（以原文列出）：Barclay's *An Apology for the True Christian Divinity*, Bennett's *Lectures on the History of Christ*, Bogue's *Discourses on the Millennium*, Brown's *Dictionary of the Bible*, Erskine's *Sermons*, Gurney's *Essays on Christianity*, Hodge's *Christian Plan*, Lewis' *Christian Characteristics*, Penn's *No Cross, No Crown*, Taylor's *Hebrew Concordance*, Townley's

亞當史密夫的《國富論》，1828 年。

Illustrations of Biblical Literature, Well's *Sacred Geography*, Whitby's *Commentary on the New Testament* 和 Williams' *Greek Concordance* 等等。書院還有多種文字的《聖經》書卷，包括阿拉伯文、亞美尼亞文、孟加拉文、中文、僧伽羅文、英文、希臘文、希伯來文、馬來文、普希托文、西班牙文和塔林加文等。

館裏有很多早期的外文雜誌，其中大部分是基督教期刊，包括《印中搜聞》、《亞洲研究》、《浸信會雜誌》、《中華叢論》、《基督教觀察報》、《折衷評論》、《福音雜誌》、《亞洲雜誌》、《衛理公會雜誌》、《傳教士雜誌》、《期刊雜誌與少年教師》及《神學雜誌》等。

但是書院的外文藏書更多是與基督教無關的書籍，這裏只能列出一部份：Ainsworth's *Latin Dictionary*, Aristotle's *Opera omnia, graece et latine*, Beaufoy's *Nautical Experiments*, Bell's *Surgery*, Bigland's *History of England*, Blair's *Chronology of the World*, Buchan's *Domestic Medicine*, Buhle's *Histoire de la philosophie moderne*, Carey's *A Dictionary of the Bengalee Language*, Cooke's *Geography*, Dr. Gregory's *Conspectus Medicinae Theoreticae*, Homer's *Works*, Johnson's *Dictionary*, Singha's *Kosha, or Dictionary of the Sanskrit Language*, Howisons' *Malayan and English Dictionary*, Johnson's *The Works of the British Poets*, Kaempfer's *History of Japan*, Lee's *The Travels of Ibn Batuta*, Low's *A Grammar of the Thai or Siamese Language*, Murray's *Materia Medica*, Ogilby's *Embassy to Japan*, Pascal's *Provincial Letters*, Raffles' *History of Java*, Rémusat's *L'Invariable Milieu*, Raleigh's *History of the World*, Robertson's *History of India*, Rollin's *Ancient History*, Rodrigues' *Grammaire Japonaise*, Römer's *Archiv für die Botanik*, Dr. Smith's *Physiologi-*

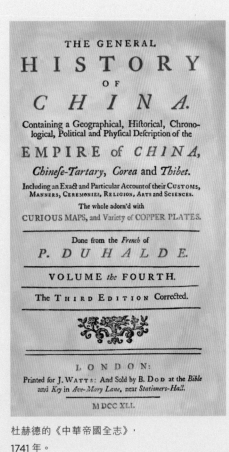

杜赫德的《中華帝國全志》，
1741 年。

cal and Systematical Botany, Smith's Wealth of Nations, Stavorinus' Voyages to the East Indies, Trail's Algebra, and Watson's Chemical Essays, etc.

外文藏書裏有三套比較大型的百科書：Good et al's Pantologia, a New Cyclopaedia, The Encyclopaedia Britannica, and Rees' Cyclopædia，分別有 12 卷、22 卷及 45 卷。

圖書館裏還有一些不同語言的手稿。高大衛在 1827 年的年報中曾透露書院已「收集了好幾種珍貴的馬來文和暹羅文手稿」。71 館藏也包括由英華學生小德（袁德輝）把拉丁文作品 Stockii Clavis Linguae

Sanctae (veteris Testamenti) 譯成的中文譯本手稿。此書是閱讀希伯來原文《舊約聖經》的工具書，學校委託小德把它翻譯，但可能只是以手稿形式使用，因為年報裏沒有說它曾經印刷出版。72

伊雲士在 1830 年代當校長時，他的兒子埃德溫曾當過圖書館管理員。現在英國仍收藏有一本介紹馬來土王及先知故事的馬來文手稿，上面有兩處註明屬「馬六甲英華書院的埃德溫」，於 1836 年抄寫完畢。73 19 世紀時，許多罕有的馬來文手稿都是通過僱用抄寫員抄寫借來的原稿得以保存。這本手稿可能是英華書院委託製作，並曾經是圖書館當年的藏書。

最後，書院藏書裏也有很多與中國或中國語文或文化有關的外文書籍，包括 Amoit's Memoires concernant des Chinois, Art Militaire des Chinois and Vie de Confucius, Bayer's Museum Sinicum, Collie's Four Books, Couplet et al's Confucius Sinarum Philosophus, Davis' Chinese

書院博物館藏畫：19 世紀初中國的各行各業（廣州的書商）。（G. H. Mason）

Novels, Fourmont's *Grammatica Sinica*, De Guignes' *Dictionnaire Chinois, Francais et Latin* and *Voyage a Peking*, Du Halde's *History of China*, Grosier's *Description générale de la Chine*, Hager's *Elementary Characters of the Chinese*, Kircher's *La Chine, illustrée*, Macartney's *Embassy to China*, Kurz's *Tableau des éléments vocaux de l'écriture chinoise*, Le Gobien's *Histoire de l'édit de l'empereur de la Chine*, Marshman's *Chinese Grammar*, Milne's *A Retrospect of the First Ten Years of the Protestant Mission to China* and *Sacred Edicts*, Morrison's *Chinese and English Dictionary, Chinese Grammar* and *Horæ sinicæ*, Prémare's *Notitia Linguæ Sinicæ*, Remusat's *Élémens de la grammaire chinoise*, Samedo's *History of China*, Shaou Tih's *English and Chinese Students' Assistant*, Staunton's *Embassy to China*, Tkin Shen's *Rambles of the emperor Ching Tih in Këang Nan*, Timkowski's *Travels of the Russian mission through Mongolia to China*, and Viani's *Istoria delle cose operate nella China*, Weston's *Tracts on the Chinese*,

Yu Kiaou-li's *Roman Chinois* 等。這些書籍很多都是當時西方學者研究中華帝國和中國語言及文化相當珍貴的參考資料。

總而言之,英華圖書館在 1823 年有 2,850 本中文圖書,1835 年有 1,575 本外文圖書,館藏總數 4,425 冊。隨着書院多年來不斷出版新的中文、英文和馬來文等書籍及仍有獲得圖書捐贈,可以肯定地説,它的館藏總數在後期至少會有略微增長。藏書中有不少為難得甚至是罕見的手稿、雜誌及書籍,這些都會被當今的大學或公共圖書館認定為稀有珍藏。

按照今天的標準,這個館藏總數看起來可能不算多,但在 19 世紀初期情況當然不一樣。下列可供比較的是一些美國大學的成立年份和其圖書館在 1839 年時的藏書總冊數:迪金森學院(成立於 1783 年),3,000 冊;富蘭克林學院(1787),500 冊;北卡羅萊納大學(1789),3,000 冊;威廉姆斯學院(1793),3,000 冊;聯合學院(1795),

NOTITIA

LINGUÆ SINICÆ.

AUCTORE P. PREMARE.

MALACCÆ:

CURA

ACADEMIÆ ANGLO-SINENSIS.

MD.CCC.XXXI.

馬若瑟用拉丁文撰寫的《漢語箚記》,1831 年於英華刊行。

8,150 冊；明德大學（1800），
2,230 冊；俄亥俄大學（1804），
1,300 冊；邁阿密大學（1809），
1,681 冊；漢密爾頓學院（1812），
2,500 冊。[74] 換句話説，英華當時
之藏書量與西方一些大學圖書館相
比，是毫不遜色，甚至可以説是更
加豐富的。

米憐及不少後來曾在馬六甲逗留的
倫敦會傳教士和其他中外英華成
員，都曾寫了一些宣教或關於中國
或中文的書籍，他們大多有利用此
圖書館的豐富館藏。除了供書院師
生使用外，圖書館也開放給一些亞
洲地區內需要進行研究的外人。於
1830 年代初多次到訪的畢比上尉在
《馬來亞半島》一書中確認，書院圖
書館有「數千本大部分是稀有而珍
貴的藏書」，並感謝歷任校長為他
「提供使用此優秀機構之卓越圖書館
毫無限制的方便」。[75]

書院還有一間博物館，裏面有不少
有趣的東西。館內有很多介紹各行
各業、中式傢俬、家居生活、兒童
玩具、不同刑罰、宗教物件、河

道船艇、雜耍表演，以至冥府懲罰
的中國畫，有一些地圖、圖表和人
體解剖圖、清廷朝珠、樂器、鑼、
鈸、鼓、寺廟用之磬、青銅雕像、
度量衡工具、中草藥、貝殼和中式
十字弓及弩管的實物，還有中國回
教徒掛牆用的阿拉伯文卷軸、來自
巴勒斯坦的岩石樣品、天堂鳥的標
本、所謂「酒神之杯」的複製品和
不同的化石標本等等。[76]

自創校以來，英華就由圖書管理員
兼職負責博物館，儼然把後者視為
前者的附屬品。[77] 到了 1820 年代
中期或更早，不知是否由於圖書館
或課室需要額外空間，兩者可能已
經合併，因為亨特在回憶錄裏描述
書院有：

一間佔據了地下大房間的寬敞的圖
書館。它藏有各種歐洲和亞洲語言
的書籍，牆上掛滿了一些奇奇怪怪
的馬來和中國武器及樂器，並穿插
着彩色的地圖。[78]

明顯把這兩個地方視為一體。

第一本中文聖經

中國早於唐代已有景教（基督教的一個分支）傳教士及明朝已有天主教傳教士的腳蹤。公元 781 年（唐建中二年）的《大秦景教流行中國碑》在 1625 年於西安重新出土，碑文確認景教徒早於唐朝年代來華並曾「翻經書殿」。天主教徒也曾於明清時期在中國宣教時將《聖經》的部分書卷或章節譯成中文。但據我們所知，兩個教派都不曾在早期刊行過一部完整的中文《聖經》。

第一本完整的中文《聖經》要等到清末才由新教徒翻譯完畢及印刷出版。當年有兩組人同時譯經，第一組在印度雪蘭坡的英國浸信會基地，由傳教士馬士曼和在澳門出生及懂得中文的亞美尼亞裔夥伴拉薩爾負責；第二組在廣州和馬六甲的倫敦會據點，由馬禮遜和米憐負責。

當馬禮遜剛到廣州時，有些英國人擔心滿清當局會反對他翻譯《聖經》，以致連累東印度公司的貿易利益。不過公司在華的負責人羅伯茨卻覺得沒有問題，同意支持他的事工。他在 1813 年 11 月臨死前曾說：

《大秦景教流行中國碑》的頂部

我們可以理性地回答中國人——我們認為這本是我們最好的書。馬先生恰好能夠並願意將其翻譯成中文，以便你們可以閱讀——你們喜不喜歡完全由你們自己決定：但我們認為他做得很好。79

羅伯茨更身體力行，在遺囑裏留了 1,000 西班牙元給馬氏，支付刊行中文聖經的有關費用。

從一開始倫敦會已經知道浸信會在雪蘭坡書院的翻譯工作，但在 1809 年的一封信中，該會的官方態度是「兩個翻譯可能比一個好。畢竟兩個初版都不會是完美的」。80 這個想法是可以理解的，尤其較早開始的譯經項目是在印度，而當地沒有適當的華人助手、足夠的中文印刷設施，甚至也沒有可以大量派發《聖經》的華人區。

多年來，兩個譯經團隊之間有交流合作，但也有競爭衝突。倫敦會敦促馬禮遜與對方合作，但他表明在執行指示上不太順利。馬氏在信件中透露，他在 1807 年船還未到中國時已曾致函雪蘭坡，後來又再寫了好幾封信，但要到 1809 年底，才首次收到雪蘭坡基地負責人威廉·克理的回音，而信裏「完全沒有提及中文或中文翻譯」。81 無論如何，馬氏很快就把巴色手稿之副本寄予對方，方便浸信會團隊翻譯時用作參考。

馬禮遜在 1810 年首先印製了根據巴色手稿而修改的《使徒行傳》，於 1811 年刊行了《路加福音》，於 1812 年再出版了大部分《新約聖經》裏的書信，這些部分也有參考手稿。題為《耶穌基利士督我主救者新遺詔書》的《新約聖經》在 1813 年於廣州出版，馬氏亦成為歷史上刊行整套中文《新約聖經》的第一人。

馬禮遜的《使徒行傳》，初版，1810 年刊行。

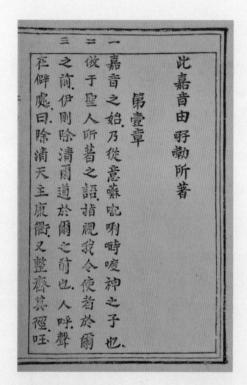

馬士曼的《馬可福音》

馬士曼和拉薩爾在1810年出版了《馬太福音》及《馬可福音》。與由廣州雕刻工人製版印刷的《使徒行傳》相比，這兩卷在印度刊行的福音在外觀上的確是顯得相當粗糙。雪蘭坡在1813年發行了《約翰福音》和約翰的三卷書信，這是第一批以金屬活字印刷的書卷。他們的《新約聖經》於1816年刊行完畢，比馬禮遜的遲了三年，但這個新約版本並沒有《路加福音》和《使徒行傳》，可能是因為他們認為馬氏早前已發行了這兩卷書。82

兩套完整的初版中文新舊約聖經分別在1822年於雪蘭坡書院和1823年於馬六甲英華書院刊行。前者比後者早了一年完成，其中一個原因是浸信會版本採用了活字排版而不是雕刻木版，一旦銅活字鑄造成功，後期的印刷只需排版，時間上佔了一定優勢。

雪蘭坡團隊於1810年已經收到馬氏寄給他們的巴色手稿，翌年他們也拿到了馬氏的譯本。但是他們似乎要在1813年後才廣泛地採用這些資料——馬士曼於1813年刊行的《約翰福音》和巴色或馬禮遜的版本都很不相同，但前者在1822年的版本則比較接近後兩者。正如中文聖經史研究者尤思德所説，「馬士曼和拉薩爾的翻譯在一定程度上是建基於馬禮遜和米憐及（如有的話）巴色的（翻譯）」。83

兩套初版中文《聖經》都是用當時通用的淺易文言文撰寫，而且都不太暢達。當然這是情有可原的，正如差會所預言，「畢竟兩個初版都不會是完美的」。標準《聖經》名詞的中文翻譯反映出譯者的選擇，亦隨著時間有些改進。一些例子：由馬士曼的「嘉音」到馬禮遜的「福音」，由馬士曼的「意蘇」到馬禮遜的「耶穌」，由馬士曼的「聖魂」到馬禮遜

的「聖風」及「聖神風」等。馬禮遜前兩句的翻譯今天仍然通用，但「聖風」或「聖神風」現在則通常被譯為「聖靈」。84

當時的論者普遍認為，馬禮遜和米憐的譯本比馬士曼和拉薩爾的譯本較為優越，前者也比後者更被廣泛接受，經常被重刊及由不同的傳道士和差會大規模分發。曾經同時支持兩個翻譯團隊的英國及海外聖經公會後來也傾力支持前者，多年來資助了許多重刊。遲至 1834 年，公會仍有決議表明「向馬禮遜博士重新保證，他們願意進一步協助聖經的傳播」，而且「如果他認為有需要在自己的監督下聘請人員修訂中文譯本時，本會將會樂意地支付此工作的費用」。85 時至今日，世界各地相當多的大型圖書館裏或者收藏家手上仍然會有全套或零本的馬禮遜和米憐譯本，卻很少會有馬士曼和拉薩爾譯本。

不過當時的浸信會傳教士們大多仍然比較喜歡雪蘭坡的版本，多年來曾繼續編譯自己的中文《聖經》，其

馬禮遜與華裔助手譯經圖，1830 年。（G. Chinnery）

中一個重要的理由是該會堅持用獨特的中文字來表達「洗禮」這個儀式。馬禮遜譯本、和合本及大多數後來的中文譯本均採用了「洗」字，而很多人也認為此字可以包含浸禮

儀式。但浸信會多年來搜尋適當的字眼，1822 年的馬士曼譯本用「蘸」字，1840 年代的香港粦為仁譯本用「揞」字，而 1850 年代的寧波高德譯本則用「浸」字。由於「浸」字華人常用也較容易理解，此字終於獲該會接受而沿用至今。86

1819 年底，馬禮遜和米憐譯本初稿撰寫完畢，馬氏寫了一封中文《聖經》翻譯史上的重要信件。以下是摘錄：

如果馬禮遜和米憐的聖經在中國隨後的日子裏能夠與一個更好的譯本互為參照，就像威克里夫或丁道爾的聖經和我們現在的英文譯本互為

參照一樣，許多人將永遠為這個嘗試感謝神……英皇欽定本的譯者有 54 人，在他們的祖國裏進行，在他們主公之贊助下，且是譯成他們的母語。我們的譯本是兩人，或最多三人（包括手稿作者）的成果，在偏遠的國度裏進行，並是譯成一種剛剛學好了的外語，而它是世界上最難學的語言之一，亦是歐洲最不熟悉的。在評定這個凡人的作品之性質時，一位坦率的評論者不應該忘記這些情況。87

浸信會和倫敦會這兩個不同版本的中文《聖經》分別於 1822 及 1823 年面世後，其他的譯本亦接踵而

馬禮遜於 1815 年在廣州刊行的《新遺詔書》第二版

來，包括 1852 至 1854 年在上海出版、用較優雅及工整的文言文撰寫的委辦本，亦是香港英華書院最經常重刊的版本。88 接下來最重要的中文譯本則是 1919 年首次發行的官話版和合本。儘管今天市面上有一些更新的譯本，和合本的地位仍然不可代替。華人教會慣常的看法認為，和合本是中文《聖經》之「權威版本」，就像英皇欽定本是英文《聖經》之「權威版本」一樣，這使前者能夠多年來在中文《聖經》各個版本中維持了「領導地位」。89

然而多數近代華人基督徒，作為「凡人的作品」之「坦率的評論者」，通常很尊崇馬禮遜和米憐的《聖經》譯本，並沒有忘記他們譯經時的艱難。今天很少人會細閱馬禮遜和米憐的中文《聖經》，也很少人會細閱威克里夫或丁道爾的英文《聖經》，但無論是對當地後來的權威版本之影響或是受自己語言的基督徒群體之推崇方面，前者與後者相比都不遑多讓，甚至可以說有過之而無不及。

英華於 1820 年代在馬六甲刊行的《新遺詔書》

1   João de Lucena, *Historia da vida do padre Francisco de Xavier: e do que fizerão na India os mais religiosos da Companhia de Iesu*, p. 385; pp. 898-899.

2   資料來自 T. M. Ward *et al, Medical Statistics and Topography of Malacca...*, p. 3，次序按族群人口總數調整。注意葡萄牙人與其他歐洲人分開統計，而這個總數只包括「自由人」，即不包括當地歐洲人和亞洲人所擁有的 1,493 名奴隸或奴婢。

3   Milne to Morrison, 5 Aug. 1820, Morrison, *Milne*, p. 223.

4   Milne's report to LMS, 31 Dec. 1816, LMS/SOAS.

5   Milne to BFBS, 5 May 1821, BFBS/CANTAB; Harrison, *Waiting*, p. 135; *The Indo-Chinese Gleaner*, no. 11, Jan. 1820, pp. 265-270.

6   Morrison, *Deed*, LMS/SOAS.

7   Morrison, *To the Public*, pp. 5-6; Milne, *Anglo-Chinese College*, LMS/SOAS. 華裔學生英文原文的名字分別為 Yaou、Loo、Chang-chun、Ma King Tseuen、Tsze Hea。由於有些不是全名，中文字彙裏有很多同音字，也可能是用官話、閩南話或粵語拼音，故此譯音的中文姓名很可能不對。

8   Morrison, *Milne, p. 223*; Morrison, *To the Public*, pp. 5-6.

9   Milne to Morrison, 20 Sep. 1820, E. Morrison, *Memoirs*, v. 2, pp. 53-56; Morrison, *To the Public*, pp. 5-6.

10   Morrison, *Milne*, p. 90.

11   Morrison, *To the Public*, p. 5. 有關匯率波動而且複雜，但當年的匯率大約是 1 英鎊 = 10 盧比 = 4 至 5 西班牙元。

12   Morrison, *Milne*, p. 223.

13   Morrison, *To the Public*, p. 5, pp. 19-20. 注意第 5 頁聲稱第 3 年的每月津貼為 5 盧比，但第 20 頁則聲稱該年的津貼為 6 盧比，並不一致。

14   Morrison, *To the Public*, p. 20. 注意劉紹麟：《古樹英華》一書的頁 21 聲稱「學費為每人每年一百西班牙元，不包括衣服及洗衣費，歐裔學生同價，但學費中已包括洗衣費」，似乎是中外學生付同樣學費，但外國學生卻有優待。這是一個誤解，因為上述一手資料頁 20 是說華裔自費生的學費為 100 西班牙元，而歐裔自費生的學費則是 100 英鎊，即約 400 至 500 西班牙元，所以後者雖然待遇較優厚（包括宿費，而且根據亨特的回憶，膳食與本地學生也不同），他們也多付了幾倍學費。

15   J. T. Thomson, *Translations from the Hakayit Abdulla*, pp. 88-92. 注意阿卜杜拉對一些事實和年份的描述並不準確，例如他說米憐在 1823 年（即他逝世後一年）才首次抵達馬六甲，而《印中搜聞》則被他稱為《英中搜聞》等，所以閱讀他的回憶錄時需要謹慎。請參見第三章附註 10。

16   Milne to LMS, 31 Dec. 1816, 22 Jun. 1817, LMS/SOAS; Morrison, *Milne*, p. 41.

17   *Milne's Journal*, 9 May, 23 May, 17 Nov. 1819, etc., E. Morrison, *Memoirs*, pp. 70-79.

18   Morrison, *Milne*, pp. 89-90.

19   Bridgman, "Brief Memoir of the Evangelist, Leang Afa," *Missionary Herald*, Oct. 1834, p. 354; Milne, *Retrospect*, p. 178; 梁發，《勸世良言》, v. 6, lv. 6; *Missionary Records: China, Burmah, Ceylon*, pp. 30-31.

20   梁發：《勸世良言》, v. 6, lv. 6-7.

21   Milne, *Retrospect*, p. 177

22   Morrison, *Milne*, p. 90, 69, 99.

23   簡又文：《中國基督教的開山事業》，頁 6。

24   華人甲必丹（*Kapitan Cina*）是荷蘭政府任命的當地華僑頭目或僑領，負責管理華

僑和替他們排難解紛。米憐時期馬六甲的甲必丹是曾有亮（號敬信）。*The Indo-Chinese Gleaner*, Oct. 1819, pp. 204-210;《察世俗每月統記傳》，道光辛巳正月，頁 25.

25　*The Indo-Chinese Gleaner*, April 1821, pp. 119-122.

26　Morrison, *Memoirs*, p. 17.

27　Morrison to LMS, 14 Sept. 1817, LMS/SOAS. 早期中文《聖經》某些書卷原來譯名與現代譯名不同，例如《士師記》原被譯為《審司書傳》，而《約伯記》則被譯成《若伯之書傳》；為方便讀者理解，這裏一律採用現在通行的譯名。

28　Morrison, *Milne*, p. 52, 54, 220, 221, 227; Morrison to LMS, 25 Nov. 1819, in E. Morrison, *Memoirs*, v. 2, p. 2.

29　*The Indo-Chinese Gleaner*, Oct. 1818, p. 212. 巴東在蘇門答臘。

30　A. Wylie, *Memorials of Protestant Missionaries to the Chinese* (Shanghai, 1867), pp. 13-20. 注意英文名稱 *Duty of Justice in Dealing* 採自米憐的日記，與 Wylie 書裏的不同。又《幼學淺解問答》現存嘉慶丙子年（即 1816 年）的版本，所以棄用 Wylie 書裏的 1817 年之出版年份。

31　*Milne's Journal*, 28 Jun. 1819; Morrison, *Memoirs*, p. 72.

32　米憐的筆名「博愛者」的「博」字顯然是來自希臘文的形容詞 καθολικός（katholikos），即普及或普世之意，因此有些英文書（包括 Wylie 的在內）會把它譯成 *"the Catholic Lover"*，意指愛所有人者，也即米憐自稱的「博愛者」，跟天主教沒關係，亦非近代 Wylie 中譯本所説的「意為愛天主者」（見 A. Wylie 著、倪文君譯：《1897 年以前來華基督教士列傳即著作目錄》，頁 22）。

33　Milne, *Retrospect,* pp. 134-135.

34　P. Hanan, "The Missionary Novels of Nineteenth-Century China," *Harvard Jr. of Asiatic Studies*, Dec. 2000, pp. 416-417; D. H. Bays, "Christian Tracts, the Two Friends," in S. W. Barnett and J. K. Fairbank (eds.) *Christianity in China: Early Protestant Missionary Writings*, p. 23.

35　ミルネ著，安川亨譯，《両友相論》（東京：1881）；쟝원량우샹론（1892、1898）等等。

36　W. Milne, *The Sacred Edict, Containing Sixteen Maxims of the Emperor Kang-He, Amplified by His Son, the Emperor Yoong-Ching; The Asiatic Journal and Monthly Register for British India and its Dependencies*, vol. XVI, Jul. to Dec. 1823, pp. 247-248.

37　R. J. O'Sullivan, "A History of the London Missionary Society in the Straits Settlements (c. 1815-1847)," Ph. D. thesis, SOAS (London, 1990), p. 203.

38　屈昂（阿昂）的英文名是 Keuh Agon 或簡稱 Agon，他的姓氏這個比較罕見的拼法應該是根據粵語方言系統的地方口音而拼成的。

39　蘇精，《馬禮遜與中文印刷出版》（台灣：2000），pp.153-169.

40　《察世俗每月統記傳》，嘉慶乙亥全卷。

41　Milne, *Retrospect,* p. 156.

42　《察世俗》，1815-1822.

43　Milne, *Retrospect,* pp. 269-270.

44　*The Indo-Chinese Gleaner*, May 1817, p. 1, 3, 7, 9. 亦曾被譯為《印支搜聞》。

45　E. Morrison, *Memoirs,* v. 1, p. 507, v.2, p. 24, 75; Morrison, *To the Public*, p. 13.

46　卷一及卷二的索引裏共有 28 個作者名字，但是米憐和馬禮遜均曾使用了幾個不同的名字投稿，所以也許只有大約 20 位不同的投稿人。又見 Morrison, *Milne*, p. 54，米氏談及曾用 *"Servus"* 及 *"Too-yu"* 的筆名在《印中搜聞》裏發表文章。

47　*The Indo-Chinese Gleaner*, Jan. 1821, pp. 5-8.

48   E. Morrison, *Memoirs,* v.1, p. 500.

49   W. I. Addison, *A Roll of the Graduates of the University of Glasgow* (Glasgow, 1898), p. 439.

50   Morrison to LMS, 14 Sep. 1817, LMS/SOAS.

51   Philip, *Milne*, pp. 340-341.

52   *The Chinese Repository*, Feb. 1833, v.1, no. 10, p. 410; E. Morrison, *Memoirs*, v. 2, 463-464; Morrison to LMS, 6 Dec. 1833, LMS/SOAS.

53   *The Missionary Sketches*, January 1825; Morrison, *Milne*, p. 111.

54   Cook, *Sunny Singapore*, pp. 13-14.

55   Morrison to LMS, 19 Feb. 1823, 12 May 1823, LMS/SOAS.

56   見 P. Kua, "The Anglo-Chinese College in Malacca, 1818-1843: its Location and Facilities," *Journal of the Malaysian Branch of the Royal Asiatic Society (JMBRAS)*, Jun. 2018, 69-88. 此專題故事基本上來自上述文章的第三節。

57   *The Indo-Chinese Gleaner*, Aug. 1817, p. 33.

58   E. Morrison, *Memoirs*, v.2, pp. 49, 51.

59   *The Indo-Chinese Gleaner*, Aug. 1817, p. 33.

60   *Ibid*.

61   Morrison, *To the Public*, p. 22.

62   引文來自 *The Indo-Chinese Gleaner,* Aug. 1818, p. 157；書評及摘錄見 *The Indo-Chinese Gleaner,* May 1818, pp. 107-108; Aug. 1818; p. 160, p. 201; Jan. 1819, p. 29, p.88; Jul. 1819, pp. 161-162; Oct. 1819, p. 219; Jan. 1820, p.271; Apr. 1820, p. 339; Jul. 1820, p. 379; Oct. 1820, p. 455; Apr. 1821, p. 80; Jul. 1821, p. 148; Jan. 1822, p. 256.

63   *The Indo-Chinese Gleaner*, May 1818, pp. 104-105. 書中耶穌誕生的故事如下（《神仙通鑑》原文）：天神嘉俾厄爾恭報：「天主特選爾為母，已而果孕降生，母極喜敬，裹以常衣，置於馬槽。群天神奏樂於空。後四十日，母抱獻於聖師罷德肋，取名耶穌」。

64   *The 2nd Annual Report of the ACC*, p. 13 提及的統計大全書名不詳，米憐也沒有在 *The Gleaner* 裏介紹過此書；關於《律曆淵源》的資料見莊吉發，《雍正事典：清史事典 5》，頁 65。注意書院年報的標題歷年來並不一致，有些是根據發佈過的年報而編號的（例如 1828 年的報告是第 6 份報告，因為 1823 年的報告算是第 1 份），有些是根據創辦年份的（例如 1829 年的報告是第 11 次，以反映 1818 年的創始年），有些則根本沒有命名（例如 1823 年）。為求簡潔，馬六甲年代的章節只會採用年報標題，沒標題的才會標明年度。

65   *The 9th Report of the ACC*, p. 20. The list of books donated that year included "A Fah's Christian Tracts 9 in numbers."

66   *The British Review, and London Critical Journal*, 1820, p. 405.

67   *The 2nd Annual Report of the ACC*, p. 17-23; *Report of the ACC and the Chinese Mission*, pp. 12-18; *The 5th Annual Report of the ACC*, pp. 15-16; *The 6th Annual Report of the ACC*, p. 16; *Report of the 11th Year of the ACC*, pp. 12-13; *A Report of the Malacca Mission-station and the ACC*, p. 29; *The 9th Report of the ACC*, pp. 19-20; *The 11th Report of the ACC*, p.11. 若書籍沒有標明冊數，則作一冊計算。

68   書籍捐贈者名字來自上述書院年報及 *The Indo-Chinese Gleaner*, Aug. 1817, p. 34; Feb. 1818, pp. 69-71; May 1818, p. 132; Oct. 1818, p. 215; Jul. 1819, pp. 168-169; Jan. 1820, pp. 283-284.

69   *Report of the ACC and the Chinese Mission*, 1825, pp. 13-17.

70   *The 2nd Annual Report of the ACC*, p. 13.

71   *The 5th Annual Report of the ACC*, p.11.

72   Morrison, Humphreys and Collie, *The Christian Public*, p. 1; *The Annual Report of the ACC,* 1825, p. 9.

73   M. C. Ricklefs, P. Voorhoeve & A. Teh Gallop, *Indonesian Manuscripts in Great Britain*, p. 292.

74   S. E. Atkins, *The Academic Library in the American University*, p. 10.

75   Begbie, *The Malayan Peninsula*, pp. viii-ix, 368.

76   Morrison, *To the Public*, p. 22.

77   E. Morrison, *Memoirs*, pp. 46, 51.

78   Hunter, *Bits of old China*, p. 239.

79   Milne, *Retrospect*, pp. 71-72; H. B. Morse, *The Chronicles of the East India Company Trading to China*, p. 189.

80   G. Burder & J. Hardcastle of LMS to Morrison, 9 Jan. 1809, E. Morrison, *Memoirs*, p. 262.

81   Morrison to LMS, 14. Dec. 1809, LMS/SOAS.

82   Wylie, Memorials, pp. 5-6; Zetzsche, *The Bible in China: The History of the Union Version or the Culmination of Protestant Missionary Bible Translation in China*, p. 47.

83   Zetzsche, *The Bible in China*, p. 51.

84   巴色手稿也是使用「耶穌」，但它卻是用「聖神」而非為「聖風」或「聖靈」等。馬禮遜 1810 年的譯本選擇了「聖風」，馬士曼 1813 年的譯本也跟隨採用了，但馬禮遜 1813 年的譯本卻改用了「聖神風」，應是巴色早前的譯名和自己 1810 年的譯名之結合。

85   *The Report of the BFBS, 1935*, 31st Report, p. lxx. Note this resolution was "adopted before the intelligence of Dr. M.'s death had been received."

86   《說文解字》謂「蘸」為「以物內水中」，而《廣韻》則謂「搵」為「按物水中也」。

87   Morrison to LMS, 25 Nov. 1819, LMS/SOAS; E. Morrison, *Memoirs*, v.2, pp. 4-6. 原來信函與傳記裏的版本用詞次序稍微不同，此處採用原來信函的內容。

88   P. Kua, "Chinese Bibles published by Ying Wa," *Ying Wa College, 1818-1998: 180th Anniversary Issue*, pp. 14-21.

89   Zetzsche, *The Bible in China*, pp. 370-371.

第三章

呷地立足　化雨春風

繼創校校長米憐短暫但重要的任期後，英華仍然在馬六甲運作了 20
年。本章介紹馬禮遜唯一一次在書院逗留的情況，及六位繼任校長
即宏富禮、高大衞、修德、湯雅各、伊雲士及理雅各任內工作，直
到倫敦會於 1843 年，決定把學校遷往剛剛成為英國殖民地的香港
為止。馬氏只在馬六甲小住半年，但他重新肯定了英華的方向，而
六位校長的任期由一至七年不等，他們各自對書院都有一些重要和

馬六甲英華書院師生生活圖，
部分，近大門處。（Courtesy
of the Malacca Museum）

獨特的貢獻。本章還有兩個專題，介紹英華部分馬六甲年代的學生離校後之概況，和描述其中一位校友即中國第一位新教傳教士梁發的宣教事工。

馬氏駐校

原來根據差會的指示，當馬禮遜剛被派往中國時，馬六甲已經是「後備計劃」。在 1806 年 10 月給父親的信中，馬氏透露他的初步旅程計劃如下：「路經馬六甲；留下我的行李，拜訪廣州，看看我能不能在那裏居住……如果不能，我會回到馬六甲定居，那裏有幾千華人，我將在當地學習華語」。[1] 即使在廣州和澳門住了下來後，馬氏仍不時表示想去馬六甲。他在 1817 年曾感嘆說十年來一直生活在焦慮之中，希望能退隱到馬六甲安靜的基地裏公開宣揚福音。[2]

由於種種原因，在 1823 年他終於願望成真，起碼能夠在該市短暫居住。當時他已經完成了《聖經》的翻譯，也出版了漢英《字典》。不幸地，他失去了妻子瑪麗：她於 1820 年 8 月在留英六年後與孩子們重回澳門，但夫妻重聚的歡樂日子一年也不到——她在 1821 年 6 月不幸染上霍亂而逝世。一年後，在馬六甲負責他們共同事工的好友米憐也辭世了，把繁重的學校工作留給沒有太多經驗的同工們。總而言之，其時他繼續留在廣州的理由很少，暫時遠赴馬六甲的理由很多。

他於 1823 年初離開廣州啟程往馬來亞，中途在星加坡短暫停留，於 2 月 4 日抵達馬六甲。校長宏富禮在碼頭迎接他，帶他到書院與印工赫曼和不久前才抵埠的對華宣教士高大衛見面。這是馬禮遜一生中首次也是唯一一次到訪英華。除了在 4 月間他去了星加坡幾天外，他一直住到同年 7 月 18 日才離開馬六甲。

馬氏在日記內透露對學校的第一個印象十分好：

> 書院和本地學生令我十分滿意。華人青年們用路德譜曲及我以前中文助理葛（茂和）老師譯詞之詩篇第 100 篇獻唱。目睹我

宏富禮牧師（LMS/SOAS）

親愛的威廉能夠充分利用我之書籍和資金，他們能夠不受官員干擾而自由地敬拜和讚美上帝，實在令我非常愉快。哦！我應該多麼感恩啊！3

能夠首次親眼看到自己的事工有這麼好的進度，實在令他感到很滿意。雖然馬氏資源有限，他卻是過去五年內英華書院最重要的捐贈者。1823 年 1 月由書院編寫的捐助者名單上有超過 100 個人士或組織，馬禮遜的捐款總額比第二位的倫敦會多了三倍，更遠遠超越了其他的善長仁翁。4

馬氏上述的一段日記也證實除了他的會話書和教義問答外，書院亦採用了他於 1818 年刊行的《養心神詩》，因為學生們唱的詩正是來自此書。《養心神詩》可以說是基督新教刊行的第一本中文聖詩集，有 30 首詩歌，先由馬氏譯成中文，再經葛茂和重寫為字數工整之詩歌。同學們唱的是第 27 首，是根據詩篇第 100 篇而撰寫的。這首詩歌的頭兩句是「萬萬民人在普天下，以喜歡之聲頌神主」，相信很多熟悉經典基督教聖詩的讀者都應該記得與此相似的版本。5

馬禮遜根據英國聖公會禱告文而譯成的著作《年中每日早晚祈禱敘式》亦於同年在馬六甲刊行，相信英華日常的聚會也有利用該書。英國及海外聖經公會早年的一份報告裏曾特意提起這個譯本，藉以表揚馬氏那份超然於當時基督教內宗派之爭的精神。6

他到達後不久就承擔了大部分校長職責，並於短時間內完成了很多工作。由於倫敦會之英國同工們當時的中國語文水平並不很高，他決定自己擔任院牧之職，恢復每天兩次及安息日三次的中文崇拜。7他也經常向教師、書院及義館學生、印刷工人等傳道。8

除了宣教以外，馬禮遜更親自教授五名高級班的學生，他們應該是唯一的一批直接由書院創辦人授課的「英華仔」！他也曾撰寫了一

些單詞教材以供年輕學生們使用。馬氏並沒有忘記也是書院學生的差會同工，每天為宏富禮和高大衛講兩堂課。9阿卜杜拉可能也於此時認識了馬禮遜，在回憶錄裏聲稱很尊重他，說他教導他英語、翻譯及《馬太福音》，使他獲益良多。10

馬禮遜按當時的需要在校園作了一些設施之修改及加建。如第一章的專題所述，他決定把擋住書院大樓的原有破舊房子拆掉。儘管如此，學校並沒有浪費任何建材和物料，因為宏富禮和高大衛在當年就按馬氏的建議用「大部分舊房子之材料」建造了一些「用磚頭蓋成的貨倉」及「工人宿舍」。11

馬禮遜博士

馬氏並在學校面對臨海大道的前方加蓋了一座中式大門。事實上，這是一座為紀念米憐而蓋的中式傳統牌坊。這種牌坊在當時中國各地經常可以看到，用於褒獎節孝、功名或德政之類。宏富禮和高大衛在 1823 年 6 月 13 日給倫敦會的信裏報告說馬禮遜已為米憐在書院前豎立了一座「華人所謂的牌坊」，「上方和兩邊均寫上了合適的中文及希伯來文的銘文」。12

這座三間四柱式牌坊剛蓋好時應該和典型的牌坊一樣，只是一個獨立結構。但從第一章裏 1825 年完成的雕刻版畫中可以看到，書院不久後就在柱間添加了幾扇大門和牌坊兩旁豎立了兩排柵欄，牌坊亦演變成為了書院的前門。

除了這些，馬禮遜更自己出資加建了一條從書院主樓一直通到後方河邊的小路，方便師生進入主樓後面的花園，校園後牆外的空地和馬六甲河之右岸。13

馬禮遜的《省身神詩》，1835年於英華刊行。

在短暫的逗留期間，他還做了不少文字工作。首先他向西方公眾亦即英華當年的主要支持者們發表了自 1820 年

以來書院的第一份報告。這份報告裏有很多珍貴的一手資料,本校史曾多次引用。因為覺得學校需要有合適的科學教科書,他翻譯了《喬伊斯之科學對話》給書院使用。為了紀念他的摯友和同工,他更編輯了米憐的回憶錄,大量內容擇自米氏的信件、日誌及文件等。該書於 1824 年由書院刊行,至今仍是研究米憐及相關歷史的標準參考書。

最後,在馬六甲時馬禮遜更親自「監督全套中文聖經的印刷」。他於 1823 年 3 月寫信給長期以來與倫敦會共同資助翻譯和刊行《聖經》的英國及海外聖經公會時曾透露,共有多至八個來自中國的技工一起在英華書院裏印刷《舊約聖經》。當時書院希望在三個月內能完成該項大型工作;而與此同時,一套達 1,000 本的《新約聖經》也正在進行印刷。14

最後被命名為《神天聖書》的整套中文新舊約《聖經》果然按原定計劃完成印刷,並在馬氏離開前安排好由宏富禮和高大衞負責郵寄

馬六甲英華書院師生生活圖,部分,近大門處。(Courtesy of the Malacca Museum)

給英國及海外聖經公會、倫敦會和其他有關方面。英華的這一套《聖經》是中國有史以來的兩套初版《聖經》之一，並且是其中對後來中文《聖經》影響最深遠的一套，第二章的一個專題裏已經介紹了這兩套《聖經》翻譯及刊行的過程，此處不贅。

馬禮遜到訪馬六甲時英華書院曾經有過一次很重要的戰略機緣。若然它實現了，學校的大方向應該會徹底改變，也許香港亦不會有今天的英華書院，更不會有多年來由它培養出來的大量香港英華校友。

馬禮遜在前往馬六甲途中曾於 1 月 29 日至 2 月 1 日在星加坡逗留了一陣子。抵達後，他即被邀請至政府丘上的政府大樓與星加坡英國殖民地的創始人兼總督萊佛士爵士會面。他們在那裏商討了兩天。原來萊佛士希望英華書院可以遷往星加坡，與政府打算創辦的馬來學院合併，並由傳教士們擔任學院教師。雖然馬禮遜沒有即時同意，他有些傾向此意向，並答應在訪問馬六甲後再次與萊佛士詳細研究這個計劃的可行性。15

在 1823 年 2 月 21 日刊行的書院報告中馬氏並沒有提到可能遷校。不過馬禮遜和馬六甲其他人應該是在 3 月初時達成共識的，因為宏富禮在 3 月 8 日的信裏已經透露「現在書院已然決定搬往星加坡」，而馬氏在 3 月 15 日書院報告的後記中也證實「書院大多數的朋友們和支持者」已經同意「將其遷往由英國政府管治之星加坡」。同時，前此已在星加坡發展的湯生亦傳來好消息，通知他們萊佛士已然劃出一個山頭給將要成立的星加坡學院，並同意授予馬禮遜一座毗鄰的山丘，供英華書院使用。16

注意馬禮遜也是在 3 月份時吩咐同工們把基地的老房子拆毀的。雖然表面上看來這可能是受遷校決定影響，但其實不論書院未來去向，此做法應該都是合理的。原來米憐早在 1816 年時已經投訴說舊房子殘舊不堪，木材不少已被白蟻蛀毀。17 馬禮遜後來也確認當地的醫生們曾指出居住在這房子裏可能會嚴重影響健康，所以：

當書院大樓建造時，不是它預計會遷移時，老房子就計劃被拆除；而在此差會也認可的意圖下，米憐才會把新大樓蓋在老房子的幾英呎之內。18

宏富禮和高大衞也在 1823 年 8 月的一封信中指出：「老房子之修理費用陸續有來，而且房子非常糟糕……但是它被拆掉後，這方面的花費在來年一定會很少」。19 然而，無論如何，他的做法後來的確導致了倫敦會與他之間的一些誤解，使他需要詳細解說。

馬禮遜在 1823 年 4 月 1 日再次回到星加坡參加一個社區會議，在會上萊佛士討論了創立星加坡學院之計劃，確認它將會由馬來學院、華文學院（即英華書院）和科學學院組成。馬六甲基地很快就決定「若星加坡學院大樓完成前英國沒有派來更多的傳教士，中文教授高大衞牧師就會與書院裏的學生們一起搬遷」，而宏富禮則將會留守馬六甲。同時，湯生和米爾頓亦分別被邀請成為學院的馬來教授和暹羅教授。

萊佛士於 6 月 5 日赴英前幾天還抽空為學院奠基，而馬禮遜在離開馬六甲時也路過星加坡，更於 7 月 23 日出席了學院受託人的會議後才啟程回廣州。20 其時有關人士都憧憬英華在星加坡充滿希望的新開始。

馬禮遜於此行再次慷慨解囊，全力支持他認同的項目。他在 1823 年 7 月給兄長的信中承認他在馬六甲短短的幾個月期間「花了我有限財產的一半（或一半以上）」，用於資助英華書院、宣教基地和擬議的星加坡學院。21

馬氏駐校的時間相對比較短暫，但他很快地就負起了教學和崇拜的責任，着手改善校園裏的各項設施，對星加坡之戰略機遇作出適當反應，還出版了一些刊物，包括新的書院教科書、權威性的米憐回憶錄及全本中文《聖經》。在米憐逝世後不久的關鍵時刻，書院運作的「真空時期」，他的領導、捐贈和承諾均十分及時和重要，因

政府山上觀望新加坡城鎮景色，1828 年。（J. Crawfurd）

為這些都重新肯定了英華的方向和願景。

但是遷校往星加坡的計劃不斷推遲，最終甚至胎死腹中。星洲比較保守的新首長遲遲不肯發放政府資金，導致新學院的建校大計遙遙無期；馬六甲於 1825 年再次由英國統治，令百業待興的星加坡之優勢驟減；而萊佛士不幸於 1826 年在英國早逝，亦使學院喪失了它最重要的支持者。不過，星加坡的損失最終會是香港的收穫。

日就月將

從 1822 年米憐去世後至 1843 年書院遷港前，英華共有六位校長，任期一至七年不等，他們在就任前均曾經在馬六甲以傳教士或教授的身份服務。下面會按時間順序討論他們任期時書院的發展。

宏富禮和高大衛的正式校長任期是獨立的，前者在 1822 年米憐逝世後臨危受命，至 1826 年因身體欠佳而辭任（他仍然留在基地工作至 1829 年才回英）；而後者則相對較短，在 1826 年接任，但到 1828

馬六甲英華書院師生生活圖，
部分，書院大樓。（Courtesy
of the Malacca Museum）

年初已不幸去世。

校長在 1826 年下半年正式更換，因為宏富禮在 1827 年 1 月 1 日的
一封信中確認他已辭職，離開了書院大樓，在校外租了房子。[22] 但
過渡其實更早已經開始，因為宏富禮在 1826 年初時已患病，甚至
「三個月不能履行職責」。[23] 而且他們兩人在馬六甲的時間大部分重
疊，前者專注宣道與馬來事工而後者致力中英文教授與中文印刷，
可以說從英華書院的角度來看後者是更重要的一位。考慮上述原
因，兩位校長的任期應該一起討論比較合適。

畢業於格拉斯哥大學及戈斯波特神學院的蘇格蘭年輕人宏富禮於
1821 年 9 月抵達，原來打算擔任華人的傳教士。那時候，大多數
早前到達的倫敦會傳教士都已離開了馬六甲，湯生亦將要搬往星加
坡。24 於是宏富禮很快就成為了米憐的主要助手，在後者於 1822
年 6 月初不幸早逝後更順理成章當上了代理校長。

高大衛於 1822 年 6 月下旬抵達，也是華人的傳教士。他亦來自蘇
格蘭，畢業於阿伯丁的國王學院，同樣也曾在戈斯波特接受神學訓
練。馬禮遜 1823 年駐校時重新肯定了書院之未來發展方向，2 月份
基地致倫敦會的信中亦確認了一應人事安排：馬禮遜續任英華書院
總裁，宏富禮接任校長，而高大衛則成為中文教授。25

此時期英華的華裔中文教師有好幾位。從 1823 年起，書院的主要
中文老師又再次是一位李先生。他與米憐時代的李先生可能是同一
個人，也就是說他可能曾經是馬禮遜之中文老師。但這一點我們不
能確定，因為文獻裏沒有提供他的全名。無論如何，這位李老師一
直留任至 1831 或 1832 年，應該是馬六甲英華年資最久的中文老
師。翌年年報的教員名單加上了英華校友姚先生的名字，他在米憐
時代也是那位李老師的助手。後來還有一位嚴老師，但他只曾出現
於一年的年報裏。當然第二章已提過的朱清也是英華及義學的中文
老師，不過他是由差會僱用的，所以他的名字並沒有在學校年報上
出現。

當時還有暹羅文老師盧施，及一個馬來教授的職位，但當時是懸空
的。考慮到英華的學生絕大多數是華人而書院卻位於馬來半島，學
校有中文和馬來文教授是很自然的，但我們可能不明白為何自米憐
創校以來，書院就有一位暹羅語教師。米憐及後來的傳教士們應該
是希望培訓精通暹羅話的當地宣教師，以便向區內暹羅人甚至將來
到泰國傳道。但原來當時暹羅語是區域貿易的重要語言，不少東南
亞華人也都期望掌握此語言，以便參與和泰國的業務往來，這也可
能是鎮上華裔學生們學習暹羅語的動機。

宏富禮兼任財務主管，而高大衞則兼管圖書館和博物館。由馬禮遜、宏富禮和高大衞三人組成的理事會負責書院管治，而書院有一套校規，其最後一條規定他們：

> 要如父親一樣善待學生；樹立耐心、溫和、善良及謙虛的榜樣；並利用所有機會灌輸道德和虔誠的功課，必須兼顧學生的德育與智育。[26]

宏富禮在 1821 年的第一封信中説：「在書院就讀的年輕人都非常勤奮」。[27] 曾在英華任教的麥都思回憶説雖然學生們並非基督徒，他們「認同基督教，亦大都樂意地參與基地的宗教活動」。[28]

和書院創辦時一樣，一名典型的華裔學生仍需首先經過三個月的試用期，然後才可與學校簽訂一個長達六年的合同。如果得到書院的資助，學生每月可領取三盧比（第一年）至八盧比（第六年）的助學金，每年更可獲得兩套校服。如果是自費，他則每年須支付 100 西班牙銀元；而歐洲青年則需要交 100 英鎊。[29]

但可能是因為馬禮遜的建議，書院在 1823 年加了一種新的學生類別：善心人也可以捐助 15 英鎊，支付一位貧困、沒有父親或雙親皆亡的華裔學生之一年費用，包括他的服裝。[30] 由於當時的匯率大概是四到五西班牙元對一英鎊，這一類有需要的本地學生的費用即相當於 60 至 70 西班牙元，明顯比自資本地學生的學費較低。這種新學費用英鎊計算，相信目標的捐助者應該是歐洲人，特別是英國人，而學生對象則應該是由書院校長來確認。

當年大多數英華學生是馬來亞的土生華人，雖然亦有一些來自中國的華人，偶然還有少數來自歐洲的年輕人，以及倫敦會的傳教士。晚上書院還有為當地荷蘭人、葡萄牙人、馬來人或泰米爾人等而設的晚間英語課程，通常由書院的歐裔學生兼職教授，但這些一向不算是正式的英華書院學生。

面值一英鎊之英國皇家金幣，佐治三世，1820 年。

下面的圖表列出從 1823 到 1828 年的年度報告中摘取的一些重要的書院（前面五行）及義學（最後一行）之統計數據（注意數字不包括傳教士或夜校生）。

書院及義學學生統計，1823 至 1828 年 [31]

	1823-4	1824-5	1825-6	1826-7	1827-8
書院學生	28	26	28	30	34
正式 / 試用	18/10	18/8	22/6	25/5	26/8
學校資助	10	16	17	24	25
華裔 / 歐裔	27/1	25/1	26/2	29/1	33/1
離校 / 革除	?	2/0	1/1	5/0	1/2
義學華童	200	244	200	?	170

從上表可見，無論是從入學總人數，正式錄取學生人數或是受資助同學人數來看，英華書院這五年間均取得相當令人滿意的進步。不過免費小學的華裔學生人數在這個時期則好像沒有突破，一直徘徊在兩百人左右。

米憐時代書院的學生按程度被分成兩班，在 1823 年時他們已被分為三班，每天上午 9 時、11 時及下午 4 時、8 時共四節課和早晚兩次禱告會，安息日還有講道。馬禮遜離開後，宏富禮早上帶高級班同學，「指導他們算術，英文語法和地理學」，高大衛下午教導他們中英文翻譯及晚上監督他們用中文寫短文和把教義問答翻譯成中文等。[32] 馬氏於 1823 年在澳門發行的《英國文語凡例傳》一書是當時經常使用的英文教科書之一。在第二和第三班裏，華裔中文老師的工作量比較大，因為除了英文口語、地理和基督教等課程之外，這兩班的學生還必須「熟讀及牢記幾卷」中國經典書籍。[33]

由於當時書院按計劃會在不久的將來遷往星加坡，而高大衛將會一同前往，宏富禮自然比較專注於傳道基地的工作及比較少理書院的

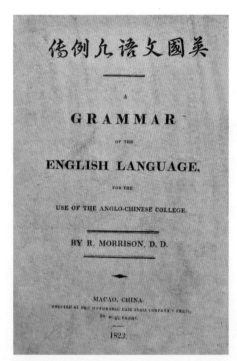

馬禮遜於 1823 年在澳門刊行
的《英國文語凡例傳》

事務。作為殖民政府的官方牧師,他經常在荷蘭教堂
裏用英語講道。34 他亦重視當地人的宣教事工,於
1823 年馬六甲紀念解放奴隸三週年時,他取得了前奴
隸主人的承諾,負責奴隸所生的孩子們成年前的生活
及教育,更替 17 名這些孩子施洗。35

高牧師中文進步得很快,不久之後就在禮拜日用華語
作簡短的講道,偶爾亦會與宏富禮分擔英語講道。36
他在 1824 年的一封信中透露,雖然他不覺得學生和
老師們「對福音有敵意」,其中一位甚至曾經「要求
有一本自己的聖經」;但也承認,對於他來說,「真正
領人歸主這難以言喻的快樂還只是一個願望」。37

但印刷技工赫曼不太願意學好中文,更於 1824 年初
決定離開馬六甲。11 月倫敦會的另一位傳道士修德抵
達該市,繼而開始學習閩南話及在書院任教。差會的
施約翰和湯雅各分別於 1826 和 1827 年來到馬六甲,
但他們很快就搬去星加坡發展。選擇在最後一個學期因不願改歸聖
公會而離開劍橋大學的台約爾亦於 1827 年 8 月到了該市,他不久
之後決定搬往檳城負責當地的華人宣教,填補恩士 1825 年去世後的
空缺。38

兩位倫敦會總部代表戴雅文牧師和斌列於這段時期巡視差會的海外
基地,1826 年 1 月抵達馬六甲,由宏富禮和高大衛負責接待。在一
個下午,他們聽了「一百二十位學童在書院大堂裏回答教義問題」,
當天晚上,「他們其中幾位用華語唱讚美詩歌」,最後,他們「向八
個懂得英文的男孩們講了一些合適的建議和鼓勵」。他們也參加了
計劃在鎮中心興建的小教堂之奠基禮,戴雅文、宏富禮和高大衛分
別以英語、馬來語和華語向來賓致詞。39

1827 年的年報列出曾在書院就讀並已畢業或離校的 28 位校友,其
中有 15 名華裔學生(包括梁發)和 13 名歐洲人(包括九位倫敦會

傳教士）。同年，曾在倫敦跟馬禮遜學習漢語的紐惠露小姐抵達基地，成為差會首位單身女子宣教士。她很快就開辦了一所女子學校，教導當地的女孩們，直到 1829 年底她和德國傳教士郭士立結婚後才與他搬往暹羅繼續宣道。

到了 1827 至 1828 年度，書院裏的學生們已被分成四班，課程內容亦再次適當擴大。第一班（高班）修讀地理、天文、教義、數學（其中一些同學已讀完歐幾里得《幾何原本》的第三本）和歷史；他們還會翻譯《喬伊斯之科學對話》的一部分，熟讀《穆雷的英語語法簡介》，並研習儒家經典，包括《四書》等。第二班比較注重中文，經常練習作文、算術、中英文會話及中英文翻譯。第三和第四班主要通過日常翻譯練習，記憶容易的句子和語法課程等學習基本中文和英文。

書院教學中英文並重，兩者幾乎佔用同樣時數。宗教教學則主要是透過每天的經文閱讀和祈禱，學習教義和其他宗教書籍及周日華語崇拜等。40

高大衛於 1826 年在馬六甲刊行的《天鏡明鑑》

這種在英華書院由米憐創辦並在其後進一步發展的分班雙語教學方法被一些近代研究者譽為有效的教學模式之先驅，因為它中英文兼顧，「使學生的聽、說、讀、寫、譯能力得到全面發展」。41

書院的中文出版社依然相當活躍，宣教刊物包括高大衛以「種德者」為名出版的一些書籍。早在 1824 年 2 月，他就透露他正在編寫一本中英對照的小書，「幫助那些懂得一種語言的人學習另一種語言」，也按馬禮遜的建議撰寫一本新的基督教教義書籍，附上「聖經裏支持教義的有關經文」。42

漢學家偉烈亞力的書列出了高牧師的中文著作九本，包括《聖經釋

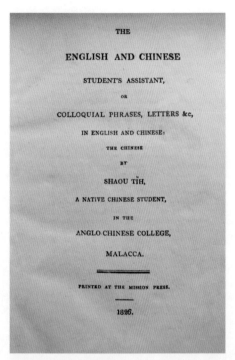

袁德輝於 1826 年在馬六甲刊
行的《中英文會話及書信》

義》、《耶穌言行總論》、《天鏡明鑑》及《聖書憑據總論》（此書譯自他老師博格博士的英文原著）等；英文著作兩本，包括《四書》的英文翻譯。不過他的著作顯然不止此數，因為該書並沒有列出高大衛的《新纂聖道備全》等。43

高大衛的《四書》譯本是這些儒教經典的第一本完整之英文翻譯，所採用的評註主要來自朱熹，於 1828 年刊行，而當年的書院年報説「已然售出相當多套」。44 當時該書獲得不少好評，艾默生、梭羅和衛三畏等曾在他們的書裏提及此譯本及引用其內容。45

在 1823 年，來自四川及曾在檳城天主教學校就讀的小德（袁德輝）已進了英華，開始學習英文。他有語言天才，學習態度認真，中文造詣相當高，也熟悉拉丁文，是一位很有天份的「英華仔」。學校曾邀請他把拉丁文原作 *Stockii Clavis Linguae Sanctae (veteris Testamenti)* 譯成中文，他亦於 1825 年完成該項工作。46 此書是研究希伯來原文舊約聖經書卷的重要參考書籍，論者曾説它是「異常卓越的作品，嚴肅的聖經研究者查詢該書時很少會失望而回」。47 不過，此中文譯本應該只曾給少數師生以手稿形式參考，因為書院報告裏並沒有關於該書刊行的報道。

袁德輝還和高大衛合編了《中英文會話及書信》一書，由高大衛作序，於 1826 年出版。這是英華很早期出版的自己學生著作。小德亦很可能是麥都思所説的那位來自中國，並能夠在學習英語不到一年後，將基思的《地球儀論述》翻譯成中文的那一位學生。48 可惜他在 1827 年就提早離開英華，據説是為了逃避當地三合會的騷擾。49

《中英文會話及書信》是早年英華同學常用的中英文教科書，並且可能是最早出版的中英文對照之會話教科書，啟發性和趣味性頗

高。前 80 多頁按不同主題用中英文並列了很多口語句子，主題包括書籍、書信、學堂、時間、房屋、人類、年紀、衣服、飲食、醫藥、天氣、賭博、新聞、法度、貨物、船舶、工錢、合同、銀單、餉稅、出口、入口、費用、利潤、官訟、行業、地理、歷史、天文和神道（啟示、憑據、神蹟、預言、見證）等。其餘近 16 頁則有中英文文件的一些樣本，包括邀請函、各類信件、提單、發票、帳目和委託書等。這本中英文教科書有很多涉及日常生活和商業運作的實用知識，當然也有宣揚基督教思想及理念。

威廉亨特（G. Chinnery）

另外一個這個時期的同學是來自美國的少年亨特，他在 1812 年出生於肯塔基州。亨特當時是美國史密斯公司廣州分行的年輕學徒，公司於 1825 年保送他到英華學習中文，所以可以說是書院裏的第一位「公費生」。

亨特對英華印象不錯，在多年後的回憶錄中指出：「每日之學習嚴謹而有規律，一切都很和諧而有秩序，書院實際上在各方面都堪稱典範」。在學校裏高大衛是他的教授，他也在朱清老師的指導下讀了《四書》、《三國志》、「其他經典書籍」和「許多比較不重要的作品」。亨特還記得他曾特別努力學好官話，「使得朱先生非常滿意」。

不久，澳門出生的荷蘭年輕人摩爾也入了學，馬氏之前曾資助他在都柏林的三一學院修習，隨後更推薦他進英華。他與亨特兩人自成「一班」，相處得很好，「一起散步、駕（馬）車、騎馬」，甚至去狩獵野生大象等。亨特記得「在集市的日子，如果我們能夠離開學校的話，所有的人——華裔學生，摩爾和我，教授和老師們，一定都會在市場上見面」。

在書院時亨特和摩爾也都認識了小德。亨特對他印象深刻，說他熟悉拉丁文，中文造詣亦很高，「寫得一手好字」，替中文出版部抄寫，而學習英語時亦「非淺嚐乃深耕」。他更說：「因為他（小德）

對學習的專注，書院裏每個人都稱他為『讀書人』」。50

由於摩爾在入校時已經在英國念過大學，他在英華學習中文時也會兼職教授其他同學英文等。他和小德也很友好，在 1825 年 9 月的信上曾說小德：

> 正在與我學習我在大學時期的一本舊拉丁文版歐幾里得，但是因為我沒有圓規，他請我寫信去英國要一套數學儀器……我們也經常一起閱讀格老秀斯（早期荷蘭國際法專家）和拉丁文聖經。51

書院的年報對摩爾評價不錯，指出「他的中文成就反映出他的能力和努力」，同時學校也「為不能在白天上課的華人和葡萄牙人等辦

馬六甲河邊景觀，顯示騎馬人士和兒童。（S. Himely）

了一所夜校。他在這所學校及在書院的英語課程裏都引進了英國制度」。52

在書院修讀中文 18 個月後，亨特於 1826 年 12 月重回廣州，摩爾在畢業後卻留在馬六甲發展事業。

母親去世後，馬禮遜之子馬儒翰於 1821 年被送回家鄉讀書，直到他父親回英休息後才一起重回亞洲，並於 1827 年到馬六甲入校。馬禮遜對兒子的期望很高，在 1827 年 3 月寫信給馬儒翰時曾吩咐他主力學習中文和數學，與修德閱讀希伯來文、希臘文和拉丁文，並順便學一些馬來文和葡萄牙文。53 在 5 月的信中，馬氏提醒兒子

> 要尊重你的老師，不僅僅是歐洲人和基督徒，也包括能幫助你學習語言的本地人。並且要謹慎，不可輕視其他同學。我求神使你能夠既謙虛又勤奮。54

1827 年下半年馬儒翰的姊姊瑪麗曾到訪並在書院裏住了一段時間，之後再前往檳城和星洲的宣道基地。55 馬儒翰在年底時更幫忙排印書院的年報，馬禮遜對兒子能夠趁在學校時，找機會學習印刷工作，感到相當滿意。56 不過，他顯然沒有因為姊姊來訪或課外活動而荒廢學業，1828 年書院的年報說他努力學習中文，成績斐然。57

書院年報承認免費中文小學確實「有預備學校之作用，以便書院從中選拔學生」。58 但義館學生人數也不是很穩定。1824 年時這些學校有大約 200 名華裔學生，書院老師會經常到訪。一年後八所學校共有 244 名華童。但在 1826 年，由於疾病普遍和死亡率較高，義學只剩下約 200 名男孩；到了 1828 年，六所中文學校（包括一所在鄉郊）則只剩下了 170 個學生。59

曾在瑞秋逝世後幫忙照顧米憐的孩子們的宏富禮夫人不幸於 1827 年 5 月染病去世。沒有了賢內助後，宏富禮仍然嘗試繼續宣教。但是他的健康持續惡化，只好在 1829 年與兩個孩子們一起返英，終於

瑪麗·宏富禮（LMS/SOAS）

結束了與倫敦會的關係。回到英格蘭後，宏富禮改行學醫，專修外科。於 1832 年，當蘇格蘭的利文谷爆發霍亂疫症時，他前往該地的邦希爾鎮負責那裏的霍亂醫院。疫症過後他決定留下，繼續在當地行醫。他於 1876 年 12 月 30 日在邦希爾鎮逝世。60

高大衞的妻子在旅程中於馬德拉斯因病逝世，所以他到達書院時已是單身。於 1826 年 2 月，在宏牧師的見證下，他和在當地認識的耶茨夫人結婚，不久後就育有一子。他身體一向很好，甚少患病，經常「早起遲睡，為偉大的目標奉獻時間」。在 1828 年初，他卻突然發病，只好於 2 月 25 日乘船往星加坡療養，但第二天在途中很遺憾地已然去世，需要當場海葬。1828 年的年報宣稱「他因過度投入工作而犧牲」，但「給他的弟兄們留下了值得仿效的榜樣」。61

在宏富禮和高大衞掌校時期的大部分時間裏，英華有三位英國傳教士老師以及好幾位華裔中文老師一起工作，大家大致上可以心無旁騖地教導學生；同時書院學生人數穩步增長，而且有少數才華橫溢的中外同學，甚至可以分擔一些教學以及學校的其他事工。在此期間，無論是學生人數、班級數量、學生質素、課程拓展、書本編撰、雙語教學、宗教教育及刊物出版等方面，英華均取得了令人滿意的進展，校務蒸蒸日上，日就月將，是馬六甲年代發展得比較好的時期。

鞏固整合

修德出生於英國赫爾郊區，也曾在戈斯波特接受神學訓練，於 1824 年 11 月抵達馬六甲。他專修中文，普通話和閩南話均頗流利，很快就可以撰寫中文冊子，「第一本作品在他到達 11 個月後即開始刊行」。62 倫敦會的戴雅文等在 1826 年到訪時曾要求修德遷往檳城，但其時宏富禮健康欠佳，他以「任務之前路在短期內可能會更加明朗化」為由而拒絕。63 高大衞接任校長後他即時被任命為中文教授，而 1828 年初高牧師逝世後他更繼任為校長，直到他 1832 年初回英為止。

這個時期書院的學生人數一直比 1827 至 1828 年度的高峰低：1829 年、1831 年和 1832 年初華裔學生人數分別為 30 人（22 位有資助）、32 人（24 位有資助）和 27 人，而馬儒翰畢業後，書院也再沒有歐裔學生入校。

同學們仍被分為四班，教學內容與之前類似，但增加了幾本新書，包括一年級學生使用的莫雷爾之希臘歷史。馬儒翰仍然非常活躍，主修中文，身兼「學生和招待員雙重身份」，並和以前的摩爾一般幫忙指導「低班學生英語和歐洲基本科目」，直到他在 1830 年畢業離校為止。當然還有基地裏的中文義學，大約有 200 名男孩。64

曉士牧師（LMS/SOAS）

施約翰曾於 1828 年 4 月從星加坡回來書院擔任署理中文教授一職，可惜不久後就離開了，因為他健康惡化，不得不返回歐洲，同時離開書院和差會。65 在宏富禮 1829 年也離開馬六甲後，修德基本上是英華唯一的歐裔老師。書院仍舊有兩位中文老師，因為朱秀才於 1829 年重新出現在年報裏，和李先生一同為中文老師，留任到 1831 至 1832 年；但姚先生則於 1827 年開始不再見於年報，應該是離開了學校去別的地方發展。

曉士從 1830 至 1835 年間繼承了宏富禮的馬來人事工，而到了 1831 年底，已開辦了三間馬來學校。66 已遷往星加坡的阿卜杜拉亦曾於這個時期被要求返回馬來學校幫忙。

學生的宗教工作陸續有進展，這些工作多數是在鎮上新建好的小教堂裏進行。根據當年馬六甲政府土地測量師的土地調查報告，小教堂的地段由 1819 至 1825 年共三張買賣合同購買的兩塊土地合併而成。它面向街道的寬度為「31 碼 1 英尺」，位於「馬六甲北郊，打金街的東北邊」，面對「華人廟宇」即青雲亭，而在同一條街上也有清真寺和印度廟。67

如前所述，青雲亭早年是當地華人的活動中心，也是華僑頭人的辦

公所在地。其時英國殖民當局已廢除了荷蘭時期的甲必丹制度，但當地華人仍繼續推選頭人，稱為（青雲亭）「亭主」。這個時期的亭主分別是梁美吉（1824-1839）和薛佛記（1839-1847）。68

由宏富禮、高大衛及修德共同籌辦的基地小教堂於 1827 年 4 月開始運作，到 1831 年已透過各界捐贈償還了所有債務，毋須倫敦會負擔一分一毫。小教堂有「兩間寬敞的教室」，經常作周日崇拜及學生宗教學習之用。修德在 1829 年「給一位叫謝希的華裔青年施洗，他曾在書院就讀」。他是繼梁發以後英華第二位接受洗禮的華裔同學。

小教堂的使用率相當高。畢比在 1830 年代初曾到訪該處，說每個安息日都有四堂禮拜：上午 10 點 30 分中文禮拜，下午 2 時葡萄牙語禮拜，5 時馬來語禮拜，晚上 7 時英語禮拜，在同一天同一個地方用四種不同語言舉行基督教崇拜。除了「勤奮學習」外，書院學生們也「經常陪同宣教弟兄們進行傳教活動；而在異教神廟前，他們會唱聖詩，並協助崇拜」。69

和他幾位前任一樣，修德也努力文字工作。他曾出版了《勸世善用光陰》（1826 年）、《人心本惡總論》（1828 年）、《時鐘表匠言行略

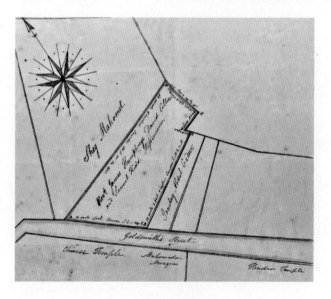

倫敦會位於馬六甲打金街的小教堂之地段圖（LMS/SOAS）

論》（1829 年）和《論神風感化新心》（1830 年）等宣教冊子，並在兩位捐款者的贊助下編輯了在 1828 至 1829 年間出版之中文報章《天下新聞》，報道一些中國讀者感興趣的新聞，歐洲情報和歐洲科學、歷史、宗教和道德等資訊。他在離華前也撰寫了一本題為《寓言》的小冊子，但很可惜這最終沒有在馬六甲刊行。[70]

馬六甲基地除了出版中文、英文和馬來文的書籍以外，偶爾還會刊行一些其他語言如暹羅文、葡萄牙文、荷蘭文甚至拉丁文的刊物。在修德的年代，就有兩個好例子。

由於基地除了華語和馬來語義學外也有為當地其他族群提供免費教育，所以有時亦有需要刊行其他語言的教科書。出版社曾於 1829 年出版了一本顯然是給葡文免費學校使用的書本，內容包含基督教教義問答及祈禱文，標明「供兒童使用」。[71]

可能更重要的是英華出版的第一套拉丁文著作。當金爵士在 1824 年捐贈 1,500 英鎊給書院時，他同時要求書院出版由耶穌會士漢學家馬若瑟撰寫的《漢語箚記》，並把該書的手稿交給馬禮遜。[72] 這本以拉丁文附以中文撰寫的著作有詳細的前言和兩大部分，第一部分講解口語的特點，第二部分談文言文之寫作風格。[73] 修德在任內完成了這項頗為艱巨的任務，刊行了此書，並於 1831 年 3 月寄了 94 本給倫敦會代售。

修德後來曾說對「像箚記如此出色的著作卻遲遲未能刊行感到嘖嘖稱奇」。[74] 其他漢學知識豐富的差會同工對此書評價亦甚高：麥都思認為作者不須長篇大論，卻能包羅萬有地闡述中文語法，實是能人所不能；理雅各則說：「沒有羅馬天主教傳教士留下了比他（馬若瑟）對漢語更深入了解的豐碑」，要給《漢語箚記》「過高的評價幾乎是不可能的」。[75]

當時東印度總公司也支持英華不遷往星加坡的決定，表示「慶幸此計劃未被執行」，因為歷史悠久而已歸屬英國的馬六甲比剛剛建埠

1815 年鑄成的西班牙銀元

但百業待舉的星加坡有明顯優勢，董事局更於 1829 年投票通過每月資助書院 100 西班牙銀元。1830 年 6 月，檳城政府撤離，這筆代東印度公司支付的津貼亦終止了。幸好廣州英國商館雪中送炭，由曾到訪英華並捐款的新任商館大班馬治平致信馬禮遜謂：

> 我們非常遺憾知悉檳城政府對書院的津貼……最近被撤回，我們認為我們有責任以東印度公司的名義，在本年度提供同樣的資助，並建議董事局繼續此項津貼……我們對書院的卓越表現有堅定信心。76

由克魯尼博士於 1824 年創建的「曼徹斯特和薩爾福德英華書院協會」是英國一些基督徒捐助者的自願組織，一直都有定期向書院轉交籌募到的捐款。從 1825 到 1831 年的匯款分別是 285 英鎊、65 英鎊、62 英鎊、55 英鎊、53 英鎊、51 英鎊和 53 英鎊。這些捐款是重要的：以 1831 年度的 53 英鎊為例，此數等於 265 西班牙銀元左右，亦即大約佔書院華裔學生每年用盧比支付的月度津貼之 40% 以上。77

由於健康狀況不佳，修德的妻子漢娜於 1829 年不得不返回英國；三年後，亦即 1832 年初，癲癇病時有發作的修德也終於決定回家，結束了在英華的職務。

儘管在修德掌校的大部分時間裏，他都是書院裏唯一的倫敦會傳教士，但他獨力支撐，卻能夠確保學校大致朝着由馬禮遜及米憐設定並由宏富禮及高大衛繼承的大方向穩步發展，實在是難能可貴。

從書院發展的角度來看，這可以說是一個整合鞏固時期，學生人數略有下降，但學校課程仍持續改進，宗教教育有穩步發展（其中大部分在市中心的小教堂裏進行），而出版領域亦有一些成果，包括更多的中文宣教冊子、新的中文雜誌以及一些其他的刊物，尤其是《漢語劄記》這本重要的雙語著作。

在英國休養的修德不久之後就放棄了重返馬六甲的計劃，因為他的醫生認為他的健康並不適合當地的氣候，更説他根本以前就不應該去亞洲。[78] 他於 1833 至 1837 年間曾在埃塞克斯當牧師；於 1837 年被任命為倫敦大學學院的首位中國語言和文學教授，也是英國的第一位中文教授。幾年間，他出版了漢語性質與結構的學院就職講詞、皇家亞洲學會中文圖書的目錄，及《中國，或中國人之符號，哲學，古物等》等書，後者插圖多採自倫敦大學學院馬禮遜圖書館內之珍貴館藏中文書籍。[79] 1843 年 6 月，他癲癇症病復發不幸逝世，終年 42 歲，他的太太和七個兒女均在身邊。[80]

修德介紹中國的書裏之道光皇帝圖像

學校改革

修德返英後，湯雅各於 1832 年 1 月由泰國重回馬六甲，與寄居該市的妻子團聚，並開始執掌傳教基地及英華書院，但他於 1833 年年底就離任了。和他的幾位前任不同，他只是畢業於在當時只容許聖公會成員完成課程的劍橋大學，不曾在修讀完大學課程後進入非主流教派的戈斯波特神學院。

湯雅各在 1827 年 2 月抵達馬六甲，但除了在 1828 年 3 月時曾經在書院教了一個月書以外，他主要是在星加坡工作，或在亞洲旅行宣道。他曾多次往各地宣教及小住，派發《聖經》和宣教冊子，有時候會與郭士立、麥都思或雅裨理同行，因為他覺得「這樣的生活比學院生活和文學追求更適合我的性情」。[81]

當湯雅各於 1832 年初返回馬六甲時，書院一共有 27 名學生。和修德年代一樣，他當時也是英華唯一的歐裔老師。他在任的第一年裏，教學方案大致上與以前相似，「低班的同學主要由華裔老師照拂……高班的同學共分為兩級，幾乎完全由我們自己（指歐裔老師）

調教」，並且在課程內容方面注重英文和中文及世俗和宗教科目之間的平衡。

馬禮遜回英後的另一位漢語女學生華萊士於 1831 年開始接管馬六甲的女子學校。在 1832 年 10 月的報告裏她聲稱有五所學校共約 70 名女孩，她們也有使用米憐和高大衛編寫的宣教冊子作為課本。

湯雅各上任後不久就在當地聘請了一位講閩南話的中文老師，代替原來用官話教授的葛老師（應該是曾經教過馬禮遜中文和幫他翻譯很多年的葛茂和），葛老師也在 1833 年暑假時離校回華。校長改用閩南話為教學語言的理由是「大部分學生的父母均來自福建」，而本地的閩南老師薪水也比較低。[82]

馬禮遜鼓勵學生們學習閩南話，但卻一向反對犧牲全國通行的官話：在 1832 年初的信件裏，他曾指出英華應該採用「中文，即官話、閩南話及廣東話」。[83] 但他也一直強調官話更重要，當他兒子入學時，馬禮遜説他可以學習「馬六甲華人粗鄙的方言和官話」，但隨即補充説，他必須「主力學習官話」。[84] 所以毫不奇怪，當馬氏知道了後，他立刻表示反對這項改革，並根據繼任的伊雲士校長後來的説法，甚至曾因此而嘗試阻止湯雅各派發該年的年報，因為裏面有關於更改教學語言的報道。[85]

湯氏在 1833 年初引進了一項他認為更重大的改革，即廢除了書院始創時期訂定的學生月度津貼。根據當年年報反映，初步的反應似乎是可以的，因為截至年底，雖然有幾名資深學生離校，但書院學生總數卻反而增加至 32 名，包括 15 名領取津貼的舊學生和 17 名沒有津貼的新學生。[86]

但不知如何，其時書院的帳目並沒有反映相應的費用減省。1826 至 1831 年間的本地學生總津貼每年大約 500 至 600 西班牙銀元。例如，根據修德的報告，1830 年 1 月 1 日至 1831 年 6 月 30 日（即 1.5 年）之總津貼是 886 西班牙元，或每年 591 元。但是湯雅各所

列出的 1831 年 6 月 30 日至 1834 年 1 月 1 日（即 2.5 年，包括所有新生沒有任何資助的 1833 年）之總津貼是 1,838 元，或每年 735 元。雖然這幾年間的匯率變化不大，而改革後的津貼學生人數亦減少了，但總津貼卻遠高於往年。[87]

隨着中國和亞洲其他地區的傳教活動之開展，英華書院刊行的宣教冊子和中文《聖經》之需求也不斷增長，其中馬禮遜和米憐的中文《聖經》的訂單頗多。馬氏於 1833 年曾寫信給英國及海外聖經公會，聲稱「我透過英華書院得知，他們已經收到你們要求印刷 5,000 本《聖經》的訂單」，當年這本《聖經》受歡迎的程度，由此可見一斑。[88]

湯雅各只在英華服務了相當短的時間，不過他離開的直接原因應該不是與書院裏的各種改革有關。倫敦會在 1832 年 11 月時已因為「對他過去兩年半的一些行為不滿」而決定與他終止關係，但可能是書信往來延誤，他說他在 1833 年 5 月才接到通知。差會聲稱他提取的一些費用缺乏適當授權（當年由於通訊緩慢，傳教士們手頭上會有一些差會的銀票，可以在差會預先許可的費用範圍裏自行在當地兌現），但他卻認為這些費用都是「直接用於傳教」的。湯雅各及他的太太先後與倫敦會通訊後，於 1833 年年底離開了書院和倫敦會，分手時鬧得不很愉快。[89]

湯氏接着在馬六甲開辦了另一家學校，與基地學校形成一個競爭的局面，兩年後才終於返英。他並沒有刊行任何中文書本或宣教小冊子，但曾把《三國演義》的摘錄和三合會的一些手稿翻譯成英文，也曾出版了兩本英文的旅程日誌，即 1832 年在英華印刷的星加坡和暹羅宣教日誌及 1844 年在倫敦出版的另一本宣教日誌與書信。[90] 有些論者認為，這些日誌是研究馬來亞早期華人礦場等頗有價值的一手資料。[91]

湯雅各在短暫的任期內推出了兩項重要的校務改革。鑑於英華一貫重視為中國而不僅僅是馬六甲培養人才，只用閩南方言作為教學語

言的決定很快就被推翻了，而官話亦再次成為主要的教學語言。不過，取消書院資助華裔學生的改革在湯氏離任後依然保存，後來更為他的繼任者提供了擴大學生人數的契機。

回英後，湯氏似乎休息了好幾年，然後在 1845 到 1876 年先後擔任了幾家聖公會教堂的執事、助理牧師及主任牧師，並出版了幾本與基督教有關的書籍。他在 1880 年在北安普敦郡逝世。

書院擴張

也許像許多 19 世紀的英國人一樣，伊雲士是一位自學成功的人。他在 30 歲時才加入倫敦會，但在此之前已是個經驗豐富的老師，曾經教過古典文學、數學、希伯來語和阿拉伯語，並培養了多位考進劍橋和牛津的學生。他於 1832 年 12 月被任命為傳教士，於 1833 年 8 月與他的妻子范妮和孩子埃德溫抵達馬六甲。[92]

伊雲士抵埠後照理應是即時履新，擔任校長一職，但最初幾個月甚至一兩年間的工作應該是比較困難的，因為湯雅各在 1833 年年底離開書院之前，仍把自己當成是現任校長；即使在離校後，也繼續在該市經營另一家學校，同樣在馬六甲招收學生，直到 1836 年才離開。而且湯氏又經常與 1835 年辭去倫敦會職位但仍在該市發展的曉士密切合作，使得基地的馬來事工同樣困難重重。伊氏一直留任至 1840 年年底，是英華一位任期頗長的校長。

與此同時，在 1833 年 12 月時英國東印度公司的海外營運專利終於結束，律勞卑勳爵被英國政府委任為英國駐華商務總監，而馬禮遜則以其中文秘書兼翻譯的身份陪同他前往廣州。但是在廣州時，馬氏突然感染重病，於 1834 年 8 月 1 日更不幸辭世。

馬六甲基地隔了頗久才收到此令人悲痛的消息，伊雲士在他的第一份英華年報前撰寫了一篇很長的悼詞，其中一段描述了馬禮遜在廣州的最後一次禮拜：

> 在他去世前的最後一個安息日，他對當地會眾的勸誡特別殷勤莊重，好像預知（也後來證實）他們不會再聽到他的講話。在唱詩這個他最喜愛的崇拜環節時，他和他們一起唱了他幾個禮拜前才翻譯好的讚美詩，開頭是「耶穌我靈好友朋，容我奔投主懷中」（查理·衞斯理之著名聖詩）。[93]

在不久後的一封信中，伊雲士再次哀悼他的逝世，說：「他已息勞歸主。哦，但願我們在同一工場作工的人，能有跟隨他腳步的恩典，像他一樣熱心侍奉」。[94]

馬禮遜受主祝福，臨終前的一段日子仍然有一些老朋友在身旁。在 1833 年大部分時間裏，三位親愛的弟兄梁發、朱秀才和屈昂及一位李先生均一直與他在同在，每天聆聽他的訓誨，使他們對真理有更深入的認識。[95]

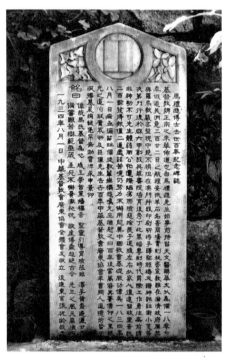

就馬禮遜的一生功過而言，正如史百川所說，他經常會受到研究傳道史的著作稱許，但也偶爾會被探討在華帝國主義的作品詆毀。不過，持平地說，「他固然不能完全超越自己和他那個時代的偏見（有誰真正能夠呢？），但也不是帝國主義的在華代理人」。事實上，來華多年後，「他越來越把自己的角色看作是其他傳教士的先驅，也是兩種文化之間的橋樑」。[96]

上：澳門基督教墳場內馬禮遜之墓（紀念碑旁者），在旁邊安息的是他的妻子瑪麗，然後是兒子馬儒翰，與同工台約爾（最前方者）。(2018)

下：澳門基督教墳場內馬禮遜之中文紀念碑（2008）

接管書院後，伊雲士報告說當時有 35 名學生。然後，也許是因為沒有了每月津貼的負擔，他開始採取更加寬鬆的招生政策。到了

1835 年時，英華學生人數終於倍增至約 70 人，乃馬六甲時期的高峰。附屬小學亦繼續蓬勃發展，11 所華人義學共有約 130 名女孩和 230 名男孩，而六所馬來義學則共有約 200 名學生。97

書院高峰期只有 70 位學生，按今天的標準來看似乎相當少。但考慮其時其地，這個數字已相當不錯。兩項比較可能具有啟發意義：一項研究曾指出牛津大學的本科生在 1750 年只有約 200 人左右，而其中 12 所附屬學院各自的學生人數更曾少於 10 名；98 另一項研究則顯示在 1840 年，美國共有 107 所大學，而它們的平均學生人數僅為 78 人。99

課程除了中文外，還包括算術、會計、幾何、代數、英語、地理及天文等。高級班每天練習中英文翻譯，也會修讀基督教歷史、教義及佐證等；較低兩班的同學們則會學習中英文、算術、宗教、英文作文、翻譯、地理及英語語法等。100

其時校長兼任中文教授，而英華的第一位畢業生姚先生在 1834 年時是唯一的中文老師，但葛先生在 1835 年已重新由中國回校任教。伊雲士很年輕的兒子埃德溫於 1834 年曾擔任圖書管理員。

這個時期的財務狀況也很健全。現金和圖書捐贈仍然陸續有來，而本地學生之津貼總數終於也開始減少，1834 年時為 586 西班牙元，一年後更降至 385 元。

倫敦會意欲加強基地團隊，於 1835 年 10 月把台約爾調回馬六甲。由於其時伊雲士已經當了好幾年的校長，而台氏在檳城時曾專注於開發中文銅活字印刷，在抵達後他也「只接管印刷部門，同時聰明地把書院留給伊雲士，然後大家共同分擔宣教任務」。101

台氏在基地時活字印刷的籌備工作繼續順利開展，在 1835 年年底時他曾告訴他父親說又收到一些資助鑄字的捐款，表明該項目一直有「現金在手……蒙神供應」。102 至 1838 年 3 月，他已差不多鑄造了

3,200 個字，開始計劃再鑄造 1,200 個字；他更指出，活字印刷的「費用節省將會非常可觀；因為需時一月方能雕好的木刻印版可以在三到四天內組成活字印版」。103

每天早晚在書院大堂裏的兩次崇拜如常舉行，每週兩次一小時的中文聖經班也繼續，老師、高年級學生和印刷工人均有參加。報告聲稱安息日禮拜的情況「非常令人鼓舞」，書院學生中，已有幾個認真的慕道者。伊雲士的中文也取得了長足的進步，於 1834 年 5 月已能夠開始用中文講道。104

台約爾牧師（LMS/SOAS）

很重要的是英華第一次有華人宣教士在校裏工作，使宣教事工取得了一些迄今為止未曾看到的進展。為了逃避清朝當局的迫害，梁發於 1834 年年底與他的兒子阿進一起回到馬六甲（不過後者很快就重回中國）。1830 年 2 月在澳門由馬禮遜施洗的屈昂於 1835 年也因為同樣理由避往該地。他們在廣州時已一起傳道，在馬六甲這個自由的環境裏當然順理成章地繼續此工作。

透過他們兩人的努力，基地華人信教的情況開始普遍。台約爾在 1835 年 12 月曾說：「梁阿發給了我一張紙條，說有四個華人希望加入教會」。1836 年裏共有 15 名華人受洗，其中包括四名英華學生。105

1837 年成績更好，4 月再有 20 人受洗，包括「六位年輕華人」。106 然後，12 月 31 日那天共有 18 位華人受洗。107 正如麥沾恩所說：

> 阿發和阿昂同時在馬六甲促使宣教工作迅速發展，據報 1837 年是該宣道基地有史以來最成功的一年，華人禮拜經常座無虛設。108

梁發在 1837 年前往星加坡後，屈昂仍然留在書院內工作和傳福音。他開始時曾在家中與基地裏的同工們聚會，然後由於人數增加，在

伊雲士的鼓勵下，改了在書院大堂裏聚會，最終「化得十餘人要領洗」。[109]

到了 1838 年 8 月份，教會已有約 40 到 50 位「虔誠的會眾」。[110] 在 1839 年 5 月伊雲士再次說有 19 人領洗，使華人基督徒的人數快速增長。[111] 馬六甲終於有了一個小小的基督教社區。

那時候已受洗的人應該包括了印工何阿信（何義堂）和雕板工的兒子及英華學生何進善（何福堂）。進善在 1841 年 1 月的一封信表明，他在「三年多前」接受了基督，而理雅各則說「他在 1838 年受洗時，同時改了進善這個名字」，證實他應該是在 1837 年 12 月時，或最遲在 1838 年時已經受了洗。[112]

馬六甲葡萄牙堡壘的遺址，
1835 年。（S. Himely）

伊雲士沒有出版任何中文宣教冊子，不過在 1836 到 1837 年間，他曾編輯和刊行過一份可譯為《期刊雜誌與少年教師》的英文月刊，每期 24 頁，內容包含關於「恒河外方各國之自然哲學、歷史……文學、禮儀、風俗而有些道德傾向」的文章，其中也有少數涉及中文的。

該雜誌其中一篇由署名 *Anglo-Sinicus*（拉丁文，「英華」之意，可能是伊雲士的筆名）撰寫的文章分五期在第一卷裏出現，討論了中文之介副詞（質詞）、名詞的形成和動詞的使用等。它還談及中文之「順讀」，並正確指出「這是許多為啟發華人對基督教思考而寫的書特別常見之缺陷」，因為它們經常「不甚順暢」。第二卷也有一些關於中文語言學的文章。113

在馬六甲河上近碼頭處行駛的帆船，1835 年。（S. Himely）

當時已沒有任何華裔學生在英華寄宿，而伊雲士則表示想讓一些學生寄讀，以便進行更全面之教育。在 1837 年，他開始了一個試驗，在書院大樓加建了右翼，接納六名已受洗的年輕人寄宿，並請師母幫忙照顧他們。當時英華剛發行了《馬來語詞彙與對話》一書，他曾說該書的收入可以用來償還約 400 西班牙元的建築費用。

這個實驗看來相當成功，因為他在 1837 年 6 月發佈了一份通告，指出「教育與監護並重」原是英華創校時的願景，呼籲外界支持加建左翼所需的 600 元，最終也完成了。到了 1838 年底，雖然大部分日校同學都是自費的，受書院資助寄宿的學生們已經有十位，而且據報他們都「操行良好」兼且「學業認真」。114

與此同時，再有人建議書院遷往星加坡。馬儒翰對此亦表示支持，聲稱「迫切期望書院能在星加坡穩固地建立」。但是，當伊雲士和台約爾在 1837 年 8 月的一封聯署信函中表示反對，強調書院的進度（包括寄宿教育的開展）和馬六甲的優點（包括兒童人數的三十比一之優勢）。差會似乎也不太熱衷，於是這個建議再次不了了之。115

印度的聖公會主教曾於 1834 及 1838 年底兩次到訪，而在第二次時他主動捐助台約爾的鑄字計劃，更提供獎學金給埃德溫和書院裏的資深學生何進善（「一個 22 歲左右而虔誠的年輕人」），請他們往位於加爾各答的主教學院進修兩年，開了英華學生獲得海外獎學金的先例。116 何進善後來曾經告訴過理雅各說，主教學院裏的馬蘭教授對他很友善，不僅無私地把自己的知識傳授給他，也跟他學了不少中文。117

可惜台約爾夫婦在 1839 年 5 月就不得不離校返英，因為台師母經常患病，身體虛弱，使她不堪家裏和基地的工作。118 台約爾曾出版了幾本書籍，介紹 3,000 個最重要之中文字（1834 年）、閩南方言詞彙（1838 年）及用閩南語譯成的《伊索寓言》（1843 年）。他的銅活字相當受歡迎，英華於 1841 年曾用這些活字發行了一本英文、馬來文和中文兼備的書；119 美國長老會之差會出版社也曾採用了台

約爾的銅字開展活字印刷，刊行了不少書籍。[120]

透過伊雲士的推薦，倫敦會在 1839 年聘請了已在馬六甲獨立傳道長達三年的德國傳教士韋爾特為助理傳教士，繼續已轉屬聖公會的曉士以前負責之馬來事工。[121] 理雅各於 1940 年初亦抵達基地，開始學習閩南話。他可能在未習慣熱帶天氣時就太辛勞，很快就身體不適，臥病在床將近兩個禮拜。[122]

伊師母的身體幾年來都不太好，與丈夫前往內陸宣教時更受到感染而病情嚴重，醫生只好勸告她回英休養。大概是在加爾各答時水土不合，埃德溫回來後也一直身體不適，因而亦需要回家休息一段時間。1840 年 6 月初伊師母和兒子終於啟程回英。他們離開後，伊雲士很多時候會相當傷心和沮喪。

在此之後，理雅各開始每天花三小時教導書院裏的高班學生，另加晚上一小時指導其中兩位。他對剛從加爾各答留學歸來的何進善尤

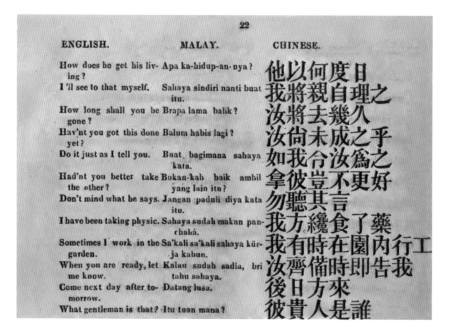

英華於 1841 年曾用台約爾牧師的銅活字發行了一本英文、馬來文和中文兼備的書。

其印象深刻，因為後者顯然很有才華。原來到馬六甲之前，他的中國傳統文學造詣已相當不錯，當時的老師更曾預言他只要繼續努力，將來「必定高中」。123

當理氏認識進善時，「他的英文造詣已甚佳，可以隨心所欲閱讀任何一本書，從英文翻譯成中文，反之亦然」。124 他們兩人年紀相若，經常走在一起，亦師亦友，理氏教他英文、神學、希臘文和希伯來文；而他則教理氏中文及廣東話。進善好學強記，到了 1842 年底，基本上已可以流利地閱讀希伯來文舊約和希臘文新約聖經的原文版本，甚至可以用希伯來文作文。125

同樣地，理氏在何進善的協助下，進度也很理想。他從 10 月開始學習粵語，因為

> 我可以跟我上一封信中提及的年輕人（何進善）學習，因為他不僅僅可以教我粵語發音和俗語，還可以加深我對中文的認識，因為他的英語很好。126

年輕而自信的理雅各雖然剛剛上任，但對於一些事物已經常有自己的看法。台約爾建議倫敦會有自己專用的船隻，在檳城、馬六甲和星加坡之間穿梭以便傳教士們互相支援，他卻認為沒有此需要；127 韋爾特一直堅持在馬來村莊裏巡迴宣道，理雅各卻要求他留在學校裏教導馬來女生；128 倫敦會及伊雲士希望他住在書院裏，他卻決定搬進校外台約爾以前的房子。129

不過，也許最重要的是理雅各對伊雲士及其前任校長管理之英華書院的評價和看法，下面會深入一點討論這個問題。

他在 1840 年 10 月給倫敦會的信中說他認為西方國家普遍對英華書院的稱譽大都是「言過其實」，書院的創辦可能「既不明智也不合時宜」，而且「它根本只是一所小學」。130 他有如此強烈的負面看法，儘管可能並沒有公開向伊雲士表達，也難怪這位多年來一直負責書

院的前輩會覺得他「冷漠」。

公道地說，當年外界對英華的高度評價確實也許是有點言過其實的。那時，它在英語世界中有相當好甚至可以說是太過高的聲譽。馬丁在當年介紹大英帝國歷史的大作裏曾宣稱：「東方最有價值的英國機構是馬六甲之英華書院」。131

但另一方面，他也許是有點不公平地把書院與西方歷史悠久的大學比較。英華雖然被稱為書院，但從來不是（也不可能是）一家真正的大學。它當時並沒有足夠資源，而當地也沒有這種需求。

書院通常只有一位校長，一位中文教授和一兩名華裔教師。很多時候前兩個職位會合而為一，而通常也只是由像理雅各那樣的年輕大學畢業生擔任，他們剛開始時的中文程度都相當有限。它原來就是一所中學，而對一些年輕的低班學生來說，可能甚至只是一所小學。其實，在香港成為英國殖民地後創辦的教會和政府中學以至英國和西方其他國家裏的一些中學，也都經常以書院自稱。

儘管如此，它有時候也不僅僅是一所普通的中學。對於少數有才華的學生，華人也好，歐洲人也好（包括一些倫敦會傳教士們）。它確實提供了一些資源，尤其是一些經驗豐富的華裔老師、一個藏書頗多的圖書館和一些優秀的同學，為他們提供良好的學習（包括自學或相互學習）環境，幫助他們完成一些類似大學程度的課程。

米憐、高大衛、修德、袁德輝、摩爾、亨特、馬儒翰、何進善甚至

VI. One of the most valuable British institutions in the east, is the Anglo-Chinese college at Malacca, established in 1818, by the joint efforts of the late Rev. Drs. Morrison and Milne. The object in view is the reciprocal cultivation of Chinese and European literature, and the instruction of native youths in the principles of Christianity. The native Chinese stu-

馬丁當年的書宣稱：「東方最有價值的英國機構是馬六甲之英華書院」。

理雅各等都曾充分利用這些資源，最終成為雙語人才甚至是優秀學者及漢學家。

即使我們不談首任校長米憐，一家小學是否可以培養出將四書譯成英文的高大衛、回英後成為倫敦大學也是英國之首位中文教授的修德、被譽為當時唯一精通華語之美商的亨特、畢業後就當教師和報章編輯的摩爾、撰寫宣教冊子或《聖經》註釋及能有效地宣教的梁發與何進善、協助書院編纂中英文教科書甚至翻譯書籍的小德和何進善，和畢業後就擔任政府翻譯官的馬儒翰、小德、陳尚及何翰（上述校友畢業後詳情見本章的兩個專題故事，最後二者之中文名字均為音譯）呢？

我們不真正了解當時各種事工的來龍去脈，很難判斷理雅各與諸同工誰是誰非，但顯然，其時伊雲士及韋爾特已很難與理雅各繼續一起工作。伊校長在 1840 年 11 月給倫敦會的信裏透露：

> 由於理先生上所述的行為，韋先生和我都認為我們有責任與他分開。正確點來說，應該是他首先把我們割離。我們已不能再團結一致，但我們會繼續努力履行職責，直到你們派出別人來接替我們的任務為止。[132]

接踵而來的悲劇解決了這個僵局。其時伊雲士已搬去書院外的一所房子裏，以便在馬六甲附近的郊區巡迴宣道，有時候他也會與曉士或韋爾特合作。由於當時的衛生條件不好，這些工作具有一定的風險，而曉士不久後果然染病。在 1840 年 11 月 28 日，當時在馬六甲附近因霍亂而垂死的曉士牧師請求伊雲士前往見他最後一面，後者去了後也染上霍亂，迅速發病，不到五個小時就在韋爾特的家裏不幸逝世。[133]

伊雲士是馬六甲時代任期最長的英華校長。雖然在書院時，除了一份期刊外他並沒有編寫其他書籍，他卻領導並監督了書院重要的擴張和改進，在主樓兩旁增加了左右兩翼，高峰時期書院學生人數曾

多達 70 人，也重新肯定了寄宿教育。同樣重要的是，他在任時，在台約爾、梁發和屈昂的協助下，基地裏的華人同工和書院裏的華裔同學均紛紛受洗，終於達成書院始創的第二個目標「廣傳福音」，在馬六甲建立了一個雛形的華人教會。

精英制度

理雅各在 1815 年 12 月 20 日出生於阿伯丁郡肯利鎮，與米憐是同鄉，據説年輕時曾見過一本米憐撰寫的中文宣教小冊子。理氏學業成績卓越，以第一名的成績考進當地的國王學院，於 1835 年才 19 歲時更以最高榮譽於該書院畢業。他決志獻身後，在 1837 年進入海布里神學院修讀，翌年加入倫敦會並開始跟隨修德教授學習中文。理雅各於 1839 年 4 月被按立為牧師，7 月與妻子瑪麗·伊莎貝拉離開英國，在 1840 年 1 月抵達馬六甲。[134] 理氏於 1840 年 11 月底伊雲士突然逝世後繼任成為書院校長，於 1843 年 5 月負責把書院遷往香港。

鑑於理氏早前在信函裏所透露對學校的看法，他接手書院後很快就進行改革。在 1841 年 2 月他首先重新嚴格挑選合資格的學生，「決心重新開始，辦兩所學校」。這「兩所學校」其實應該説是書院裏的兩個教學小組，分別有 14 個來自福建和 14 個來自廣東的資深學生，用各自的方言教學。[135] 所以，實際上，這可以説是湯雅各 1833 年之改革的變種，只是除了閩南話外也加入了粵語。由於書院在 1830 年代中期已經有約 70 位同學，這項改革意味着當時有超過一半的「英華仔」被強制退學。他們中間當然有一些可能是不太努力學習的人，也會有不少是不很聰明或有天份者，但無論如何，此做法應該不符合孔夫子「有教無類」的理想。[136]

伊雲士後期及理雅各年代並沒有發表書院年報或教師名單，所以我們不清楚華裔教師的狀況。不過葛先生如果在理氏上任後仍在的話，此次改革也會使他變得無用武之地，再次需要離開。無論如何，英華聘用來自中國的官話老師的傳統終於結束了。

理雅各博士（LMS/SOAS）

對書院裏當地的華人教會，理氏採取了更嚴峻的甄選，決定「解散（原有）教會」，取而代之的是一個新的教會，只有四位他認為可以領聖餐的信徒。137 他覺得這種精英主義是可取的，因為他對不少新的皈依者（包括一些書院學生）的行為感到失望，並表示他想要的「不是數字，而是一個有原則和生命的核心」。138

其中一位資深學生和被認可的信徒是何進善。如上所述，他應該是通過梁發和屈昂的努力在 1837 或 1838 年受洗的。可能是受到理雅各的影響，他於 1841 年 1 月曾寫了一封英文信（理氏在信後強調沒有替他作出任何修改），申請加入倫敦會服務，信裏描述了他信主的過程並表示願意「盡一己之力為基督作工，傳福音給自己的國民」。139

他應很快就被差會接納了，因為理雅各在 6 月的信上提及他的「忠實朋友和助手」進善和他曾在清明節期間去了華人墳地（即三寶山）派發小冊子及傳道。140

何進善之出色表現可能令理雅各覺得，在學校和教會中的精英手法是正確的。他在 1843 年曾説，他認為最有效率的傳教方法應該是培養年輕的華裔宣教士，因為他深信「此偉大事工必須由本地教師擔當，以兄弟之間的熱忱、慎重及無私對自己的國民宣講」。141

伊雲士時代的會計和現金處理顯然有點混亂及紀錄不清，加上書院在校外添置了一些產權不十分明確的房產，情況越發複雜。他去世後，處理他遺產的律師曾向書院提出了索賠要求，而大概是為了保護差會等的利益，理雅各亦代表書院、倫敦會及聖經公會等對他的遺產代理人提出了更大額的索償。

理氏繼而請馬六甲海峽的法院負責人諾里斯爵士建議，如何透過法庭提出索償。諾里斯曾到訪兩次，檢視有關紀錄和文件，最終圓滿

地解決了爭議，書院沒有遭受任何實質損失，亦撤回大額索償，只索償 232 西班牙元，而伊雲士的遺產律師也同意並支付了約 200 元。142 有近代學者曾指出或許「理雅各反應過敏，而倫敦會的董事們亦對需要向他們信任的傳教士進行民事訴訟有點反感」。143

不久之後，韋爾特的健康狀況惡化，被醫生命令需要返回歐洲休養。他在 1841 年 11 月離開馬六甲，結束了在當地多年的馬來事工。144

理雅各對書院的強烈批評促成了倫敦會董事局於 1841 年 3 月 15 日的特別會議，當時已回英的台約爾也被邀出席。會上提交了英華過去的一些文件，例如 1823 年馬禮遜向公眾發佈的報告，1835 年伊雲士的第 11 次年度報告，會計報表，修德關於海峽各殖民地之報告（他認為馬六甲仍是最佳地點），律師關於《英華書院契約》現況的備忘錄（指出當時書院沒有總裁也沒有管理委員會，管理權已「合法地移交給了倫敦會」，它有權「將書院遷往其他地方」），和理氏 1840 年 10 月 23 日的信件（他認為書院「並無必要」，「強加於公眾」和「沒有達到原來目的」）。145 但是，董事們經過商討後，仍然決定「讓書院按照現有計劃繼續經營下去，並在此基礎上支持它」。146

馬儒翰前幾年曾建議把英華遷往星加坡，在 1841 年 1 月他再次致信差會呼籲將書院搬到香港。147 然而，倫敦會當時仍然不為所動，於 1841 年 12 月回應説其時該會不會支持任何搬遷書院的計劃，但當中國的情況明朗化後，也許會重新考慮該問題。148

果然清朝中國的局勢繼續發展，很快之後就已經變得更加有利於這個建議。隨着中英戰爭結束，《南京條約》於 1842 年 8 月 29 日簽署，中國政府同意開放沿海港口，也確認香港為英國之殖民地。這些都對倫敦會未來的策略有重大影響。

理雅各與馬儒翰經常接觸，並繼續游説書院的搬遷。理氏原來是希望將學校直接搬去中國，但是比較瞭解中國國情的馬儒翰在 1842

馬儒翰（G. Chinnery）

年 9 月從南京寫了一封信給他，勸他放棄這個想法，說：

> 我親愛的朋友，你遷往南京甚或北京之方案想像力太豐富了。
> 不，我們必須在英國的地方立足，而正如我以前所說的，香港
> 就是這個地方。所以，親愛的理雅各，趕快安排到香港定居
> 吧。149

在同一個月，理雅各報告說四名 18 至 24 歲的華裔學生進度特別
好，英語程度很快就會相當高，不過他仍然覺得，如果書院的教育
想影響學生的整體個性，「它就必須完全重整改造」。也許預知變化
即將來臨，他還表示已決定將中文印刷設備轉移到星加坡，由施敦
力兄弟和最近從倫敦返回亞洲的台約爾管理，因為該基地有「三位
弟兄，而其中一人，台約爾先生，一直專注印務」，而且他們也「毋
須管理書院」。150

從九龍遙望港島，1842 至
1843 年間。（T. Allom）

台約爾亦迅速對時局作出反應，在 1842 年 10 月的信裏問：

> 中國已然開放⋯⋯我們該怎麼辦？我們肯定以前在這些群島上
> 建立宣教基地之原因已不復存在，每個中國傳教士都應該會覺
> 得是時候進入中國了。151

原來美國浸信會的傳教士羅孝全和叔未士已率先於 1842 年初從澳門
搬往香港，不久後原在曼谷宣教的粦為仁亦加入了。

理雅各在同一個月裏寫信給弟弟約翰，指出「我主要的工作在學校
裏，大約有 30 個 10 到 16 歲的男孩，還有四個年輕人」。那時，他
似乎已有信心搬校將會發生，因為他補充説：「這個機構大概會繼續
由我負責，不過不是在這裏，而是在香港，建立在一個崇高的基礎
上」。152

理氏對進善的語文能力很有信心，甚至曾計劃由書院出版一套中英
對照和附有註釋的四書五經，請後者開始翻譯《書經》。但是，他
們很快就意識到這項目太複雜，決定先着手做一個「初步的練習」，
即翻譯一本受歡迎的中國歷史小説。多年後理氏的中文造詣達到更
高水平後，他果然終於完成了此夢想，這是後話。

由何翻譯的《繡像正德皇遊江南》英文版經過理氏修改後於 1843
年在倫敦出版，首頁註明譯者是「馬六甲英華書院學生進善」，由
理氏作序。這本書應該是此中國流行小説的第一本英文譯本。153 作
家和早期的女權主義者康沃利斯在 1843 年讀完該書後曾致信朋友
説：「此書由馬六甲英華書院的一名華人學生翻譯，雖然我從未聽説
過此機構，但它將來可能會在中國促進重大改革」。154

倫敦會在 1842 年 12 月又召開了一次董事會，終於決定結束在印
尼、檳城和馬六甲的基地，並指示在亞洲的傳教士們到香港開會，
共同商討「將英華書院從馬六甲遷往該島」及中國宣教之有關
事宜。155

亞歷山大‧施敦力牧師
（LMS/SOAS）

等待中華的日子終於結束了！理雅各在 1843 年 3 月收到差會來函，通知他最新的決定，並附上倫敦會的有關授權書。他回應說他感到十分高興，並保證會立刻跟星加坡的弟兄們跟進，因為差會指示他要和在星加坡的台約爾和施敦力共同跟進。156

理校長在星加坡的報紙上刊登了出售倫敦會馬六甲資產的廣告，到 4 月 15 日仍然沒有買家出現時，按原定計劃於 4 月 28 日舉行了一場拍賣會。校園及其中的書院主樓及其他房屋設施賣給了荷蘭商人兼馬六甲助理首長及當地大地主之一的韋德厚，作價 2,120 西班牙元；伊雲士時代建造的兩棟住宅也分別出售了，作價 1,530 元。157

根據理氏信件的報道，「館藏圖書、中文木刻版及所有其他動產在出售之前已被包裝妥當」，準備運往香港。158 而理雅各、台約爾和施敦力則於 1843 年 5 月簽署了一份信託契約，把由宏富禮、高大衞和修德籌建位於打金街的禮拜堂轉送給馬六甲居民作宣教之用。159 雖然這是差會一廂情願的慷慨行為，但鑑於該鎮已不再有傳教士，而當地的華人教會亦已被解散，在短期內該小教堂應該是無法被充分利用的。

理雅各於 1843 年 5 月 6 日離開馬六甲，在星加坡待了一段時間，然後在 7 月初前往香港，趕上了 8 月 10 日在當地召開的倫敦會中國傳教士會議。

他在 5 月 18 日由星加坡發出的信中透露，他原想帶至少四位最有潛質的書院學生去香港，但最終因為他們的父母和祖父母們反對而無法成事。那時馬六甲重組後的教會只有六位成員，其中三位即負責印刷的屈昂及何阿信和校友何進善與他同行，搬往香港。160

台約爾於 1842 年 2 月從倫敦返回星洲定居。1843 年 7 月，他也去了香港參加差會的會議。隨後他北上廣州，但不幸開始發高燒。病

情稍為好轉後他被送上準備開往星加坡的船上。但在船上時台氏病情再度反覆，不得不在澳門上岸。他很快地就去世了，並被埋葬在當地基督教墳場裏馬禮遜墳墓的旁邊。「因此，這兩個一生為同一目標而奮鬥的人，按照明顯而又奧秘之天意，最終也能共同在一片土地裏安息」。[161] 台氏的妻子在三年後也不幸離世，但他的三個孩子後來都曾以傳教士或傳教士妻子的身份再次回到中國。

台約爾逝世後倫敦會決定主要的差會印刷設施應該在香港的英華書院，而不是留在星加坡或搬往內地。印刷機、相關設備和台氏的銅活字於 1846 年由施敦力帶到香港並負責安裝妥當，書院不久後亦開始了在香港的印刷業務。[162]

理雅各在馬六甲的校長任期相對較短，但很快就放棄了前任有教無類的做法，決心去蕪存菁，在短時間內同時在書院和當地教會裏建立了一套精英制度。他後來是繼馬禮遜和米憐後第三位獲英國大學授予榮譽博士銜頭之英華領導，繼修德後第二位英國大學裏的中文教授，也可能是繼馬禮遜後校史上最出色的歐裔漢學家。英華在馬六甲的故事於 1843 年由他結束，隨後英華在香港的故事則於同年由他開始。

馬六甲年代的英華校友 [163]

英華書院從 1818 年成立於馬六甲到 1843 年遷移到香港前共有三類學生或校友,即在學校學習漢語的倫敦會傳教士、少數歐裔年輕人及來自馬六甲或中國的華人,其中人數最多的是第三類。本書第二和第三章各節已經描述了這些學生在書院裏的經歷,本專題會集中討論一下這些校友們畢業後的行蹤和發展。

首先是傳教士們。馬禮遜在 1823 年的報告中列舉了宏富禮及高大衛為英華學生。按此傳統,後來的高大衛和伊雲士在書院 1827 和 1834 年的學生清單中也列舉了曾在書院學習過中文的傳教士們,即麥都思、司雷特、恩士、米爾頓、傅林明、宏富禮、高大衛、修德、施約翰、湯雅各及伊雲士。[164] 在 1837 年致倫敦大學學院的自我介紹信中修德亦指出他曾「在馬六甲的英華書院修習漢語」。[165] 如果我們在上述的名單上加入伊雲士之後的理雅各,我們則一共有 12 位傳教士是英華校友。

校友宏富禮、高大衛、修德、湯雅各、伊雲士及理雅各曾先後當過英華校長,他們的故事這裏不再複述。

其他六位傳教士校友在書院學習或長或短的時間後就離開馬六甲。他們之中最傑出的是麥都思。他於 1817 年 6 月來到馬六甲,在書院開始學習漢語,1820 年去了檳城一段時間,但由 1822 年開始定居於巴達維亞,有時會單獨或與其他傳教士旅行宣教。1843 年中國沿海城市開放後,他移居上海,並與其他傳教士共同創立了頗多產的墨海書局,歷年來刊行了許多宣道小冊子及中文《聖經》。他於 1856 年 9 月啟程回倫敦,翌年 1 月到達,但幾天後卻已不幸棄世。他的兒子麥華陀爵士曾任英國駐福州、上海、杭州和漢口領事。

麥都思是個多產作家,發表了超過 100 份作品。他的中文著作大約有 60 種,包括《三字經》、《神理總論》及《真理通道》等。他的英文或雙語書籍涉及英日詞彙、福建方言、中文語法、中英字典、中國神學及一本名為《中國的現狀與傳教展望》

的書等。他還編輯了一份中文雜誌，即 1823 至 1826 年之間在巴達維亞出版的《特選撮要每月紀傳》，是為當地的第一份中文期刊。[166]

但最重要的是，他更是第二代譯經家裏的領導人物，曾與郭士立共同修訂了「可以説是一本麥都思及郭士立譯本」，即第三本完整的中文《聖經》。委辦本或第四本完整的中文《聖經》也是由麥都思和他助手王韜牽頭翻譯的，這個版本的新約初版在 1852 年於上海出版，舊約則於 1854 年開始刊行，當年普遍獲得中外有識之士的高度評價。[167] 英華書院十分重視此版本，曾於 1854、1855、1862、1863、1864、1866 和 1869 年等重刊它的新約全書及 1855 和 1864 至 1866 年等發行它的舊約全書。

司雷特於 1817 年 12 月到達書院，1818 年 8 月因健康問題赴廣州休養，回來後在 1819 年 4 月移居巴達維亞，成為當地的第一位向華人宣教的傳教士，最後於 1823 年辭職離開倫敦會。

恩士於 1818 年 9 月抵達不久後就移居檳城負責華人事工，於 1824 年在當地修建了一座「整齊而寬敞的小教堂」，同年出版了一本中文宣教小冊子，可惜於 1825 年 4 月不幸患病逝世，葬於檳城之基督教墳場。

麥都思牧師與華裔助手朱德郎等，1838 年。

馬六甲荷蘭教堂（現稱基督
堂）（2017）

米爾頓亦是於 1818 年 9 月到達，於 1819 年 10 月移居星加坡，創立了一所華人學校，在 1825 年辭去差會職務，但仍然留在星加坡發展，1849 年在當地逝世。

傅林明 1820 年 1 月到埠，年底接管小學，但於 1821 年已「因病」而離開差會及馬六甲。

施約翰於 1826 年下半年到達，在 1827 年 4 月與湯雅各一起遷往星加坡，在 1828 年 4 月修德逝世後回校擔任中文教授，於 1829 年 3 月再次回到星洲，同年因健康原因辭職

回英。168

不少早期的傳教士都曾在馬六甲的荷蘭教堂裏講道甚至擔任駐堂牧師。米憐、司雷特、宏富禮、修德、曉士和理雅各均名列今天仍掛在教堂內的歷代傳道人之紀念牌匾。169

第二類學生是幾位來自歐美但不屬於差會的年輕人，包括波昂、亨特、摩爾、馬儒翰和埃德溫。170

波昂於 1821 年決定離校改行去航海，因為他覺得書院教學模式過於

嚴格，他沒法專注堅持學習漢語等。171 波昂應該是英華最早的輟學者之一。

如前所述，摩爾在書院時已當過兼職導師。他在 1826 年的信中曾透露說想「在馬六甲開辦一所英語學校，幫助貧窮的荷蘭，英國和葡萄牙兒童」。172 果然，他畢業後不久就在馬六甲成家，先後負責過當地的一家學校和創辦了《馬六甲觀察報》。馬儒翰還在英華時也曾兼職參與了《觀察報》的編輯工作，他的父親更曾在信裏勸諭他排斥「所有愚蠢的風趣嘗試」，並使該報成為「虔誠而有益的」基督教雜誌。173 後來摩爾搬了去星加坡，在《星加坡紀事報》和《星加坡自由報》當編輯，並在當地義學和星加坡學院裏任教。他曾寫了一本介紹印度群島和鄰近國家的書，於 1837 年在星洲出版。

亨特畢業後回史密斯公司的廣州分行工作，大約於 1830 年時加入羅素公司，後來更成為它的合夥人。他於 1842 年離開公司後仍然留在澳門和香港經商，與人合資擁有第一艘在中國水域裏操作的美國輪船。有論者曾稱許他為「早期對華貿易年代唯一精通華語之美商」。亨特於 1868 年退休，移居法國，1891 年在尼斯去世。他寫了兩本關於中國的書，即《舊中國拾零》（倫敦，1855 年）及《廣州番鬼錄》（倫敦，1882 年），前者多提及他在英華時的點滴。174

馬儒翰畢業回廣州後，也成了東印度公司的翻譯員。在 1830 年代初的信中，馬禮遜曾提及對他的安排：

我的兒子……他仍是一個小傢伙，但是，感謝賜他給我的上帝，他也是主葡萄園裏勤勞有用的僕人。他在英華書院學習了印刷和漢語，我給他買了一台印刷機，以後當拿到台約爾先生的中文活字後，相信我們可以印刷不時修正和改良的聖經譯本。175

不幸地馬禮遜不久後就去世了，馬儒翰在 20 歲時已「繼承」了英國駐華商務總監的中文秘書兼翻譯之

職。他雖然年紀輕輕，卻一直頗獲英政府器重，在 1842 年在南京的條約談判中曾擔任英方翻譯。香港於 1842 年 8 月 29 日根據條約正式割讓給英國後，馬儒翰亦順理成章地成為新殖民地的署理秘書和司庫，更被首任港督砵甸乍爵士重用，委任為第一批太平紳士之一，並於 1843 年 8 月任命為首任輔政司兼議政局（行政局）和立法局成員。176 可惜他剛上任即染病去世，終年時才 29 歲。他和台約爾一樣被埋葬在澳門的基督教墓地，他的墳墓就在父親馬禮遜和母親瑪麗旁邊。

馬儒翰把遺產分給他的姊姊瑪麗和他的繼母伊麗莎，他的中文及外文書籍則分別送給倫敦大學學院及馬禮遜教育會。177 砵甸乍在政府公告中表示個人很悲痛，更明言他認為馬儒翰的死亡可以說是「一場國家災難」，惋惜痛失管治人才之心十分明顯。178

在研究歷史時，偶然我們可以問一些假設性的問題。其中一個問題可能是：如果曾多次建議英華遷往香港的校友馬儒翰不是不幸英年早逝，而是繼續在殖民地政府裏扮演關鍵角色，英華書院在此香港教育發展的初期會否有截然不同的命運呢？

埃德溫回英後馬儒翰曾寫信給他，

馬儒翰（G. Chinnery/Jardine）

請他去香港當翻譯，這可以説是一個來自「校友網絡」的工作機會。他與母親於 1843 年離開英國，但途經馬六甲時已知悉馬氏可惜已不幸逝世，所以決定留在當地發展。他在 1845 年 5 月致倫敦會的信中透露他當時已婚，並且在經商。當時他曾表示有意成為差會的傳教士，但此事應該沒有下文，因為檔案裏並無跟進的信函。179 埃德溫也可能曾加入馬六甲當地的英軍，因為 1843 年的軍公人員名單裏有一位完全同名的人，在軍隊裏負責兵工處。180 後來的一手記錄裏有幾個關於 "E. L. M. Evans" 的報道，從中尉升至上尉及中校等。我們並不能確定他就是埃德溫，儘管兩人的名字很接近，而職業，時間和地點似乎都是一致的。181

第三類的學生是來自馬六甲或中國的華裔年輕人，這一類人數最多。正如前述，書院學生總數從初期米憐年代的單位數字上升到 20 多人，接着超過 30 人，然後在 1830 年代伊雲士掌校時升至 70 人的頂峰，最後又在理雅各晚期降至不到一半的人數。

原始資料裏沒有完整的華裔學生名單。三張重要的名單是馬禮遜 1823 年的學生清單，高大衞 1827 年的畢業生清單，及伊雲士 1834 年的畢業生職業名單。

我們可以從上述三張名單整理出下面 54 位華裔學生的名字（以原來英文拼音列出，不嘗試音譯）：Ah Yu, Ang Kew, Ang Sim, Chang-chun (Chang Chun), Cho-hay, Gan Tsheung, He So, Ho Han, Hoon Thseung, Ke Seeng, Kean Ho, Keung Tshoong, Kim Seeng, Kow Kwang-tih (Kwan Tih), Kung Hae, Kung Tih, Kwan He, Lang Tsheung, Leang A-fah, Lim Chwuy, Loo, Ma King-tseuen (King Tseuen), Ma Soon, Mang Teen-yin, Pai Yang, Sam Chae, San Hae, Shaou Tih (Show Tih), Sim Seeng, Soo Seeng, Soo Yuen-tsuen (Yuen Tseuen), Teang Tshoon, Teen Chin, Teen-sang, Teen Sung, Teen Tsheung,

Teen Yin, Teen Yu, Tong Haw, Tsang Kow-gan (Kow Gan?), Tsang Yu, Tsing Han, Tsing Kei, Tsing Seng, Tsing Sung, Tsing Yang, Tsze-hea (Tsze Hea), Woo Tuy-pe, Wan Tseuen, Woo Heun-chan, Yaou, Yih Sam, Yim Seeng, and Yoh Seeng.

這份名單當然並不完整，因為雖然前兩張名單可能是完整的，第三張卻肯定不是，它甚至遺漏了一些前兩張裏有的學生名字。[182] 同樣重要的是它完全沒有 1834 年在學及其後近十年入學的大批學生。這許多的學生裏，我們只知道幾個人的名字，包括泰隨（音譯，Tay Suy）、吳文秀、李金麟和宋佛儉。[183]

此外，大部分學生的名字只有羅馬拼音（有時不同報告更會採用不同拼音），不是中文原文，而且很多甚至不是全名，而只是名字的一部分。例如，英華第一個畢業生在所有的報告中都只是被稱為姚先生，我們並不知道他的名字。袁德輝在報道中一直只被稱為小德，即使在

他為英華撰寫的教科書上和同學亨特的回憶錄裏也一樣。何進善（何福堂）在大多數的報告裏亦都只是被稱為「進善」，甚至在他負責翻譯及在倫敦出版的小說書上也如此，而且英文拼法不太一致。

最後，一些校友的名字表面上看來有可能是來自同一家族的堂兄弟，甚至是來自同一家庭的兄弟。例如那些名字裏有羅馬拼音的 "Teen"（Teen-sang、Teen Sung 等）、"Tsing"（Tsing Han、Tsing Kei 等），或 "Seeng"（Ke Seeng、Kim Seeng 等）字的同學們。[184] 當然，這些也可能是不同中文字的拼音。我們必須強調，在不知道中文原名和沒有進一步研究當時馬六甲各族族譜的情況下，這些可能性均無法證實。

這些校友的已知職業差異很大。伊雲士 1834 年的名單中，畢業生最多人投入商界。有七位是店主或在店裏工作（Keung Tshoong、Yim Seeng、Yoh Seeng、Yih Sam、Kung Tih、Sam Chae 和

San Hae），有六位是商行裏的文員（Ang Kew、Kim Seeng、Pai Yang、Tsing Sung、Tong Hae、Tsing Seng，報告稱許他們很稱職，在處理商業務事務方面非常聰明），及有四位是商人（Gan Tsheung、Tsing Kei、Tsing Yang、Teen Yin）。第二多畢業生的是政府部門。英華書院在這個早期階段已經出了至少三名華裔官方翻譯員（星加坡的 Tean Tshoon、馬六甲的 Ho Han，及清朝北京的小德），還有兩位海關文員（馬六甲的 Hoon Tsheung、星加坡的 Lang Tsheung）。最後還有一些參與其他各類工作的，包括船主 Ke Seeng 和 Soo Seeng、導航員 Kung Hae、船長文員 Teen Seeng、中醫師 Ah Yu 和醫務助理 Sim Seeng。185

我們對兩位馬六甲時代知名度較高的華裔校友即梁發及何進善畢業後的情況所知甚詳。下一個專題會單獨介紹梁發，這裏先簡單地談一下何進善。186

何進善（何福堂、何養等）於 1843 年陪同理雅各遷往香港後繼續參與英華和香港教會之工作，在 1846 年被按立為牧師。187 何進善講道顯然很有恩賜和能力。據說循道會的柯克斯牧師曾謂「余嘗在香港居若干日，特欲聞倫敦會何先生之講道，以助余之語言，且可得講經之法程」。188 理雅各稱許他的「講道和解經能力……無可比擬」，189 他的女兒更曾講述了理氏這樣的一個親身經歷：

有一天晚上，他（進善）在一個會眾擁擠的教堂裏講道……他選擇的主題是約伯的故事……當他描述約伯拿著一塊瓦片去刮自己身體的時候，他彎下腰去好像挑了一塊，而當時站在人群中的理博士，忽然發覺自己也不知不覺地雙手碰到了地上的瓷磚。環顧四周，他看到數十個會眾們都彎下了身，

何進善／何福堂牧師（The CCC of Hong Kong, Wanchai）

何進善的《新約全書註釋》，
1854 年。

觸摸地上，完全被傳道人的話所感染。190

何精通中英語文，也很有才華，本來可以在香港這個英國殖民地許多領域裏出人頭地，也有不少人以高薪厚職向他招手，但他卻一生堅定不移地致力於宣揚福音。他是梁發後的第二位新教華人傳教士，經常在香港以外的華南地區包括佛山和廣州等地方傳教。他亦擅長寫作，曾每月執筆作一篇《勸世文》，「士林讀之，無不欽佩」，及先後為新約《馬太福音》和《馬可福音》撰寫註釋及發表了講解十誡和一本題為《登唐山取寶論》的宣教冊子等。他的新約註釋雖然只涵蓋了兩本福音書，但是寫得很好，很有啟發性。據說早期華人「讀馬太註釋一卷，而起信者固不乏人」，包括區鳳墀。191

何進善於 1871 年 4 月卒於廣州，享年 54 歲，有子女 15 人。四子何神保（何衛臣）為香港第一位華人執業律師，五子何神啟（何啟爵士）為西醫、大律師、商人、定例局議員及香港華人僑領，二女何玫瑰（何妙玲）適伍廷芳博士，他為香港首名華人大律師和首名華人立法局議員，後曾官至中華民國外交總長。可惜在他逝世後，關於他的遺囑和遺產的爭論卻引起了不少的訴訟，部分原因是他曾經用好幾個不同的名字持有許多地產等。192 他終生的摯友理雅各曾經中肯的評論何牧師的一生，說他多年來通過對房地產的精明投資，使他後來變得十分富裕；而作為一個傳道人，大量財富可能是「導致他人生的後段沒有前段活得那麼精彩燦爛」的重要原因。193

書院 1829 年的年報說小德「回華後已被聘為北京朝廷的西方語言翻譯，他會於 7 月啟程往首都」。194 此任命可能也來自校友網絡，因為亨特聲稱小德是透過他「向浩官（著名行商伍秉鑑）推薦」而得到理藩院的工作的。

兩個老同學其後曾在幾次正式場合裏替中外雙方翻譯，亨特說：「他和我能夠在同一場交流中不知不覺地互相檢查，是個了不起的巧合」。195 袁德輝在 1830 和 1838 年曾兩度回粵為清廷採購書籍。一份 1839 年的報道指出他是替林則徐翻譯的「四位熟悉英語的華人」之一，參與翻譯了不少中外資料，包括林致維多利亞女皇的照會和瑞士學者滑達爾的《萬國律例》的一部分，首次將國際法譯成中文，並刊登於《海國圖志》。196

1834 年的清單遺漏了留校教書的首位畢業生姚老師，他多年來曾是來自中國的李老師或朱老師的得力助手，有一兩年更曾獨當一面，是學校裏唯一的華裔教師。華裔校友當教師的至少還有一位。馬丁在 1830 年代出版的書中曾提及仰光一間學校，說它的「校長是曾在馬六甲英華書院肄業的華人」。197 郭士立在 1834 年的書裏也曾說，除梁發外，英華亦出了其他幾位基督徒，「一位忠心耿耿的華裔老師正在緬甸和美國的傳教士一起工作，他以前是書院的學生，後來就信了基督」。198 兩位作者可能是指同一個校友，但他的名字還有待考證。

這份畢業生名單亦沒有列出一些後來因星加坡開埠後成為日益重要的貿易中心而移居當地的校友們。馬禮遜在 1823 年的報告裏曾指出一位於 1821 年 9 月進入英華的曾姓同學在 1822 年「因親戚召喚而離開書院搬往星加坡」。199 亨特在 1820 年代亦說他畢業前已有不少學生紛紛遷往星洲，「在星加坡冒起之外商和華商處謀生」。200

於 1822 年 15 歲時入校的蘇源泉是後來移民星加坡經商的校友之一，他的名字並沒有出現於 1834 年的名單。蘇校友之事業頗為成功，曾與王彩風合創豐隆公司，也是慶德會（在 1831 年為福建漳州和泉州地區的商人而設的互助協會）的 36 位創始人之一。201

伊雲士在 1834 年刊行的畢業生名單上有一位「金聲」（Kim Seeng，閩南話音譯），當時在一家商號裏

任職。兩本介紹星加坡華人的書裏有一位陳金聲，1805 年出生於馬六甲，曾「進教會學校學習英文和荷文」，於 1834 年前後移居星加坡，當時並不富裕，開始搞貿易，在 1840 年以前成立了金聲公司，後來成為一位成功商人和熱心公益之社區領袖。202

由 1820 至 1830 年代初期，英華是馬六甲唯一教授英語的基督教學校，而當摩爾在書院兼任導師時，

理雅各牧師與吳文秀、宋佛儉及李金麟。

學生還可以學習荷蘭語。所以陳金聲很可能是書院馬六甲年代的日校或夜校學生，雖然目前這點仍然不能證實。兩者若是同一個人，他應該是在 1823 年馬氏駐校後才入學，而與摩爾大約同期的校友。

1834 年的名單當然也不包括 1834 年以後入學的所有學生，其中一些我們是知道名字甚至職業的。這些人包括理雅各最喜愛的三位學生，即吳文秀、李金麟及宋佛儉。雖然吳、李及宋無法在 1843 年陪伴理氏去香港，他們終於在 1845 年 2 月到了那裏與他重聚，繼續在書院進修。後來理氏由於健康問題需要返回蘇格蘭休養，他們三人亦有同行，在剛剛創立的亨特利學校學習，並於 1847 年 10 月在亨特利市理氏（和米憐）年輕時所屬的教會裏受洗，於 1848 年年中才再度返回香港。

吳文秀（阿秀）回港後曾在英華任教，兼職在差會醫院裏與何進善輪流宣教，據說講道時準備充足，頗受聽者愛戴。203 1853 年，他和屈

昂曾被理氏派往上海，試圖聯繫南京的太平軍，安排傳教士到訪，可惜他們最終無功而回。204 1870年代中國海關的文件證實阿秀當時已在海關供職，直至他1881年去世為止。205

李金麟回港後也成為了英華教師，於1851年底開始跟書院印務負責人柯理學習印刷。1852年9月柯理提早離職返美，李即接手英華之印務。可惜一年後，他染上肺病，當時負責書院的傳教士湛約翰只好遵照醫生吩咐，在1853年年底時送他回星加坡療養，而他在翌年就不幸病逝。206

宋佛儉（宋佛謙）於1849年2月遵從父命搬回星洲，在星加坡學院當教師。在1853年他加入大英輪船公司，後來成為公司出納，在那裏服務至1895年退休為止。他英語流利，是一位虔誠的基督徒，曾在布連拾街教會事奉多年，協助倫敦會的基斯柏理牧師為馬來人及華人信徒傳道及服務，管理教會財務和領導詩班。他帶領雙親及不少年輕人

歸主，其中兩位後來成為他的女婿和傳教士。和他相交多年的庫克牧師曾聲稱：「佛謙可以被視為海峽華人教會的創始人」，是「我們峇峇娘惹教會裏的一位誠摯之義務傳道人」。207 他在1900年10月去世

宋佛儉後期照片

時，《海峽華人雜誌》是這樣說的：

他既非富裕也不傑出，但卻是華人品格最好的榜樣……他憑仰望和信心，默默地耕耘，教育子女敬拜上帝和為天國努力。208

佛儉有一個大家庭，育有14個兒女，其一是相繼在劍橋大學和中殿學院畢業的大律師、星洲僑領及教會支柱宋旺相（宋鴻祥），他曾說其先父之「基督徒生命和榜樣乃其恒常之激勵」。209 星加坡的佛謙路就是以這位橫跨書院馬六甲及香港時代的宋校友命名，今天仍然存在。

中華「第一宣教士」梁發 210

中華「第一宣教士」梁發

梁發（梁阿發、梁公發或阿發）在 1789 年出生於廣州附近高明縣的一條村莊裏。由於家貧，他唸了幾年村塾後，就往省城謀生，初學造筆，繼習雕版。阿發曾參與 1814 年《救世者言行真史記》之印刷工作，但在 1815 年被米憐聘為印刷工時才開始跟後者有直接接觸。211

第二章已描述過米憐如何引導梁發歸主，並於 1816 年 11 月為他施洗，此處不贅。1818 年底阿發決志「努力學習，期望以後能夠宣揚福音」，更「另自取一名曰，學善者，言從今以後，專心改惡學善」。同年他用此筆名寫了幾篇文章，談神愛世人及悔改等，在《察世俗》月刊上刊登。212

梁發於 1819 年 4 月回鄉成親，目睹鄉里迷信者居多，決定撰寫他的第一本宣教小冊子《救世錄撮要略解》。在獲得馬氏認同後，他印製了 200 份小冊子準備派發。但有人向官府通風報信，衙門很快就逮捕了他（因為他「做耶穌之書」，也因為他曾非法出洋），更銷毀了書本和雕版。213 馬禮遜當然透過中間人去與當局交涉，梁發在交了罰款和捱了 30 大板後才獲釋放。這是他第一次為信仰而受到逼迫。

此事之後，他不得不重回馬六甲，從 1820 年 1 月到 1821 年 5 月正式在書院裏修讀，是書院大樓建成後的第一批英華學生之一。根據馬禮遜的報道他此時「在神學研究方面有不錯的進展」。214 在馬六甲期間，他亦負責監督中文《聖經》印刷，有時會來回廣州招聘印工，順便探親。他的兒子阿德於 1820 年出生，他卻在 1821 年才首次與他會面。梁發一直逗留至 1823 年新舊約《聖經》在書院印刷完畢後，才再次回華。

阿發約在 1823 年已經帶領妻子黎氏歸主，並「暫行權變之事，懇求神父、神子，賦賜聖神風助我施洗

禮」，215 他更於年底時請馬氏替年幼的兒子進德施洗。

馬禮遜在 1823 年 12 月離華回英前覺得需要「保證基督教之教儀在少數已不再拜偶像的人中繼續」，決定按立八年來一直忠心工作的梁發為華人宣教士，是為中國有史以來首位華人新教傳道人。216 回英時馬氏也把梁發的親筆中文信轉交了給聖經公會，在信中他感謝公會「分賜聖書之恩」，亦表明自己決志「盡力宣傳福音」，期望國人能「得聖風感化歸向救主」。217

阿發一向努力追求，虛心學道。在 1827 和 1828 年的夏天，當中外貿易停頓時，馬氏和其他外國人照例需要離開廣州返回澳門。梁亦趁機跟隨先生，在他身邊繼續進修神學，皆因他「甚欲學明真道之義，勸教本國之人，棄假歸真」。218

雖然梁發信主後就勇敢地努力宣教，他卻曾在 1830 年自責「並未辦得神天上帝何樣之事」。219 其實他之前已經常常傳道，而早期的

屬靈果子也包括了 1828 年皈依的同鄉教書人古天青。在 1831 年初，他更替一位「62 歲的父親及他的兩個兒子」施洗，他們也都是讀書人。220 當時中國仍然有教禁，當局時有逼迫，信徒也要面對身邊親朋戚友的誤會，甚至排擠，這些早期信主的人實在是十分難能可貴的。

阿發也努力帶領多年的印刷同工屈亞昂歸主，馬禮遜終於在 1830 年為他施洗，後來更任命他為阿發的助手。在亞昂受洗那年，兩人曾跟隨一位科舉考官往內陸幾百里的高州，為期六週，接觸附近之生童，宣揚福音，「並在他們中間派發自己撰寫和印刷的宗教書本」。221

梁發日記的一頁，提及考場分書活動。（LMS/SOAS）

梁發於星加坡刊行的《揀選勸世要言》

在1833和1834年，阿發和他的助手們公開地向來廣州參加科舉考試的生員們派發了數以千計的宣道冊子，相信太平天國未來領袖洪秀全也是在此時此地拿到梁發的作品，首次接觸基督教思想。博德曼認為「洪秀全在1833或1834年來廣州再次參加科舉考試時，已取得了一本（梁發的《勸世良言》）」。麥都思亦指出就基督教文獻而言，「叛亂的首領在1833年到1846年之間，原來就只有阿發的書」。222

但1834年的派書行動亦不幸引起了當局的關注，助手和印工們相繼被逮，書籍和雕版被沒收，官府甚至派了100名士兵到梁發的家鄉，打算去抓他和他的家人。馬儒翰知悉後，立刻透過各種關係努力交涉，在他的協助下及繳納罰款後，被捕的人終於被釋放，但當局仍然表明需要通緝阿發，他和兒子只好在1834年底潛逃，再次去了馬六

甲。如前所述，阿發到達後在書院裏並沒有心灰意冷，反而繼續熱心工作，向基地裏的學生和員工們傳道，使伊雲士時期當地的華人基督徒人數急增。

梁發於1837年移居星加坡，開始與倫敦會的施敦力合作。那時，阿發在知情的西方人當中已相當知名。美國海軍牧師泰勒曾隨護衞艦途經星洲，並「在施敦力先生的家裏遇見中國信徒梁阿發」，說他「正參與修改中文聖經」。223 經常質疑教會學校之效用的馬科姆牧師也在星洲認識了阿發，對他印象很好，曾讚揚他一直堅持「神聖而勤奮的事工」。224

梁發於1839年7月最後一次離開星馬地區，主要是因為他兒子的緣故。1839年5月，進德被委任為禁煙欽差大臣林則徐的翻譯之一。聽到此消息後，他的父親很快就決定回國，希望能夠向林傳道。225 可惜他並沒有此機會，因為隨着禁煙運動失敗，林則徐很快就被革去兩廣總督一職，不久後更被調離廣東。

英華遷港後，梁曾赴港幫了幾個月忙，與阿昂和何進善合作，設立了一些傳道中心。他於 1844 年初再度回華照顧年邁病危的父親。

美國傳教士派克醫生於 1835 年在廣州的十三行區裏開辦了一家眼科醫院。阿發本人曾在那裏接受治療，而派克更曾說過「即使我沒有做過其他事，只是醫好了這個神的僕人，我也已覺得我的使命並非徒勞無功」。阿發於 1845 年返回廣州後加入派克的傳教醫院擔任院牧，他覺得在那裏他可以更有效地傳道，因為「我的同胞們來到這裏而病癒後，心腸特別軟」，比較容易接受主。226

在 1848 年梁發協助馬禮遜的女婿傳教醫生合信在廣州西郊建立了一家新診所，更開始在那裏工作。這家惠愛醫館每日治療一、二百名病人，給他提供了很多宣教的機會。晚年他持續帶領兩家醫院的主日崇拜，有時會吸引不少慕道人群，少數人也會悔改受洗，包括後來繼承他在惠愛醫院之院牧工作而終身努力不懈宣揚福音的周學（號勵堂）。227

梁發在 1855 年 4 月 12 日（禮拜四）逝世。雖然他當時患了感冒，仍然主持了前一個禮拜天醫院的崇拜和禮拜一的家庭聚會。他在家中息勞歸主時十分平安，家人們都在他的身旁。在簡單喪禮後，梁發被葬於廣州河南的鳳凰岡。

數十年後，雖然基督教在當地的華人圈子裏的影響日益擴大，大部分人都已經遺忘了梁發的墓地何在。在 20 世紀初，廣州基督教嶺南大學需要擴建，購買了附近大片土地，有一些山墳需要搬遷，其中竟然包括了此墳墓。大學當局知悉此事後，決定在 1920 年把它遷往校園的核心地點，「於懷士堂前，相隔大草坪校中央小丘之巔」，並在那裏立了中英文紀念碑。基碑中央刻有「第一宣教士梁發先生墓」一排大字，左邊註明「民國九年由蕭岡遷此，此乃大禮堂講壇地點」。228

在 1966 年文化大革命期間，這座基地和其他校園文物曾遭到破壞，但碑石卻幸好被保存下來，最近「重見天日」，現在存放在已改名

馬禮遜的女婿合信醫生
（LMS/SOAS）

現存中山大學圖書館裏的梁發遷葬墓碑（2018）

為中山大學的圖書館裏，更有一些校友及師生等要求把碑石重新安放於遷葬的地點。229 今天校園裏與懷士堂遙遙相對的「中央小丘之巔」仍然清楚可見，丘上加建了幾支供日常升旗用的旗桿。

除了他在《察世俗》月刊上刊登的文章和他的第一本宣教冊子《救世錄撮要略解》外，阿發還寫了不少宣教書籍，包括《熟讀聖理略論》、《真道問答淺解》、《聖書日課初學便用》、《勸世良言》及《祈禱文讚神詩》等。230

梁發育有一子一女。他一直期望兒子進德能獻身傳道，後者多年來亦受美國傳教士神治文悉心培養，視如己出。但雖然進德有好幾次回到老師身邊，幫忙宣教或譯經，他的志向顯然不在這方面。他曾擔任過欽差大臣林則徐、兩廣總督耆英、官商潘仕成以

至美國使者顧盛的翻譯，後來終於加入了中國海關，擔任要職，直到1862年因健康問題而退休，當時才42歲，不久後就去世了。雖然有些人會惋惜他沒有終生獻身於宣教，但他仍是個信徒，於1859年在上海神治文的教堂中更曾公開表白，承認主的大愛和自己的不足，自稱為「上帝恩典的一個奇蹟」。231

阿發的女兒亞沾在1835年11歲時已是他廣州小教會裏12名成員之一，後來她被送往香港的基督教女校讀書，接着嫁了給福建福州的黃求德牧師。她婚後除了相夫教子外，也獻身於當地的基督教女校之教育工作。黃牧師及師母一生虔誠事主，幾代後裔裏有起碼八位全職和九位兼職傳道人，足跡遍佈國內國外。232

梁發自米憐帶領歸主後就一直是個努力播種和不問收成的忠實僕人。雅裨理牧師認為他是「少數完全滿足傳教士們的期望」之早期華人信徒。233 郭士立指出米憐「主內的兒子……一直堅持他無懈可擊的門徒生涯」。234 晚年與阿發合作無間

的合信在他去世後的第二天致倫敦會的信上是這樣寫的:「他的基督徒路程並不是沒有混合着軟弱和不完美」,但他終其一生堅持真理,「無愧於我們為他施洗和按立他為傳道的先賢們」。235

與香港時代英華書院關係密切的張祝齡牧師對前輩梁發之評論十分中肯,可以作為本專題的結語。他說:「梁發之足為吾人模範者凡七端」,即篤信順命、忠心至死、勇敢犧牲、勤勞無間、堅忍受難、精研真道及著述傳世,更說:

要之,梁公可法之事尚多……而考其能如是者,全在其「肯畀主用」……愚魯如漁魚之彼得約翰,元兇大惡如保羅,靡不可用。以不學無術之梁發竟成中華第一宣教師,留為吾人千古不磨之紀念,無他,肯畀主用耳。236

事實上,馬六甲時代的第一批英華校友之一梁發果然一生「肯畀主用」,可以坦然無懼地面對「為他施洗和按立他為傳道的先賢們」,亦即英華首任校長米憐和英華創辦人馬禮遜。

現中山大學懷士堂前梁發遷葬之處(右下角)(2018)

1   E. Morrison, *Memoirs*, v. 1, p. 90.

2   Morrison to LMS, 23 Feb. 1817, LMS/SOAS.

3   E. Morrison, *Memoirs*, v. 2, p. 192.

4   Morrison, *To the Public*, pp. 8-11.

5   《養心神詩》，頁 22。

6   *The Report of the BFBS*, 1835, p. lxvii.

7   Humphreys to LMS, 8 Mar. 1823, LMS/SOAS.

8   Humphreys and Collie to LMS, 13 Jun. 1823, LMS/SOAS.

9   E. Morrison, *Memoirs*, v. 2, pp. 192-193.

10   Hill (tr.) *The Hikayat Abdullah*, p. 121. 注意他的回憶錄有些描述與事實不符，上述譯者正確地指出阿卜杜拉經常有不實的記載，偶爾會故意歪曲事實，年代有時也會非常混亂（p. vii, 27）。請參見第二章附註 15。

11   Humphreys and Collie to LMS, 13 Aug. 1823, LMS/SOAS.

12   Humphreys and Collie to LMS, 13 Jun. 1823, LMS/SOAS.

13   E. Morrison, *Memoirs*, v. 2, p. 19.

14   Morrison to BFBS, 13 Mar. 1823; 31 Mar. 1824, BFBS/CANTAB.

15   Morrison to LMS, 10 Feb. 1823, LMS/SOAS.

16   Humphreys to LMS, 8 Mar. 1823, LMS/SOAS; Harrison, *Waiting*, p. 73.

17   Milne report to LMS, 31 Dec. 1816, LMS/SOAS.

18   Morrison to LMS re ACC, 10 Apr. 1826, LMS/SOAS.

19   Humphreys and Collie to LMS, 13 Aug. 1823, LMS/SOAS.

20   *The Christian Public*, 10 Jul. 1823, LMS/SOAS; Harrison, *Waiting*, pp. 73-74.

21   Morrison to James Morrison, 7 Jul. 1823, E. Morrison, *Memoirs*, p. 206.

22   Humphreys to LMS, 1 Jan. 1827, LMS/SOAS. 注意在 Harrison 內宏富禮的校長任期（1822-1824）和高大衛的任期（1824-1828）是不正確的；而這些錯誤也反映在《古樹英華》一書裏。英華書院第二至第四份年報（1824-1826）列明宏富禮為校長，而第五次年報（1827）則指高大衛接任為校長。但由於 1827 年的年報涵蓋 1826 年 7 月至 1827 年 6 月，後者上任的日期不能確定，但宏富禮在 1827 年 1 月 1 日的信裏確認已離職，所以交接時間應該是 1826 年下半年。

23   Kidd to LMS, 22 Sep. 1826, LMS/SOAS.

24   Thomsen to LMS, 5 Dec. 1821; Beighton & Ince to Milne, 4 Dec. 1820, LMS/SOAS.

25   Morrison, Humphreys, Collie to LMS, 24 Feb. 1823, LMS/SOAS.

26   *The 2nd Annual Report of the ACC*, p. 6. 注意英華書院馬六甲年代的年報名稱歷年來不太一致，詳情見第二章第 64 號附註。

27   Humphreys to LMS, 30 Nov. 1821, LMS/SOAS.

28   W. H. Medhurst, *China, its State and Prospects*, London, 1838, p. 316.

29   *The 2nd Annual Report of the ACC,* pp. 7-12. 有關匯率波動而且複雜，但當年的匯率大約是 1 英鎊 =10 盧比 =4 至 5 西班牙元。

30   *The 2nd Annual Report of the ACC,* p. 12.

31   書院數據來自 *To the Public, 2nd to 6th Annual Reports of the ACC*，另加歐商學生，但不包括倫敦會傳教士。義學數據來自上述文件和 *Report of Chinese/Protestant Mission* (Malacca, 1825, 1826, 1828)。

32   Collie to LMS, 25 Sep. 1823, LMS/SOAS.

33   *The 2nd Annual Report of the ACC,* p. 8.

34   Humphreys to LMS, 8 Mar. 1823, LMS/SOAS.

35   Humphreys to LMS, 8 Mar. 1823, LMS/SOAS.

36   Collie to LMS, 25 Sep. 1823, LMS/SOAS.

37   Collie to LMS, 10 Feb. 1824, LMS/SOAS.

38   Dyer's application to LMS, 23 Jun. 1824, see W. Dean, *The China Mission*, p. 250.

39   Montgomery, *Journal of Voyages and Travels*, v. 3, p. 78.

40   *The 6th Annual Report of the ACC*, p. 8-10.

41   丁偉、李敏：“馬六甲英華書院英語教學歷史研究”，中國科技信息，2006 年 7 月。

42   Collie to LMS, 10 Feb. 1824, LMS/SOAS.

43   Wylie, *Memorials*, pp. 46-47.

44   *The 4th Annual Report of the ACC*, p. 6; *The 6th Annual Report of the ACC*, p. 6.

45   見 R. D. Richardson, *Emerson: the Mind on Fire*, p. 392; R. J. Schneider, *Thoreau's Sense of Place*, p. 219.

46   Morrison, Humphreys and Collie, *The Christian Public*, 10 Jul. 1823, p. 1; *Annual Report of the ACC for 1825*, p. 9. 此書的拉丁文標題可以譯為《神聖語言指引（或詞彙）》。

47   A. H. Franck, W. Jaques (tr.), *A Guide to the Reading and Study of the Holy Scriptures*, 3rd ed., London, 1819, p. 237.

48   Medhurst, *China*, p. 317.

49   *Report of the 11th Year of the ACC*, p. 9.

50   Hunter, *Bits of old China*, p. 237, 239, 253, 259, 260, 261; *The 4th Annual Report of the ACC*, p. 4. 注意亨特聲稱小德在摩爾之後不久進入書院，即是 1825 年。這是不正確的，可能是基於他何時才認識小德，因為他本人也只是在 1825 年才抵達馬六甲。

51   Harrison, *Waiting*, pp. 126-127. 注意這裏原文裏 "compass" 是指圓規，不可譯為指南針。

52   *The 4th Annual Report of the ACC*, p. 4.

53   Morrison to his son, 8 Mar. 1827, Morrison & Hobson Families/ Wellcome Archives (MHF/WA)

54   Morrison to his son, 31 May 1827, MHF/WA.

55   Morrison to his children, 15 Jun. 1827; 9 Aug. 1827, MHF/WA.

56   Morrison to his son, 3 Oct. 1827, MHF/WA.

57   *The 6th Annual Report of the ACC*, p. 10

58   *The 2nd Annual Report of the ACC*, p. 12.

59   *Report of (the ACC and) Chinese/Protestant Mission* (1825, 1826, 1828). 列出的日期是報告年份，但年報通常是介紹一年前的事情。

60   Wylie, *Memorials*, p. 45; A. Graham, "Chartism in the Vale of Leven," pp. 18-19; J. Humphreys, *Report to the Commissioners on Children´s Employment, 1843*; J. Sibree, *A Register of Missionaries, Deputations, etc., from 1796 to 1923*, p. 21. 注意 Wylie 聲稱宏富禮在 1867 年前已經逝世，這是錯誤的。

61   Medhurst, *China*, p. 318; *The 6th Annual Report of the ACC*, p. 7.

62   Kidd to LMS, 20 Apr. 1826, LMS/SOAS.

63   Kidd to LMS, 22 Sep. 1826, LMS/SOAS.

64   *The 11the Annual Report of the ACC*; *A Report of the Malacca Mission Station and the ACC for 1830 to 1831*.

65	*Report of the 11th Year of the ACC*, p. 6.
66	Kidd & Hughes to LMS, 12 Nov. 1831, LMS/SOAS.
67	J. J. Valberg, Land Survey Report dated 29 Sep. 1825, LMS/SOAS.
68	曾衍盛：《青雲亭個案研究：馬來西亞最古老廟宇》，頁 33。
69	*The 11the Annual Report of the ACC; A Report of the Malacca Mission Station and the ACC for 1830 to 1831*; Medhurst, *China*, pp. 316-9; Begbie, *the Malayan Peninsula*, p. 369. 謝希是 Tsze-hea 之音譯，因其中文原名不詳。打金街在英治時代演變成三條街，即甲板街（又名打鐵街）、打金街及廟街。教堂所在地在廟街一段（今日的 Jalan Tokong），面對青雲亭。今天此地段有一個戲台及觀戲的空地，1890 年蓋成，屬青雲亭管理。
70	Wylie, *Memorials*, pp. 48-49.
71	O'Sullivan, "A History of the LMS in the Straits Settlements," pp. 191-195.
72	Morrison Letter from London, 6 Sep. 1824, E. Morrison, *Memoirs*, Vol. 2, p. 288.
73	*A Report of the Malacca Mission-Station and the ACC for 1830 to 1831*, pp. 21-22.
74	LMS Memo, 20 Oct. 1831, LMS/SOAS; S. Kidd, *China, Illustrations of the Symbols, Philosophy, Antiquities, etc.*, pp. 384-385.
75	Medhurst, *China*, p. 249; J. Legge, *The Notions of the Chinese concerning God and spirits*, p. 64.
76	*Minutes...on the affairs of the EIC*, pp. 479-480; E. Morrison, *Memoirs*, v.2, p. 447.
77	*A Report of the Malacca Mission Station and the ACC for 1830 to 1831*. 注意本報告中 886 西班牙元的本地學生津貼為 1830 年 1 月至 1831 年 6 月共 18 個月的總數，而 100 英鎊等於 1830 / 1831 年的 502 / 500 西班牙元。匯率見 Denzel, *Handbook of World Exchange Rates, 1590-1914*, p. 517.
78	Kidd to LMS, 13 Sep. 1833, LMS/SOAS.
79	Kidd, *China*, p. 2.
80	S. Urban, *The Gentleman's Magazine*, July 1843, p. 209; Wylie, *Memorials*, p. 48.
81	Wylie, *Memorials*, pp. 50-51; *9th Report of the ACC*.
82	*9th Report of the ACC*.
83	Morrison to LMS, 10 Feb. 1832, LMS/SOAS.
84	Morrison to his son, 8 Mar. 1827, MHF/WA.
85	*The 10th Report of the ACC*. 伊雲士聲稱馬禮遜曾壓制了湯雅各 1833 年的報告，所以在 1831 至 1834 年他自己的報告之間沒有其他書院年報。然而，現今在一些檔案館中可以找到湯雅各 1832 至 1833 年的報告，即上述引用的 *9th Report of the ACC*，可能是在馬氏壓制之前發行的。
86	*9th Report of the ACC*; Medhurst, *China*, p. 320.
87	根據修德的報道，1830 / 1831 年分別有 22 / 24 個資助學生；而湯雅各的報告説在 1833 年年底前有 15 個資助學生。從 1830 至 1834 年，100 盧比分別為 49.8、49.1、48.8、48.3 和 49 西班牙元（Denzel, *Handbook of World Exchange Rates*, p. 517）。
88	*Report of the British and Foreign Bible Society*, 31st Report, 1835, p. lxix.
89	J. Tomlin to LMS, 20 Jun. 1833; Sarah Tomlin to LMS, 21 Oct. 1833, LMS/SOAS.

90 Wilson & Newbold, "The Chinese Secret Triad Society of the Tien-ti-huih," *Jr. of the RAS*, 1841, pp. 120-158; Wylie, *Memorials*, p. 51.

91 Harrison, *Waiting*, p. 88.

92 Wylie, *Memorials*, p. 76; *The Evangelist Magazine and Missionary Chronicle*, v. 10, 1832, p. 549; v. 12, 1834, p. 129.

93 *The 10th Report of the ACC*, pp. 6-15.

94 Evans to LMS, 20 Oct. 1834, LMS/SOAS.

95 E. Morrison, *Memoirs*, v. 2, p. 483.

96 B. Starr, "The Legacy of Robert Morrison," *Int'l Bulletin of Missionary Research*, Apr. 1998, p.75

97 *The 11th Report of the ACC*, pp. 3-6.

98 T. P. Miller, *College English*, p. 70.

99 R. L. Geiger, *The American College in the 19th Century*, table 2, p. 133.

100 *The 10th Report of the ACC*, p. 22.

101 Ching Su, "The Printing Presses of the LMS among the Chinese," Ph D. dissertation, p. 268.

102 Davies, *Memoir of Rev. Samuel Dyer*, p. 118.

103 Dyer to LMS, 24 Mar. 1838, LMS/SOAS.

104 *The 10th Report of the ACC*, p. 23; W. Dean, *The China Mission*, p. 263.

105 Davies, *Dyer*, p. 118; *Foreign Missionary Chronicle*, Nov. 1837, p. 172.

106 *The 13th Report of the Manchester and Salford Anglo-Chinese Association*, p. 5.

107 Evans & Dyer to LMS, 2 Apr. 1838, LMS/SOAS.

108 McNeur, G.H., J. A. Seitz, ed., *Liang A-Fa: China's First Preacher, 1789-1855*, p. 84. 作者中文名字是麥沾恩，注意 1955 年出版的胡簪雲譯本封面作麥沾思著，應是手民之誤。

109 A-gong to Legge（致理先生字稟）, c. 1841, LMS/SOAS.

110 C. T. Smith, *Chinese Christians, Elites, Middlemen, and the Church in Hong Kong*, p. 214.

111 Evans to LMS, 6 May 1839, LMS/SOAS.

112 Chin Seen to LMS, 16 Jan. 1841; J. Legge, "Sketch of the Life of Ho Tsun-Sheen," 1872, LMS/SOAS.

113 *The Chinese Repository*, v. V, 1837, p. 477; v. VIII, 1839, p. 347.

114 Evans to LMS, 13 Sep. 1835; 14 Apr. 1837; 20 Oct. 1838; "Appeal for Aid in providing enlarged accommodation for select youths receiving education in the ACC," c. Jun. 1837, LMS/SOAS.

115 J. R. Morrison to LMS, 14 May 1836; Evans & Dyer to LMS, 14 Aug. 1837, LMS/SOAS.

116 Evans & Dyer to LMS, 20 Oct. 1838, LMS/SOAS.

117 Legge, "Sketch of the Life of Ho Tsun-Sheen," u.d., c. 1855, LMS/SOAS.

118 Dyer to LMS, 14 May 1839, LMS/SOAS.

119 *A Lexilogus of the English, Malay, and Chinese Languages*. 在該書裏只有官話中文字是用台約爾鑄造的字體印刷的，廣東俗語似乎是手寫然後用木刻版印製的。

120 S. W. Barnett, "Silent Evangelism: Presbyterians and the Mission Press in China, 1807-1860," *Jr. of Presbyterian History*, winter 1971, p. 293.

121 Evans to LMS, Jul 25, 1839; H. C. Werth to LMS, 23 Jul. 1839, LMS/SOAS.

122 H. J. Legge, *James Legge, Missionary and Scholar*, p. 14.

123   Legge, "Ho Tsun-Sheen," LMS/SOAS.

124   注意 H. J. Legge, *James Legge* p. 17 說何進善於 1840 年進入英華書院是不正確的，因為正如本章所述，他早於理雅各到達馬六甲前，在 1838 年聖公會主教到訪時已經是書院的高班學生。

125   Legge, "Ho Tsun-Sheen," LMS/SOAS.

126   Legge to LMS, 23 Oct. 1840, LMS/SOAS.

127   Dyer to LMS, 31 Oct. 1839; Legge to LMS, 1 Aug. 1840, LMS/SOAS.

128   Legge (and Evans) to Werth, 29 Oct. 1840; Werth to Legge (and Evans), 30 Oct. 1840, LMS/SOAS.

129   Legge to LMS, 28 Feb. 1840, LMS/SOAS.

130   Legge to LMS, 23 Oct. 1840, LMS/SOAS.

131   R. M. Martin, *History of the Colonies of the British Empire*, p. 407.

132   Evans to LMS, 5 Nov. 1840, LMS/SOAS.

133   Legge to LMS, 2 Dec. 1840, LMS/SOAS; Wylie, *Memorials*, p. 76.

134   H. J. Legge, *James Legge*, p. 10; 瑪麗‧伊莎貝拉是《福音雜誌》編輯約翰‧莫里森博士的女兒。

135   Legge to LMS, 27 Feb. 1841, LMS/SOAS.

136   見於《論語》衛靈公第十五，而朱熹《論語集注》卷八是這樣解釋「有教無類」的：「人性皆善，而其類有善惡之殊者，氣習之染也。故君子有教，則人皆可以復於善，而不當復論其類之惡」，言教育不能先有「善類」和「惡類」之成見；也有人把「類」字引申為泛指貧富貴賤之別。

137   Legge to LMS, 12 Jan. 1941, LMS/SOAS.

138   O'Sullivan, "A History of the LMS," p. 269.

139   Chin-Seen to LMS, 16 Jan. 1841, LMS/SOAS.

140   Legge to LMS, 15 Jun. 1841, LMS/SOAS.

141   H. J. Legge, *James Legge*, p. 13.

142   Legge to LMS, 27 Feb. 1841; 10 Sep. 1842, LMS/SOAS.

143   O'Sullivan, "A History of the LMS," p. 273.

144   Legge to LMS, 4 Nov. 1841; Werth to LMS, 22 Nov. 1841, LMS/SOAS.

145   List of documents and the documents laid before the meeting on 15 Mar. 1842 re the ACC, LMS/SOAS.

146   O'Sullivan, "A History of the LMS," p. 271.

147   J. Morrison to LMS, 25 Jan. 1841, LMS/SOAS.

148   Tidman & Freeman to Morrison, 30 Dec. 1841, LMS/SOAS.

149   H. J. Legge, *James Legge*, p. 26.

150   Legge to LMS, 10 Sep. 1842, LMS/SOAS.

151   Harrison, *Waiting*, p. 110.

152   H. J. Legge, *James Legge*, pp. 16-17.

153   Tkin Shen (Ho Fuk-tong), *The Rambles of the Emperor Ching Tih in Keang Nan, A Chinese Tale*.

154   C. F. Cornwallis, *Selections fr. the Letters of C. F. Cornwallis*, pp. 243-244.

155   Tidman and Freeman to Morrison, 31 Dec. 1842, LMS/SOAS.

156   Legge to LMS, 11 Mar. 1843, LMS/SOAS.

157   L. S. Levere, *The Directory for the Incorporated Settlements of Prince of Wales Island, Singapore, and Malacca* (1843), pp. iv-v; N. Hussin, *Trade and Society in the Straits of Melaka, Dutch Melaka and English Penang, 1780-*

1830, p. 224.

158   Legge to LMS, 18 May 1843, LMS/SOAS.

159   Deed of Trust, 25 Apr. 1843, LMS/SOAS.

160   Legge to LMS, 18 May 1843, LMS/SOAS.

161   W. Dean, *The China Mission*, pp. 261-262.

162   蘇精:《鑄以代刻:傳教士與中文印刷變局》,頁 229-309。

163   見 Paul Kua, "Ying Wa Boys, 1818-1843: Who were they and what did they do?", a paper presented at "Sino-Western Cultural Exchange and the Development of Christianity in China: A Conference in Celebration of the Bicentenary of Ying Wa College," Hong Kong Baptist University, 11-13 Oct. 2018, Hong Kong. 此專題故事基本上來自上述文章。

164   *The 10th Report of the ACC, for the Year 1834*, p. 26. 由於台約爾早年並不在馬六甲工作,學校年報顯然不認為他曾是英華學生。

165   Letter of Introduction, Kidd to UCL, 1837, UCL Special Collections, Univ. College, London.

166   Wylie, *Memorials*, pp. 27-40. 本書第 120 頁聲稱 1853 年在香港開始刊行的《遐邇貫珍》的第一位編輯是 "W. H. Medhurst",很多後來的書均認為他是麥都思,但蘇精在《鑄以代刻》的頁 279 至 284 裏詳細考據當年的各方資料,提出相當可靠的間接證據,認為該雜誌的第一位編輯應該是麥都思的兒子,英文名字與他父親完全相同的麥華陀。

167   See P. Hanan, "The Bible as Chinese Literature: Medhurst, Wang Tao, and the Delegates' Version," *Harvard Jr. of Asiatic Studies*, Jun. 2003, p. 200.

168   Harrison, *Waiting*, pp. 189-190; Wylie, *Memorials*, pp. 40-50; *To the Public concerning the ACC*, 1823, p. 6. 注意傅雷明離開馬六甲的原因來至上述第三份資料。

169   Plaque entitled "List of Clergymen who served at the Christ Church Melaka," the Christ Church, Malacca.

170   Morrison, *Milne*, p. 115; Wylie, *Memorials*, pp. 122-125. 米憐的兒子美魏茶於 1822 年離開馬六甲回英上學,儘管那時他華語已經不錯,但當時年僅 7 歲,無法入書院學習。後來他並沒有辜負米憐生前的願望,曾回華傳教多年,然後回英國休息一段時間後,再加入英國駐華領事機構服務。

171   E. Morrison, *Morrison*, v.2, pp. 148-149.

172   Moore to LMS, 4 Jan. 1826, LMS/SOAS.

173   Morrison to his son, 6 Dec. 1827, MHF/WA.

174   D. Shavit, *The United States in Asia: A Historical Dictionary*, p. 254; J. M. Downs, F. D. Grant, *The Golden Ghetto: The American Commercial Community at Canton and the Shaping of American China Policy, 1784–1844*, p, 425; Ph. De Vargas' biography of Hunter in the *Yenching Journal of Social Studies*, 1939.

175   *Report of the BFBS, 1835, 21st Report*, p. lxx.

176   *The Friend of China and Hongkong Gazette*, v.1 n.2, 24 Mar. 1842, p.1; 30 Jun. 1843 p.2; 24 Aug. 1843, p. 1.

177   J. R. Morrison, *Will and Testament*, 23 Dec. 1837, MHF/WA.

178   Hong Kong, *Government Notification*, Macao, 29 Aug. 1843, LMS/SOAS.

179   E. Evans to LMS, 20 May 1845, LMS/SOAS

180   L. S. Le Fevre, *The Directory for the Incorporated Settlements*, p. XII.

181   埃德溫·伊雲士(Edwin Evans)在 1845 年 5 月的一封信中提到他和一位鮑德爾

小姐結婚，他們有一個兩歲的女兒。據當年一手文獻報道，軍人伊雲士（E. L. M. Evans）於 1849 年 1 月在馬六甲與 Anna Maria Velge 結婚（*Indian News and Chronicle of Eastern Affairs*, 1849, p. 182）。如果兩位伊雲士是同一人，那麼 Anna Maria 就是他的第二任妻子。然而由於當時死亡率高，這種情況在亞洲並不罕見，幾位當年的倫敦會傳教士都曾因第一任妻子早逝而再婚。

182　舉例，雖然 1834 年的清單包含了梁發和小德，它卻沒有前兩份清單裏的許多其他同學。

183　*9th Report of the ACC, 1932-33*, pp. 24-25. 基督徒泰隨曾質詢駐馬六甲的天主教徒英兵，在當地教堂敬拜聖母及聖徒形象，是否違反了《聖經》的第二條誡命。他的名字並不在 1834 年的名單中，大概是因為他當時還沒有畢業。

184　傳統中國姓名如果是由三個字組成，名字其中一個字有可能是來自族譜的名行歌或字行歌，供同一個家族同一個輩份之男性成員共用。

185　*The 10th Report of the ACC*, pp. 21-22.

186　M. L. Bowman, *James Legge and the Chinese Classics* 書中聲稱何進善是第一個華人基督徒，由馬禮遜在馬六甲施洗（p. 165）。何雖然是早期的華人基督徒，更是第二個基督新教宣教士，但他並非第一個華人基督徒，也不是由馬禮遜施洗。第一個華人基督新教徒是蔡高，馬氏於 1814 年在澳門替他施洗。

187　Smith, *Chinese Christians*, p. 130.

188　謝洪賫：《名牧遺徵》，頁 96。

189　H. D. Legge, *James Legge*, pp. 20-21.

190　H. D. Legge, *James Legge*, pp. 20-21; see Job 2:8.

191　Smith, *Chinese Christians*, p. 130; Wylie, *A Memorial*, p. 120; 謝洪賫：《名牧遺徵》，頁 93-98.

192　Smith, *Chinese Christians*, p. 130.

193　Legge, "Ho Tsun-Sheen," LMS/SOAS. But Legge hastened to add that he was by no means judging him and that no one "is wrong in bettering his worldly condition where he can do it not only honestly but honourably."

194　*The Report of the 11th Year of the ACC*, p. 9.

195　Hunter, *Bits of old China*, p. 261, 263.

196　Smith, *Chinese Christians*, pp. 55-56; 袁的部分翻譯見《海國圖志》100 卷版第 83 卷。Bowman, *James Legge* 書中張冠李戴，把英華校友小德（袁德輝）錯認為麥都思的助手朱德郎（頁 115），將兩個人的歷史合而為一，如果閱讀此書請注意。

197　Martin, *British Empire*, p. 407.

198　C. Gützlaff, *Journal of Three Voyages along the Coast of China*, p. 50.

199　Morrison, *To the Public*, p. 6.

200　Hunter, *Bits of old China*, pp. 238-239.

201　Morrison, *To the Public*, p. 6; 柯木林：《新華歷史人物列傳》，頁 53。

202　*The 10th Report of the ACC*, p. 25; 柯木林：《新華歷史》，頁 81; Song Ong Siang, *One Hundred Years of the History of the Chinese in Singapore*, pp. 46-50.

203　*Reports of the Preparatory School, and the Theological Seminary, of the London Society*, 1849, 1850.

204　Legge to LMS, 26 Sep. 1853, LMS/SOAS.

205　C. T. Smith, "Dr. Legge's Theological School," *Chung Chi Bulletin*, 1971, pp. 16-20.

206　蘇精：《鑄以代刻》，頁 237-240。

207 J. A. B. Cook, *Sunny Singapore: An Account of the Place and Its People, with a Sketch of the Results of Missionary Work*, pp. 19-20.

208 B. E. K. Sng, *In His Good Time: the Story of the Church in Singapore, 1819-2002*, 3rd ed., pp. 82-84.

209 Song, *One Hundred Years*, pp. 58-59; Harrison, *Waiting*, p. 194; 柯木林：《新華歷史》，頁 38-39。

210 見 Paul Kua, "Ying Wa Boys, 1818–1843: Who were they and what did they do?", a paper presented at "Sino-Western Cultural Exchange and the Development of Christianity in China: A Conference in Celebration of the Bicentenary of Ying Wa College." 此專題故事基本上來自上述文章。

211 米憐 1816 年 11 月 3 日的日記説梁發「告訴我他曾被僱用印製《救世者言行真史記》」（註：該書在 1814 年於廣州刊行）。McNeur, *Liang A-Fa*, p. 21 聲稱他早已在廣州參與印刷聖經，馬禮遜覺得他忠心能幹，然後推薦他給米憐。但正如蘇精《基督教與新加坡華人 1819-1846》，頁 197-215 指出，這是沒有根據的。因為馬禮遜從 1810 到 1815 年的信件裏從沒提到過梁發。

212 梁發：《勸世良言》，v.6, lv. 11; Morrison, *Milne*, p. 50, 213.

213 梁發：《勸世良言》，v.6, lv. 13.

214 Morrison, *To the Public*, p. 6.

215 梁發：《勸世良言》，v.6, lv. 14; Wylie, *Memorials*, p. 21 聲稱梁在 1820 年回馬六甲前為他的妻子施洗，但是馬禮遜卻是在 1823 年 10 月 17 日的日記裏才提到梁發向他説為妻子施洗的事（Morrison, *Milne*, p. 69）。由於梁在 1820 至 1821 年曾回過廣州，1823 年初在馬六甲又再次見到馬氏，如果他在 1820 年已經替他的妻子施洗，他不可能在 1823 年 10 月才跟馬禮遜分享這個好消息。因此，最有可能的是她是在 1823 年梁發回國後才受洗的。

216 E. Morrison, *Memoirs*, v. 2, 235.

217 Leang to BFBS (in Chinese), n.d., c. Nov. 1823, BFBS/CANTAB.

218 Leung to LMS（學善者梁發致英國京都傳福音會），18 Sep. 1827, LMS/SOAS.

219 梁發：《日記言行》，1830 年 3 月 6 日，LMS/SOAS。

220 E. Morrison, *Memoirs*, v .2, p. 443.

221 LMS, *The Report of the Directors to the 37th General Meeting of the Missionary Society*, p. 20; McNeur, *Liang A-fa*, p. 53.

222 E. P. Boardman, *Christian Influence upon the Ideology of the Taiping Rebellion, 1851-1864*, p.42; W. H. Medhurst, "Connection Between Foreign Missionaries and the Kwang-se Insurrection," *North China Herald*, 27 Aug. 1853.

223 F. W. Taylor, *A Voyage Around the World*, v.1, P. 50.

224 H. Malcom, *Travels in South-eastern Asia*, v. 2, p. 98.

225 蘇精：《中國，開門》，頁 219-239。

226 G. B. Stevens, *The Life, Letters and Journals of the Rev. and Hon. Peter Parker*, p. 191.

227 McNeur, *Liang A-Fa*, pp. 103-106.

228 楊華日：《鍾榮光先生傳》，頁 276。鍾榮光乃嶺南首任華人校長，當日曾主持梁發之遷葬典禮，後來也按他的意願被葬在梁發的旁邊。

229 發現墓碑的經過似乎至少有兩個版本，其一説它是由一個中國基督徒秘密存放多年，然後最近捐贈給學校；其二説它曾充當校內排水溝之蓋板，並由一位老師重新發現。當然梁發墓地的復原也意味着校長鍾榮光之墓地也應該適當復原。

230 Wylie, *Memorials*, pp. 22-25.

231 Bridgman to Anderson, 3 Oct. 1859, 載蘇精：《中國，開門》，頁 239。

232 梁景海：《梁發與中國基督教》，頁 A4、139-140。

233 D. Abeel, *Journal of a Residence in China* (1834), p. 271.

234 C. Gützlaff, *Three Voyages*, p.45.

235 Hobson to LMS, 13 Apr. 1855, in McNeur, *Liang A-Fa*, pp. 111.

236 麥沾恩、胡簪雲譯：《中華最初的佈道者：梁發傳，附勸世良言》，頁 116-118。

香港時期
(1843 至今)

簡介

半部英華史，說的是一所學校的故事，也是香港人的故事。

1842 年，鴉片戰爭結束，中英簽訂《南京條約》，香港島頓成英國的殖民地。倫敦傳道會認為這是打開中國福音大門的時機，於是把英華書院從馬六甲遷到香港。一個多世紀以來，英華見證了香港由一個小小的漁村，蛻變成國際大都會。開通商貿、調和東西、拓展九龍、抵禦外侮、推動基建、改革學制⋯⋯大環境的一呼一吸，無不牽動着書院的變化；同時，英華在教育、宗教、出版、翻譯等方面的事工，也推動了香港邁向現代化。故英華歷史，正正是香港社會史的縮影。

我校立足香江百有餘年，多番掙扎，幾經世變，其發展大致可分為「播種」、「復興」、「發展」和「擴張」四期：

播種期（1843-1856）

1843 年理雅各校長帶領英華書院遷港，次年在士丹頓街和鴨巴甸街交界之處興建校舍，提供基礎教育和神學訓練，出版傳教刊物和學術書籍，港、中、日等地均受其惠。可惜奮鬥了十多年，書院始終未能栽培出華人傳道人才，學生肄業後不是當官便是從商，使傳教士大失所望；復因中英衝突白熱化，戰爭一觸即發，理雅各慮及學生的安全，只好在 1856 年忍痛關閉學校。雖如此，但英華的生命並未因此而終結。

復興期（1914-1928）

世紀之交，倫敦傳道會在港分支道濟會堂的信眾，決意踵武前賢，復辦英華書院。1914 年 2 月 9 日，沉睡了近一甲子的英華重新開壇設教，提供中學課程。然而，復校以後，挑戰不斷，諸君子篳路藍縷，絕不比馬禮遜、米憐、理雅各等草創之路康莊。華人長執縱滿腔熱誠，唯資源匱乏，力不從心，就連最基本的永久校舍也欠奉。1914 至 1917 年間，先後設校堅道 9 號、67 號、45 號乃至般含道82 號。四年三遷，不可謂不頻「煩」。學校一度獲政府補助而得暫

脱財困，後來卻又因缺乏合資格教員而遭取消補助。諸事不順，使學校長期在倒閉邊緣蹣跚前行。

發展期（1928-1963）

1928 年，學校由香港島搬到旺角弼街的自置物業，校方毋須再為校舍大費周章。當時九龍尚算新開發地區，旺角一帶菜田處處，這對學校而言既是窒礙，也是機遇。經過師生多番努力，學校重獲政府補助。校董會又增設小學部，為平民子弟提供完整的基礎教育。唯好景不常，當英華步履稍穩之際，遭逢二戰兵燹，校舍被佔，師生星散。幸戰後迅速復元，學校得以繼續向前邁進。

擴張期（1963 至今）

英華先後於 1963 和 2003 年遷址牛津道及英華街（小學於 1964 至 2003 年停辦），校舍一所比一所大，空間和設施益加充裕；加上受惠於經濟、資訊科技以及全球化高速發展，學校可在課堂內外的教育作出多維度的新猷。在這半個世紀之間，學生在公開試和對外體藝比賽屢獲佳績。此外，書院和小學一同轉為直資學校，為秉承前賢「有教無類」的精神，只收取低廉學費，讓基層學童有同等機會接受優質教育。

英華書院在香港經歷了一次停辦、一次戰火和八所校舍，實為本地教育史上所罕見。本校史「香港時期」由多位作者合力完成，約 100,000 言，共計六章，分別講述英華書院在「士丹頓街」、「堅道與般含道」、「弼街」、「牛津道」（前期）、「牛津道」（後期）和「英華街」的發展；另加插專題文章數十篇，以補各章未盡完備之處。

時代在變，英華也在變，唯不變者乃校訓「篤信善行」的精神。撫今思昔，識者惜之，期待日後有更多英華人繼續探本尋源，為母校編寫更為完備的校史。

——何熙力　張家輝

第四章

維城受挫　暫輟弦歌

．．．．．．．．．．．．．．．．．．

自馬遷港　小島拓荒
．．．．．．．．．．．．．

1842 年，鴉片戰爭結束，中英兩國簽訂《南京條約》，清廷須割讓香港島予英國，以及開放沿海五個港口進行通商等。這確實是新教打開中國大門的好機會。再加上其他利害因素，倫敦傳道會決定把英華書院從馬六甲遷到香港。12 月 31 日，董事函請恒河外方傳道會各教士齊集香港，商討遷校事宜。

1843 年 7 月 10 日，理雅各帶同屈亞昂、何進善、何亞信等助手抵達香港。[1] 啟程前，理雅各把馬六甲的英華書院賣掉套現，為來港發展準備經費，頗有破釜沉舟的決心。他對香港的印象甚佳：「我喜歡香港的地貌。這裏山脈延綿，唯一的平地在山谷之間⋯⋯華人不

1842 年 12 月 8 日，倫敦傳道會決定把英華書院、印刷所和傳教士遷移到香港。[2]（亞非學院藏品）

> In accordance with the sentiments thus deliberately expressed, the Directors have already adopted measures for the removal of the Anglo-Chinese College from Malacca (*distant about fifteen hundred miles from China*) to the Island of Hong Kong. To that station the printing-presses and various missionary apparatus will also be transferred; while a part of our missionary brethren will be located on the island, and the remainder will proceed to such of the Chinese cities opened for commerce by the treaty of peace, as may appear most eligible.
>
> The Directors, however, are not only anxious that the brethren already in the field should be employed with the greatest measure of efficiency, but, deeply sensible of the inadequacy of their present resources to meet the opening prospects, they have determined to adopt the best measures for sending forth, during the ensuing two years, TEN OR TWELVE ADDITIONAL MISSIONARIES FOR CHINA, with a view of entering upon stations which the present limited number must leave unsupplied.

多，但澳門的商貿公司一搬過來，人口就會增加數千。這小島最終會變成蜂巢，盼望將來很多基督教群體進駐接壤的大陸。」3 近水樓台，環境優美，故雖前路難測，但他仍對未來充滿盼望。

除了理雅各外，其他恒河外方傳道會的傳教士也來到香港。8 月 10 日，他們在醫學傳道會合信醫生的寓所召開會議，稱為「弟兄會議」，歷時數天。與會者計有理雅各、合信、麥都思、台約爾、約翰·施敦力、亞歷山大·施敦力和美魏茶，而非傳教士的馬儒翰也獲邀出席。眾人擬訂了遠東地區傳道工作的發展藍圖，有關香港佈道站的工作主要有四項：迎接英華書院、開辦預備學校、成立印刷部門、興建本地教堂。

英華書院從馬六甲遷港後，繼續以「溝通中西文化，廣傳基督福音」為宗旨，校長一職仍由理雅各擔任。所不同者，書院事務將由新成立的「管理委員會」直接總領，至於招生、師資、課程、訓育和財務等工作，則交「本地委員會」負責。

或許鑑於過往學生語文不精的問題，傳教士議決在香港開辦一所預備學校，顧名思義，它就是英華書院的前奏，學生必須掌握中英互譯的技巧，方可升讀書院。兩所學校的中文教學用語一概以當時的官話為準。

除培訓人才外，傳教士又議決在香港興建教堂，以及把部分分散在南洋各佈道站的印刷設備運到香港，成立「倫敦傳道會香港印刷所」。4

8 月 18 日，躊躇滿志的傳教士們致函港督砵甸乍，申請在維多利亞城附近一片山脊興建校舍、傳教士宿舍和印刷廠。5 然而，港督的答覆竟然是「不予撥地」，連帶之前應允的 1,200 元年助也撥予馬禮遜學堂。6 這好比往傳教士頭上澆了一盆冷水。欲了解砵甸乍何以有此決定，必先要認識當年另一所教會學校——馬禮遜學堂。

1839 年，美國勃朗牧師應馬禮遜教育協會之聘，在澳門創立馬禮遜學堂。學校中英並重，文理兼備，多位近代名人，如容閎、唐廷樞、黃寬、黃勝等都是出自此校。1842 年 11 月，馬禮遜學堂遷校香港，是為香港開埠後首間西式學校。由於早着先機，獲政府撥地興建校舍（位於今摩利臣山）。

英華書院和馬禮遜學堂性質相同，故當理雅各等人向政府求地時，港督不免會有所比較。港督顯然對倫敦傳道會沒有好感，他在兩封寫給陸軍及殖民地大臣史丹理的公函中指出：「在上一次與中國的戰役（鴉片戰爭）中，無論在馬六甲還是海峽其他地方，都找不到任何階級或類別的人挺身襄助傳譯部門。」相反，馬禮遜學堂則有學生充當英國在華官員的傳譯員。況且在這蕞爾小島上有兩所同類學校並存是「完全多餘的」，哪來那麼多有體面的中國人入讀呢？他又指，倫敦會傳教士的計劃是「完全不成熟和不必要的，更不用說部分要求將會惹起明顯的政治異議」。（倫敦會在是年 4 月透過下議員亞士厘，抗議英國人向中國傾銷鴉片。[7] 砵甸乍所預期的「政治異議」可能與反鴉片事件有關。）故此，砵甸乍除了不撥地、不撥款外，還提議由馬禮遜學堂取代英華書院或兩所學校合併！[8]

既然得不到殖民地政府的信任和支持，傳教士議決英華書院「集中培植信徒和傳教士」，並且不再稱為「英華書院」，而易名「倫敦傳道會中國神學院」。此外，他們決定自置校舍，不假外求。

圖中前景是荷李活道，左邊尖頂建築為愉寧堂，中央大宅即「傳道會大樓」。（亞非學院藏品）

堂校書局　一轂三輻

覓地建校的目的終於在 1844 年 1 月達成。理雅各和合信在一次政府土地拍賣中，投得維多利亞城的兩塊相連地皮。地皮由士丹頓街、鴨巴甸街、荷李活道和伊利近街圍繞着，雖位處歐籍人士區內，但距離華人聚居處僅五分鐘路程，非常方便。在這塊接近 40,000 平方呎的土地上，很快便建成了兩層高

的「傳道會大樓」，內有英華書院、辦公室、宿舍、印刷所、圖書館等。

士丹頓街時代的「英華書院」由教會、印刷所和學校三部分組成。它們猶如三部曲，各自有其獨立體系，而又共享同一目標——打開中國大門，宣揚基督福音。

教會部分俗稱「英華書院公會」，現存資料不多，可考者為張祝齡牧師於1938年撰寫的〈中華基督教會合一堂〉。茲錄相關文字如下：

溫清溪，相傳為「英華書院公會」信徒。10（中華基督教禮賢會香港區會藏品）

> 一八四三年（道光念三年）（「念三年」即二十三年）麥思都牧師奉遣來華（寓港數年後調往滬上），李雅各博士亦將馬六甲開辦之英華書院（馬禮遜博士與米連牧師所創辦）遷徙到港，於教授繙經著述外，益努力於佈道；其初尚無教會名稱，信道華人皆在英華書院受水禮，俗稱英華書院公會（香港華人基督教墳場郇崗下級之西便尚存有英華書院公會教友墓碑為證）。旋於上環皇后大道設立真神堂，於灣仔道設立之福音堂，向外宣道，有馬六甲返港之英華書院先進教友梁發、屈昂、何福堂、何信等人為助。9

倫敦會傳教士來港後，在英華書院、真神堂（即下市場堂）、大石柱堂（即愉寧堂）、灣仔福音堂等招聚中西信眾，宣講耶穌福音。今合一堂藏有一名冊，記錄了1869至1904年倫敦會教友的資料。究竟「英華書院公會」所指，僅是在英華書院聚會的信徒群體，抑或是泛指倫敦會在港所有華人教友，尚待有識者考之。

湛約翰牧師，倫敦會駐港傳教士，1852至1859年間出掌印刷所事務。（亞非學院藏品）

活字卷帙　流通不竭

英華書院的第二部曲是印刷所，英文名為「The London Missionary Society's Press at Hong Kong」（直譯為「倫敦傳道會香港印刷所」），中文則沿用「英華書院」。初期的設備，如印刷機、活字、字範、字模等，多是米憐或台約爾在南洋曾用過的。印刷所由駐港傳教士總理，至於前線技術事務，則交由專職監督如柯理、黃勝等掌管。11

委辦本新舊約聖經，1855 年英華書院出版。（日本圓光寺藏品）

印刷所的主要業務包括鑄售活字和印製書刊。英華書院被譽為「中國第一家鑄造西式中文活字的印刷所」，[12] 所「鑄造的活字是獨步中國人社會的一項技術」。[13] 香港的《孖剌報》、《德臣西報》，乃至上海道台丁日昌、清廷總理各國事務衙門都向英華書院訂購活字；也有海外買家，例如法國、俄國、荷蘭、星加坡等政府，以及美國公理會差會（美部會）廣州佈道站、美國長老會寧波佈道站等，都是印刷所鑄字部的顧客。[14]

印務方面，英華書院立足香港 30 年間，出版過的中英文宗教書刊不下數十種，[15] 如委辦本聖經、米憐《張遠兩友相論》、理雅各《耶穌山上垂訓》、何進善《新約全書注釋》、本仁約翰《天路歷程》、合信《約翰真經釋解》等。儘管倫敦會是基督教機構，印刷物品並不限於福音書籍，也有一些面向普羅大眾、以傳播知識和開啟民智為宗旨的刊物，包括報章、教科書、文學作品和學術著作。這些產品雖佔少數，其影響卻比宗教書刊更深、更廣、更遠，尤以日本受惠最深。當時日本正值幕府末期和明治維新初期，在「政府官員和知識分子眼中，英華書院是近代化開展後亞洲第一學府，是提供西洋知識以至世界新知的一個泉源，因此 1860 年代日本的歐美考察團，都以香港作為接觸西方的第一站，而到英華書院訪問和購書，是必備的行程之一」。[16] 印刷所出版的《遐邇貫珍》、《智環啟蒙塾課初步》、《伊娑菩喻言》等，都曾在日本廣泛流通，甚至多次翻刻。

1856 年英華書院的寄宿學校結束後，印刷所繼續支撐下去，但由於長期入不敷支，最終也敵不過停辦的命運。[17] 1873 年，王韜和黃勝以 10,000 墨西哥銀元購入印刷所的設備，成立中華印務總局，而英華書院（印刷所）的生命也走到了盡頭。

聖俗雙修　華英兩求

根據弟兄會議的決定，馬六甲英華書院遷港後，改名為「倫敦傳道會中國神學院」，另設「預備學校」一所，不過時人多統稱兩所學校為「英華書院」。

理雅各牧師深信，「把天國福音傳遍中華、推倒迷信和偶像的傳道者，必須來自中國人當中」，故設立神學院栽培年輕華人傳道人才，而預備學校就是神學院的前奏。校方最初擬定的入學要求有三點：一、報讀者須曾在中文學校讀書三年；二、家長須承諾其子弟留校學習八年（大概是預備學校五年，神學院三年），以及；三、家長須為子弟準備足夠的衣物（但很快便發現是不切實際的）。為吸引華人子弟報讀，神學院和預備學校概不收學費，還提供宿舍、膳食、醫療等。18 神學生更獲發津貼，扣除雜費，每人每月大概可得

理雅各所譯《中國經典》第一冊，1861 年英華書院印行。（亞非學院藏品）

本仁約翰著、賓惠廉譯《天路歷程》，1868 年英華書院出版。（牛津大學博德利圖書館藏品）

刊登於《遐邇貫珍》的招生廣告。(牛津大學博德利圖書館藏品)

六元。[19]

預備學校的課程多元化,根據1846年的記錄,學生早上九至十二時學習英語、算術、地理、文法和寫作,下午一至四時學習中國經典,黃昏六至八時研讀中文基督教書籍。[20] 其後課程更有系統。1850年的校務報告指出,學生每天花三個小時學習英語和五個小時學習中文,逢周三須把一頁福音歷史翻譯成中文,周一、四學習算術,周二、五學習英文語法、作文和地理,周六則專注於中文。讀畢預備學校,只要是基督徒並掌握中英互譯的技巧,便可升讀神學院,學習神學研究、天文學、代數等。學校還備有少量儀器,以便解說一些科學理論。[21] 一個中英雙語並重、讀經不忘科學的課程,可能就是華人家庭願意把孩子送來讀書的主因。

儘管理雅各滿有領導才能和教學熱誠,但單靠他一人是無法成事的,教育團隊還有何進善、紀理斯裨牧師、李錦麟、吳文秀、洪仁玕等。此外,皇家工兵辦公室的伯戈因每周一次指導男生唱歌一小時。

學校所用的課本很多是從英國買來的,例如阿倫和康威爾的《學校文法》、《文法初階》、康威爾的《英文作文漸進練習》,以及分別由貝克和明普里斯撰寫的聖經舊約、新舊讀本。[22] 學校也會自行編印教材,如理雅各把貝克的《智環啟蒙塾課初步》翻譯成中文,1856年由英華書院出版。

預備學校最初只有三名學生,包括送書員何亞信的兩個兒子,以及一名從馬六甲帶來的孤兒。[23] 其後人數升升跌跌,平均每年約40人,高峰期多達85人。神學院則遲至1848年才開課,初時也只有三名學生——李錦麟、宋佛儉和吳文秀,他們都曾入讀馬六甲的英華書院。兩年後又加入了柯瑞璋、陳永廣和何星玉。[24] 由開始到結

束，神學院共收得七名學生。[25]

1846 年，傳道會大樓內增設了一所教育華人的女校。第一屆只招收了七名寄宿生，她們在大樓的另一個單位接受雙語教育。男女生每天早上七時一同參加中文禱告，八時英語崇拜，周日則上教堂聽中英語講道。[26] 女校由理雅各夫人瑪麗和湛約翰夫人海倫相繼主理，其後一度停辦，幸得理雅各兩位女兒復校，但維持不久再度結束。[27]

1844 至 1857 年英華書院學生人數 [28]

年份	男生	女生	學生總數
1844	18（22）	0（4）	18（26）
1845	--（23）	--（0）	--（23）
1846	19（19）	7（7）	26（26）
1847	19（19）	8（8）	27（27）
1848	27（27）	7（7）	34（34）
1849	43（35）	7（7）	50（42）
1850	60（50）	13（13）	73（63）
1851	50（50）	10（10）	60（60）
1852	45（45）	10（10）	55（55）
1853	36（36）	9（9）	45（45）
1854	36（36）	9（9）	45（45）
1855	--（90）	--（9）	--（99）
1856	85（85）	7（7）	92（92）
1857	--（25）	--（2）	--（27）

1844 至 1859 年香港中西式教育趨勢 [29]

年份	學校類別				學童人數				
	雙語	華語	英語	其他	雙語	華語	英語	其他	香港小孩人數
1844	4	8	0	0	88	106	0	0	不適用
1845	2	9	2	0	53	149	47	0	不適用
1846	2	15	1	1	48	181	32	21	不適用
1847	2	9	1	1	50	175	48	20	不適用
1848	2	12	1	2	56	231	45	31	3,336
1849	1	5	1	2	42	45	15	39	4,861
1850	2	5	1	4	84	88	7	49	5,728
1851	2	6	1	3	90	131	7	76	4,991
1852	2	6	0	4	89	142	0	85	5,842
1853	2	6	1	3	66	150	8	52	5,672
1854	2	6	0	3	66	129	0	52	10,552
1855	2	13	1	3	129	301	45	68	13,555
1856	3	20	1	3	172	476	61	49	11,358
1857	2	15	1	3	57	506	97	55	7,491
1858	1	17	1	0	40	628	137	0	13,486
1859	1	19	1	1	49	788	83	17	18,349

1845 年，理雅各因健康欠佳回英國療養，學校事務先後由紀理斯裨和柯理蘭牧師暫管。31 他決定帶同李錦麟、宋佛儉和吳文秀一同返英。沒想到，這次為期近三年的旅程，會成為讓英國人認識英華書院的契機。

1845 年 11 月 19 日，他們登上「波特蘭公爵」號啟程，4 月 3 日抵達倫敦。32 李、宋、吳入讀蘇格蘭亨特利的哥頓公爵夫人學校，33 是為中國第一批留英學生。1847 年 10 月 15 日，他們在亨特利一座教堂接受洗禮，這教堂正是昔日米憐校長參加崇拜的地方。儀式由理雅各和曉爾牧師分別以中文和英文主持，事件在當地引來極大迴響。34 更令人鼓舞的是，翌年 2 月 9 日，理雅各與三人獲維多利亞女皇和艾伯特親王接見。他們的話題圍繞中國和這幾位小伙子，校長還趁機介紹了英華書院的情況。35

經過十多年的努力，英華書院既帶領了不少學生歸信基督，也培養出一批雙語精英，他們在社會嶄露頭角，成為港人、英人和清人爭相羅致的對象，影響力跨出香港。茲舉數例：

唐亞樞（1832-1892），又名廷樞、景星，原在馬禮遜學堂就讀，1849 年該校結束後轉讀英華書院預備學校的第一班，1850 年肄業。他曾在港滬政府機關當傳譯員，擔任怡和洋行的總買辦，還與兄廷植、弟廷庚（又名唐亞扶，英華書院前學生）一起編寫了《英語集全》，被譽為首部華人編撰的英漢雙語詞典。其後獲李鴻章賞識，當上輪船招商局和開平煤礦局總辦，成為洋務運動的代表人物之一。36

何亞美（1838-1901），又名何崑山，何進善姪兒。肄業後曾在洋船上當傳譯員，其後到澳洲會合兄長何亞流（同是英華書院學生），

1849 年預備學校男生名錄 30

何亞來（亞非學院藏品）

在那裏任政府傳譯，投資開礦公司，又介紹民工到紐西蘭開礦。37 1868 年回流香港，先後任職於廣東海關、香港華民政務司、廣東稅務局等。他在商界舉足輕重，是首位躋身香港總商會的華人，又參與創辦中華會館。1880 年代大額投資廣東礦業，開發儋州和大嶼山礦場；創立華合電報公司，電報網已從廣州築至深水埗，奈何因多方面阻撓而告終。他熱心社會服務，嘗聯同何東爭取撤消華人入夜後須持通行證和燈籠的規定；又分別於 1882 和 1884 年出任東華醫院和保良局主席，樂善好施。38

何亞來，又名何神芝，1855 年 6 月獲聘為維多利亞學校校長，又在皇后大道西下市場開設了一所中英文私立學校。39 1857 年轉任政府傳譯員，1866 年服務福建總督，後來更當上駐華盛頓中國使館成員。此外，唐亞扶、范亞榮、范汝為、范汝駒、范亞祐等也加入了香港政府機構（甚或清朝政府機構），成為英國人和華人的溝通橋樑。40

外患內憂　持守無由

1850 年代中期，英華書院學生急增至近百人，遠多於其他學校，反映教育團隊的努力獲得大眾肯定；而當時香港社會情況，也使理雅各對福音事工的前景充滿樂觀。他在 1856 年初寫給母會秘書蒂德曼的信中提到：「（香港）華人數目幾乎翻了一番，大概不少於六萬人。……建築和貿易活動十分蓬勃。……（我們會）把這裏已經開展的工作進行到底，並在這基礎上進一步發展。」41 然而，就在同年 12 月，理雅各決定結束英華書院。何以忽爾變卦？箇中原因可循內在和外在兩方面探討。

內在原因，是英華書院所結的果實遠遜預期。

歐德理牧師精闢地指出，學校關閉是「因為其成果無法證明它可延續下去」。神學院的宗旨是培訓年輕華人傳道人才，但入讀者甚少，前後不過七人，也沒有一人踏上傳教之路。[42] 青年人來英華書院唸書，多是為了學習英文，[43] 希望將來可賺取可觀的收入。當時殖民地政府架構不斷膨脹，商業貿易發展蓬勃，而相應的人才卻供不應求，故能操雙語者變成了搶手貨。當年一名華人傳道人月薪為 20 至 25 元，而在洋行任職可達 25 至 100 元，而且工作前景光明。[44] 故英華書院的學生肄業後，多會到官私營機構工作，甚少選擇服務教會。與此同時，美國和澳洲掀起了淘金熱，大量中國民工湧到新舊金山掘金，自然急需大量的傳譯員，商人紛紛向英華學生招手，[45] 這又成了潛在傳道人的流失途徑。只播種而無收成，又怎能說服一眾教士和捐贈者書院應該繼續下去呢。因此，縱使學生數目大幅增長，也無法扭轉關閉的結局。

根據歐德理〈香港教育歷史資料〉一文所錄，早在 1851 年，英華書院已由原初的神學院轉型為公立學校。[46] 這則紀錄如果屬實，則反映理雅各早已對神學培訓意興闌珊。結束英華書院，只視乎壓垮駱駝的最後一根蘆葦何時出現。

外在方面，清英的緊張關係破壞了繼續辦學的條件。

第一次鴉片戰爭後，清英簽署了《南京條約》，兩地政府偃兵息甲，表面風平浪靜，其實內裏滿有暗湧。1856 年的「阿羅號事件」把兩國矛盾白熱化。10 月 8 日，香港註冊商船「阿羅」號停泊在廣州黃埔。數十名中國官兵登船搜查，拔去英國國旗，又捉拿了 12 名華人船員。英國駐廣州領事巴夏禮要求兩廣總督葉名琛放人和道歉，葉名琛只答允釋放其中九人，並拒絕道歉，導致雙方衝突加深。12 月 15 日，廣州居民放火焚毀十三行和歐人住處。英人反擊，炮轟總督衙門和攻入廣州城，次年更聯合法國出兵，是為第二次鴉片戰爭。[47]

廣州居民這一把火，除了將十三行化為烏有，也間接摧毀了英華書

院的寄宿學校。理雅各在不得已情況下，黯然暫停兩所學校，但承諾在農曆新年後開辦日校課程。他在 1857 年 1 月致函蒂德曼，解釋停辦學校的三個考慮：首先，清政府為切斷香港對英軍的食物補給，下令華人商戶離境，又禁止鄰近地區與香港進行貿易。這導致香港物價飆升，學校根本無法提供一眾寄宿生所需。其次，社會傳言將有華人燒毀洋人居所。宿生既與傳教士同住，其安全不免令人擔憂。第三，內地局勢緊張，合信醫生一家已從廣州撤至香港。若戰火持續，預期會有更多傳教士來港避難，故傳道會大樓須騰出空間供傳教士暫住。48 面對種種困境，暫停學校可能是唯一選擇。

理雅各兑現了他的承諾開辦日校，學生約 20 人（1858 年 1 月數字），49 但只維持至翌年底。50 至此，英華書院的教育部分正式告一段落。

十年後，理雅各在一封寫給馬禮遜教育協會的信中，回顧了香港英華書院的得與失。他用了「失敗」來形容神學院，並有「時不我與」之歎；至於預備學校，他則以其纍纍屬靈果實而自豪。茲錄信中相關部分，讓讀者感受理雅各的悲與喜：

> 這十三年教育工作的成果是怎樣呢？我必須說，就其當初設定的目標而言，神學院是失敗的。在被接納入學的七名年輕人中，沒有一個當上傳道人。

> 我們應該承認神學院是失敗的。建立神學院的時機，正如我這次嘗試，還沒有到來。恐怕未來傳教士必須以另一種的、非全面的方式來培養本土傳道人和牧者。只要求他們精通漢語經文便可，別強求他們掌握熟練英語和豐富知識，以及隨之而來的思維開拓。可是，如果說神學院是失敗的話，我得馬上指出預備學校斷非如此。從開初到最後，學校總共招來了 70 名男生。他們的學習進展相當可觀。當中有近三分之一人歸信基督，玷污聖名的不多，有幾位更讓它增添榮耀。他們堅持原則，保守正直品格，並踏實地貫徹始終，作出貢獻。在考慮到各種不同條件落差後進行比較，我相信在英倫也沒有幾所學校

能夠做出更滿意的成績。51

英華書院因着第一次鴉片戰爭而遷港,因着第二次鴉片戰爭而結束。兩戰之間的安寧雖然短暫,卻造就出英華書院長遠的貢獻。它所培養出來的雙語精英,不少成為了華人圈裏的尖子,在政治、公共事務、商業等領域有顯著成就。他們是香港現代化的推動者,也影響着中國現代化的發展。歷史學家周佳榮教授的一段文字,正可借來總結英華書院的歷史地位:

> 作為近代亞洲最早的新式學府,英華書院在 19 世紀曾經是文化界的先驅,促進東西方文化交流,影響及於東南亞、香港、中國和日本,是非常難能可貴的。當時亞洲缺乏高等院校,英華書院肩負了這任務,「亞洲第一學府」之名,應該當之無愧。52

1897 年,理雅各校長主懷安息,終年 81 歲。就在他離世的前一年,一群由倫敦會牧養成長的華人信徒,決意復辦英華書院。經過十多載的努力,計劃終於在 1914 年得以實現,地點就在昔日士丹頓街傳道會大樓的不遠處——堅道 9 號。

黃勝——英華書院印刷所監督

黃勝（東華三院文物館藏品）

1870年，黃勝出任東華醫院
倡建總理。（東華三院文物館
藏品）

黃勝（1827-1902），名達權，字平甫，廣東香山人。1841年入讀澳門馬禮遜學堂，翌年隨學校遷到香港。1847年赴美國麻省的孟松學院升學，次年便因病回港。他最初在《德臣西報》從事印刷、編輯工作，1853年起受聘為英華書院印刷所監督。除督印聖經和宗教刊物外，還負責《遐邇貫珍》的中文撰稿和英文譯述，以及協助理雅各牧師翻譯中國經典。

1858年，黃勝獲委任為首位華人陪審員。未幾，高等法院提出以130元聘請他當傳譯，這薪酬比他在印刷局所領的多出百元。但他推辭了這份差事，理由是他認為「印刷所出版的書籍對國人甚有裨益，而這工作須由聰穎的本土人擔任」。[53] 1864年，他轉往上海同文館教授英文，但二年多後又回到他熟悉的英華書院工作。

1873年初，黃勝離任。未幾

與王韜合資買下英華書院印刷所設備，開辦中華印務總局，發行《循環日報》。這是他繼《遐邇貫珍》、《中外新報》、《華字日報》後再一次參與出版中文報紙。1873至1876年，他又替清政府帶領第二批學童留美。

19世紀70年代起，黃勝積極參與社會服務。1870年，他聯同一班華人紳商創辦東華醫院，出任倡建總理，1886年出任主席。[54] 此外，他憑着英文了得，備受港府賞識，先後獲委任為中文考試委員會委員、考試委員會委員、非官守太平紳士、定例局第二位華人非官守議員、首批潔淨局非官守議員等。[55]

黃勝是道濟會堂的創堂長老，70歲那年還登台講道，對福音事工不遺餘力。1896年，他聯同教會諸長老，函請倫敦傳道會協助復辦英華書院。最終學校得以在1914年重興。[56] 黃勝於1902年8月5日逝世，長埋家族墓園。[57]

王韜──英華書院翻譯員

王韜，原名王利賓，字蘭瀛，1828年生於蘇州長洲甫里。王韜18歲以優異成績考得秀才，但在翌年鄉試不售。58 1849年起任職上海倫敦會的墨海書館，工作包括協助委辦會翻譯聖經。59 他備受倚重，慕維廉牧師甚至說委辦譯本的風格，實際上就是王韜的風格。60 1854年受洗成為信徒。1862年因上書太平天國而遭清廷通緝，他逃亡到香港，通過黃勝的關係，到了英華書院工作，主要協助理雅各把多種中國經典翻譯成英文。

1867年，理雅各暫回家鄉蘇格蘭杜拉。他寫信邀請王韜到歐洲遊歷，並到其家繼續幫忙譯書。此為1869年王韜（右一）與理雅各一家合照。（理雅各家族藏品）

1873年，王韜和黃勝購入英華書院的印刷設備，創辦中華印務總局。他們在伍廷芳資助下，於1874年創辦《循環日報》，是為香港首份華資華辦的日報，林語堂稱譽他為「中國報人先驅」。61

王韜除了是近代著名翻譯家、報業家外，也是著名經史學家、啟蒙思想家。他經常撰文宣揚西學，1885年出任上海格致書院山長，積極推行西式教育，培養出一批洋務人才。1897年王韜病故於上海，終年70歲。62

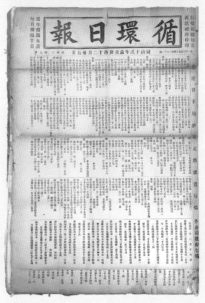

《循環日報》（大英圖書館藏品）

洪仁玕——英華書院中文教師

洪仁玕，廣東花縣人，洪秀全的族弟，是拜上帝會早期成員。金田起事後，他認識了巴色會的韓山明牧師，領受洗禮。

1853 年底，洪仁玕來到香港，指導湛約翰牧師學習中文。翌年轉往上海，嘗試進入太平天國的天京（即南京），卻不得要領。他寄居上海倫敦會的墨海書館，研習天文曆算和基督教義理。逗留數月後返港，繼續教授湛約翰中文，還當上了英華書院的中文教師，63 以及倫敦會的傳道人，經常在教會、醫院、監獄等宣講福音。64

1858 年，洪仁玕獲教會資助旅費，前赴天京。洪秀全封他為干王，成為太平天國後期的重心人物。他撰寫了《資政新編》，倡議改革天國的政治、經濟、社會、法律等，但只有部分建議落實。

1864 年天京陷落，洪仁玕為清兵所俘，11 月 23 日被凌遲處死。65

遊英三子的抉擇

1848 年，李錦麟、宋佛儉和吳文秀從英國回港後，成為神學院的首批學生，但沒有一位當上傳道人，這教理雅各十分失望。

1849 年 2 月，宋佛儉和李錦麟一起到星加坡省親，但宋從此沒有再返英華書院。他留在星加坡結婚生子，初時擔任教師，後於鐵行輪船公司當出納員。他畢生持守信仰，長年在教會侍奉，引導大眾信主。66

李錦麟同樣在星加坡娶妻，但他選擇回港繼續學業。他和吳文秀在修讀神學期間，偶爾協助何進善在預備學校教授英語。67 李於 1850 年 6 月被正式委任為助理教師，教授低年級英語，68 其後又到英華書院印刷所工作。1854 年因肺病回星加坡療養，未幾病逝。69

吳文秀擅長演說，理雅各和傳教士曾寄予厚望，讓他在預備學校教書，又安排他和柯瑞璋到醫院傳道。1850 年，他牽涉入一宗遺失或偷竊匯票的案件中，雖終脫罪，但受到多方面的抨擊。理雅各最終還是相信他，接納他。70 1853 年，理雅各派他和屈亞昂到上海，視察在太平天國的天京開辦教會的可能，惜無功而還。1855 年，他選擇離開英華書院，當上薪金優厚的裁判司傳譯員，數年後又被指與犯罪集團勾結而遭撤職。1859 年起任職中國海關，駐守上海，直至 1881 年逝世。71

（香港藝術館藏品）

《遐邇貫珍》——香港第一份中文報刊

在英華書院芸芸刊物中，最具劃時代意義的必數《遐邇貫珍》。

《遐邇貫珍》創刊於 1853 年 8 月 1 日，由馬禮遜教育協會出版、英華書院承印。72 它在香港報業史上開創了多個第一：第一份中文報刊、第一次配有新聞插圖、第一次為文章配上標題、第一次為廣告開闢專欄，也是第一次使用鉛活字印刷。73

「遐邇」的意思為「遠近」。《遐邇貫珍》以溝通中西文化為宗旨，凡「列邦之善端，可以述之於中土，而中國之美行，亦可以達之於我邦，

俾兩家日臻於洽習，中外均得其裨也」。74 內容以介紹西洋文明為主，如政治、文學、歷史、醫學、地理、化學、動物學等，圖文並茂，也有中外各地新聞和廣告，其傳教篇幅反而不多。它雖然是中文報刊，但對象不只是華人，還有懂中文的歐美人士，而且他們是主要訂戶，一直支撐着《遐邇貫珍》辦下去，75 故自第 2 號起每冊皆有英文目錄。這一做法後來也被許多傳教士報刊仿效。76

《遐邇貫珍》先後由麥華佗（一說為其父麥都思）、奚禮爾、理雅各擔任主編，每月出版一號（有兩次兩月一號），每號印數三千，分銷廣東、上海等地。77 日本人前來香港，也會特意走到英華書院購買。78 但經營兩年半後，「因辦理之人，事務紛繁，不暇旁及此」，79 於 1856 年 5 月 1 日出版第 33 號後停刊。

《遐邇貫珍》雖然短壽，但在香港報業開風氣之先，而且其內容啟迪民智，對中港日三地的現代化進程起了推動作用。

奚禮爾（1820-1856），《遐邇貫珍》主編，曾任香港首席裁判司、定例局議員、署理輔政司等，1856 年獲委任為英國駐暹邏領事，到任未幾病逝。（香港政府檔案處藏品）

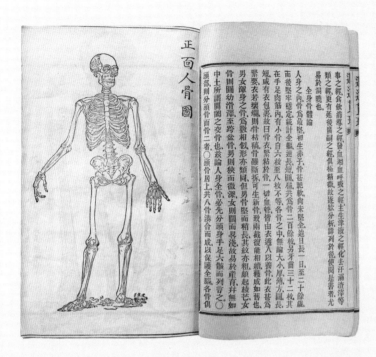

正百人骨圖

遐邇貫珍

一千八百五十三年八月朔日　第壹號
香港中環英華書院印送
每號收回紙墨錢十五文

火船往來省城澳門香港告帖

英華月份牌告帖

火船晏告帖

《遐邇貫珍》創刊號。（牛津大學博德利圖書館藏品）

《初學粵音切要》——中西合璧粵語書

乙卯年印

初學粵音切要

香港英華書院活板

《初學粵音切要》是一本粵語字音小冊子，1855 年由香港英華書院出版。原書未有標明編者。根據中文序「今余來中國有年」一語推斷，編者應為來華之西人，學術界普遍認為是英華書院的傳教士湛約翰牧師。80

中文序言曰：「今余來中國有年，將溫武溪所註粵東土音之三十三韻，揣而熟之，間有未精確切者，並參以《康熙字典》。」「溫武溪所註粵東土音」是指清代武溪溫岐石編著的《分韻撮要》，它是一本粵語韻書，分為三十三個韻部，每韻之內再把同音字並列，但不另注音。《初學粵音切要》的編者則先按《康熙字典》的部首各選出若干字，再將以此字為部件的單字臚列於下，並逐字標音。例如令字放在人部，而囹、令、

零、鈴、聆、齡、苓、蛉、翎、羚、軨、領等字一一列於人部令字之下。

《初學粵音切要》是以羅馬字母拼寫粵音的早期著作之一，每頁天頭印有以羅馬字拼寫的聲母韻母表。每個聲母列出陰聲調和陽聲調的例字各一，韻母則平上去入四聲各列出一例字。至於正文，則全以傳統的反切注音，盡現中西合璧的特色。反切只用天頭的例字，當要為這些例字注音時，就會出現以本字注音的情況，例如七字的反切是「七不」，丁是「丁一」、丙是「丙一」（丁、丙皆同時用作聲母和韻母的例字）等。

此書的編者自言曾研習《分韻撮要》，但絕非生吞活剝。例如圓唇介音 -w，《分韻撮要》歸入聲母，而《初學粵音切要》則依傳統音韻學把 -w 作為韻母的韻頭。此外，它也改正了《分韻撮要》一些訛誤，可見編者對粵音有紮實的研究。

《初學粵音切要》記錄了不少 18、19

世紀時粵語的語音特徵，如粵語只
有八個聲調，又之、則聲母不同，
金、甘韻母不同等，例子不一而

足。故此，這書既為歐籍人士提供
學習粵語的門徑，也為今人研究粵
音演變提供重要的線索。[81]

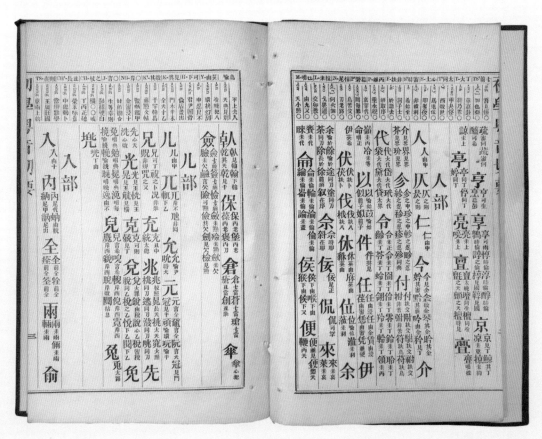

《初學粵音切要》（大英圖書館
藏品）

《伊娑菩喻言》——香港出版的《伊索寓言》

《伊索寓言》裏〈龜兔賽跑〉、〈狼來了〉的故事，大家一定聽過。這部古希臘經典在香港和日本廣為流播，原來跟英華書院甚有關係。

英華書院在 1818 年創立於馬六甲，1843 年遷校香港，除了是香港最早的西式學校之一，也是一家印刷所，刻印聖經和各類世俗書刊，傳播福音，啟蒙大眾。1868 年出版《伊娑菩喻言》，此即家傳戶曉的《伊索寓言》。

據考證，早於明代時耶穌會士利瑪竇就已將部分《伊索寓言》翻譯成中文。當時西洋傳教士在中國吸納信徒並不容易，除了直接宣講教義外，有時還得要借助西洋知識吸引群眾，藉此挑起他們對基督宗教的興趣。《伊索寓言》透過動植物和自然現象等簡短故事，說明深奧的道德義理，正與中國人的思維方式相契合，[82] 故經常被西洋教士所利用。利瑪竇以後出現了多種傳教士的譯本，包括米憐刊登在《察世俗每月統記傳》中的五則故事。1840 年，英人羅伯聃的《意拾喻言》在

廣東出版。據其英文版序言所述，《意拾喻言》大受中國人歡迎。[83]

1853 年 8 月，英華書院創辦《遐邇貫珍》，開始連載羅伯聃的《意拾喻言》，合共 18 則，唯「意拾」改為「伊娑菩」，譯文也稍作修訂。[84] 1868 年再出版《伊娑菩喻言》單行本，共 29 頁，故事 73 則。《遐邇貫珍》和英華版單行本傳到日本，引起部分日人的注意。[85] 東京學者阿部弘國在英華版《伊娑菩喻言》上加入片假名訓點，1876 年 10 月由青山清吉出版，更名《漢譯伊蘇普譚》，在日本流通甚廣。

1843 年英華書院遷港，處於英國殖民之地，中西接觸方興之時，除了肩負起教育和傳道的重任外，還透過出版書刊促進多地文化交流。《遐邇貫珍》和英華版《伊娑菩喻言》雖然不是香港人和日本人認識《伊索寓言》的起點，但對《伊索寓言》在兩地的傳播起了推動的作用。[86]

察世俗
卷五
牛

無人瞞得過求眾位細思之也

蝦蟆之喻

古人設喻云有一小蝦蟆爬行于草野時見一大牛
乃生怨心而道云我如此之小你如此之大何耶我
看我自己同你一樣好爲何不與你同一樣大呢我
定要與你一般均大也蝦蟆遂大出力鼓氣欲使自
之身與牛之身同一樣大蝦蟆之子看時則曰你斷
不可如此蓋雖盡出力鼓氣致自身裂開分碎亦不
能與牛同大也蝦蟆不肯聽乃越鼓氣致其果裂了
已身而死矣

解喻

世上多有人懷驕傲嫉妒之心見人有些過於自己
的排場則心內日夜不安怕此人之笑懼彼人之欺
遂將自己家業奢侈浪費欲我屋我衣我家伙同他
人一樣而我之業或未有他一半如此則必須使傾
家蕩產可知人該守業安分就無此害也

19世紀初，米憐在《察世俗每月統記傳》刊登了幾則《伊索寓言》，並附解説。（大英圖書館藏品）

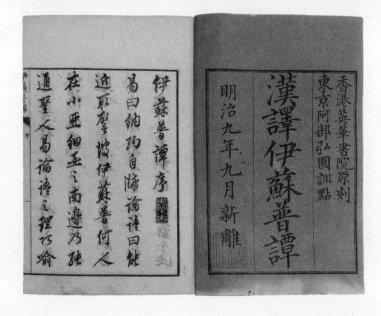

漢譯伊蘇普譚
明治九年九月新雕
香港英華書院原刻
東京阿部弘國訓點

伊蘇普譚序
易曰納約自牖福語曰能
近取譬彼伊蘇普何人
在小亞細亞之南邊乃徙
遇墨人易葛福語元理巧喻

《漢譯伊蘇普譚》，1876年日本東京出版。

《智環啟蒙塾課初步》——影響深遠的教科書

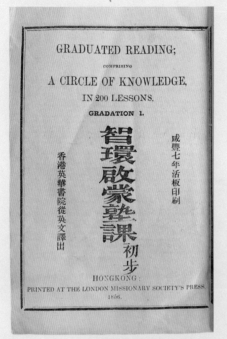

《南京條約》簽訂後不久,理雅各便把英華書院遷到香港。當時適合的教科書闕如,學校只好從英國買來一些,又自行編撰一些,《智環啟蒙塾課初步》就是其中之一。

《智環啟蒙塾課初步》原是英國教育家貝克編寫的課本 *Graduated Reading: Comprising a Circle of Knowledge in 200 Lessons, Gradation 1*。1856 年,理雅各把它翻譯成中文,由英華書院活版印刷。此書 24 篇,共 200 課,題材廣泛,涵蓋個人成長、科學、地理、社會、政治、國際形勢等。內文中英對照,上半頁為英文原文,下半頁為中文譯文,故既是常識啟蒙讀本,又是學習英語的好津樑。其後中央書院(今皇仁書院前身)、英皇書院等官校也有採用。

英華書院在 1864 和 1868 年發行了第二、三版。印刷所關閉後,中華印務總局繼續出版,且遠至廣州、上海、日本等地也有翻印。

《智環啟蒙塾課初步》雖然只是區區一本教科書,但它的影響遠超所想。據研究,現代漢語和日本語中的「陪審」、「政治」、「出口」、「市場」等詞彙,都始見於理雅各這個譯本。此外,它在日本嘗以不同形式翻刻多次,包括中英對譯版、英文版、中文版、日文版、訓點版、插圖版等,在江戶末期至明治初期廣為流傳,許多學校採用為教科書,[87] 對日本現代化起了啟導作用。[88]

THE
CIRCLE OF KNOWLEDGE.
GRADATION 1.

SECTION I.—INTRODUCTORY.
Lesson 1. *Objects.*

A stone, a book, a tree, a bird, a horse, a pin, a leaf, a chair, a star, a hat, are all *objects*. All things that we can see are *objects*. The chair, the hat, the pin, and the book, were made by man. The stone, the tree, the bird, the leaf, the horse, and the star, were not made by man, but were created by God, and are called created things. The things which are made by man are not *created* things.

智環啟蒙塾課初步

香港英華書院從英文譯出

第一篇小引

第一課。眼所能見之物論。

一團石、一部書、一根樹、一隻雀、一隻馬、一管針、一片葉、一粒星、一件帽、此皆眼所能見之物、英話叫做 *objects.* 石樹雀葉馬星椅帽針書係人所作。非人所作、乃　上帝所造叫做受創造之物。人所作者不叫受創造之物。

智環啟蒙塾課

一

《智環啟蒙塾課初步》初版（大英圖書館藏品）

1   Richard Lovett, *The History of the London Missionary Society, 1795-1895*, Vol. II, p. 449.

2   "Address of the Directors of the London Missionary Society, to the Members of that Institution, and the Christian Public of Great Britain," *Evangelical Magazine and Missionary Chronicle,* Vol. 21, 1843, pp. 40-41.

3   *The Evangelical Magazine and Missionary Chronicle*, Nov. 1843, p. 576.

4   A letter from Samuel Dyer to the LMS, 26 Aug. 1843, LMS/SOAS.

5   A letter from LMS's Missionaries to Governor Pottinger, 18 Aug. 1843, CO129/2, pp. 258-263.

6   A letter from Henry Pottinger to LMS's Missionaries, 21 Aug. 1843, CO129/2, pp. 264-265.

7   "House of Commons Debate: Suppression of the Opium Trade," 4th Apr. 1843, *Hansard*, Vol. 68, cc 362-469.

8   A letter from Henry Pottinger to LMS's Missionaries, 21 Aug. 1843, CO129/2, 264-265; A letter from Henry Pottinger to Lord Stanley, 20 Aug. 1843, CO129/2, pp. 435-438.

9   劉粵聲編:《香港基督教會史》,頁 29-30。

10   李金強主編:《香港教會人物史》,頁 320。

11   蘇精:《鑄以代刻——傳教士與中文印刷變局》,頁 233-246。

12   蘇精:《鑄以代刻——傳教士與中文印刷變局》,頁 256。

13   蘇精:〈從英華書院到中華印務總局——近代中文印刷的新局面〉,載林啟彥、黃文江主編:《王韜與近代世界》,頁 301。

14   蘇精:《鑄以代刻——傳教士與中文印刷變局》,頁 287-299。

15   Ching Su, *The Printing Presses of the London Missionary Society among the Chinese*, pp. 416-421.

16   周佳榮:《潮流兩岸:近代香港的人和事》,頁 173。

17   蘇精:《鑄以代刻——傳教士與中文印刷變局》,頁 299-305。

18   *Report of the Preparatory School, and the Theological Seminary, in Hong Kong of the London Missionary Society, for the Year 1849*, pp. 1, 5-6, 17, 19-21; *Report of the Preparatory School and the Theological Seminary in Hong Kong of the London Missionary Society for the Year 1850*, pp. 22-25.

19   *China Mail*, No.1220, 1 May 1867, p. 2.

20   A Letter from William Gillespie and John Cleland to Arthur Tidman, 26 Dec. 1846, LMS/SOAS.

21   *Report of the Preparatory School and the Theological Seminary in Hong Kong of the London Missionary Society for the Year 1850*, p. 6, 14; *China Mail*, No. 1220, 1 May 1867, p. 2.

22   *Report of the Preparatory School, and the Theological Seminary, in Hong Kong of the London Missionary Society, for the Year 1849*, p. 7.

23   "Chinese Theological Seminary and Preparatory School," *Missionary Magazine and Chronicle*, Jul. 1849, p. 105.

24   *Report of the Preparatory School and the Theological Seminary in Hong Kong of the London Missionary Society for the Year 1850*, p. 11.

25   *China Mail*, No. 1220, 1 May 1867, p. 2.

26   A Letter from William Gillespie and John Cleland to Arthur Tidman, 26 Dec. 1846, LMS/SOAS.

27 Ernest John Eitel, "Materials for a History of Education in Hong Kong," *The China Review* Vol. 19, No.5 (1891), pp. 335-356; Wong Man Kong, "The Stories of Urban Christian Women in Nineteenth-century South China: With Special Reference to Missionary-related Sources", Clara Wing Chung Ho (eds.), *Overt and Covert Treasures: Essays on the Sources for Chinese Women's History*, p. 553.

28 Ernest John Eitel, "Materials for a History of Education in Hong Kong". 括號內的數字來自《香港藍皮書》。

29 *Report of the Preparatory School, and the Theological Seminary, in Hong Kong of the London Missionary Society, for the Year 1849*, pp. 22-25.

30 Stephen Evans, "The Beginnings of English Language Education in Hong Kong, 1842-1859," *Educational Research Journal*, Vol. 13, No. 2, Winter 1998, p. 163.

31 Ernest John Eitel, "Materials for a History of Education in Hong Kong," pp. 313-314.

32 *Allen's Indian Mail*, No. 45, 21 Jan. 1946, p. 52; *Allen's Indian Mail*, No. 51, 21 Apr. 1946, p. 289.

33 Song Ong Siang, *One Hundred Years' History of the Chinese in Singapore*, p. 115.

34 *Illustrated London News*, 22 Apr. 1848, p. 259.

35 Helen Edith Legge, *James Legge: Missionary and Scholar*, p. 57.

36 汪敬虞:《唐廷樞研究》。

37 Pauline Rule, "The Transformative Effect of Australian Experience on the Life of Ho A Mei, 1838–1901, Hong Kong Community Leader and Entrepreneur", Sophie Couchman & Kate Bagnall (ed.), *Chinese Australians: Politics, Engagement and Resistance*, pp. 22-52.

38 Carl Smith, *A Sense of History: Studies in the Social and Urban History of Hong Kong*, p. 349.

39 Ernest John Eitel, "Materials for a History of Education in Hong Kong," p. 324, 336.

40 Carl Smith, *Chinese Christians: Elites, Middlemen, and the Church in Hong Kong*, pp. 34-51, 149-150.

41 A letter from James Legge to Arthur Tidman, 8 Jan. 1856, LMS/SOAS.

42 Carl Smith, *A Sense of History: Studies in the Social and Urban History of Hong Kong*, p. 349.

43 Ernest John Eitel, "Materials for a History of Education in Hong Kong," p. 335.

44 *Ibid*, p. 315.

45 Carl Smith, *A Sense of History: Studies in the Social and Urban History of Hong Kong*, pp. 346-348.

46 Ernest John Eitel, "Materials for a History of Education in Hong Kong," p. 319.

47 Immanuel C. Y. Hsü, *The Rise of Modern China*, pp. 196-208.

48 A letter from James Legge to Arthur Tidman, 15 Jan. 1857, LMS/SOAS.

49 A letter from James Legge to Arthur Tidman, 13 Jan. 1858, LMS/SOAS.

50 Ernest John Eitel, "Materials for a History of Education in Hong Kong," p. 315.

51 *China Mail*, No. 1220, 1 May 1867, pp. 2-3.

52 周佳榮:《潮流兩岸:近代香港的人和事》,頁 174。

53 Helen Edith Legge, *James Legge, Missionary and Scholar*, pp. 85-86.

54 《東華醫院徵信錄》(1873 年),頁 73;《東華醫院徵信錄》(1886 年),頁 17。

55　*The Hong Kong Government Gazette*, 1876, No. 57; 1883, No. 146 & No. 428; 1884, Legislative Council No. 1; 1888, No. 266.

56　陳學霖：〈黃勝——香港華人提倡洋務事業之先驅〉,《崇基學報》第 3 卷第 2 期, 1964 年 5 月, 頁 226-231；黃汝恒：〈試析廣東香山黃勝（1825-1902）的社會網絡與事業發展的關係〉。

57　〈黃勝〉一文由胡聲雄校友撰寫。

58　張志春：《王韜年譜》, 頁 10-12。

59　Timothy Richard, "Presentation Testament to the Empress-Dowager of China," *Chinese Recorder* 26 (1895), p. 153.

60　Jost Oliver Zetzsche, *The Bible in China: the History of the Union Version or the Culmination of Protestant Missionary Bible Translation in China*, p. 92.

61　Lin Yutang, *A History of the Press and Public Opinion in China*, p. 88.

62　〈王韜〉一文由歐偉賓校友撰寫。

63　【清】洪仁玕：〈親書自述〉, 見王慶成編：《影印太平天國文獻十二種》, 頁 471；A letter from James Legge and John Chalmers to Arthur Tidman, 14 Jan. 1857, LMS/SOAS；蘇精：《上帝的人馬：十九世紀在華傳教士的作為》, 頁 169-174。

64　【日】倉田明子：〈洪仁玕與「洋」社會——在香港逗留期間的洪仁玕〉,《太平天國與中西文化——紀念太平天國起義 150 周年論文集》, 頁 264-266。

65　〈洪仁玕〉一文由梁逸軒校友撰寫。

66　Song Ong Siang, *One Hundred Years' History of the Chinese in Singapore*, pp. 116-117.

67　"Report of the Preparatory School, and the Theological Seminary", *in Hong Kong of the London Missionary Society, for the Year 1849*, p. 6.

68　"Report of the Preparatory School and the Theological Seminary", *in Hong Kong of the London Missionary Society for the Year 1850*, p. 6, 14, 24.

69　蘇精：《鑄以代刻——傳教士與中文印刷變局》, 頁 237-240。

70　"Report of the Preparatory School and the Theological Seminary", *in Hong Kong of the London Missionary Society for the Year 1850*, p. 17; Leung Yuen Sang, "Some Found It, Some Lost It," *Asian Culture*, Vol. 1 (Feb. 1983), pp. 55-59.

71　Carl Smith, *Chinese Christians: Elites, Middlemen, and the Church in Hong Kong*, p. 82, pp. 148-149.

72　Alexander Wylie, *Memorials of Protestant missionaries to the Chinese: Giving a List of Their Publications, and Obituary Notices of the Deceased. With Copious Indexes*, p. 120.

73　劉璐：〈19 世紀 30 至 60 年代傳教士中文報刊研究〉, 頁 66。

74　【日】松浦章、【日】內田慶市、沈國威編：《遐邇貫珍——附解題・索引》, 頁 714。

75　同上註, 頁 407。

76　劉璐：〈19 世紀 30 至 60 年代傳教士中文報刊研究〉, 頁 48。

77　【日】松浦章、【日】內田慶市、沈國威編：《遐邇貫珍——附解題・索引》, 頁 716。

78　陳湛頤：《日本人與香港——十九世紀見聞錄》。

79　【日】松浦章、【日】內田慶市、沈國威編：《遐邇貫珍——附解題・索引》, 頁 407。

80　例如 Shin Kataoka & Cream Lee, "A System without a System: Cantonese Romanization Used in Hong Kong Place and Personal Names," *Hong Kong Journal of Applied Linguistics*, 11(1), pp. 79-98；周佳榮：〈香港「新語」——早期中英雙語辭典對近代中日兩國語文的影響〉, 載《當代史學》第 11 卷第 3 期（2012）

等。按澳洲國立圖書館所藏版本封面有「J. Chalmers」的簽字。

81 〈初學粵音切要〉一文由呂沛聰校友撰寫。

82 李雄溪：〈英華書院與《伊索寓言》的國學化〉，載《國學新視野》，2015 年 1 月 12 日，頁 66-69。

83 【日】內田慶市：〈談《遐邇貫珍》中的伊索寓言 —— 伊索寓言漢譯小史〉，見【日】松浦章、【日】內田慶市、沈國威編：《遐邇貫珍 —— 附解題‧索引》，頁 71-74。

84 同上註，頁 76-78。

85 同上註，頁 81-84。

86 〈伊娑菩喻言〉一文由葉冠霖校友撰寫。

87 周佳榮：〈香港「新語」——早期中英雙語辭典對近代中日兩國語文的影響〉，頁 101-106；樊慧穎、劉凡夫：〈從漢譯《智環啟蒙塾課初步》看近代中日間新詞語的傳播〉，載《日本研究》2010 年第 1 期，頁 116-119；譚樹林：〈英華書院之印刷出版與中西文化交流〉，載《江蘇社會學》2015 年第 1 期，頁 241-251。

88 〈智環啟蒙塾課初步〉一文由呂沛聰校友撰寫。

第五章

餘燼重亮　薪火再傳

· ·

三自濫觴　道濟會堂
英華復校，不得不提道濟會堂。

道濟會堂開基於 1886 年，是香港第一家自治、自養、自傳的華人教會，其起源可追溯至開埠早期的倫敦會佈道站。

1842 年清英《南京條約》簽署，香港開埠。1843 年，倫敦會把馬六甲英華書院和佈道站搬到香港，在鴨巴甸街與士丹頓街交界的地皮興建「傳道會大樓」，大樓地下為辦事處，樓上則開辦英華書院。來港初期，華人皆在英華書院受水禮，俗稱「英華書院公會」，除主日崇拜外，星期三亦有聚會，另每月施餐一次。[1] 華人信徒又會在下市場堂（真神堂）和愉寧堂（由倫敦會授意理雅各創立之兼納中西籍信眾、而當時華籍教徒亦多所捐獻建成之教會。時俗稱「大石柱堂」，今稱「佑寧堂」）聚會，聆聽理雅各、何福堂等宣講耶穌福音。

先是，早在 1849 年，華人教徒已開始推舉值理長老以自我管理，至 1876 年，數目已廣增之信徒通過會眾大會擬定堂會憲章、禮儀規則、治理辦法等，稱「華人自理會」。1879 年會眾募款購入上環一幢樓宇作為禮拜堂，是為自理會建立的首座堂所。[2] 但不久空間又不敷應用，要借用愉寧堂聚會，故亟需另置新堂。

1885年，自理會商得禮賢會允許該會之王煜初牧師為堂主任。1886年，教友高三桂夫人折價出讓荷李活道之私人房產予倫敦會，指定其中一半予華人自理會作永久會址，另一半予由何福堂之子何啟醫生出資置辦為紀念其已故妻子、建基於倫敦會贈診所之雅麗氏醫院。新教堂於1886年開基，翌年落成。自理會黎福池長老為教會命名為「道濟會堂」，取傳教即以天道救人之意；醫院則名為「雅麗氏利濟醫院」，取醫療乃利益救人之旨。3

王煜初牧養道濟會堂18年，克盡厥職，迭啟新猷，堂務發展迅速，成為華人教會自養、自治、自傳「三自」之典範。王牧於1903年息勞歸主，堂務由長老湯筱亭主持，何耀銘、區鳳墀、張福基、尹文楷、何芹甫等協理。1908年，湯筱亭去世，一時接任無人，諸長老輪流講道之餘，亦甚積極物色會堂主任。同年夏天，巴色會（後改稱崇真會）河源禮拜堂宣教師張祝齡訪港，期間應邀至道濟會堂講道。會後諸長老咸表賞識，欲邀他出任堂主任。後通過倫敦會統理在港教務之皮堯士牧師居中聯絡說項，終獲瑞士巴色傳道會總部同意，允許張祝齡受道濟會堂之聘為堂主任。

張祝齡為累代聖牧之後。曾祖張振鴻為牧師。祖父張彩庭為太平天國戶部侍郎，杭州陷落時被清兵所殺。父張聲和為港巴色會牧師。張祝齡年輕煥發，信德堅純，學養才幹均有過人之處，是以不數年間，堂務益發興旺，至1913年得倫敦會按立為牧師。亦在此期間，張祝齡積極參與並主催英華書院之復校工作。

應時感召　水到渠成
早在1896年6月，王煜初已聯同道濟會堂及倫敦會廣州堂會諸長執致函英國總部，要求步武半世紀前之理雅各，在香港重立一所以教授英文為主、灌輸西方宗教價值、而以廣傳福音為最終目的

王煜初牧師（1843-1903），道濟會堂主任，復辦英華書院的倡議者之一。（亞非學院藏品）

張祝齡牧師（合一堂藏品）。1910年代初，張牧師和道濟會堂諸長老合力復辦英華書院。

倫敦會列位大人尊前

敬稟者今日敝國似有漸變之象竊顧
前倫敦會理雅各牧師抵香港設書院始以英文教我華人也
此各省之善喜學之淵所自始若有不欲推玌於倫敦會是本々之人也
巴別之後言語混淆同祖之人無殊異族自　貴國強盛文字廣行
於是有若斯不滿異者亦不見愛合眾言一言萬國若一國英語
貴而通之宣廣設英文書院教授華人望英語亦有功於我中國也
當今天下之道言在英語格致之藏與在英文
格致教育必思學貴國之語言文字故特蕭燕詞懇求列位大人遣
俾學教士及時來華今日之良機播永生之美種縱或初等播
於道旁磽地磽田或文等半穖中然終有望播入肥田今日為院中之
學士他時或國中之棟
之人反播惡稗俾日教會即思正之難時或非晚然用力之苦必須
敢悟弟等淺見僅能及此故播道之書院且
以特誌傳教百年之國事　省港荃頒之孔近郤意如此未知當否偓
有不合敬求相恕荼此

上聞祇請

崇安

一千八百九十六年英六月八號

香港倫敦會道濟會堂牧師長老
王煜初　區鳳墀　黃勝　何芹圃
黎福池　馮扶　馮辰亭　高偉成

蒼城倫敦會長老
梁□　黎簡笙
蘇匡　尹端模
陳乃山
黃家賢　溫鴻鈞

1896年6月8日，道濟會堂函請倫敦傳道會派員到港，協助開辦一所英文學校。信中提到「數十年前，倫敦會理雅各牧師，抵香港，設書院，始以英文，教我華人」，「書院」指的就是英華書院。（亞非學院藏品）

之英文書院，「乘今日之良機，播永生之美種」。4 但湛約翰以當時香港之堂校發展欠蓬勃而不支持，故是議終未能貫徹。5

然而，大環境在世紀更替後逐漸改變。1907年，各國傳教士在上海召開「中華百年傳教大會」，有統計指教會辦中等及專上教育事工之規模不及初等者遠甚，致基督教育難以連貫，因而亟需發展中、上級學府以接斷層。6

道濟會堂之境況亦無異於此。當時華人長執已深知欲謀「中國教會之永久自立自治，非辦設學校，培育多材以為後盾不為功」，7 但倫敦會自英華書院停辦後在港再無中學，致在堂會小學畢業之青少年無本堂中學可升，不得已轉讀其他學校而被納進世俗或異教之系統中。此倫敦會派駐香港之巡牧威禮士牧師認為極不理想，因而積極提倡道濟會堂自辦一所具規模之高質素中學，以「教育有潛質之青年，使其歸主，成為有良好教育之信徒領袖……這將成為教會的重

要資源」。8

再者，香港大學於 1911 年開辦，收讀本地中學畢業之青年，培育之為社會菁英。教會若無中學畢業生考進大學，實無助於提升信徒以至教會之社會地位。而倫敦會於同時捐資興建及管理港大宿舍「馬禮遜堂」，如無出身倫敦會中學之港大生入住則言不成理。

種種社會條件日趨成熟，英華復校之需要已彰彰明甚。而英華在前一世紀縟經授學、育性陶賢以貢獻社會，一眾曩昔曾與躬其事或欣羨其成者亦久思復其舊概。誠如張祝齡所言：

> 開辦有年，生徒濟濟，人才蒸蔚。……成効彪炳之英華書院，遽爾停辦。悠悠忽忽，轉瞬數十年，撫今思昔，識者惜之。……基督徒於此方面，固為天國籍民。而於彼方面，又適為世國社會之領袖。二者皆謀求教會自立者之所宜栽培鑄造，不能偏倚濡滯者。嗚呼，振興學務之工尚矣。同人興念及此，不揣顧力綿薄，思繼先哲之志，步前人之武，喚起一般熱心同志，商権將昔年停辦之英華書院，組織而重興之。9

重洋長鞭　莫及三難

道濟會堂由教牧長執包括張祝齡、區鳳墀、尹文楷、何芹浦，與倫敦會在港諸牧皮堯士、威禮士、白士德等共商復辦英華書院。其後不久，倫敦母會亦同意若在香港大學發展傳教工作，有畢業於直屬中學之學生入讀應會事半功倍，遂支持復辦。英華書院復校籌辦值理會於焉成立。

復校之主要難題有三端：一曰校長，一曰校舍，一曰經費。

重辦英華之主催者深明復校雖可勉力成就，之後若要長期維持健康運作必須倚賴政府之資助（時港府已有「補助書館計劃」），10 而要就申請資助與政府溝通周旋，校長為西籍人士至為必要。故皮、威二牧陳情力請倫敦會在英代聘英籍校長赴港，及承擔聘請校長首

英華書院校長曉士先生

曉士校長（合一堂藏品）

五年之支出。經過年多之函件來往、細節討論，倫敦會得到英國雅廷頓基金會之助，答允負擔校長首五年之薪津，每年150英鎊；[11]而道濟會堂則負責提供校長居所之租金及休假回國之旅費開支。尋找合適校長固非易事，然終於1913年9月聘得曉士牧師於1914年初來港，擔任英華書院復校後之首任校長。1914年2月9日，停辦了超過半世紀的英華書院正式復校。

校舍問題長期困擾早期之英華，皆因校舍乃租用之私人物業，有時甚且通過道濟會堂或校董私交友好始可租得。租金不菲之餘，租期之保障亦甚薄弱，往往業主只一個月通知便可要求租戶遷出，此對學校之穩定運作影響甚大。故英華復校首三年內已然三遷其址：先是半山堅道9號，一年後遷堅道67號，再一年後是堅道45號。而校舍之大小及設施會因校址之不同而有異。堅道45號校舍並無操場，學生運動無地，只可每週借用基督教男青年會之排球場作體育活動。[12]對此曉士校長極度引以為憂。至後來租得般含道82號原禮賢會之差傳大樓作校舍，問題始暫時解決。

般含道82號校舍

啟首僕等組織重興英華書院愴滄經營多載暑暑嗣荷
鼎力匡助妥淤晚士教習東來擔任新金五載乃底於成功
歐恩學矢誠不知所謝以目下本華人自理會友擔任財政之
事層見疊出自去年倡辦大光日報以還籌措已逾三萬外繼
以青年會購地本會友又擔任七八仟近同新界建堂仍須盡
力維持而本英華書院之贊助賀又刻不容緩以此計之幾
手竭澤而漁矣然因基督教會之振興長久計則興辦教育
栽培後進之責任又不容卻卻坦浮幸難補屋亦勉力支
持何幸近日忽由晚士教習手浮接祖會
列位伩助之函肯加撥壹仟員為吾人浚盾誠所謂及時霖
雨錦上添花令人感激無地矣現在同人磋議挺於本書院
定一兔學賞穎凡肯助銀壹仟五百元者即以其名為紀
念茲已蒙
惠賜壹仟元以為此學穎之起劈則吾人甚欲設法於極
竭蹶中再籌多五百元以滿其數兩學穎可成永留紀念
是本書院之孚幸亦
列位發心之威賜也末識
尊意以為然乎肅此即請
均安

　　　香港英華書院值理　謹上

張祝齡何心如馮筱載
尹文楷

英華書院於1914年2月9日復校，為道濟會堂得倫敦會支持而管辦之學校，而後者所負之經費責任只在校長薪津，其餘開支得由道濟會堂籌措。學校初復時由一堂議會委任之管理委員會負責管治，而由倫敦會協助。其時英華屬教會私立中學，絕大部分經費源自學費收入，故學生人數之多寡在在影響學校之財政狀況。復校首天學生人數只30人，至兩年後之1916年，此數字已增至130人，[13] 其中約三分一至半數為基督教徒。饒是如此，因校舍租金高昂，又因頻繁遷校之支出非小，經費仍是左支右絀。學費收入不敷之數，只靠道濟會堂之貸款，或不得已時暫借由學生通過賣物會及戲劇表演籌集、作為購置實驗室儀器之款項以週轉，財政方可勉強維持不墜。[14]

經費不足衍生問題之一為管理層之分歧。復校初期之學校管理委員會由15人組成，至後來經費緊絀至困難浮現之時，委員會中頗有意興闌珊者萌停辦之意。[15] 此議雖最終作罷，但曉士校長有鑑於校管

復校早年校歌。18 歌曲根據
《不列顛擲彈兵進行曲》編寫
而成，但旋律較慢，少了原有
的勇武味道。19（亞非學院藏
品）

1919 年一則招聘女英文教員的
廣告 20

委員會架構龐大，召開會議不易之餘，共識亦難達，
致有逼切校務問題時竟寸步難行，故另成立一執行委
員會，只由道濟會堂牧、兩名校管會之華人委員、一
名倫敦會代表、校長及一名校外委員（中華基督教青
年會之秘書長麥法臣）共六人組成。自後此執委會會
商頻繁，輕舟捷渡，校務推展之效率由是大為提高。16

櫛風沐雨　斐績初成

曉士掌校數年，盡心竭誠，眾口交譽，學生人數及學
校成績均有長足進步。第一班及第二班（畢業前最高
之二級）在大學入學試及本地初級試均取得佳績。而
先後得英語老師阿諾太太及麥科納基太太之助，低年
級之第七、八班，英語會話每週可有六課。校內學生
每五週輪流由校長親自年考一次以測驗進度。1918 年
9 月英華終獲當局接納為補助中學，17 1919 年起按學
生人數接受政府資助，長期窘逼之財政狀況始得以大
幅改善。在另方面，倫敦會答允負責校長薪津之首五
年彈指即過，曉士任期將滿，道濟會堂因自知無力單
獨續聘，遂再請求倫敦會將負擔之期延長，而曉士亦
表明欲留任以成全其辦好英華之志。於是此方申情、
彼方酌情，數番書信來往後，倫敦會卒同意暫時維持
現狀，繼續支付曉士之薪津。

學生人數漸增，學校生活亦漸多姿采。曉士校長十分
注重學生的課外生活，校舍有若干宿位供學生寄宿，
使其課餘可享群體生活，師長亦可藉此多接近及了解
學生，在課本以外灌輸年輕人應持之生活及信仰態
度，而宿舍每星期日均有聖經研習班。曉士曾成立一
宿生歌唱隊，以提升學生對音樂之興趣。體育方面，
他慨嘆活動場所之不足限制了學生在此方面之發展。
即使如此，英華仍可派出不同組別之籃、足、排球隊

TABLE II.

CONTROLLED SCHOOLS IN RECEIPT OF A GRANT UNDER THE GRANT CODE OF 1914.

ENGLISH SCHOOLS.

No.	Name and Nature of School.	Mission.	Number of Classes.	Number of School Days.	Maximum Monthly Enrolment.	Average Attendance.	CAPITATION GRANT. Higher Classes. Average Attendance.	Rate.	1 Total.	Remove Classes. Average Attendance.	Rate.	2 Total.	Lower Classes. Average Attendance.	Rate.	3 Total.	A Total Capitation Grants of Columns 1, 2 & 3.	UNIVERSITY EXAMINATION GRANT. Senior. Rate.	4 Total.	Junior. No. of Pupils.	Rate.	5 Total.	No. of Pupils.	Honours. Rate.	6 Total.	7 Refund of Fees.	B Total Local Grants of Columns 4, 5, 6 & 7.	Grand Total Grants of Columns A & B.
1	St. Joseph's College, *	R.C.M.	8	198	584	530	131	24	3,144	184	20	3,680	213	16	3,440	10,264	30	510	40	15	600	2	100	200	570	1,880	12,144
2	Italian Convent, *	"	8 & Inf.	198	467	406	44	24	1,056	78	20	1,560	284	16	4,544	7,160	30	180	14	15	210	...	...	...	200	590	7,750
3	French Convent, *	"	7 & Inf.	174	210	163	26	24	624	23	20	460	104	16	1,664	2,748	30	180	8	15	110	...	...	...	140	440	3,188
7	Diocesan Girls' School, *	C. of E.	8 & Inf.	208	142	117	18	24	432	28	20	560	71	16	1,136	2,128	...	...	...	...	...	...	...	...	...	...	2,128
8	Diocesan Boys' School, *	"	8	196	363	289	67	24	1,608	87	20	1,740	135	16	2,160	5,508	30	540	21	15	315	1	400	100	1,344	6,853
12	St. Mary's School, *	R.C.M.	7 & Inf.	196	213	174	13	24	312	24	20	490	137	16	2,192	2,984	...	...	5	15	75	...	...	...	50	125	3,109
13	St. Francis' School, *	"	4 & Inf.	205	141	124	...	...	...	14	20	280	110	16	1,760	2,040	...	...	...	...	...	...	...	...	...	...	2,040
14	Ying Wa College, *	L.M.S.	8	207	146	103	26	22	572	34	18	612	43	14	602	1,786	30	90	9	15	135	...	...	...	120	345	2,131
8				1,578	2,266	1,896	325		7,748	472		9,372	1,099		17,498	34,618		1,500	97		1,455	3		300	1,470	4,725	39,343

及游泳隊參加校際比賽,並取得不錯之成績。[21]

曉士明瞭教導華人學生之方,引導鼓勵勝於嚴律管束,是以容許他們自辦文教活動以鍛練其組織能力。學生每年 10 月 10 日均在校內舉辦中華民國國慶集會,[22] 亦曾舉辦賣物會籌款購買實驗室儀器。1919 年 7 月,寓宗教於活動的校內基督教青年會(即學生會)成立,並同時出版由學生自辦之校報《英華青年》,內容集資訊、議論、文藝創作、宗教、科學於一身。其發刊詞有此說:

> 然成就之道,非大眾同學,交換析想,觀摩砥礪,不足以資深造,而成其事功也。然觀摩砥礪,末由表示也。於是有本雜誌之創辦焉。蓋以會集群賢,文徵眾好,則校中之學藝成績,可得而觀。世界之大勢,與乎本國本港暨本校之紀聞,可得而觀。加以研經所得,所以發揚上帝之奧理名言,雜以小說諧著文苑等欄,亦頗具娛目聘懷之雅趣。凡此種種,無非出自同學之珠璣文字所駢羅。竊本於以文會友之旨,藉以敬業樂群之效云耳。[23]

上:1918 年 9 月,學校列入政府的補助名單。[24] 表格顯示首年的補助金額。[25]

下:《英華青年》創刊號,英華書院基督教青年會發行,1919 年 7 月 1 日出版。

YING WA COLLEGE.

FIRST ATHLETIC SPORTS.

The first athletic sports in connection with the Ying Wa College, held at Happy Valley yesterday, proved a great success, every race in the lengthy programme being contested in a keen manner. The Senior Championship went to Cheong Kong Cha,

The prizes were distributed by Mrs. McLean Gibson, who was heartily thanked and presented with bouquet.

The Band of the 74th Punjabis, under Bandmaster Christian rendered an enjoyable programme.

The officials were as follows:—Patron:—Dr. Au Sze Cham, President, Mr A. Hughes; Vice-President, Mr Li Fonson, Judges. C. Gerkin, Chan Hing Hwa, Pun, Wong Fai Kong, Ho Shiu Lau, Watt Iu Hung, Rumjahn, W. Gittins, Ko Sik Wai, Chan Sun Nam, Chan Ling Tim, Chan Chau On, Wong Shau Nin, Sit, Ho Sam U, Dr. Chok, Time Keepers, Mr F. M. Mohler, Mr E. G. Stewart, Starters, Mr Yeung, Mr Li Chor Chi.

Refreshment and Reception Committee:—Director:—Messrs Watt Iu Hung, So Tak Uen, Cheung Man Kwong, Lam Ying Uen, Siu To Pang, Tam Siu Ki, Tse Ping Kwan, Au Wai Pan, Kam So, Lam Sing Po, Lam Shuk Kit, Chiu Tik Ban, Tam Ping Kun, Kong U Lin, Wat Pak U, Suen Tai Sam, Lau Wai.

1917 年 3 月 28 日，英華書院假快活谷舉辦第一屆陸運會。圖為該陸運會之報道（節錄）。27

曉士在任時，正值第一次世界大戰（1914-1918）。大戰主要戰場雖遠在歐洲，影響卻及於香港。英國既為主要參戰國，國民須服役從軍。至戰事後期，連在殖民地之英籍尋常百姓亦被徵召入伍。曉士於 1918 年被動員赴印度服役，期間校長之職由皮堯士署任，威禮士輔之，而教育司亦調皇仁書院之英籍退休教師麥士維協助英華教務。幸而只數月間，戰事已然結束，曉士遂於 1919 年 6 月退役回港重掌學校。

歐戰影響英華還有校舍之轉折。先是，英德二國為大戰中之敵對國。戰事甫起，在港之德國教士都必須離開，由德國新教差會在港建立之禮賢會傳教人員亦在其中，而位於般含道 82 號之禮賢會傳教大樓（名為「基加拿希」）即被港府接管。1917 年，英華從政府租得此傳教大樓，只月租 200 元及翻新費用 3,000 元。26 1918 年，大戰結束，德國為戰敗國，在港之德人產業包括該傳教大樓被政府充公，撥入港督特派之「敵產監理專員」權限之內。皮堯士以倫敦會牧師之身份，獲委任為專員轄下宗教產業之諮詢人。英華透過此重關係，於 1918 年可稍為長期地向政府租得般含道 82 號原禮賢會傳教大樓三幢樓房中之一幢為校舍，總算暫時紓解年年遷校之折騰。

蘭芽甫茁　疾雨遽摧

再說曉士復員回歸英華，剛是學校得教育司官員羅富時視學認為成績良好可發放補助之時。英華得此資助，曉士甚表歡欣，他樂觀估計，若補助持續，收支可於翌年平衡。唯在他呈交倫敦會校務報告中，已透露校舍前景未明之隱憂，並希望英華可計劃自建校舍以永久解決居無定所搬遷屢屢之問題。雖有學生圖就此籌募經費，亦只杯水車薪而顯效未見也。

1917 年英華書院排球隊（亞非
學院藏品）

影撮員職體全會年青校本

體青部副長吳偉德　德青部副長張江楼　庶務徐康寧　智青部副長傅世仕　交際部副長歐炳光
體青部長陳汝儉　智育部長江永年　司庫江照年　德育部長鍾英才　書記黎民協
副會長馮耀榮　顧問謝醒那　會長鄭萬鎔　顧問沈叔堅　交際部長潘祖培

1919 年英華書院基督教青年
會職員合照

1920 年全體員生合照

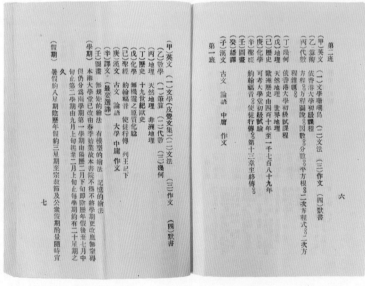

1921 年學校簡章，介紹教職
員、課程、規則等。（亞非學
院藏品）

1921 年，曉士在任已七年，原本五年一次回國休假述職之期已因服兵役而延宕，故他於這年積極安排取假返英。早在 1916 年，曉士已向倫敦會請求加聘一英籍副校長，一則滿足當局多任用西籍教師以加強英語教育之要求，其次亦實際需一副手協理校務。數年過去，差會仍未覓得合適之人。而此時曉士休假在即，校務仍負責無人，不得已一方調任本駐廈門之倫敦會負責人腓力士牧師來港暫代英華校長職，另方積極在英尋選合資格之人。

曉士夫婦於 1922 年夏離港述職休假，乘船取道日本及加拿大回英。途次橫濱，曉士因病需臥院六週，病況稍減後再續航程擬赴溫哥華，不幸途中病情轉重，藥石罔效，不治身故，終年 34 歲。

曉士遽歿於任內，英華痛失校長，闔校哀悼。英華於同年 9 月 16 及 17 日為曉士舉行安息禮拜，首天予校內師生參加，次天則有政府及教育司官員親臨致意。同一時間道濟會立即催請倫敦會加倍致力代覓替任之人，因腓力士只屬暫代，限日須回廈門。其實曉士先前要求倫敦代覓之英籍副校長已在他休假前有一英人路易士入選，條件雖未全然合適，但因英華亟須輔領之人，道濟會亦不得已接受。路易士於是取消原已安排赴廣州語言學校學習廣東話之課程，匆匆在 1922 年 12 月到港履新，薪酬由道濟會支付。28

事與願違，路易士與校董會之合作並不理想。英華本意聘請一位教理科之單身副校長兼任舍監，來者卻是文科出身、已婚、要求校長位置及校外宿舍，而後二者道濟會因財力問題更實在沒法滿足。彼此期望條件之巨大差距導致爭持不斷，倫敦母會亦未能調解，最後路易士上書倫敦會外務秘書倫魯德要求調回英國獲准，於 1925 年 1 月辭職歸國，草草結束僅滿兩年在英華的工作。29

曉士校長訃文 30

腓力士校長

與此同時，學校財政亦臨危機。縱然英華在曉士逝世前之學業成績令人滿意，七人投考大學中五人及格，而十二人投考本地第二班初級試十人及格，但教育司 1923 年之視學報告仍對英華校舍之殘舊及西籍教師之不足多所詰難，並聲言若無改善，政府將減少或取消對英華之財政補助。31

至校舍問題，校董會除一方修葺粉飾以應所需外，另方亦積極考慮購置永久校址。接上文所述，英華當時租用之般含道 82 號原禮賢會傳教大樓乃政府充公之德人產業。1924 年 5 月，政府欲出售此物業，當時估值 25 萬元。英華校董會經考慮後，意欲傾資購入，則來日或自用或改建或轉售遷建，進退將可操持己手。當時該物業為政府通過由港督委任之信託機構管理，英華擬以現租戶身份向該機構表示欲循內部審批方式購入物業，經雙方磋商後已無明顯障礙，一俟信託者向港府建議獲准（當時各方均表樂觀，視為理所當然），此事當可水到渠成。

但不旋踵事態已變。1924 年中，社會上謠諑紛紜，流言蜚語謂英華乘人之危，趁勢奪禮賢會之產業以圖自身之利，32 致使港府收回

英華書院全體員生攝影

陽曆一千九百二十三年

YING WA COLLEGE STAFF AND STUDENTS, November 1923.

1923 年全體員生合照

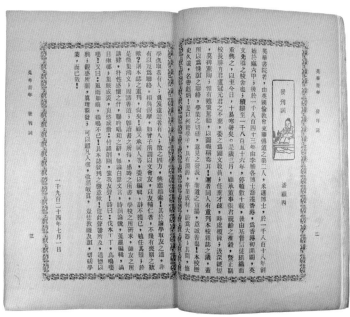

成命，該物業改以公開競投方式出售；[33] 而倫敦母會得聞禮賢會之不滿，亦同意此事將在友好差會間引起極深之誤會，倫魯德遂致函香港倫敦會諸人明言反對，[34] 此事最終作罷。英華自購校舍功敗垂成，對此後校務發展之打擊不可謂不大。

掌校者之離逝來去、校舍之朝不保夕，士氣與成績之低落可以想見，更有當局隨時削減甚至取消補助之威脅。英華復校十年，三端難題，曰校長、校舍、經費，始終縈繞，至斯尤烈。

1924 年秋，英華際此內外交困、風雨飄搖之境，悲觀情緒瀰漫校董會。倫敦會鞭長莫及，代聘校長及西籍教師無着，竟仍堅持腓力士須盡快回廈門，實惠未至，掣肘卻多；政府資助隨時中斷，道濟會堂因籌建新堂（般含道合一堂），可騰出之辦學經費極其有限；雖得輔政司承諾一年內不須遷出般含道校舍，學校依然前路茫茫，舉步維艱。11 月 1 日，道濟會堂大會經三輪表決後議定：停辦英華書院。

1924 年 7 月，《英華青年》復刊，期數由第壹卷第壹期開始，刊物中文名稱不變，英文則改為 *The Ying Wah Echo*。根據 1923 至 1924 年的校務報告，11 月出版了第二期，今無傳本。[35]

左：1923 年教育司署視學報告摘要。教育司伊榮和督學羅富時批評學校的校舍設施、教師質素和學生表現，並警告政府或會減少甚至停發補助金。（倫敦大學亞非學院藏品）

右：1923 至 1924 年校務報告。當中提到般含道校舍的產權糾紛幾乎把英華推倒。37

文獻有此記述：

> 現任校長，又須於十二月中回廈門，而新任校長又未定實誰何，則聘請教員承乏問題，無人負責，按狀萬難開學。蓋無校長，缺教員，而貿然開館者，實笑話也。……故付表決三次，終遂多數贊成暫停。36

同心同德　力挽狂瀾

若非沈維昌校長之堅持，校祚將至此而戛。

當時有教師沈維昌、盧冠元、潘顧西等，不甘多年基業如此坐失，毅然要求接辦英華，過渡至校舍有長遠着落之時。由是學校暫時脫離教會，一切校務由三人肩負，校內制度、設施、人事一仍舊貫，寓傳道於教育之宗旨亦不變，教會與學校就此須互相配合；並協議

一俟計劃中之旺角新校舍建成遷入，辦學權須無條件交還教會。38

1925 年初，路易士與腓力士已相繼離去，雖仍與倫敦會及中華基督教會維持密切關係，此時之英華書院除少數西籍教師外，已成為全華人辦理之非教會中學。年初學生 65 人，不多時已增至 200 人，本因缺乏資源而擬停辦之第三班已然重開。師生同心，堅持理念，成績士氣，日增一日。

基教合一　道臨望覺

校長問題暫時紓緩，渡過校舍難關之方卻晦明未定。

中華基督教會之成立，帶予英華解決校舍問題之希望。先此一百年，幾與馬六甲英華書院創校之同時，美國公理宗教會成立「美國

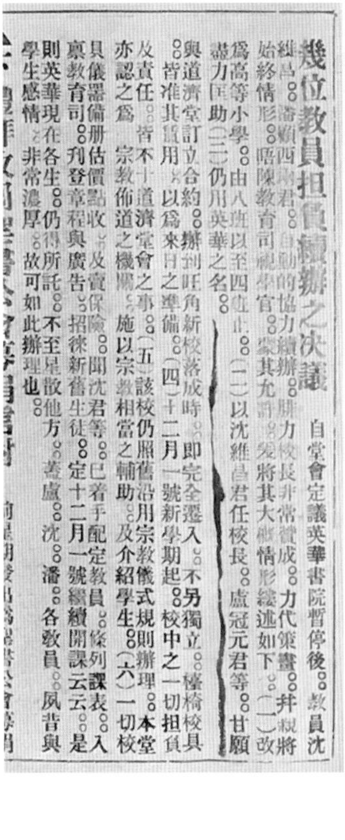

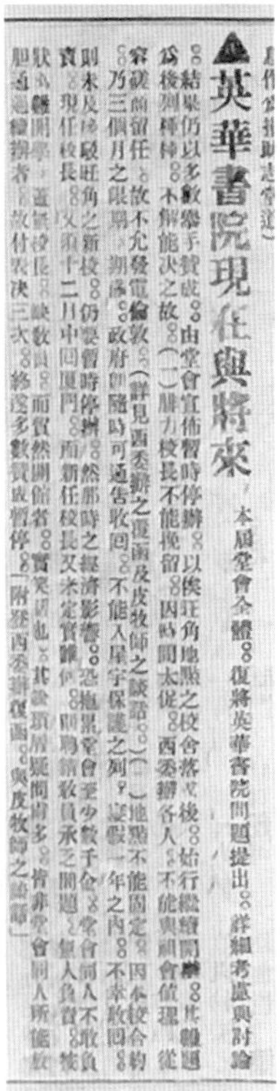

幾位教員担負續辦之決議

自堂會定議英華書院暫停後。教員沈維昌。潘顧西君。自動的協力續辦。腓力校長非常贊成。力代策畫。并擬將始終情形。晤陳教育司副學官。懇其允許。爰將其大概情形縷述如下。(一)改爲高等小學。由八班以至四班止。(二)以沈維昌君任校長。盧冠元君等。甘願盡力匡助(三)仍用英華之名。與道濟堂訂立合約。辦到旺角新校落成時。即完全遷入。不另獨立。檯椅校具。皆准其借用。以爲來日之準備。(四)十二月一號新學期起。校中之一切担負及責任。皆不干道濟堂會之事。(五)該校仍照舊沿用宗教儀式規則辦理。本堂亦認之爲宗教佈道之機關。施以宗教相當之輔助。及介紹學生。(六)一切校具儀器備册估價點收。及賣保險。聞沈君等。已着手配定教員。條列課表。入稟教育司。刊登章程與廣告。招徠新舊生徒。定十二月一號繼續開課云云。是則英華現在各生。仍得所託。不至星散他方。蓄盧。沈。潘。各教員。夙昔與學生感情。非常濃厚。故可如此辦理也。

英華書院現在與將來

本屆堂會全體。復將英華書院問題提出。詳細考慮與討論。結果仍以多數舉手贊成。由堂會宣佈暫時停辦。以俟旺角地點之校舍落成後。始行繼續開辦。其理由[illegible]。(一)腓力校長不能挽留。因時間太促。西委辦各人。不能與[illegible]會值理。從容議商留任。故不允發電倫敦。(詳見西委辦之覆函及皮牧師之談話)。(二)地點不能固定。因本校合約。乃三個月之限期。[illegible]。政府卽隨時可通告收回。不能入屋宇保護之列。設假一年之內。不幸被回。則未及移駐旺角之新校。仍要暫時停辦。然那時之經濟影響。恐拖累堂會至少數千金。堂會同人不敢負責。現任校長。又須十二月中回廈門。而新任校長又未定實確。聘請教員承之問題。無人負責。[illegible]開學。蓋無校長。缺教員。而貿然開館者。實笑話也。其餘瑣屑疑問尚多。皆非堂會同人所能[illegible]繼辦者。故付表決三次。終以多數贊成暫停。「附錄西委辦覆函。與皮牧師之談話」

英華的存廢問題峰迴路轉。根據 1924 年《中華基督教會堂佈告》（合一堂藏品），道濟會堂代表在 10 月下旬仍決意繼續辦學，但 11 月 1 日的堂會全體會議卻議決停辦。消息一出，沈維昌、潘顧西老師即願意以個人名義承辦英華書院，由沈氏出任校長，盧冠元副校長協力襄助。唯學校改為高等小學，由八班減至五班（停辦第三、二、一班），並暫時跟道濟會堂脱離關係，直至遷入正在興建之旺角新校舍為止。39

生先昌維沈長校

沈維昌，俄勒岡大學文學士，
1924 至 1930 年校長。

生先元冠盧長校副

盧冠元，香港大學理學士，
1922 至 1930 年副校長。

公理宗海外傳道部」（簡稱「美部會」），派遣教士往國外傳播基督福音。1883 年，美部會教士喜嘉牧師在香港必列啫士街創立「美國公理會佈道所」（綱紀慎會），傳教以外，兼辦夜校教授英文。1884 年，孫中山在此以孫日新之名受洗歸信基督教。40 1898 年，佈道所購得樓梯街 2294 號地段興建新堂（即必列啫士街 68 號現址），1901 年遷入，取名「美華自理會」。1903 年，翁挺生接堂主任職，翌年得按立為牧師。1912 年，會友集資二萬元，向美部會購回全部業權，改名「中華公理會堂」，成為全華人自養、自治、自傳之中華本色教會。41

1919 年五四運動後，基督教內有識者鑑於國內民族主義情緒高漲，因倡議將基督教會本地化，以洗脫社會上有聲音指西方宗教為帝國主義侵凌工具之詬病。同年廣東省舉行教會合一運動，五大基督教宗派，包括倫敦會、公理會、長老會等聯合組成全華人之「中華基督教會廣東大議會」，42 將基督教事工全然中華化。中華公理會堂（公理會）及道濟會堂（倫敦會）作為當時華人自理教會之佼佼者，順理成章加入成為「中華基督教會廣東第六區會」之一員，前者易名為「中華基督教會公理堂」，而後者於 1926 年遷入位於般含道之新堂時，亦改名「中華基督教會合一堂」。

前此之 1905 年，公理會已開始襄助由基督徒工友成立之「正道會」於旺角華洋織造公司（旺角原稱「芒角」）。歷十多年數度搬遷後，「正道會」發展成福音堂，由公理會堂支給職員薪俸，為「公理堂旺角支堂」。43 區會成立後，道濟及公理兩堂會有意聯同在旺角發展事工，而當時道濟堂在紅磡有堂產「遺愛書室」一座，44 因日久失修，地點又不符所需，故有意將之與政府交換旺角地皮，自建教會，將公理堂旺角支堂遷入。而在籌備興建旺角堂之過程中，英華因購買般含道 82 號失敗，校舍危機忽爾浮現，恐罹停辦之虞，道

濟會堂遂提出將英華書院遷入旺角堂。此策若可實現，則英華可有長遠屬於教會之校舍，一勞而永逸矣。

籌建香港中華基督教會旺角堂（後稱「望覺堂」）委辦新堂委員會於 1921 年 10 月 5 日舉行首次會議，決定以紅磡之「遺愛書室」地皮連上蓋與政府換旺角地 1,500 方呎，另欲購毗鄰之地 3,500 方呎，合共 5,000 方呎建造新堂。政府答允批出土地共 5,360 方呎，除 1,502 方呎乃交換所得外，其餘教會須以每方呎 8 角之價向政府購買，共款 3,086.4 元，條件尚包括規定繳款及建築期限、上蓋價值、樓房規格、批地年期、地稅等，不一而足。籌委會皆一一接納。所需款項，由道濟堂借出 1,000 元，公理堂借出 1,000 元，籌委馬永燦（以先施公司名義）借出 1,000 元，先支付須限日清繳之買地價錢。45

潘顧西，1922 至 1930、1946 至 1947 年國文老師。

其後政府因地點之種種規劃及用途問題多次提出換地指示，最終批出位於弼街與西洋菜街交界處之土地（九龍內地段 1784 號，連操場地共約 12,000 方呎），須建價值 20,000 元以上四層高西式樓宇約 5,000 方呎，限作學校和教堂而不能他用，而由 1924 年 4 月 17 日籌委張祝齡（道濟堂）、翁挺生（公理堂）二牧以信託人身份簽地契起 36 個月內須動工起造，否則地皮或遭當局收回。46

寸步維艱　鐵肩欲折

孰料在此籌備興建之 36 個月內，1925 年 5 月，上海發生「五卅事件」，再引發廣州之「沙基慘案」，中國國內民族情緒高漲。6 月，反帝國主義付諸行動導致直接針對香港政府之「省港大罷工」，其間本港 25 萬工人全面罷工，十多萬人離港回國，中國政府對香港實施禁運。此後一年間，香港內部經濟幾達停頓，百業凋零，商戶倒閉，社會一片蕭條。不問可知，期內旺角堂建堂籌備工作已被逼中止。

大罷工持續一年多始漸止，旺角堂籌委再開會時已是 1927 年 3 月 10 日，張祝齡牧師在會議記錄前有此筆記：

節錄自旺角堂籌建委員會第一次會議紀錄（1921 年 10 月 5 日）。當中講述新堂事工之緣起。

> 1924 至 1926 年中間乃大風潮，港地跌價，曾請求政府准延遲建築，惜旺角堂籌款失敗，不能起造該堂，至一九二七年限期又滿，是以議准由英華在該地建築也。祝批。47

直言之，大罷工後因物價工資等飛漲，旺角堂已經表示不能負擔而放棄獨自建堂，且政府所定之 36 個月期限（見上文）將於 1927 年 4 月屆滿，亦已表態不能延期，倘到時尚未動工，則所批之地勢被收回，而依附在上之一切計劃亦將付諸東流。有見及此，籌委議決由

英華書院在該地建新校舍，建成後兼容旺角堂，籌委會亦改稱「香港中華基督教會旺角英華書院校舍建築兼學務委辦」。

初步估計建築費約 50,000 元，若建宿舍則另需 6,000 元。是時英華有銀行存款 14,000 元，打算多籌 8,000 元。而當時籌委之理解為若達 21,000 元以上，政府曾承諾可對等資助 21,000 元，則 50,000 元之目標不難達到也。至於籌款辦法，決定發行百元債券百張共 10,000 元，預計五年可本息清還；發動學生參與籌募，每舊生 50 元，新生 25 元；又訂立其他籌款之方，包括答謝捐款贊助者之命名辦法等等；由張祝齡撰寫捐冊序文，同時又決議邀請建築商投標建造。[48]

〈中華基督教會英華男書院校舍建築集債小引〉（節錄）曰：

> 我英華男書院之繼續開設於香江也，十四年矣，其間慘淡經營屢蹶屢起。今日乃始實立其基，緣今之新建校址，乃旺角中華基督教會地址，決定營造為英華男書院，落成後以校內禮堂為禮拜堂，而遷現時香港英華書院於其上，由合一公理兩堂選籌建值理數位，顧問兩位，將批准之圖則審定投價興工，明年春間當可完竣，實地喬遷。[49]

建築公司同安號以 52,500 元包價中標，由籌委區斯湛（醫生，前道濟堂長老區鳳墀之子）、吳文軒及翁挺生牧師簽署建造合約；皮堯士、威禮士二牧則專責向政府提交助金之請求。不數月，因同安號未能履行合約條件故，改由謙信公司以工價 42,500 元另材料價 6,305 元承造。[50] 建築委辦又同時擴大架構以加強支援及監督工程責任，由區斯湛任主席，徐慕法副，並在教員中選二人加入。[51]

但最關鍵之政府早前曾答允、達總建造費用近半之 21,000 元助金仍未見端倪。9 月，委辦顧問威禮士及委員尹耀星銜命再向政府當面查詢，得教育司回覆，謂助款雖列於去年預算，然因未有明說之特別緣故，已然取消；若欲再申請，須基於本年之學業成績及視學結果要求列入預算，再行定奪。政府又明言，此後半官方書館之助

▲英華書院募捐結束
英華書院員生為建築新校舍、出發募捐、不過月餘、所募得之款、已//超過額外之勢、聞現定本月廿五號在該校大堂舉行結束典禮、並歡迎各界參觀云、

▲籌建英華書院新校舍出發募捐
英華書院自歐戰能後、乃向政府借得德國禮賓會洋樓一座、嗣款修葺、以為改址、現即合一堂籌建值理、為建築新校舍為永久自立基礎計、在旺角撥地興建、合英華新務生及各熱心家出發募捐、茲查英華書院全校學生、組織募捐特別隊、將現日員生異常踴男、開會演說、並定昨九號下午二時出發、即各員生異常踴男、盡獻而散、

有關籌建弼街校舍的報道 55

金，可免則免，以期節省，故無保證他日再申請時必然批准也。52

陰霾四塞　滄海橫流

於建造工程已然展開之際罹此重創，建校計劃立陷進退維谷之境：若半途而廢，先前之人力物力將盡付流水；若勉強繼續，則資金無着，委辦焦急失望之情可以想像。計算所得，若只建二層雖僅夠辦學，仍需款三萬；若建足四層，則多費數千；以數千之價加換二層，雖前路多艱仍有可取之道也。是以工程不輟，債舉多邊，對象包括區會屬下之各堂、千益會（類似公積金）之存款、集股債券、倫敦會在他處辦學未動之資等，而一律以週息六厘，期以三年後量力本息歸還。53

回說校務。自沈維昌等接辦英華後，學校發展漸趨穩定，學生數目持續增長，課內課外均甚進取。畢業後升讀大學者為數不少，亦有不少放洋升學。課外工作且從校內伸延至校外。路易士在校時期，曾首創一童軍旅，並自任領袖。54 1924 年 7 月，校報《英華青年》重新出版，至 1926 年易名為《英華月刊》。英華青年會（即學生會）十分活躍，積極主辦各類活動，有宗教培育之祈禱會、聖經班、靈修會、及春假傳道團；有智育鍛練之藏書樓、辯論會及國語班；有邀請知名人士蒞校演講，內容包括勵勉、社會福利、宗教、國情等；有派代表參加青年會全國大會；更有籌款興辦夜間義學教育清貧失學少年。負責義學之胡雛鵬同學（後任教於英華，至 1960 年代末始退休）述其緣起：

> 吾國之民生窮乏，人所素知。國內十歲以上之童子，即須出而作工，以維持其家庭之生活，尚焉有餘暇研究學問乎？香港之生活程度，比國內為猶高。貧苦子弟，及工作之少年，更難有

望求學之機會。此輩有心無力之好學子弟，可不協助以成其志哉？此英華書院義務夜校之所由起也。56

憂國憂民，榮神益人，此之謂歟？體育活動方面可足觀者，乃英華膺 1926 年全港高初二級籃球冠軍，始奠學界籃球勁旅之百年傳統。

惟西籍師資之缺乏終不為教育司接受，校長沈維昌亦只有不斷向倫敦會要求代聘文科及格致科教師。1927 年 11 月，沈維昌向校董報告，教育司視學後暗示已無發放資助之希望，亦未同意准許開設第二班。57 兩週後，威禮士帶回與教育司面商之結果：英華須自行興資續辦，期以二年，若屆時切合津貼資格，則助金可據學生人數發放至 20,000 之譜，由督憲決定。58 換言之，政府收回資助建校承諾之餘，辦學之補助亦中止。

斯時英華建校及經費籌募之進程正如火如荼，雖陰霾四塞，阻障橫梗，委辦諸人仍竭誠盡意，協力齊心。1927 年 12 月，債券額已增至 30,000 元，並全面由公理堂、合一堂及英華書院向外勸銷。倫

BASKET BALL.

Victory for Ying Wa College.

By a score of 26 to 16, the Ying Wa College defeated the St. Paul's College at basket ball yesterday afternoon on the Chinese Y.M.C.A. ground. Both teams were previously undefeated. Ying Wa, are the open league champions of 1927, and by defeating St. Paul, they also become champions of the school league as well.

右：沈維昌熱愛運動，積極推動課外活動，帶領英華在校外賽事取得優異成績，尤以籃球最為突出。1926 至 1929 年，我校連續四年獲得籃球賽冠軍。59

左：1925 年，因學校不設高班，故《英華青年》停刊。60 1926 年改為月刊，7 月 1 日《英華月刊》第壹期出版。

1926 年全體生員合照

1926 年英華書院青年會職員合
照

敦會新任駐港代表舒活牧師於此時加入為委辦,維持倫敦會在英華校務之參與。[61] 按是時進度,新校可於翌年年中建成,沈維昌已受命準備遷校。

1926 年贏得香港籃球總會學生聯賽高級組和初級組冠軍,為首間學校有此佳績。

1927 年獲香港籃球總會公開聯賽錦標賽冠軍。

童軍

英華書院的童軍活動肇始於 1924 年。是年初，香港童軍總監華德利牧師來訪，學校不久便開辦了童軍團，編為香港第 13 團，[62] 由路易士老師出任童軍團長，簡文漢和譚劍卿同學分別為第一和第二小隊隊長，[63] 屬當時少數全華人的童軍團。未幾，團長一職由副校長盧冠元接任。成立之初，活動多元化，有旅行、露營，以及織藤、旗號通訊、救傷、護理、烹飪等訓練，[64] 1926 年更贏得「威爾斯太子錦標賽」亞軍。[65] 此外，書院三年間（1924-1926）兩度獲港督來函表揚童軍英勇救人。[66]

1928 年，學校從般含道遷至弼街，第 13 團繼續發展。在 1930 年 1 月 24 日新校舍開幕儀式上，港督金文泰爵士檢閱了童軍。可惜因文獻不足，往後 30 餘年的童軍活動無從稽考，僅知旅團曾一度停辦。

1963 年，學校搬到牛津道。同年 9 月復辦童軍，由卡迪克老師出任旅長。[67] 10 月 23 日取得香港童軍總會註冊，編為九龍第 75 旅，隸屬九龍城區（分別於 1971 年和 2003 年改屬九龍塘區和深旺區）。11 月 23 日舉行宣誓典禮。第一批團員有 18 人，分為老虎、獅子、鷹及貓頭鷹四隊。其後多次改組，演變成今天的海狸、眼鏡蛇、鷹及獅子四隊。1968 年又成立了深資童軍團，2000 年開設樂行童軍團，使 75 旅編制更形壯大。

童軍團隊在每年的畢業禮、水運會、陸運會及聯校運動會中均擔任支援工作。本旅成員自發性高，故顧問老師皆放心讓他們自行營運團務。會社主席、各隊長、副隊長的職位由隊長會議中推舉產生；日常集會、活動和各類校內外服務也多由高年級同學主持。種種共同經歷，培養出濃厚的歸屬感，團員即使離校多年，仍關心旅務發展，甚至擔任義務領袖，教導師弟，如許宗盛（旅務委員會主席）、黃繼兒（旅長）、高志雲（童軍副團長）、蘇家樂（顧問老師）、黃立基（副旅長）、陳岳鵬（樂行童軍團長）、莫至剛（小童軍團長）、范浩頎（童軍團長）、黃冠中（深資童軍團長）等，皆盡心服務母校。

1926 年香港第 13 團團員合
照，攝於般含道校舍。（香港
童軍總會藏品）

1963 年九龍第 75 旅團員合
照，攝於是年陸運會。（黃保
羅校友藏品）

2003 年，書院遷入英華街校舍，同時復辦小學。在校友高志雲副旅長和李永威老師努力下，陸續成立幼童軍團、小童軍團和海童軍團。學校又招募童軍家長擔任領袖，負責訓練工作和籌劃活動。其後在莫至剛老師統籌下，積極發展水上活動、定向活動等戶外技能。各團歷年在總會及區會的童軍比賽中獲得多個獎項，成績顯著。

經歷 55 年的發展，在各校長、老師、校友及家長的鼎力支持下，75 旅目前擁有五個支部，合共十個團，領袖及成員人數約 400 人，為本港最具規模的學校旅團之一。68

2015 年小、幼童軍團年終頒獎禮，攝於英華小學禮堂。

1 王誌信：《道濟會堂史：中國第一家自立教會（1886-1926）》，頁 7。

2 葉深銘：《天道下濟：香港華人自理會道濟會堂傳教事業研究（1843-1926）》，頁 55-56。

3 王誌信：《道濟會堂史：中國第一家自立教會（1886-1926）》，頁 15。

4 〈香港倫敦會道濟會堂牧師長老、省城倫敦會長老致倫敦會函〉，LMS/SOAS.

5 A letter from John Chalmers to Wardlaw Thompson, 18 Jun. 1896, LMS/SOAS.

6 葉深銘：《天道下濟：香港華人自理會道濟會堂傳教事業研究（1843-1926）》，頁 360。

7 張祝齡：〈英華書院四個重要時期史略〉，見《英華書院》，頁 1。

8 Herbert Richmond Wells, "Report of 1909," Jan. 1910, LMS/SOAS.

9 張祝齡：「本校紀事」，《英華青年》第一期，1919 年 7 月 1 日，頁 5。

10 Wells, Annual Report to LMS, 12 Feb. 1915, LMS/SOAS.

11 雅廷頓基金會之創辦人英國慈善家羅拔雅廷頓（1823-1864），曾指定其遺產用於資助藉醫療及教育向亞非大陸宣揚基督新教福音之傳道組織，倫敦會正是它受託機構之一。

12 Arnold Hughes, "The Report of the Ying Wa College (1914-16)," LMS/SOAS.

13 Arnold Hughes, "The Report of the Ying Wa College (1914-16)," LMS/SOAS.

14 Arnold Hughes, "Report on Educational Work in Connection with the Ying Wa College Hongkong, 1916", 30 Jan. 1917, LMS/SOAS.

15 Arnold Hughes, "The Report of the Ying Wa College (1914-16)," LMS/SOAS.

16 Arnold Hughes, "Report on Educational Work in Connection with the Ying Wa College Hongkong, 1916," 30 Jan. 1917, LMS/SOAS.

17 Arnold Hughes, "Annual Report of the Ying Wa College for 1919," LMS/SOAS.

18 英華書院第八週頒獎禮秩序表，1922 年，LMS/SOAS。

19 *Hong Kong Daily Press*, 23 Jan. 1922, p. 2.

20 *South China Morning Post*, 4 Aug 1919, p. 5.

21 Arnold Hughes, "Annual Report of the Ying Wa College for 1919," LMS/SOAS.

22 Hughes, "Report of the Educational work in connection with the Ying Wa College 1916," SOAS.

23 《英華青年》，1919 年 7 月創刊號，頁 3-4。

24 "Ying Wa College, Speech by Colonial Secretary," *South China Morning Post*, 13 Feb 1920, p. 13; Arnold Hughes, "Annual Report of the Ying Wa College 1919," LMS/SOAS.

25 *Administrative Report 1919*, p. 15.

26 劉紹麟：《古樹英華》，頁 51。

27 "Ying Wa College: First Athletic Sports," *South China Morning Post*, 29 Mar 1917, p. 10.

28 Leopold Gordon Phillips, "Ying Wa College, Hong Kong, Report for 1922," 26 Feb. 1923, LMS/SOAS.

29 劉紹麟：《古樹英華》，頁 61。

30 "Obituary: Mr. Arnold Hughes," *South China Morning Post*, 01 Sep. 1922, p. 6.

31 "Government Report for 1923," LMS/SOAS.

32 Gordon Phillips, "College Report for 1922 to the LMS," 26 Feb. 1923, LMS/SOAS.

33 A Letter from Thomas Pearce to Hawkins, 17 Feb. 1925, LMS/SOAS.

34 A Letter from Lenwood to Phillips, 20 Mar. 1926, LMS/SOAS.

35 Gordon Phillips, "Ying Wa College, Hong Kong, 11th Annual Report," 1924, LMS/SOAS.

36 《中華基督教會堂佈告》，1924 年 11 月 9 日，頁 1。

37 Leopold Gordon Phillips, "Ying Wa College, Hong Kong, 11th Annual Report," 1924, LMS/SOAS.

38 《中華基督教會堂佈告》，1924 年 11 月 9 日，頁 3。

39 《中華基督教會堂佈告》，1924 年 10 月 26 日，頁 1-5；1924 年 11 月 9 日，頁 1、3。

40 王誌信：《道濟會堂史——中國第一家自立教會》，頁 30。

41 中華基督教會公理堂網頁（www.ccc.org.hk）

42 也包括同寅會、美瑞丹會（中國基督教播道會之前身）等，《道濟會堂史——中國第一家自立教會》，頁 53。

43 李壽春：〈堂史概述〉，《中華基督教會望覺堂五十周年金禧紀念特刊》（1978 年），頁 6。

44 有文獻記載道濟會獲捐「遺愛書室」之詳情：「緣先兄陳子良光緒十一年時（1885 年）在檀香山西人處做工被他東主西人打傷至死，隨後在港信主兄弟聞知此事，立即修信立追檀香山信主兄弟追其東主西人補回償恤人命銀伍百元，又代追先兄日前各人欠他銀錢連滙水利息共得銀玖百一十元零七毫五仙士……生揭此銀以為起紅磡書館用……遺愛書室……」（陳子良之兄弟劉祥於光緒二十七年五月寫與張祝齡、翁挺生兩位牧師訴苦信中的一小段。）李壽春：〈堂史概述〉，《中華基督教會望覺堂五十周年金禧紀念特刊》，頁 8。

45 校董會會議紀錄，1921 年 10 月 5 日；《整理中華基督教會廣東第六區會會務芻言》，頁 98。

46 校董會會議紀錄，1924 年 10 月 3 日。

47 校董會會議紀錄，1927 年 3 月 10 日。

48 校董會會議紀錄，1927 年 3 月 10 日。

49 藍體恩：〈望覺堂地址的沿革〉，《中華基督教會望覺堂年報》第六期，1933 年，頁 27-28。

50 校董會會議紀錄，1927 年 3 月 24 日。

51 校董會會議紀錄，1927 年 6 月 20 日。

52 校董會會議紀錄，1927 年 9 月 14 日。

53 校董會會議紀錄，1927 年 9 月 20 日。

54 "Editorial," *The Ying Wah Echo*, Vol. 1 No. 1, Jul. 1924, pp. 1-2.

55 〈籌建英華書院新校舍出發募捐〉，《香港華字日報》，1927 年 5 月 11 日，頁 10；〈英華書院募捐結束〉，《香港華字日報》，1927 年 6 月 21，頁 10。

56 胡雛鵬：〈籌辦夜學之回首觀〉，見《英華青年》，1926 年 7 月 1 日，頁 4。

57 校董會會議紀錄，1927 年 11 月 7 日。

58 校董會會議紀錄，1927 年 11 月 18 日。

59 "Basketball: Ying Wah College Wins Both Leagues Maximum Points Scored," *South China Morning Post*, 18 May 1926, p. 11; "Basket Ball: Victory for Ying Wa College," *South China Morning Post*, 26 Apr 1927, p. 7; "Basketball League: Ying Wa College Win Junior Division Unbeaten Record," *South China Morning Post*, 28 May 1928, p. 7; "Basketball: Ying Wa Wins the Junior Division a Sporting Game," *South China Morning Post*, 01 July 1929, p. 6.

60 《中華基督教會堂佈告》，1926 年 4 月 25 日，頁 2。

61 校董會會議紀錄，1927 年 12 月 12 日。

62   Leopold Gordon Phillips, "Ying Wa College, Hong Kong, The 11th Annual Report (1923-24)," LMS/SOAS.

63   *The Ying Wah Echo*, p. 2.

64   《中華基督教會堂佈告》，1925 年 2 月 22 日，頁 1。

65   〈童子軍香港支會週歲大敘會〉，《香港工商日報》，1926 年 12 月 16 日，頁 7。

66   Leopold Gordon Phillips, "The 11th Annual Report of Ying Wa College, Hong Kong (1923-24)"; Shim Wai Chong, "13th Annual Report," 1927, LMS/SOAS.

67   *Ying Wa College School Magazine 1963-1964*, p. 12.

68   〈童軍〉一文由高志雲校友撰寫。

第六章

立基市廛　有教無類

‧‧‧‧‧‧‧‧‧‧‧‧‧‧‧‧‧‧‧‧‧‧‧‧‧‧

百齡老鳳　浴火重生

何妙齡女士（中華基督教會灣仔堂藏品）

踏入 1928 年，英華喜得兩項不菲之惠：2 月，有黃金福先生透過其子黃錫滔醫生購買債券 5,000 元；[1]6 月，何福堂牧師之女、何啟之姐、定例局（後來之立法局）議員伍廷芳之夫人何妙齡女士借出（長期貸款，無訂實歸還年月）10,000 元建校，並年捐 600 元設立「何進善學額」，獎勵十名由學校推薦之英華學生。[2]委辦決議將新校禮堂命名為「何進善堂」，並泐碑銘文，永誌其事，以成全何女士紀念其先君之美意。[3]除此之外，尚有各界聚沙集腋之大小捐款，委辦賬目均一一柱列。

夏天，弼街新校舍已基本建成。英華於 4 月時已通知禮賢會葉道勝牧師將於 7 月遷出般含道 82 號；而新校行將入伙，委辦需增加人數及加劃資金以應對細節如傢俬雜物、水電保險等。6 月，沈維昌以教會學校遠較私人學校容易獲得政府補助，信守當年承諾將英華交回合一（即前道濟堂，1926 年後已改稱合一堂）、公理二堂。因當時中華基督教會廣東第六區會仍未在港註冊，地契只能託合一公理二堂代為簽領。二堂一面授權代表辦領入伙紙手續，一面着手組織英華校董會及起草簡章，又議決續聘沈維昌任校長至學期終結之時。在另一端，公理堂支堂旺角福音堂亦擇日遷入，在英華書院內設堂址，而與英華共用禮堂為崇拜之所，並易名「中華基督教會望覺堂」。

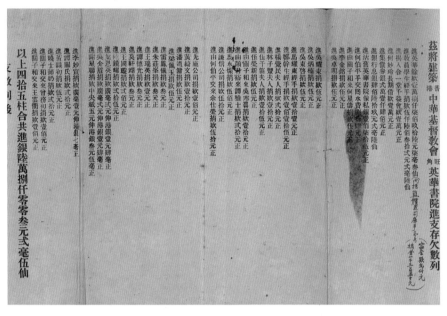
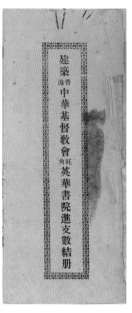

弼街校舍建築收支報告
（節錄捐款和借款部份）

THE BUILDER.

THE NEW YING WAH COLLEGE.

HANDSOME BUILDING TO BE ERECTED ON THE MAINLAND AT MONGKOK.

The new Ying Wah College, which is in course of construction, is situated at the corner of Bute Street and Sai Yeung Choi Street, Mongkok—Kowloon. Messrs. Raven and Basto of Prince's Building are the architects, and Messrs. Yun Tai, the contractors. The building has four storeys, the ground floor being used as an assembly hall, the first and second floors for class rooms and the third floor for dormitories.

Ample teacher's rooms, cloak room and lavatory accommodation have been provided, and all the rooms are well lighted and ventilated. The area covered by the main building is approximately 4,400 square feet and the outbuildings about 800 square feet. The total cost of the work amounts to the sum of $50,000.00.

The Ying Wah College was started by the Chinese Church connected with the London Missionary Society and was assisted by the London Mission for a number of years.

The first headmaster was Mr. Arnold Hughes, who was one of the most earnest and assiduous educators the Colony ever had.

The school opened in 1914, and was housed in rented premises. There were at first about thirty scholars, and at the end of the first year there were seventy scholars on the roll. From this small beginning the present number of 270 has been reached, and the new premises mark a good advance in the matter of accommodation. The school has always been heavily handicapped financially from the beginning.

The past history of the school has been one of severe struggle, and the present is no less so.

Mr. Hughes was called off for service in India during 1917 and 1918 and that was one heavy blow to the management, but when his furlough came and he died on the way home, it was a still heavier stroke. When the Mission was unable to find a successor to Mr. Hughes it was felt that the school ought to be closed, and only the courageous action of Mr. Shira, the present headmaster, saved the school at that time. The Committee has been handicapped by having to face a large debt on a Church for the last few years, which has been aggravated by the strike and boycott. The management had been assured of a building grant from the Government and decided to proceed, only to be once more disappointed when they were informed by the Government some time after they had started that the grant could not be given, at least for the present. They were thus forced to incur a debt of over $20,000. This is perhaps the second most serious blow they have received, the loss of Mr. Hughes being the heaviest.

The present building will have accommodation for over four hundred scholars, and about fifty boarders.

The school has, from the first, been regarded as the successor of the Anglo-Chinese College at Malacca, which was founded by Dr. Morrison more than 100 years ago.

It may be that some philanthropist may wish to do something to commemorate Mr. Hughes or Dr. Morrison. Certainly this school deserves better of the Colony than that it should be left in such a difficult position.

英華書院新校落成

本港般含道八十二號英華書院、現有校址非常狹小、而入學者日多、幾至晉者有向隅之嘆、故該校校董及校長、爲普及教育面謀擴充起見、特在九龍旺角弼教道舊署、右鄰建築新程乙座、現在經已竣工、該校地點適中、交通便利、空氣充足、教室宿舍之設備、均極完美、能容學生五百餘名、寄宿生七十餘名、現該校已於七月十六日放假、聞將於九月一日在該新校考驗新生、三日開課云、

有關弼街校舍竣工的報道 4

弼街校舍大門上顯示建築年份的半球體裝飾（望覺堂藏品）

1928 年 9 月 12 日之委辦會議首次在「旺角英華書院」舉行。此時英華已重新由教會按教育司制度辦學。又收倫敦會來函，聲言可提供由該會支付全費之西籍教師一至二位，則更增委辦之信心，積極打算下年度增辦至第一班（當時學制，第一班乃最高班，畢業後可進大學）。

遷入新校後，諸事漸具規模，委辦開始着手處理清還債務之方法，並要求倫敦會起草辦學章程。翌年 1 月，建築委辦功成身退，結束運作，核清賬目後，將財政及學務正式移交書院校董部。斯時政府當局確認英華已復辦，惟助金仍缺；校舍建築地皮 A 段 6,200 方呎所有權可歸英華，比原先大 800 多方呎，多出之地以 1,200 多元買訖，而相連之 B 段 5,890 方呎乃政府批出屬學校球場用地，不作他

1928 年 4 月 12 日，校舍建築兼學務委辦議決學校改名為「中華基督教會英華書院」。新校名寫在校舍西壁上。

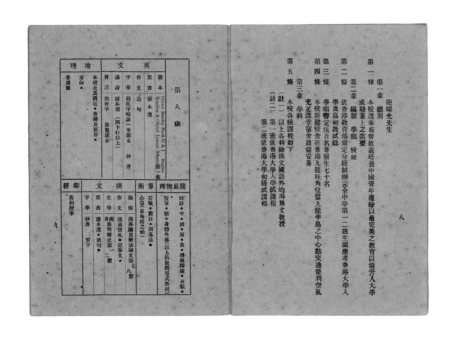

1929 年招生簡章，介紹學校歷史、教職員、課程、規則等。

途，日後若有變遷須歸還政府。

1930 年 1 月 24 日，弼街新校舍正式開幕。開幕禮結合當年之頒獎日同時舉行，由港督金文泰爵士（1925-1930 年在任）主持，並由何妙齡女士頒獎。校報《英華青年》有如此記述：

> 上午十一時，先請金督檢閱本校第十三旅童子軍，次由威禮士牧師授匙金督親行開門禮，主席區斯湛醫生及校董等人率眾入大堂，齊立唱校歌，翁挺生牧師祈禱，威牧師詳述校史，金督演說，大意力讚校董辦學的精神，雖未得政府津貼，而成績駸駸日進，希望早點得到政府的勉助。校董張祝齡牧師答詞，致謝金督正榮陞星洲，行色匆忙，尚惠駕臨，真是本校光榮，說到辦學過去的苦況，全人悽惻動容。最後由舒活牧師祈禱散會。5

有為有守 功成不居

校董會章程訂定，校董中 14 人由中華基督教會自立堂會選派，其中

左上：《英華青年》，1930 年 4 月出版，封面圖畫
名為《進步》，校友譚麗天創作。1928 年青年會曾
出版《英華季刊》（今無傳本），後因資源匱乏，
1929 年停辦，1930 年改為年刊，分中英兩冊出
版，今只有中文版存世。

左下：戰後早期校簿

右：1930 年 1 月 24 日，港督金文泰主持弼街校舍
開幕典禮。他在演說中提醒辦學團體，在學校聘得
足夠教師前，別奢望開辦高中和重得政府補助。6
圖為金文泰演辭節錄。

OPENING OF A NEW COLLEGE.

HIS EXCELLENCY'S WARNING AGAINST EXCESSIVE AMBITION.

ADEQUATE STAFFS A NECESSITY.

His Excellency the Governor (Sir Cecil Clementi, K.C.M.G.) opened the Ying Wah College building at Mongkok yesterday morning. In the course of his speech he referred to the danger of attempting to conduct an Upper School without adequate staff. Brilliant results in public examinations were only commendable if at the same time the rest of the school were adequately provided for and efficiently conducted. It was only on such conditions, His Excellency said, that schools could be recommended by the Education Department for assistance from public funds.

Excessive Ambition.

I must, however, warn the school authorities against excessive ambition. There is room in this Colony for good schools without the three senior classes and, subject to funds being available, there is room for such schools on the grant list. Attempts to conduct an upper school without an adequate staff have handicapped more than one private school in this Colony, because such efficient staff as is available concentrates on the preparation of boys for the Local Examinations, for which very few of their pupils enter and most of the entrants fail, while the equally important lower and remove classes are ignored.

The Education Department has to cater for a large number of boys and girls who have to leave school before the Junior Local

stage; and brilliant results in public examinations are only commendable, if at the same time the rest of the school is adequately provided for and efficiently conducted. It is only on such conditions that schools can be recommended by the Education Department for assistance from public funds.

I have thought it necessary to speak quite plainly on this subject, both in the interests of the Ying Wa College itself and of other schools in the Colony. But you must not think that I in any way undervalue the devoted and excellent work which is being done in this school. On the contrary, I have come here to-day partly because I wish to show the interest taken by the Hongkong Government in schools which are not at present on the grant-in-aid list, but which are strenuously endeavouring to prove themselves worthy of a place therein.

旺角英華書院學生基督教青年會全體職員合照 一九二九年

何乃謙君　李擎亞君　黃炳霖君　李加勤君　簡而明君　曾友于君
蘇偉強君　林標元君　關肇頤君　沈維昌先生　曾昭復先生

1929 年基督教青年會職員合照

合一、公理兩堂各派五人，其餘四人由兩堂代表擇才而當；兩人由倫敦會選派；兩人屬宗教團體或個人；一人為外務顧問；校長當然列席而無投票權。校董會內職員（正、副主席，書記，司庫）由校董互選產生；並設「執行委員會」，由該四名職員、校長另加三名校董組成。

校舍既竣，重點遂轉回校務。據 1929 年之招生簡章所載，當時八班全開，學額 500，宿位 70，教職員 21 人。[7] 此時倫敦會同意提供薪津代聘英籍教師一位，英華只需負擔其住宿。1930 年 7 月，沈維昌為使學校較易重得政府補助，再倡聘英籍校長之前議，並以英華之基礎已固，自感適時，提出辭呈。他當年力挽狂瀾，肩負續辦英華之重責，提之於水火，置之於衽席。今功成而不居，以學校之長遠利益為先，毅然引退，讓賢與能。有所為有所節，長為師生表率。校董會極力挽留未果，邀為校董。[8] 沈維昌其後轉職友邦保險。

沈維昌去後，由盧冠元暫主教育、及新近入職為教師之舊生傅世

1930 年高中畢業證書（凌三華
哲嗣凌貝利先生藏品）

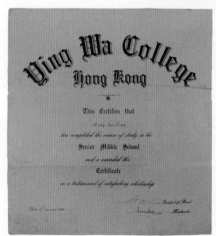

左：1932 年畢業證書（黃恩榮
哲嗣黃德安校友藏品）

右：1932 年學校重獲政府補
助，但僅第八至第四班受助。
表格顯示首學年的補助金額。9

Chapter IX.

EDUCATION AND WELFARE INSTITUTIONS.

Table showing number of schools and scholars for the year 1932.

CLASS OF INSTITUTIONS	GOVERNMENT SCHOOLS		GRANT IN AID AND SUBSIDIZED SCHOOLS		UNAIDED SCHOOLS	
	No. of Institutions	On Roll	No. of Institutions	On Roll	No. of Institutions	On Roll
ENGLISH :—						
Secondary,	4	2,347	13*	5,861	10	160
Primary,	11	1,759	1	210	106	5,027
Vocational,	1	632	...	...	...	...
Total,	16	4,778	14	6,071	116	6,687
VERNACULAR :—						
Secondary,	1	251	4	1,118	...	...
Primary,	...	...	295	20,005	614	31,978
Vocational,	2	205	1	130	...	...
Total,	3	456	300	21,253	614	31,978

Total No. of Institutions 1,063
Total On Roll 71,228
*This includes Ying Wa College whose primary department receives a Grant-in-Aid.

仕暫主校務以待新校長。11 月，盧冠元亦請辭獲准。英華向倫敦會
表示欲聘舒活牧師為校長，而商得沈維昌暫代以候答覆。10 翌年 1
月，倫敦會同意舒活暫任英華校長，一年為限，11 期間英華應積極
於本地尋覓華人校長作長久計，而先前所承諾之西籍教師仍是只聞
樓梯響。

舒活暫掌英華（1931），年內數啟新猷。為使入讀人數保持穩定，
英華決定次年起開辦小學，校長仍由舒活兼任。小學收讀 8 至 12 歲
男童，由一至四年級，以銜接相等於高小之第八班。因寄宿生自然

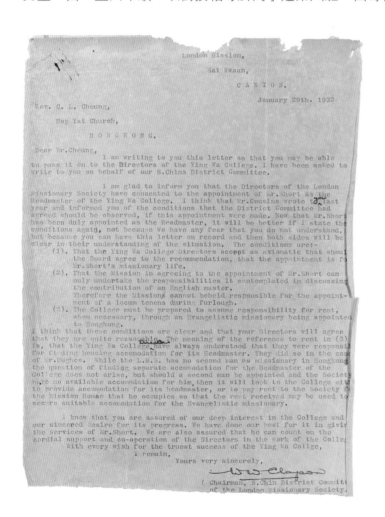

1932 年 1 月 29 日，倫敦傳道
會致函張祝齡牧師，應允舒活
牧師可長期擔任英華校長。

舒活校長

減少可騰出課室，及在禮堂東西二角各劃一室，適足以容納增加之學生。又以學生紀律及學習散漫，重訂並切實執行校規，以整飭內外校風。10 月，教育司視學，建議保留本因經費不足而欲取消之數理科，以利學生晉身大學，整體報告評為滿意，有望重獲政府補助。12

梧枝新固　高惠重臨

舒活暫代校長之一年期轉瞬屆滿。前此半年，校董會已修函倫敦會要求明確委任他為正式校長，而舒活本人亦樂意留下。13 1932 年 1 月，倫敦會終允所請，確認舒活為其出資差派之英華校長，但住處須由英華負擔。9 月，政府重發補助金年約 10,000 元與第四至第八班，並允借出具大學師範資格之教師一位，校董亦再函請倫敦會代多聘一西籍教師。14 英華於 20 世紀初復校至斯幾近 20 年，校長、校舍及經費諸端難題方始基本紓緩，可集中資源改善學務。

自 1932 年舒校長正式接任後，英華經常學生約三百之譜，宿生數十；學生應考入大學試合格人數稍優於他校；校際籃球比賽在 1934 年仍是冠軍；國語、漢文比賽第一。校內則擴充實驗室；更首有全校學長（即領袖生長）之職，以帶頭整頓學風。學費及宿費收入穩定，亦薄有餘資徐還建校之債。

1933 年初，倫敦會代聘之一名英籍教師到職，惜甫來即請辭求去。幸而不久倫敦會所差之替任即至：鈕寶璐於是年 9 月履新，教授化學科，兼任舍監。15

與此同時，因英華在禮堂加劃小學課室而引起望覺堂對校舍管業權之質疑，經合一、公理及中華基督教會根據 1927 年之協議，釐清並獲各方一致接受：弼街英華書院校舍為中華基督教會廣東第六區之公產，惟因後者尚未正式向港府註冊，不能持有物業，故暫由張祝齡、翁挺生二牧以個人名義代管，俟他日區會成為法定團體後始

1931年學界籃球冠軍照

1931年第三班乙歡送劉鎮疆先生（關珍江哲嗣關烱承先生藏品）

1933 年高中畢業師生合照（黃
恩榮哲嗣黃德安校友藏品）

1934 年 5 月全體員生合照（徐
珠海哲嗣徐兆華先生藏品）

1937 年預科班師生合照（張雲槎哲嗣張詩聖校友藏品）

鈕寶璐校長

正式移交。16 業權既定，校董會授意舒活致函港府，申請撥回當年承諾而從未發放之 21,000 元建校助金。未幾政府回覆，謂英華須清還何妙齡借出建校之 10,000 元及望覺堂須遷離，方可提此要求，因政府助建者是學校而非教會，17 但補助學額可多發以惠及一、二、三班之 90 名學生共 3,600 元。18

此後數年，舒活仍任校長，而鈕寶璐則在前者休假時署任。教育司視學報告迭有佳評：「校舍合格，儀器優美，教員合格，管理妥當，教授極佳」，19 補助亦終致全面。當資源比較充裕時，當局要求學生入學時檢驗體格及視力，並加入體操課為必修，學校亦遵從無誤。20 1937 年初，倫敦會以英華校務已上軌道，欲調舒活回掌宣教事工而以鈕寶璐或另一英籍教師腓力士取其一繼任校長。校董會商討後，決接納鈕寶璐為新校長，薪津仍由倫敦會支付。張祝齡致倫敦會委辦函云：

> 頃知貴委辦會傳達總部意旨，急欲將舒牧師調回原任，主理宣教事務，聞命之下，雖私心萬分難捨，但迫於情勢，不敢不含淚割愛，允其退職。所幸續蒙總派贈現任舍長鈕寶璐君代任校長，並惠薪金，則蕭去曹來，仍資倚畀，五中稍得慰安。21

而時任教員之麥協和老師多年後有此記述：

> 鈕寶璐先生原為本校教員兼舍監，熱心教育，師生感情融洽，故校務發展殊速，成績蒸蒸日上。22

鈕寶璐於 1938 年 6 月正式繼任英華校長，他上任前休假期間仍由舒活代任，其後舒活以校監名義，主理宗教事務，而鈕寶璐真除校長後遷離英華，舍監由容啟賢副校長兼任。1940 年，宿舍因宿生已大幅減少而停辦。同年，接受政府之新補助計劃，嗣後學費收入如不敷支付辦學所需，一切虧欠由政府撥足。23 翌年，小學亦得政府

助金每年 1,000 元。24

戰劫餘生　百廢再舉

1941 年 12 月，太平洋戰事爆發，香港淪陷，被日本佔領長達三年零八個月。鈕寶璐校長因屬英海軍志願後備兵員，以戰俘身份被囚於深水埗集中營。英華校舍為日軍徵用，先是憲兵，後為下水道部隊，其間師生星散，設施蕩然。1945 年 8 月，戰事結束，香港光復，校舍回屬英華，惟除建築物尚算完好外餘物一無所存。鈕寶璐自集中營釋出後因身體羸弱須返英休養，舒活牧師委派胡雛鵬老師為復校主任，麥協和、萬威、鄭沛誠及黎綽如諸老師協助奔走，四出購置及向中華基督教會各友堂商借課室傢具，英華卒可於同年 11 月 1 日復課，由容啟賢副校長及倫敦會之潘頓牧師先後攝理校務，直至 1946 年鈕寶璐回任。容啟賢後來有此憶述：

> 本人奉委為校長。當時英華校舍，除四壁外，一無所有，乃約同熱心復校之教職員多人，通力合作，事事從頭做起，百計張羅，慘淡建設，雖設備簡陋不堪，然教學精神，始終無懈。本人不以學子暫得求學之所為滿足，更念傳統之優良校風，亟宜保持光大，以符合基督意旨，乃懸「篤信善行」四字為校訓。25

政府之特別戰後援助，加上學校堂費之收入及倫敦會之助金，足資彌補淪陷時之損失，故復員後之英華發展頗見蓬勃。且倫敦會表示已聘得二教師來港，只待住宿安排妥當即可上任。26 數年之間，憑藉政府和倫敦會各有資助，以及後者蠲免一筆戰前之貸款，27 財務收支已可平衡，且有餘資清還建校時之千益會借貸。學校之組織漸趨完備，校舍設施改善，教師及學

LOCAL EDUCATION.

Grant Made By Board To Ying Wa College.

DIRECTOR WELCOMED.

The new Director of Education, Mr. G. R. Sayer, B.A., presided over the 92nd Meeting of the Board of Education which was held on Tuesday, June 12. Others present were the Senior Inspector of English Schools, (Mr. A. R. Sutherland, M.A.,) the Senior Inspector of Vernacular Schools, (Mr. Y. P. Law, B.A.,) Rev. Fr. G. Byrne, S.J., PH.D., Captain P. S. Cannon, M.A., A.E.C., Mr. H. B. L. Dowbiggin, O.B.E., Sir W. W. Hornell, KT., C.I.E., M.A., LL.D., Mr. Li Tsz-fong, Very Rev. A. Swann, D.S.C., and Hon. Mr. S. W. Tso, O.B.E., LL.D.

Hon. Mr. S. W. Tso on behalf of the Board welcomed the new Director of Education.

The Report of the Medical Officers of Schools for March and April, a copy of which has been sent to each member was laid on the table.

The following resolutions were carried unanimously:

(a) "That the Grant Code be amended by substituting for Art. 45 (B) 'The admission fee for the examination specified in Article 36 will be refunded by the Government'."

(b) "That the Board recommends that a Grant according to the approved scale be made to Classes 1, 2 and 3 or Ying Wa College, the enrolment to be limited to 90 boys, and asks that provision of \$3,600 may be made in the Estimates for 1936."

1934 年 6 月 12 日，教育委員會議決補助英華書院第三至第一班。28

香港學生賑濟會派員晉省獻旗余總司令 並分訪各救護機關餽贈藥物

香港學生賑濟會，為與廣州各救護團體，及各大機關聯絡，以便供給藥物，進行救護工作，特由副主席林家樑、中英文書記石百恒、蒙民說、香港聯常委總務何敏佳等四人，于二日晨東安輪晉省，調查各大救護團體、轉贈藥物，並向余總司令漢謀獻「保衛華南」旗幟，藉表香港學生對余總司令竭力保衛華南之意，此行將順道訪問省市學聯合，以資聯絡，該會此舉，將得英大之牧德，而香港學生之救亡運動，又踏入一新階段矣，又該令復對于岡內農村民衆，仍有來藥明瞭者，故特乘樂安優前內，派同學二隊，出發下鄉宣傳訓練與組織民衆，授以戰時學識。

前已去月卅日下午六時乘庚九車出發，目的地為中山、台山、江門一帶，第二隊由英華書院莽德商學院集合而成，亦于前(二)日下午六時出發，目的地為順德之陳村、大良、容奇等云。

生人數穩步增加。校董會遵從政府按補助學校則例逐漸改組，引入社會知名人士，及由校友會薦一人加入。

1950 年，張祝齡牧師於服務合一堂 40 多年後榮休，亦並辭任英華書院校董。30 他初始致力推動英華復校，於其後之艱辛歲月中，自校董會及教會之上層維持學校運作不墜。其在籌建新校舍、聘用校長、遷校等事務均盡拋心力，全情以赴。堅毅不拔，擇善固執，鞠躬盡瘁，功在英華，長為後學景仰。1953 年，鈕校長報告校董會，英華參加政府之公開考試成績優良，為歷屆之冠。

英華學生於世紀初之西半山時期已在校內成立基督教青年會，更藉此出版學生刊物《英華青年》。其後經歷學校因戰爭而停辦之變故，復員初期此學生組織已然式微。1950 年代中，當校務已重上軌道之時，學生活動乃重新組識。1954 年，「英華書院基督徒團契」成立，先以組織課外宗教活動為起點，逐步擴展至涵蓋社會福利事宜（如為那打素醫院籌款、慈惠捐款、一碗米運動等）、社區服務（籌辦夏令義學、進而有學生家訪等）及每年之聖誕晚會。31 運作數年，諸事漸見順暢，遂於 1960 年將組織提升成為「英華書院學生會」。學生會於 1960 年 12 月 20 日舉行宣誓就職禮晚會，鈕寶璐校長贈

勉詞，並邀得友校英華女學校、喇沙書院、循道中學及真光中學之代表參加。首屆會長為李錦祺同學，由中學部之學生選出。初期學生會下設基督徒團契、文學、科學、福利、體育及音樂六個分會，32 自此與時俱增，至日後牛津道新校時數目已逾倍。

校務方面，學生人數漸增，學位已供不應求。英華地處九龍旺角，入讀者幾全為就近居住出身草根之平民子弟。鈕寶璐校長本有教無類之辦學宗旨，原意盡量收讀，惟限於容量，故通過入學試已頗見

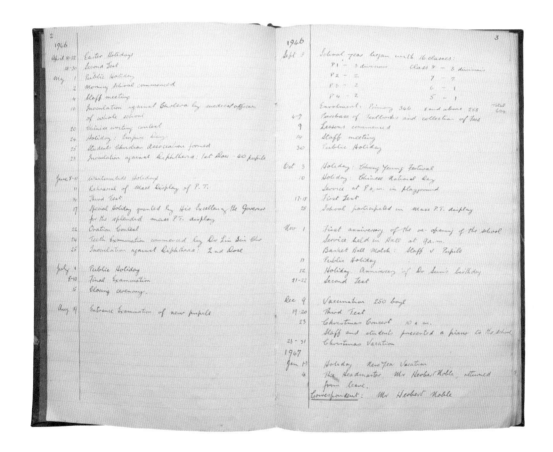

鈕寶璐校長日誌。日誌記錄了1945 年 11 月 1 日至 1963 年 7 月 12 日書院和小學大小事情。

爭競，誠非易事也。1950 年代中，英華書院乃一所由小一至大學預科 13 級全開之中小學，幼童沖齡入學，完成英華提供之 13 年教育後已可晉身大學，或以預科生資格投身社會矣。

1955 年，政府頒新教育政策，要求全港之中學與小學分開辦理。中小學合辦於同一校舍之英華，再次面臨社會需要，須改弦更張，接受政策變易之事實。

左：戰後早期初中畢業證書
（羅銘江校友藏品）

右：戰後早期成績表（董挺根
校友藏品）

1955 年 8 月 1 日，師生代表前往澳門省視校祖馬禮遜牧師之墓。

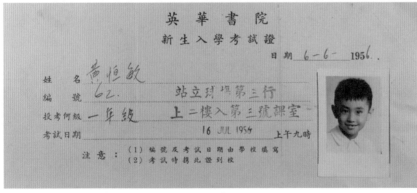

1956 年小一新生入學考試證
（黃恒敏校友藏品）

1951 年中五畢業班合照（黃
兆榮校友藏品）

1953 年男女英華聖誕舞會（李
鴻祥校友藏品）

上：1950 年代運動會
下 1960 年代初籃球隊（左）；
1961 年陸運會老師 100 米競賽
（右）。

1950 年代初陸運會獎牌（李鴻
祥校友藏品）

左：1950、1960 年代陸運會獎
牌和獎盃（陳世豪校友藏品）

右：1950、1960 年代班際球類
比賽獎牌（毛錦權校友藏品）

馮鼎《形聲字典》

馮鼎，又名鼎調、思禹、思異，廣東台山人。1932 年起任英華書院漢文主任，後轉職諸聖中學，著作包括《形聲字典》、《部身字典》、《漢字辨原》、《說文解字新編》等。

作者在《形聲字典·自序》講述了編著緣起：「比年息影香江，任英華書院漢文主任，每覺學生字音多訛，字畫字義多誤，口示手批，糾正維艱。夫學生非無字典也，以便於檢查者，難得音讀之準標故也。余嘗因學生讀殂字瞻字之紛歧，檢齊凡從且聲之字廿餘，從詹聲之字十餘，列書黑版，若者平聲，若者上聲去聲入聲。某屬某韻，某是某義，互相比對，一目瞭然。」他有見傳統字典之不足，乃萌生改進之念頭，授課之餘，研究新法，「歷時五載，易稿者三」33，編成《形聲字典》，於 1937 年 6 月由香港英華書院和廣州中國瓷相公司發行。

本書雖名為《形聲字典》，但收錄的不限於形聲字。其最大特色是他自創的「朮字檢字法」。他參考「朮」字的筆順制訂筆劃編號，即橫 1、直 2、撇 3、曲 4、點 5（凡趯作撇 3，捺作點 5）。每個合體字先剔除部首，餘下部分（作者稱為「幹字」）依筆順取首四劃編為四位檢號，不足四筆者以 0 補足至四位。以「詹」字為例，首四筆是撇、曲、橫、撇，故檢號為 3413。凡從「詹」的合體字如儋、幨、憺、擔、澹、檐、膽、蟾、贍、簷等，剔除部首後的檢號也是 3413，皆列於「詹」之下，各自標音釋義。標音以反切為主，偶有直音和聲調，並標注詩韻韻目。取音大致參考中華民國讀音統一會 1913 年議定的「國音」。字義多用文言文解釋，精闢簡練。

馮鼎老師

《形聲字典》把同從的字並列而排，讀者可透過比對數字知悉音義，釐清筆畫。同類作品並不多見，古有清代朱駿聲的《說文通訓定聲》，近有郭書謙的《字的形音義》，這些作品補充了傳統按部首或韻部排字的字典的不足，很有參考價值。34

《形聲字典》

校徽沿革

伍步雲老師（1905-2001），廣東台山人，香港著名油畫大師，1946 至 1964 年於本校任教美術科。子經元、緯元皆為校友。

英華自 1818 年奠基以來，已達 200 年，其間資料和文物不斷散佚。現今可見最早的學校標誌，出現在一幅 1920 年的師生合照（圖1）。相中的最後方豎立着一支旗幟，旗上有一個由 Y、W、C 三個字母重疊而成的標誌，而 Y、W、C 正是英文校名「Ying Wa College」的簡稱。在 1922 年 1 月第八屆頒獎禮場刊上，也印有一個由 Y、W、C 重疊而成的圖案（圖2），唯排列方法跟前一個迥異。相信這類圖案就是復校初期的「校徽」。

戰後，容啟賢副校長為鼓勵同學恪守基督意旨，乃懸「篤信善行」四字為校訓，[35] 並請美術科伍步雲老師設計新校徽。校徽由彩帶、火炬、聖經，以及 Y、W、C 三個字母組成，聖經和彩帶分別寫上「英華」和「篤信善行」。伍老師哲嗣伍緯元校友憶述其父設計校徽的經過：「當時父親負責設計，記得在家中他有談及圖樣、中英文選用的字體、大小、及顏色等細節問題。經過校長和同事們審議，最終就是現

雖有了新校徽，但由 Y、W、C 交疊而成的圖案仍多用於校內運動比賽，直至 1960 年代為止。

在的校徽。掛在弼街校舍禮堂正中的校徽是半立體的。父親將這工作交給了他的一個雕塑家朋友蔡利安先生。蔡先生是美國留學回港的雕塑家。……如果沒記錯，校徽是雕塑後，用石膏倒模再上色的。」[36] 此石膏校徽（圖3）最初懸掛在何進善堂的講台上，至今已有 60 多年歷史，今懸掛在英華街校舍的大堂外。

這校徽尚有一個兄弟版，分別不大，只是後者的「篤信善行」移至聖經上，而彩帶則寫上「英華書院」（圖4）。兩款校徽曾同時使用而各司其職，例如金屬校章、官方信紙、成績表等為前者，校服布章、牛津道校舍外牆等為後者。到了 1960 年代，學校才統一採用後者。[37]

一九二十年香港英華書院全體師生合影

圖1：1920年全體師生照

THE EIGHTH ANNUAL

PRIZE DISTRIBUTION

of

The Ying Wa College

held in

The Y. M. C. A. Hall

on

Saturday, January 21st

1922.

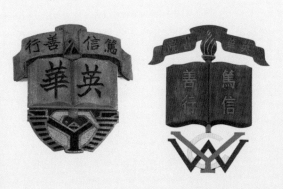

圖2至4：左起為1922年第八
屆頒獎禮場刊；懸掛於弼街何
進善堂的石膏校徽，以及懸掛
於牛津道鈕寶璐堂的木校徽。

「一碗米運動」

有關募米運動的報道。41 英華書院多次取得募米冠軍。

由香港基督教學生團體聯合會主辦的「一碗米運動」，是 1950 年代頗具規模的聯校慈善活動。38 它的前身是「募寒衣運動」（1951-1952），當合適的舊衣都傾囊而來後，便改為募米活動，盼望為貧苦者送上幾餐飽飯。

首屆「一碗米運動」於 1953 年 12 月舉行，目標本為募集 10,000 碗白米，結果籌得 20,000 多碗，39 舉辦初年，參與同學邀請親友直接捐出白米，1957 年加入現金籌款，善款用來購買白米、紙袋和支付各種費用。委員會把一碗白米定為四

兩，折合現金兩角。同學拿着捐摺勸捐，結果籌得 9,126.75 元和 2,629 斤白米。為求派米過程順利，同學會預先向有需要人士送上米券，視乎情況給予一至兩張，請他們於指定日子和地點憑券取米。每張米券可換白米五斤。區區數斤米當然解決不了長遠問題，但至少能送上一點關懷，同時喚起大眾對貧窮問題的關注。40

英華同學積極參與「一碗米運動」，又勸捐，又派米。每逢派米日，校園內外總會熱鬧上大半天。但並非次次順利，例如 1960 年 12 月 26 日，持米券的市民在校門外大排長龍，因部分人爭先恐後，引起糾紛，須由警員勸喻和維持秩序，方能繼續。

1962 年起，英華再沒有參與聯校「一碗米運動」，改由學生會福利組自行籌辦「聖誕派米活動」。舉辦首年，同學便籌得善款 4,000 多元，

他們購買了 9,000 餘斤白米，分派予附近 1,400 戶貧困家庭。往後兩年，善款分別增至 6,000 多元和 11,000 多元，為更多貧苦家庭帶來溫暖的聖誕。「聖誕派米活動」一共舉辦了兩屆。1965 年，學生會議決籌辦慈善賣物會，自此我校再無舉辦募米活動。42

1961 年一碗米運動

左：有關 1964 年聖誕派米活動的報道 43

右下：1959 年一碗米運動

學生會

第二屆學生會內閣就職典禮
（1961 年）

我校學生會的前身是「基督教青年會」。基督教青年會成立於 1919 年，是英華書院最早的學生組織之一，所有職員皆由學生協商產生，包括會長、副會長、司庫、書啟、書記、庶務等職；下設德育部、智育部、體育部和交際部（後改名群育部），各有部長和副部長。青年會活動種類繁多，如歌詩班、查經班、播道團、祈禱會、辯論會、迎新會、運動比賽，以及出版學生刊物等。1954 年青年會改名為「基督徒團契」。

1960 年 10 月，一些高年級學生向校方提議成立「學生會」，為同學提供各式各樣的課外活動。經鈕寶璐校長和老師商議批准後，籌組工作隨即展開，包括制訂學生會憲章、安排選舉、到教育司署註冊等。根據憲章，學生會定名為「英華書院學生會」，其宗旨有四：一、供給學生個人性格發展的機會；二、培養同學間友愛的精神；三、為各同學的福利服務；及四、培養同學間互相合作的精神。書院全體中學生均為會員，每人須於上下學期初各繳納一元作會費。

學生會主席選舉於 11 月中舉行。候選人先發表政綱，然後由中學部學生一人一票選出。最終由初六級李錦祺當選，他再自行籌組內閣。44 首屆內閣名單如下：

主席：李錦祺
副主席：陳嘉祥
秘書：鄭德華
財政：林達材
助理財政：周拾三

學生會就職典禮於 12 月 20 日晚上舉行，邀得真光女書院、英華女學

校、喇沙書院和循道中學的學生代表出席並致辭。學生會職員宣誓一幕，標誌着我校課外活動新的一頁。

學生會創立之初，其下分設基督徒團契、文學學會、科學學會、音樂學會、體育組和福利組，各有主席一人，皆由中學部學生選出。往後陸續加入各式各樣的組織，以滿足不同同學的口味。

艾禮士先生真徐校長後，積極推動課外活動。他鼓勵同學按志趣成立不同組織，讓大家各展所長；又建立了五社、學生議會（由各屬會主席組成）和班長議會等，使校園生活更添色彩。

1973 年，學生會停辦，各會社則繼續運作。1975 年 9 月復辦學生會，內閣實際領袖改稱執行秘書，由鄧志明出任。45 翌年，學生會改組，內閣八人循不同方法選任：46

學生會復辦初年，一直處於摸索階段，舊的憲章已棄用多時，新的憲章卻尚未訂立，致使內閣的架構和

1975 年學生會內閣選任方式		
	職責	選任辦法
主席	只在內閣開會時任主持，並無實權。	由領袖生長兼任
執行秘書	內閣實際領導人，監察校內活動，召開會議。	由學生會選舉產生。先由初六三班同學推選十名候選人，十人各自進行競選活動，再由中三或以上同學普選出五人，五人自行分配職務。
財政	負責金錢往來及分配	
學術文化組組長	籌辦活動，並分別統理其屬下各會社。	
福利服務組組長		
文娛康樂組組長		
體育運動組組長		由校方委任
班聯會代表	收集各班意見，向學生會提出。	全校每一班派出一名代表，再由這些代表推選出一人進入內閣。

1970 年首次出現女閣員

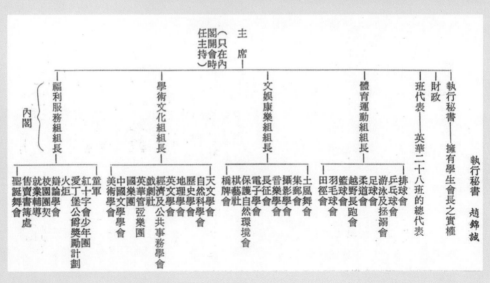

1976 至 1977 年學生會架構圖

47

閣員職權變動不居。到了梅浩濱校長年代，出現突破性發展。1979 至 1980 年內閣訂立了學生會會章，自此閣員的權力和責任便有規可依，組織也漸趨完善。48

內閣的實際領袖正名為會長，他與副會長、內務秘書、外務秘書、財政、文化秘書、宣傳秘書、康樂秘書和福利秘書，皆由全體學生一人一票選出。體育組長和學生報《火炬》總編輯則由學校委任。領袖生長不再兼任主席，改為當然閣員。

此外，成立學生代表議會取代班聯會代表。議會成員包括閣員、學會主席和各班代表，擁有最高決策權力，仿照代議政制中的國會。楊寶坤校長時期，再加入五社社長和音樂總監（後改稱音樂組長）等。自此，學生會的組織和制度大致穩定下來，往後 20 餘年皆沿此格局發展。49

早期學生會就職典禮誓詞：

I promise to be loyal to the Students' Association at all times and to be honest and faithful in the performance of my duties as an official of the Association so that its objects may be achieved.（本人承諾時刻效忠學生會，以誠實、忠信之心履行學生會職員之責任，使其目標得以達成。）

目前學生會就職典禮誓詞：

I promise to be loyal to the Student Council at all times and to be honest and faithful in the performance of my duties as an official of the Council. I also promise that I will always put the good of the school above my own personal interests. So help me God.（本人承諾時刻效忠學生會，以誠實、忠信之心履行學生會職員之責任，並保證學校福祉凌駕個人利益。上帝作證，謹誓。）

上：採用超過 20 年的學生會內閣襟章（毛錦權校友藏品）

下：目前使用的學生會會徽，由 1994 至 1995 年內閣設計。

1　校董會會議紀錄，1928 年 2 月 20 日。

2　根據方榮康校友再翻閱學校賬目後推斷，何妙齡並非每年另捐 600 元，而是將 10,000 元貸款應收之年息 600 元轉成「何進善學額」獎勵優異同學。

3　校董會會議紀錄，1928 年 6 月 25 日。

4　"The Builder: The New Ying Wah College Handsome Building to be Erected on the Mainland at Mongkok," *South China Morning Post*, 18 Apr. 1928, p. 9；〈英華書院新校落成〉，《香港工商日報》，1928 年 7 月 17 日，頁 12。

5　〈新校舍開幕典禮誌錄〉，見《英華青年》，1930 年 4 月，頁 174。

6　"Opening of a New College: His Excellency's Warning against Excessive Ambition Adequate Staffs a Necessity," *South China Morning Post*, 25 Jan. 1930, p. 12.

7　*Prospectus of Ying Wa College, Hong Kong*, 1929, pp. 5-8.

8　校董會會議紀錄，1930 年 7 月 30 日。

9　*Administrative Report*, 1932, p. 29.

10　校董會會議紀錄，1930 年 11 月 13 日。

11　校董會會議紀錄，1931 年 1 月 21 日。

12　校董會會議紀錄，1931 年 10 月 9 日、1932 年 5 月 6 日。

13　校董會會議紀錄，1931 年 7 月 6 日。

14　校董會會議紀錄，1932 年 9 月 28 日。

15　校董會會議紀錄，1933 年 9 月 18 日。

16　校董會會議紀錄，1934 年 2 月 5 日。

17　校董會會議紀錄，1934 年 5 月 16 日。

18　校董會會議紀錄，1934 年 7 月 16 日。

19　校董會會議紀錄，1937 年 2 月 4 日。

20　校董會會議紀錄，1935 年 12 月 9 日。

21　校董會會議紀錄，1937 年 1 月 7 日。

22　《英華書院校刊 1964-1965》，頁 28。

23　校董會會議紀錄，1940 年 5 月 8 日。

24　校董會會議紀錄，1940 年 10 月 9 日，1941 年 7 月 30 日。

25　容啟賢：〈告英華同學書〉。

26　校董會會議紀錄，1948 年 6 月 28 日。

27　校董會會議紀錄，1952 年 7 月 16 日。校董會曾於 1941 年向倫敦會低息借貸 15,000 元，用以歸還先前以較高息借入合一堂及千益會之款項，以減輕利息支出。

28　"Grant Made by Board to Ying Wa College," *South China Morning Post*, 14 Jun. 1934, p. 8.

29　〈香港學生賑濟會派員晉省獻旗余總司令〉，《香港工商日報》，1938 年 2 月 4 日，頁 11。

30　校董會會議紀錄，1950 年 11 月 23 日。

31　*Ying Wa College School Magazine 1959-1960*, p. 10.

32　*Ying Wa College School Magazine 1960-1961*, p. 14.

33　馮思禹：《部身字典・序》。

34　「形聲字典」一文由呂沛聰校友撰寫。

35　容啟賢〈告英華同學書〉，《英華書院校刊 1967-1968》，頁 9。

36　伍緯元校友憶述，2017 年 5 月 29 日。

37　〈校徽沿革〉一文由張家輝校友撰寫。

38　「香港基督教學生團體聯合會」由香港男女青年會，以及多所學校的基督徒團體合辦，但它並非「一碗米運動」的先驅，也有其他組織舉辦此活動，如中華基督教奮興會、

基督教大專學生公社等。

39　〈從募寒衣到一碗米〉，《華僑日報》，1957 年 12 月 7 日，第 3 張第 1 頁。

40　〈一碗米運動報告〉，《華僑日報》，1958 年 1 月 9 日，第 4 張第 1 頁。

41　〈一碗米運動，獲米七萬碗〉，《香港工商日報》，1957 年 12 月 18 日，頁 6。

42　〈一碗米運動〉一文由盧宇軒校友撰寫。

43　"College's Charity Operation," *South China Morning Post*, 23 Dec. 1964, p. 6.

44　李錦祺校友訪問紀錄，2017 年 2 月 18 日。

45　鄧志明校友訪問紀錄，2017 年 11 月 1 日。

46　《火炬》第 11 輯第 5 卷，1977 年 8 月，頁 5。

47　《火炬》第 19 輯第 1 卷，1976 年 11 月，頁 2。

48　陳耀強校友訪問紀錄，2017 年 10 月 20 日；張永成校友訪問紀錄，2017 年 10 月 21 日。

49　〈學生會〉一文由張家輝校友撰寫。

第七章

十年淬礪　鋒穎欲脫

命立身移　佳址再遷

英華書院弼街校舍自 1928 年啟用以來，至 1950 年代中已近 30
年。其間經過香港淪陷、學校停辦、校長被囚、師生星散、校舍被
日軍徵用之滄桑歲月。和平後雖已復校，但建築物及設備已漸見殘
舊。而二戰和中國內戰後，本地出生及從內地遷港之人口均快速上
升，致對初等及中等教育之需求日形逼切。旺角既屬平民區，區內
人口之增長、加上因應社區需要之商住樓房建築亦導致學習環境變
得不理想：嘈雜、擠逼、街頭犯罪等問題在在影響在學之青少年，
學校為藏修息遊處所之理想條件已日漸消失。再者 1950 年代中時
港府教育司頒例要求中小學分辦及後者再分為上下午班，兼容中小
學之弼街校舍已遠遠不敷應用。尋求建設新校的概念於 1955 年 4
月 26 日的校董會上首次提上議事日程。經討論後，當日議決由鈕
寶璐校長與教育司商討申請土地建築新校舍，[1] 並於 5 月 31 日之校
董會會議成立由鈕校長作召集人之籌建新校小組。[2]

教育司的回應正面而迅速。政府首先建議兩幅土地供選擇：其一是
京士柏（近九龍華仁書院）政府宿舍（今為私宅京士柏山）之石堤
下。是地時為花圃，需大量填土高至與地平齊，及築護土石壆以防
山泥崩瀉方可建校舍上蓋；其二是九龍塘根德道鐵路旁（今為九龍
真光中學校舍）。該處時為布匹晾曬漂白之用地，除或需建一石壆
與鐵路分隔外，地盤尚算整齊平坦。1955 年 7 月 6 日校董會全盤接
納籌建小組之推薦，選擇九龍塘地段作新校舍。[3]

但不旋踵變化已生。1956 年 5 月教育司稱九龍塘地段因有法律問題暫不能批出，因而另提九龍塘牛津道及劍橋道間約 60,900 方呎之土地以供申請，其中 42,000 方呎可作建校之用，餘地可建教員宿舍。4 但此撥地申請經大半年仍未批准。至 1957 年春鈕校長報告或可向政府申請撥出九龍塘蘭開夏道東側之地段作建校之用，校董會遂於是年 4 月去函當局請求批出。5 此後兩三年，英華與政府多番磋商下，卒獲批蘭開夏道與火石道之間的 B 地段，6 並於 1960 年 11 月 21 日接收土地，建新校工程於焉全面展開。

弼街校舍本稱「中華基督教會旺角英華書院」。自落成以來，按教會安排兼容英華書院辦學及望覺堂堂址。現今英華欲再建遷九龍塘新校，則校董會冀望弼街之舊校舍可售予望覺堂自辦小學，所得之款可供建新校。經與望覺堂磋商，及中華基督教會香港區會同意後，雙方達成協議以折讓價 400,000 元（專業估價 520,000，望覺堂還價 350,000，卒價 400,000 成交）由英華書院將地皮連上蓋售

左：1962 年，一艘美國軍艦訪港，停泊於汲水門。英華師生從尖沙咀乘坐駁艇登艦參觀。相片背景為艦上戰機。（蔡本讓校友藏品）

右：1962 年籌建新校舍募捐摺

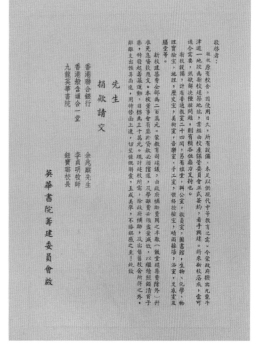

敬啟者：

　　敬啟本院原有校舍，因使用日大，所有設備，未足以供現代中學教育之需。今蒙政府撥出九龍牛津道一段校產為新校建築地址，需經由校產經營委員會正式簽約，著手興建。

　　適合需要，就欲解決樓梯問題，附有樓梯各依盡力支持也。

　　新校擬室、地理、歷史室，二十四間，另有禮堂、圖書館、生物室、化學、物理實驗室、音樂室、美術室、手工室、晴雨操場、體格檢查室、浴室、大禮堂、膳堂等。

　　新校建築費凡全部為二百萬元，蒙教育司建議，由政府補助建築費用之半數（微堂建築費豁免）准息資助金。本校資事會有鑑於此，盡量義款清償眾子弟，特發起募捐運動，目標現款三十萬元，現計建校所需，除政府補助及捐款補助外，及出售舊校舍所得之外，尚望賢達樂捐贊襄，用特登報上達，切望熱心慷慨，玉成美舉，不勝感之至。此致

先生　捐欵請文

　　　　余兆麒先生　香港聯合銀行
　　　　李貞明牧師　香港般含道合一堂
　　　　艷寶霖校長　九龍英華書院

英華書院籌建委員會啟

與望覺堂，另加球場地皮價 40,000 元。[7] 主要附帶條件為望覺堂允許英華書院繼續使用現址直至新校落成遷入之日止，而其間不收取任何租金。[8] 舊校舍之問題圓滿解決後，籌集建造九龍塘新校舍經費之步伐隨即開始。

經費來源往往是英華書院困難之所在。建新校舍總共需款 2,028,000 多元，除出售弼街舊校所得、政府津貼，以及由中華

左：1962 年 6 月 10 日牛津道
校舍奠基典禮

右：校董會歐炳光主席主持奠
基儀式

1963 年 10 月 4 日，港督柏立
基為牛津道校舍揭幕，並在嘉
賓名冊簽名留念。

基督教會香港區會作保證人之政府貸款 560,500 元（免息，分 11 年攤還）外，[9] 英華須負擔 530,000 多元，而倫敦會則資助 45,000 元。[10] 校董會委任鈕校長為籌款小組召集人，向社會、校友、在校師生等舉款 300,000 元，再加學校歷年儲備，終於勉強湊足所需，新校舍可於 1962 年動工興建。

上：牛津道校舍

下：牛津道校舍首天上課日照

1960 年代初免費學位申請表

積極煥發　朝氣蓬勃

1962 年 6 月 10 日由校董會主席歐炳光主持奠基後，再過一年，1963 年 5 月，新校舍終於在英華管理層、教會、師生、家長、校友、教育司及社會各界期待之下建成，並於 5 月 21 日取得入伙紙，[11] 5 月 27 日正式上課。[12] 牛津道英華書院校舍於 1963 年 10 月 4 日由香港總督柏立基爵士主持開幕典禮。[13]

新校佔地 43,000 方呎，樓高四層，有課室 24 間，及美術、地理、音樂等專用教室，化學、物理、生物及自然實驗室各一，佔一層整整一翼之學生圖書館，另有講學室、糾察生室、學生會室等。地下有校務處、校長室、男女教員室、醫療室等。大禮堂連閣樓可容納全校千名員生。體育設施有室內運動場及兩個室外籃球場，另有學生食堂、練習簿售賣處及海外教員宿舍等。比昔日面積只及八分之一的弼街舊校分別何啻天壤。

英華於 1963 年初夏搬進期待已久的新校舍。身處優美的環境，嶄新的校園，闔校師生無不有積極煥發、朝氣蓬勃的感覺。擴大後的空間和遠為完善的設施，對學生在功課內外的發展均大有裨益。而加大了的容量，使是年秋季新學年開始時學生及教師均有相當數目之增長。1963 年 9 月的英華書院有中一中二各五班，中三三班，中四中五各二班，各科教師共 40 人。英華於 1962 年後已停收小一學生，[14] 所以至 1963 年秋在新校的小學只有小三至小六四班。至翌年 1964 年秋季，遵教育司新政策，小學完全停辦。為使學業授受不輟，小四至小六全體學生連教師均被安排轉到彩虹邨之中華基督教會基華小學下午校，[15] 而此後逐年憑校內特別考試優先取錄或升中試自選升讀英華書院中一。[16]

鈕寶璐校長自英華搬進旺角弼街校舍時，1930 年代初以教師身份來校，其後擔任校長，經歷香港淪陷、被囚集中營、復校、籌劃至遷進新校舍等大事，服務英華已逾 30 年。其間他鞠躬盡瘁，帶領學校走過最艱難的歲月。校董會為紀念鈕校長對遷新校之貢獻，特將牛津道校舍之禮堂命名為「鈕寶璐堂」。17 鈕校長篤信基督，仁厚謙恭，律己以嚴，待人以寬，孜孜誨人，有教無類，18 廣受教育界及社會尊重。1964 年夏，鈕校長年近花甲，雖未達告老之齡，因健康不佳故，申請提早退休，於是年 6 月乘搭輪船退休歸國。校董會委任前一年由倫敦會差派加入英華為文史科教師的艾禮士為署理校長。19

鈕寶璐校長於 1964 年夏天退休回國。至為憾者乃天不假年，鈕校長回歸英國家鄉後不久即一病不起，於是年 12 月 27 日安息主懷。鈕校長一生貢獻英華，克盡心力，信守主道，榮神益人，今遽然長逝，良堪惋惜。誠如容啟賢副校長悼文中所言：

> 先生為虔誠之基督徒，其接物行事，一本基督精神，即有道之聖品人，不過是也。對於教學，能循循善誘，無論智愚，均熱誠教導，以身作則，務求進德修業，日將月就。英華建

1963 年，我校在學界丙組籃球賽榮獲冠軍。此為二戰後英華首度在學界比賽奪魁。

Death Of Mr Herbert Noble In England

News has been received from England of the death of Mr Herbert Noble, former Headmaster of Ying Wa College, and member of the London Missionary Society.

He died soon after reaching England on retirement leave on Sunday.

Mr Noble joined Ying Wa College in 1933 as a senior master and succeeded the Rev F. Short as headmaster in 1936.

He was a member of the Education Board for many years and was awarded the OBE for his work. He had also taken an active interest in charitable activities of the London Missionary Society and of the Church of Christ in China.

Mr Noble served as a naval volunteer during the war and was interned in Shamshuipo.

有關鈕寶璐校長辭世的報道 22

立，凡百有餘年，先生長校，為時最久，歷三十一年（一九三三至一九六四）；在任期間，良多建樹，勞苦功高，人所共見，英政府之錫以 O.B.E. 勳銜，社會人士之衷誠愛戴，良有以也。

余嘗謂先生丁年去國，皓首而歸，畢生從事教育，為中國人之良師益友。將來退休之後正可本其長久教學經驗，著書立說，造福人群；或以其瞭解之遠東事物，對祖國作多方面之貢獻；今一旦溘然長逝，實為人間一大損失，則唏噓抱憾者，又豈一二人而已乎？20

陳新替序　破立適時

艾禮士校長年富力強，風華正茂，有與時俱進之思維和熱誠。他在 1964 年接掌正思重拾朝氣，再展新猷的英華書院，除要求升讀大學人數與年俱增外，更鼓勵學生課餘時積極投入課外活動。他提倡成立更多的學術及興趣學會以擴大學生之參與面，又廣增體育活動之選擇範圍，務求每名學生皆有發揮課外天份之機會。是以不同的學會如雨後春筍般創立，由之前的 7 個增加至當時的 14 個，而此後更年有所長。一時大部分學生皆有一至數個學會或體育隊之員籍，參與之踴躍未之前有。頗值一提的是流行音樂樂隊之成立。其時英國樂隊「披頭四」風靡全球，時下青年亦紛對流行音樂產生興趣。校長鼓勵學生自組爵士樂隊並由學校斥資購買樂器，而平素保守的英華校園間見蓄長髮、攜結他之流行音樂愛好者，足見艾校長兼容新舊之胸懷。

翌年（1965），艾禮士真除校長職。21 9 月開課時，艾校長首次引入社制，以加強學生在課外活動健康競爭之公平性。其法是將全校學生在每班內隨機分成五組，每班之五組結合他班之相應組別，稱之為「社」，而冠以英華書院校史上代表性人物之名字，而各有其社色：於是有綠色之「馬禮遜社」、紅色之「鈕寶璐社」、藍色之「何福堂社」、黃色之「米憐社」，以及棕色之「梁發社」。全校學生遂

縱向分成五社，每社在全校各班俱有代表社員，其年齡、能力、功課內外之長短等亦大致相當，將前此以班級分、而因年齡學歷有異而導致之不公平情況消除。各社均由學生自治，各有社長、書記、財務、體育隊長等。教師亦分成五組，各屬一社，其中五人分任五社主任，以輔導及監察學生自理社務。嗣後所有動（運動）靜（文藝）比賽俱以社際出之，而競爭之氣氛及學生之投入程度亦有前所未見之熾熱。

各項課外活動都以學生會透過轄下各學會舉辦，而自是年始學生會亦有超過一名候選人競逐，以全體學生一人一票方式選出會長，由後者自行組閣。為使學生對社會運作有初步體驗，艾禮士校長特意鼓勵各候選人舉行競選活動，容許拉票，並開放校園予各競選團隊張貼海報標語，選舉氣氛由是變得熾熱。投票日乃在全校學生期待中來臨。[23]

艾禮士校長

另一項該年度內之新猷是英華校報《火炬》之創刊。這是繼遠在 40 多年前本校學生刊物《英華青年》後由學生自行採編印發之中英文期刊，集校聞報道及文藝創作於一身，廣受校內學生歡迎，校外人士亦給予甚高的評價。

賴廉士夫人頒授文憑和獎項

1965 年 12 月 2 日，英華重舉戰後首次之週年頒獎日，邀得香港大學前副校長賴廉士爵士為主禮演講嘉賓。是年之學業成績亦有長足進步，畢業生進入大學之比例為百分之六十。24 從旺角弼街鈕寶璐校長之蓽路藍縷一磚一石，過渡到牛津道艾禮士校長之十年淬礪穎脫一朝，英華學生見證母校正穩步康莊，重漸崢嶸，無不感到有苦甘與共的榮幸。

1966 年 2 月 5 日，英華舉辦了一次慈善賣物會。此為是屆福利學會之議決以代替傳統的「一碗米運動」，俾能得更多善款，使受惠者更多更廣。賣物會內容包括發售遊藝券，抽獎券及換物券等，並邀得古柏夫人（前香港小姐杜約克）任開幕嘉賓。這是英華舉辦此類慈善活動之首次，反應十分理想，共籌得善款近 29,000 元，分別捐助了數個慈善及非牟利機構。

1966 年 10 月，英華首度舉行水運會。此為社際比賽，假九龍仔游泳池舉行。英華素來注重並專長的是陸上運動，水上運動乃新嘗試。經過兩日之賽程，米憐社勇奪冠軍。嗣後水運會每年舉行。尋且英華成立游泳隊，參加校際賽事，並在 1970 至 1971 年度獲得名次。

慈善賣物會

上：1966 年，米憐社勇奪首屆
水運會社際總冠軍。

下：1966 年，鈕寶璐社奪得陸
運會社際總冠軍。

左：1966 年 12 月 23 日社際話
劇比賽，何福堂社以「兄弟」
一劇奪得冠軍。

右上：1968 年，梁發社奪得水
運會社際總冠軍。

右下：推行社制後，同學各歸
屬一社，體育服也印上社名。
（黃恒敏校友藏品）

容啟賢先生自 1920 年代畢業英華後，於 1930 年回歸母校任副校
長，在協助英華戰後從只餘四壁的弼街校舍中復課時，首樹「篤信
善行」為英華之校訓。英華籌建牛津道新校期間，容先生首約教職
員自行按月捐款協資。至 1964 年容先生本已屆退休之齡，但因剛
新遷校舍，而鈕校長亦於是年退休，由艾校長署任。為協助新舊校
長順利交接，容先生遂允鈕校長之邀留任副校長數年，至 1968 年
夏該學年結束時始正式退休。25

沉浸醲郁　含英咀華

自創校以來，英華實如名副，為英文學校亦同等重視中文。即港督

柏立基爵士於英華牛津道新校舍開幕禮致詞時所言「學習英語之急切需要，當可理解，惟因學習英語而忽視或擯棄可由研究中文而獲得之文化與哲學傳統及道義精神，實屬至愚之事，余所喜者，即英華書院現仍重視中文之真正價值，並注意中英文兩科。」26 艾校長為堅固此一傳統，破格委任中文科陳耀南老師繼任副校長。陳耀南甫上任即主催成立中文學會，並勉以「承英華之傳統，振大漢之天聲」之學會以至學校宗旨。1968 至 1969 學年成立之中文學會舉辦了多屆社際中文十項比賽，從低年級起提升學生對中文之興趣。27 陳耀南加上中文科老師陳其相、陳炳星及李家榮，譽稱「英華三陳一李」，均才高學富，盡心盡力。此數年間，英華在高級程度會考（即當時的大學入學試）中文科取得之優異成績為全港英文學校之冠。

英文教育方面，則外籍英語教師顯著增加。一則引入外國之教育方法，增進全校師生之國際視野；二則聘用英語為母語者教授英語，可收事半功倍之效。外籍教師已不囿於英籍，美、南非、紐、澳均有。28 又基於此一理念，及因本地大學學位之不足，艾校長鼓勵畢業學生走出香港，升學外國，並大力推薦其往美加英各大學。故自六七十年代起，留學外國之英華學生明顯增多，其中更不乏世界著名之學府。

1965 年 2 月 17 日，男女英華雙雙晉身由《虎報》、麗的映聲主辦的「校際常識比賽 Right You Are」決賽，最終我校獲得亞軍。

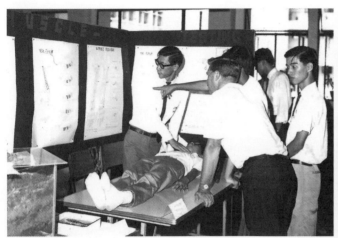

左：1968 年 9 月 19 至 21 日，
學生會舉辦校慶科學展覽會，
共 11,083 人次前來參觀。
右：1968 年容啟賢副校長榮休
（容啟賢哲嗣容應麟校友藏品）

SUNDAY POST-HERALD, OCTOBER 6, 1968

College celebrates 150th anniversary with science display

YING Wa College in Kowloon recently celebrated its 150th anniversary.

A science exhibition was held to mark the original founding of the college.

During the three-day exhibition, more than 11,000 visitors, mostly students from other schools, packed the show.

More than 200 exhibits were on display, made mostly by students in forms three to upper six. They spent most of their free time in assembling the exhibition.

The pupils showed the workings of electronic counters, voting machines, simple lie detectors, electronic burglar alarms and musical instruments.

In the chemistry section of the display, pupils showed how invisible ink was made, the new artificial silk was formed, illustrated the principle of the Davy Lamp, and how foam from a fire extinguisher was made.

In the geography section, the boys drew graphs showing Hongkong's imports and exports, showed the formation of different kinds of lakes, reservoir and its uses, and the formation of different kinds of land features.

The principal of Ying Wa, Mr T. Dee, said: "I was amused that the students by themselves and on their own initiative could conceive plans and carry through such a large project."

A Ying Wa College student patiently explains to two visitors (above) the intricacies and fascinations in biology, at the biology section of the Ying Wa College Science Exhibition. At the Chemistry section, visitors wait for the results of an involved chemistry experiment.

有關 150 週年校慶的報道 29

告英華同學書

容啓賢

英華書院乃本港最早設立之英文學校，由於宗旨純正，與乎歷任校長及職教員之努力，日在成長與進步之中，本人自一九三零年入校，任副校長，曾竭棉力為前任校長舒活牧師及鈕寶璐先生之助，迄今凡三十八年。其間經歷，有足述者，茲當退休在即，謹憑記憶所及，略陳一二，以資話別，料必為關心本校者所樂聞也。

乃在一九六四年，本人依例及期退休，適值前任校長鈕寶璐先生去任返英，切囑暫行留校，為新校舍建設致力，乃如命留任，今經多時，諸事就緒，此時引退，公私方面固無負也。

本人長養於宗教家庭之中，對基督教義，久受薰陶，如何學主榜樣做人，如何達成在地若天之理想，深深以為非從事教育不為功，故早年即有獻身教育為青年學子服務之志，任職以來，朝乾夕惕，力求不負初衷，人所共知，教育以德學兼修為主，然兩者之間，尤以品德為重。修學而不修德，可能憑藉才智以濟其姦。故自膺重任，即以敦品勵行與諸生相勸勉，形成純謹好學之優良風氣。社會人士，交口稱善。

當時一校之內，儼若家庭，同事如家人，師長如父兄，學生如子弟，均能推誠合作，輕易克服，雍穆一堂，可稱盛事。豈知好景不常，於一九四一年冬，太平洋事變，突然而來，十數日間，港九淪陷，百年老校，一旦蕩然，此最令人深致感喟也。當時鈕寶璐校長，以久困集中營後，身體不適，需回國休養，本人奉委為校長。

至一九四五年，第二次世界大戰結束，香港光復，英華亦乘時復校。當時英華校舍，除四壁外，一無所有，乃約同熱心復校之教職員多人，通力合作，事事從頭做起，百計張羅，慘淡建設。雖設備簡陋不堪，然教學精神，始終無懈。本人不以學子暫得求學之所為滿足，更念傳統之優良校風，乃懸「篤信善行」四字為校訓。本人對於處世行事，均本基督教義，有生以來，多所受益，未敢自秘，樂於公開也。

後來國內政變，來港人口日增，就學者衆，鈕寶璐校長亦精神康復，回校主持，由於原日校舍狹小，未足以應近代教育之需，擴建校舍乃屬必要。本人乃首先約同教職員，自行按月捐獻，隨圖大規模向各界募捐，務求成功。後經政府撥地及貸款，乃成立建校委員會，積極進行，歷時多載，新校卒底於成。從此班級增加，設備完善，學子受惠不淺，而吾人亦可稍盡天職矣。

現今英華書院根基穩固，此當然有慚於經始者之努力，語云：「莫為之先，雖善不彰；莫為之後，雖美不傳」。今後此校應如何展進，有教育之責者，將有適當之致力與表見，則以近今社會風氣敗壞，青少年意志未定，容易誤入歧途。在學諸子，亟宜認識基督真理，同時身體力行，庶無負校祖馬禮遜博士創校之本旨及前人建設之苦心。為感謝神之恩賜，為紀念建校者之功勞，為完成美好之人格，「篤信善行」校訓，務祈恪遵無違，發揚光大，永保不替，諸生勉之！

容副校長榮休時撰寫的《告英華同學書》

海南立校　百五十年

1968 年，為英華書院自 1818 年於馬六甲創校之 150 週年紀念，學校於是年舉行一連串的紀念活動。9 月 19 日，學生會主辦科學展覽會，由港大署理副校長兼化學系主任潘恩教授主持開幕，一連三天招待同學、校友、家長、別校學生及其他校外人士等逾萬來賓參觀此籌備年多、包含科學各分組如物理、生物、化學、數學、電子及地理等科目之展品之盛會。這是首次由同學構思、籌劃、設計及締造展品、宣傳及安排之展覽會，在艾校長鼓勵及大力支持、老師卓越指導下取得超過預期之佳績，獲得參觀人士之一致好評。

11 月 11 日為 150 週年校慶日，學校邀得香港署理總督祈濟時爵士、教育司簡乃傑、警務處長伊達善蒞臨主持慶典，由署理港督頒獎及

致辭。他在演詞中呼籲中學生應自釋於從年輕時代常陷入無所作為之沉悶，以服務為職志，達致助人悅己之目的。[31] 艾校長於校務報告中透露是屆中學會考及高級程度考試成績為歷來之最佳，而晉身大學之人數亦為有史以來最高。

敦厚樸拙　也解溫柔

英華曾在不同階段有暫收女學生入讀之事例。早在 19 世紀學校遷港之初、「英華書院公會」時期，曾收納七名女生，在校舍內另闢一室上課（見第四章）。至 20 世紀二戰後，在潘頓牧師暫主校政時，英華曾收讀數名女生，[32] 包括副校長容啟賢之女容應勤，以及當時教師鄭佩誠之女鄭莉莉。大抵因戰後教育資源匱乏，可正常運作之學校不多，潘頓特為教職員女兒提供上課機會之權宜做法，到鈕寶璐回任時告終。

至艾禮士主校，於 1969 年秋季，英華招收頗具數目之一批女生入學，為開始男女同校教育政策之新嘗試，由大學預科首年（初六）起辦。前此，艾校長早委任英文教師何恩德為副校長，專責女生事宜。他在是年之校務報告有以下之一段：

150 週年校慶日

1960 年代領袖生校樓校章（毛錦權校友藏品）

收讀女生之意念固佳，我卻不敢掠美（事有明證，女生為我校之珍，相偕切磋，實是美事），本校之新任副校長何恩德老師是首倡者。我際此再向何老師致謝，她不但導引我們暢順轉至男女同校，在其他多方面給予英華之協助更是無價。33

對此，何恩德在一次訪問中有以下的憶述：

艾校長問若英華收預科女生，我可不可以主理關於女生的一切事宜。我說可以，唯一條件是學校要給我很大的辦事自由度。他毫不猶豫地答應。其後果然信守諾言，放手讓我處理。34

首年入讀之女生文科班 11 名，理科班 3 名。英華百五十年的男校傳統已根深蒂固，今遽然加入女性，且夕同學，同班以至全校男生莫不有異樣之自省，乃努力調節言行，以符紳士之道。而艾校長早已就此訓勉學生，誠如當時在初六理的梁志昌校友（1969）記述：

值得一提的是我校在這一年開始收錄女生入讀預科班，女生由何恩德副校長統籌，而中六理科班也有三名女同學。艾禮士校長在上課或課外活動時，都會提點我們這班大男孩對女士要有基本的男士風度，例如讓女生先行就座、男生在街上讓女生行近商舖而自己行近路旁等。這些小節對我們這班在男校成長的波牛，可算是一種簇新的體驗，也對我們日後出來社會工作大有幫助。35

英華女生雖只辦了四屆（1969 至 1972 年。最後一屆女生於 1974 年畢業），但實在培育了一批畢業後直接或經大學投身社會服務香港的時代女性，對 1970 年代後世界性之男女平權進程亦算有所貢獻。至於在英華就讀期間，因由青年男女日夕交往而產生之蜜運甚或成就姻緣，亦已不在話下矣。何恩德於是學年終結時（1970 年夏）離職，轉任中華基督教會協和書院校長，英華女副校長之職由李錫韞老師接任。

1969 年 9 月，學校來了十多位女生，男同學的言行舉止明顯收斂起來。有同學以漫畫反映當時情況。

1969 至 1970 學年，校長把飯堂交由學生營運。20 多位同學組成一委員會，由黃香出任監督。他們負責飯堂內一切工作，包括買賣、秩序、清潔，每月還須向校長呈交財務報告。

1969 年 9 月，何恩德老師成為
我校首位女副校長。

1969 年中六文班會旅行。（陳
淑儀校友藏品）

After 150 years...

YING WA GOES CO-ED

By Leung Chi-cheung, Ying Wa College

Two exciting events marked the first term activities of Ying Wah College.

First of all, girls were admitted to the College (in Form 6) for the first time in its 151 years.

A few of the more conservative boys found this a bit strange, but the vast majority of them warmly welcomed the introduction of co-education at Ying Wa.

The second big event was a bazaar held on October 25 to raise funds to set up a student loan foundation.

This would enable poorer Ying Wa students to borrow money to permit them to study at one of the universities in Hongkong.

This was a student venture and the aim was to raise $50,000. Quite a big sum.

However, the students were confident they would succeed—because they have an excellent group of patrons led by Mrs Sheila Herridge, and also because when Ying Wa students set their mind to do something they get there.

Earlier in the term, the Students' Association held an election for office bearers. There was a hectic two-week campaign with meetings, manifestos, speeches and demonstrations of support.

After a close race Leung Chi-cheung was elected president by 1033 votes to 974 for Ng Fook-chuen who automatically became vice-president.

右上：1969 年首次有女生參加水運會

右下：1970 年誕生第一批女領袖生

左：有關英華書院招收女生的報道 36

英華書院賣物會
高福球夫人揭幕
目的為籌募升讀大學基金

（港訊）本港總號建築工程師事務所創辦人高福球現正旅行美國，為應九龍英華書院之邀，特於昨日中止其旅程，提早結束三月遊之日，偕同夫人三人飛返香港，主持該校廿五日舉行之賣物會。賣物會將於該日上午十一時由高福球夫人揭幕。

高福球夫人將於夫婦及九龍民政署署員黎家發、市政局議員胡兆興等同時到有該校教員法律界人士何瑞陶女士、朱西夫婦陪同前往該校參加此次盛會。屆時並有主禮嘉賓黎永添女士、史美和先生及余兆麟等各嘉賓云。

本港大學助學基金之設，在助學生升讀本港大學，該校去年升大學學生共四十一人，其中囊螢助學基金校友亦不少，很得校友會及社會熱心人仕贊助一稱復不少。

由 1969 至 1970 學年開始，艾校長取消了中一至中四學生之年中期考，而代之以較為頻密而輕省之定期測驗。其目的為鍛煉低年級學生短期消化並吸收所學，以減輕累積達半年多之考試壓力，養成學生較輕鬆而恒常溫習的風氣。取消期考騰出之時間，學生或可用以設計及完成課程項目，或可廣泛閱讀；多思考、少記誦，課程遂變得活潑而多面。

1969 年 10 月 25 日，英華舉辦自 1966 年後的第二次慈善賣物會，為籌款成立學生貸款基金，以資助家境清貧的英華子弟入讀本港大學。此次賣物會之規模比諸三年前的首屆更大，並邀得高福球夫人（息影紅星亞洲影后尤敏）為剪綵嘉賓，共籌得淨善款近 72,000 元，輕易超過 50,000 元之目標。37

風雨如晦　雞鳴不已

此數年間，課外活動之參與未嘗有一日之鬆懈。至 1970 年，英華已有中西樂團各一，詩班數級，以及不同級別之個人樂器演奏者。每年之校際音樂節，英華都有很大規模之投入，詩班、朗誦等更動員整班學生方成團隊，而屢得佳績。

賣物會

運動方面，自 1965 年社際比賽實施以來，各項運動之參與均見大幅增加，水準於焉提升不少，因之在校外比賽之競爭力亦有長足之進步。在體育主任招成滿老師及其他老師之悉心訓練、艾校長大力鼓勵、每比賽均帶領學生到場喝采支持下，英華終於在 1970 至 1971 年度勇奪全港學界校際運動比賽之男子組總冠軍：亞米茄玫瑰盃。39 前此二年英華均位列第三，今掄元而歸，闔校上下無不振奮。以英華極其有限之運動資源（只得兩個籃／排球場及一個室內操場，內有四張乒乓球桌）而得此成就，除師生努力外亦別無捷徑。艾校長特於 1971 年 5 月 29 日在校內舉辦茶會以犒賞各參與音樂及體育項目之同學，陳耀南副校長嘗有序文載於嘉賓題名冊，梁志昌校友（1969）在一篇文章中亦有此記述：

> 有見及此，校長遂於 1971 年 5 月 29 日在校內舉辦茶會來犒勞各位老師及同學，更獲不少校外嘉賓和舊生的支持，彼此一同分享歡樂的時刻。當時蒙陳耀南副校長撰寫嘉賓題名冊的序，着愚繕抄全文以誌其事。世事如滄海桑田，我於數年後回校時，在雜物堆中發現殘破的嘉賓題名冊只剩下首頁，我問准後遂撿回，以懷念兩位校長的事蹟。唯望此序的雪泥鴻爪能為當年盡心出力的校長、老師和同學勾起絲絲回憶。40

1972 年，艾禮士校長約滿離任，由京力士先生繼任。艾校長服務英華九年，其間掌校八載，陳新替序，破立適時，帶領學校於堅固之基礎上邁步前進。今襟袂遽分，挽留未果，闔校師生無不依依。同年，李錫韞副校長另履高就。1973 年，陳耀南副校長亦離職轉教香港理工學院。至此，牛津道英華首十年之領導諸賢已去校幾盡，英華遂進入京力士校長年代。

爵·士·音·樂

樂器合奏組　英華男校第一

獨唱伴奏組　柳木隊稱王

（特訊）校際樂節的爵士音樂比賽，作為在大會盛舉行之一的，正如評判之一的邱吉祿所說一樣，是季節中最熱鬧的項目，直到目前為止，一時為之轟鬧。

衣飾新穎，裝扮入時，女的領群長組，男的花恤披髮，一時為之轟鬧觀止焉。

合上正中有一檳榔，江底金字，上書「第十九屆投唱音樂節」，比屑炎得甚奇，為歷屆音樂節及其他項目樂行時所無，其旁為兩堆了方逾廿尺之互牌，上貼著琴行及某牌電子樂器牌。十多廿歲的比賽單位，除了數隊選用學校名義參加之外，其餘的名字多古怪誕離，如「四個」、「老貓」、「蝙蝠」、「人」等隊，用正屬校名義參加的，吳仁書院，民生書院，英皇佐治五書院。

今年的評判除邱吉祿之外，還有一位刁克·狄糾，他是前司文音樂節目部主任，對爵士音樂頒有兩度敢年，故大多數評判均有他執行。

比賽分兩項，第一項是樂器合奏，參加者九隊，其中一隊「人」是臨時參加的，「人」是聖保祿女校學生組成的，全女班，是全場惟一的女子樂隊。恐加者，目由選曲。但演奏的多與節目表上預定的不同。有些甚至出場後才更改，令人莫明其妙。

結界英華男校獲第一，「爵士特使」第二，「MCPD四重奏」第三。

第二項獨唱，結果柳木得冠軍。

柳木隊的學生奪得，第二名是「爵士特使」，第三名是英華男校，及「派系」。

「柳木」是獲得第一獎，「爵士特使」第二獎，九十分。英華男校獲三獎，九十二分。狄樂對記者表示多加者英華男校獲第一，「爵士特使」，及「派系」第三。狄樂對記者表示多加者所奏的興其說它是爵士音樂，不如說它是流行曲奏過，但假如以流行曲的眼光來看他們，水準則真相當高。雖爵士樂節較多，亦有十三隊，結果奪得「冠軍」「柳木」，評判力克。得九十四分。「爵士特使」第二獎，及「派系」。

1967 年，爵士樂隊在校際音樂節奪得冠軍。41

左：許冠傑同學在 1967 年
聖誕音樂會獻唱

右：1967 至 1968 學年爵士
樂隊

1967 年 12 月 19 日聖誕音樂
會，男女英華混合合唱團獻
唱 *It Came upon the Mid-
Night Clear* 和 *Joy to the
World*。

1967 至 1968 學年詩班（柯保
羅校友藏品）

Omega Awards for Ying Wa, DGS

Ying Wa College and Diocesan Girls' School won the Omega Rose Bowl Awards for the 1970-71 season.

The Executive Committee of the Hongkong Schools Sports Association approved the awards at a meeting held earlier this month.

King George V School won the top award for Co-Educational Schools.

Prizes will be presented at Diocesan Girls' School at 10.30 am on Friday, July 2.

The complete list of awards are as follows:

Boys' section: 1, Ying Wa College; 2, Diocesan Boys' School.

Most progressive school – Queen's College.

Sportsboy of the year – Alex Ko of Diocesan Boys' School.

Girls' section: 1, Diocesan Girls' School; 2, Maryknoll Convent School.

Most progressive school – No award this year.

Sportsgirl of the year – Miss Susan Johnson of Diocesan Girls' School.

Co-educational school: 1, King George V School; 2, Island School.

Most progressive school – Rosaryhill School.

Sportsboy of the year –. Alan Ainsworth of King George V School.

Sportsgirl of the year – Ann Christian of Hongkong International School.

左上：1971 年，我校以 69 分成績奪得亞米茄玫瑰盃冠軍，成為第二所能獲此殊榮的男校。

右上：有關英華書院勇奪亞米茄玫瑰盃的報道 42

1972 年，區耀興勇奪亞米茄玫瑰
盃全年最佳運動員獎，為我校首
位得此殊榮者。（區耀興校友藏品）

1971 年亞米茄玫瑰盃頒獎禮
（區耀興校友藏品）

廣州鐘

在西方社會，船舶上的銅鐘是船上最神聖的物件之一，甚至被喻為船的靈魂。它除了用作報時和示警外，在舉辦慶典或葬禮時均會鳴鐘。此外，神職人員又會借用銅鐘盛水，為船上乘客或船員家屬施洗。船舶退役時，銅鐘多會由船東永久保存，或送給與該船有淵源的組織。

我校鈕寶璐禮堂外也懸掛了一個有 80 年歷史的輪船銅鐘，它高 50 厘米、鐘口直徑 45 厘米。因鐘上刻有「Canton」一字，故師生都稱它為「廣州鐘」或「廣東鐘」。廣州鐘原屬鐵行輪船公司旗下的英籍郵輪「廣州」號。[43]「廣州」號長約 171 米，寬約 22 米，排水量 10,320 公噸，載客量 500 多人，1938 年 10 月起投入服務，[44] 曾接載無數乘客、郵件和貨物往來英國、印度、星加坡和香港等地，成為東西方溝通的橋樑。我校的舒活牧師、腓力士牧師和鈕寶璐校長也曾多次乘搭此郵輪。[45] 1939 年 10 月起，「廣州」號被英國皇家海軍徵用，先後改裝為武裝商船巡洋艦（1939-1944）和運兵船（1944-1946）。1947 年 9 月起重新投入郵輪服務。[46]

1962 年 10 月，「廣州」號在完成最後一個航次後抵達香港。就在交給良友拆船公司拆卸之前，鐵行輪船公司把銅鐘贈與英華書院。10 月 3 日，鈕寶璐校長帶領一群高六班同學登上郵輪，從伊德船長手中接過銅鐘。[47] 它最初懸掛於牛津道校舍的鈕寶璐禮堂外，後隨校遷往英華街校舍，前後已逾 55 載。每次校慶，學生代表會敲響廣州鐘，每一下代表一個年頭，藉此向創校者和歷代先賢致謝。[48]

「廣州」號郵輪，1960 年。
（FotoFlite 藏品）

「廣州」號巡洋艦（帝國戰爭
博物館藏品）

廣州鐘贈送儀式

廣州輪行將拆骨
銅鐘贈英華男校

【本報訊】服役逾廿多年後的一艘六千噸日輪廣州號，昨在進入船塢待拆前，由船主將贈上八十多磅的大銅鐘贈與本港英華男校。

銅鐘移交儀式，昨日午間在輪上舉行隆重舉行，由船主伊地將銅鐘移交英華男校校長鈕寶璐。

參加儀式者，除德仁公司調風以外還有廿一名英華男校的學生。

據悉：機行公司亦邀請蔡懿報社互訪，在短期內疏當贈以二百多元的工程，即將「拆骨」。

在九龍德A字十八號碼，由船主伊地將鐘移交校長並證實損得情形。（本報記者攝）

圖片說明：德仁公司巨輪廣州號，船主伊地將銅鐘贈英華男校。

有關廣州鐘贈送儀式的報道 49

拯溺學會

1966 年 8 月 4 日，拯溺隊員嚴顯義路經荃灣德士古道海邊，看見有男童遇溺，乃奮不顧身潛到深達 20 尺的海床救起男童，施以人工呼吸，救回一命。消防事務處和荃灣理民府頒與感謝狀，表揚其英勇行為。（嚴顯義校友藏品）

拯溺學會創立於 1965 年 4 月，為同學提供相關知識和訓練，並組織義務拯溺隊服務大眾。學會設主席和委員處理會務，並由艾禮士校長擔任會長，親自督師。要加入救人行列，殊不容易。學會成立之初，就曾有多達 90 名同學參加拯溺隊選拔，最終只有八人獲選。其後人數陸續增加。1969 年起，我校招收女生入讀預科班，拯溺隊特別招募了兩位女同學入隊，以照顧水運會的女參賽者。

拯救生命是每位救生員的志願。英華拯溺隊員經常到公眾泳池、泳灘和不同活動擔任義務救生員。由於表現出色，屢獲政府和相關組織嘉許。滔海救人，性命攸關，拯救者除了要有勇氣和善心，還講求良好技術、體能和判斷力。我校隊員為好好裝備自己，積極參與培訓和考取不同拯溺資歷，如銅章、銅十字章、磁章、教師證書等。1968 至

1969 年，我校學生所考得的磁章數目，足足佔英國皇家救生會在港所頒授的總數四分之一。

拯溺，既是社會服務，也是競技運動。英華第二屆水運會（1967 年）已開設社際拯溺項目。會員又不時參與校外項目，如香港拯溺總會、金銀業貿易場、渣打銀行等贊助的拯溺比賽。香港學校體育協會主辦的校際比賽更是隊員大顯身手的機會。為準備每年 10 月的賽事，英華隊員會在早會時段到九龍仔公園泳池集訓。10 月初已有涼意，要在室外泳池練習並不好受。勞有所獲，我校在 1971 至 1974 年連續四屆奪得男子組全港團體冠軍，1972 至 1973 年度更囊括甲、乙、丙組和團體冠軍，為英華拯溺運動歷史寫下光輝的一頁。

時至今日，隨着政府服務日益完善，大眾對義務救生員的需求大大減少，然而，每位英華拯溺會成員的助人精神從未減退，仍一直恪守創會時的承諾：Quemcunque miserum videris hominem scias。50

拯溺隊在 1966 年首屆水運會
已投入服務。英華拯溺隊乃香
港拯溺總會之屬會會員，故
隊旗上寫有總會的英文縮寫
「H.K.L.G.C.」。51

1972 年，李少敏（左）和林立
基（右）合組參加校際比賽乙
組「雙手托頭」項目，以破紀
錄成績取得金牌。翌年，該項
目取消，故二人至今仍是紀錄
保持者。當年拯溺隊選用的是
Speedo 牌綠白相間泳褲，被
隊員戲稱為「西瓜皮」。52（林
立基校友藏品）

1972 至 1973 年度囊括校際拯
溺比賽甲、乙、丙組和團體冠
軍。

《火炬》

左上、右下:《火炬》創刊號
中英文版頭版

《火炬》是英華書院歷史悠久的學生會刊物,創刊於1965年11月,當年的總編輯是由學生會主席曾儒聖兼任。《火炬》至今已有半世紀以上的歷史,可謂學界最悠久的刊物之一。

為何有《火炬》之出現?《火炬》的出現是讓同學有一個以文章交流的平台。中文顧問陳耀南老師的創刊序指出,「火炬之刊,實兼二義:所謂會友以文,而輔仁以友者也」。而曾儒聖的創刊詞亦提及:「英華諸子,不少好學能文之士,苦無發表園地。予就任〔學生會主席〕之初,同學即以此相告,希望能編印一刊物。予往謁校長,得其同意,火炬於以出現。」由此可見,《火炬》之出現是予當年英華文青文學交流的平台。

為何校報以「火炬」為名?陳老師在《火炬》創刊序指出:「且夫炬之為物,既生光熱,而薪盡火傳,亦徵久,其命名也,可謂善矣。」曾學兄亦這樣寫道:「火炬云者,其意有二,聖經謂:汝皆世上之光,人點燈,非置斗底之下,乃置諸燈臺之上,使亮照一家。汝之光亦當如是,使人見汝之好德,遂歸榮耀于汝天上之父焉。此其一;至於英華學子,能藉此小小篇幅,書其志,彰其學,以文會友,相與琢磨,使光芒四耀,恍如『火炬』之光明,

徹照遐邇，此其二也！」可見「火炬」的名稱有雙重意義，第一是以文章向世人發光發熱，此外亦有薪火相傳的意思。

由於本校著重中西文化交流，第一期的《火炬》已設有中、英文版。初期的《火炬》每年並沒有特定的期數，有一至四期不等。到了第20輯（即1986至1987學年）才固定每年兩期。隨着印刷技術的進步，印刷成本下降而質素提升，《火炬》無論在設計上或是篇幅上都有長足的進步。在設計上，由起始的單色印刷，到後來的封面雙色印刷，以至現在全部彩色印刷，製作越見精美，也讓同學在美術設計上有更大的發揮空間。篇幅上由最初的四頁紙增至50多頁，題材亦由當年只報道校園生活及文章分享，發展到現時有貼近時事的公民教育版；報道校友專訪、校友會近況的校友會專欄；增進學科知識的科學園及文化廊等，適合不同學生的口味及滿足其求知慾。

現時《火炬》除了派發予全校師生外，還會郵寄予校友會會員，近年更將電子版上載至校友會網頁，成為海外和本地校友與學校的重要溝通橋樑。53

1991年，《火炬》在第三屆全港中學學生報比賽中，獲得冠軍兼全場最受歡迎獎。54

Ying Wa Cry：英華仔的戰鬥口號

Two, Four, Six, Eight,
What Do We Appreciate?
Ying Wa, Ying Wa, Wa! Wa! Wa!

自 1960 年代後期起，學校每逢大型活動或對外比賽，英華人均會齊聲高喊 *Ying Wa Cry*，以示齊心，以壯聲威。這傳統維持了達半個世紀，它與校詩、校歌和校訓同為我校的重要文化遺產。不過，*Ying Wa Cry* 並非學校第一個戰鬥口號。

英華口號的歷史可追溯至復校之初。根據 1922 年 1 月 23 日的《南華早報》記載，同學們在畢業典禮（1 月 21 日）上表演了「College Yell」（書院口號），它是「以舊式『拼字比賽』和印第安人的戰鬥口號為基礎編成的」。55 唯年代久遠，資料不詳，其內容和節奏難以考析。在 1965 年的校友日上，戰前校友陳錫添也分享了他讀書時的口號：

Ying Wa, Ying Wa, Wa! Wa! Wa! 56

除了口號，還有戰歌，歌曲大抵改編自美國民謠 *Our Boys Will Shine*

Tonight：

Ying Wa will shine tonight, Ying Wa will shine!
Ying Wa will shine tonight, Ying Wa will shine!
Ying Wa will shine tonight, Ying Wa will shine!
When the sun goes down and the moon comes up, Ying Wa will shine! 57

可惜，這激勵人心的戰歌和口號，跟上述的「College Yell」一樣，早已被人遺忘。

我們現在採用的 *Ying Wa Cry*，由前校長艾禮士先生於 1960 年代創作。「Two, Four, Six, Eight, What Do We Appreciate?」一段在英美社會頗為流行，不少體育團隊或組織把它改編成自己的口號，就連香港大學的馬禮遜堂也樂於借用（約始於 1950、1960 年代）：

2, 4, 6, 8, whom do we appreciate?
M-O-R-R-I-S-O-N-Morrison! 58

1963 年，英華新任歷史科教師艾禮士先生，獲倫敦會委任署理馬禮遜堂舍監一年。他其後升任英華校長，開展多方面的嘗試，立新制，獻新猷。越數年，他從馬禮遜堂口號取得靈感，創作出 *Ying Wa* *Cry*。59 自此，每逢水陸運會、畢業典禮、學界比賽，甚或畢業生的敍舊聯歡，*Ying Wa Cry* 必定響徹雲霄，它可謂香港教育史上最長壽的戰鬥口號之一。60

1965 年，馬禮遜社勇奪首屆陸運會社際總冠軍。

1965 年，我校在學界乙組籃球賽榮獲冠軍。

練習簿售賣處

弼街校舍坐南朝北而建，大堂兩側各有一房間，東側為望角堂辦公室，西側為校務處和練習簿售賣處。自 1950 年代起，校務處書記楊錫鴻先生便一直坐鎮練習簿售賣處，校章、校呔、練習簿、詩歌集等一應俱全。遷校牛津道後繼續如此。

1965 年，艾禮士校長找來 12 位中六同學，邀請他們主理練習簿售賣處。他們於是組成委員會，由盧達源擔任首屆經理。自此，校務處書記的工作輕鬆了不少。委員除售賣用品外，還義務協助同學買賣二手課本。他們年終須向校長報告收支狀況。

及至梅浩濱校長時期，取消委員會，其職務交由學生會福利秘書接掌。遷校英華街後，售賣處搬到一樓的多用途活動室，後再轉往六樓，並復歸校務處負責，直至今天。61

1969 至 1970 年委員會合照。牛津道校舍的練習簿售賣處設在三樓北翼，背靠鈕寶璐禮堂廂座。

1 　校董會會議紀錄，1955 年 4 月 26 日。
2 　校董會會議紀錄，1955 年 5 月 31 日。
3 　校董會會議紀錄，1955 年 7 月 6 日。
4 　校董會會議紀錄，1956 年 5 月 23 日。
5 　校董會會議紀錄，1957 年 3 月 28 日。
6 　校董會會議紀錄，1957 年 12 月 11 日。
7 　校董會會議紀錄，1956 年 5 月 23 日。
8 　校董會會議紀錄，1955 年 10 月 4 日。
9 　校董會會議紀錄，1961 年 12 月 13 日。
10 　"Governor Opens New Ying Wa College," *South China Morning Post*, 05 Oct. 1963, p. 6.
11 　校董會會議紀錄，1963 年 7 月 24 日。
12 　梁國驊：〈初上新校〉，見《英華書院校刊　1962-1963》，頁 22。
13 　《英華書院校刊　1963-1964》，頁 1-2。
14 　校董會會議紀錄，1962 年 5 月 30 日。
15 　"School Notes," *Ying Wa College School Magazine (YWCSM) 1964-65*, p. 6.
16 　校董會會議紀錄，1964 年 6 月 10 日。
17 　校董會會議紀錄，1963 年 7 月 24 日。
18 　作者在校時期（1956-1969）個人記憶。作者 1962 年中一時曾得鈕寶璐校長親炙，教授自然科學科。在牛津道校舍奠基儀式致詞時，鈕校長如此説：「To care as much for the less gifted and slower pupils as for those who find schoolwork easy and whose names are always well up on the lists.」*YWCSM 1961-1962*, p. 36.
19 　校董會會議紀錄，1964 年 6 月 10 日。
20 　容啟賢：〈悼長鈕寶璐先生〉，見《英華書院校刊　1964-65》，頁 2。
21 　校董會會議紀錄，1965 年 5 月 19 日。
22 　"Death of Mr Herbert Noble in England," *South China Morning Post*, 29 Dec. 1964, p. 13.
23 　作者在校時期（1956-1969）個人記憶。
24 　《英華書院校刊　1965-1966》，頁 21-22。
25 　《英華書院校刊　1967-1968》，頁 9。
26 　"Governor Opens New Ying Wa College," p. 6.
27 　《英華書院校刊　1969-1970》，頁 22-23。
28 　作者在校時期（1956-1969）個人記憶。
29 　"College Celebrates 150th Anniversary with Science Display", *South China Morning Post*, 6 Oct. 1968, p. 34.
30 　〈九龍英華書院首屆水運成績〉，《華僑日報》，1966 年 10 月 7 日，頁 8。
31 　《英華書院校刊　1968-1969》，頁 6-7。
32 　《英華書院校刊　1964-1965》，頁 12。
33 　《英華書院校刊　1969-1970》。
34 　何恩德老師訪問記錄，2017 年 4 月。
35 　梁志昌校友訪問記錄，2017 年 2 月。
36 　"After 150 Years...Ying Wa Goes Co-ed", *South China Morning Post*, 2 Nov. 1969, p. 47.
37 　"Principal's Speech, Speech Day, January 8, 1971," *YWCSM 1970-71*, p. 10.
38 　〈英華書院賣物會〉，見《華僑日報》，1969 年 10 月 23 日，頁 24。
39 　《英華書院校刊　1970-1971》，頁 78。

40   梁志昌校友訪問紀錄，2017 年 2 月。

41   〈爵士音樂〉，《華僑日報》，1967 年 3 月 7 日，頁 13。

42   "Omega Awards for Ying Wa, DGS," *South China Morning Post*, 30 Jun. 1971, p.16.

43   「R.M.S.」是「Royal Mail Ship」（皇家郵輪）的簡稱，是眾多船舶稱謂之一。「廣州」號因長期替英國皇家郵政（British Royal Mail）運送郵件而獲得此名。1939 至 1946 年，「廣州」號因被英國皇家海軍徵用，故也曾被賦予「H.M.S.」的稱謂，即「His or Her Majesty's Ship」（皇家海軍船舶）的簡稱。

44   Ship Fact Sheet of "Canton (1938)," P&O Archive.

45   a. *"Returns of Passengers leaving the United Kingdom in ships bound for places out of Europe, and not within the Mediterranean Sea"* of R.M.S. "Canton" filed for her following departures:
i. departure from Southampton to Hong Kong on 17th October 1947, p. 12 (for Frank Short);
ii. departure from Southampton to Hong Kong on 16th Jan. 1948, p. 11 (for Leopold Gordon Phillips); and
iii. departure from Southampton to Hong Kong on 21st September 1951, p. 10 (for Herbert Noble).
The National Archives of the UK, Series BT27.
b. *"Returns of Passengers brought to the United Kingdom who Embarked at Ports out of Europe"* of R.M.S. "Canton" filed for her arrival at London on 5th July 1957, p. 4 (for Herbert Noble). The National Archives of the UK, Series BT26.
c. *"Returns of Passengers brought to the United Kingdom in ships arriving from out of Europe, and not within the Mediterranean Sea"* of R.M.S. "Canton" filed for her arrival at London on 16th May 1949 (for Leopold Gordon Phillips). The National Archives of the UK, Series BT26.
d. *"Returns of Passengers leaving the United Kingdom who have contracted to land at Ports out of Europe"* of R.M.S. "Canton" filed for her departure from Southampton to Hong Kong on 9th January 1958, p.10 (for Herbert Noble). The National Archives of the UK, Series BT27.

46   Ship Fact Sheet of "Canton (1938)," P&O Archive.

47   Mr. Herbert Noble's log book, pp. 111-113.

48   〈廣州鐘〉一文由李天豪校友撰寫。

49   〈廣州輪行將拆骨　銅鐘贈英華男校〉，《香港工商日報》，1962 年 10 月 5 日，頁 7。

50   〈拯溺學會〉一文由盧宇軒校友撰寫。

51   香港拯溺總會的英文名最初原為「The Hong Kong Life Guard Club」，1996 年改為「The Hong Kong Life Saving Society」。

52   林立基：〈英華拯溺會的回憶（1971-1976）〉，2017 年。

53   〈火炬〉一文由林欣榮校友撰寫。

54   〈全港中學學生報比賽　英華書院奪全場冠軍〉，《華僑日報》，1991 年 9 月 29 日，頁 9。

55   "Ying Wa College: Historic Connection with the L.M.S.," *South China Morning Post*, 23 Jan. 1922, p. 2.

56   Lau Sin Pang, "The Home Coming Day", *YWCSM 1964-1965*, pp. 73-74.

57   同上。劉文紀錄為「Ying Wa will shine. Ying Wa will shine to-night. Ying Wa will shine. Ying Wa will shine. Ying Wa will shine tonight, when the sun goes

down and the moon comes up. Ying Wa will shine.」今按美國民謠原詞整理。

58   Anne Ferrett, "Morrison Hall from the Warden's Daughter's Perspective," *The Morrisonian: Commemorative Publication for Morrison Hall Centenary*, p. 178.

59   曾昭群校友訪問紀錄，2017 年 9 月 21 日。

60   〈戰鬥口號〉一文由張家輝校友撰寫。

61   〈練習簿售賣處〉一文由張家輝校友撰寫。

專題文章（1914-1972）

一所傳統名校的建立，並非朝夕的事，而是一個漫長的歷史進程。辦學團體的願景、充裕的資金、管理層的智慧，以至一眾師生的辛勤，固然缺一不可；社會衝擊諸如戰爭暴亂、政權更迭、經濟蕭條、教育政策變化等嚴峻考驗，也必須一一克服。先賢們要有堅定意志，不懼艱難，與時並進，才能體現出一所老牌學校的創校精神和歷史責任。

英華書院 1914 年復校，在往後 60 年間，既見證了香港的政治由動盪轉向穩定，經濟由低谷轉向騰飛，其自身也經歷了多番起跌，上文第五至第七章已縷述了箇中梗概。以下一系列文章，將細說十多個專題故事，冀讀者對英華這段歷史有更深入的了解。

桃李不言　下自成蹊

英華書院自 1818 年創辦至今，已有兩世紀的歷史，先後經歷晚清、民國以及共和，包括百餘年的英殖統治和九七回歸；校址由馬六甲遷至港島中環、西半山，再過海到九龍旺角、九龍塘和今天的深水埗；辦學團體由倫敦傳道會改為道濟會堂（後稱合一堂），其後過渡由幾位老師毅然私營，最後由中華基督教會接辦，交棒多次。

19 世紀是歐洲人海外宣教熾熱的年代。約翰衛斯理運動帶來英國教會的大復興，大航海帶來海外疆域的發現，工業革命帶來遠洋航行的方便。倫敦傳道會成立於 1795 年，是由長老教會、循道會、聖公會、公理會等聯合組成的跨宗派組織，致力向海外傳播福音和西方文化，推動信徒建立當地教會。1895 年該會已有 107 個海外傳道站，按立了 1,476 名當地教士及 6,718 名當地宣教師。[1] 馬禮遜是倫

馬禮遜牧師

理雅各校長（亞非學院藏品）

左：馬禮遜牧師為英華書院編寫的英語課本

右：理雅各校長為英華書院翻譯和出版的教科書

曉士校長首份校務報告，當中指出馬六甲英華書院（Anglo-Chinese College）與堅道英華書院（Ying Wa College）一脈相承。

The Report of the Ying Wa College
1914 - 1916.

I feel bound to begin with a brief but for all that a very humble apology for having delayed so long in sending a report of my work to the Board of Directors. I certainly should have written one at the proper time this year, had it not been that just at that time the very existence of the school seemed to be at stake, and such was the perplexity of my mind and the anxiety of my heart concerning the school that I knew not how or what to write as a report. I shall speak further of the trials that then assailed us; suffice it to say here that the school has weathered the storm and still pursues her course - with brighter prospects and renewed confidence (for which praise God !).

I would divide this report into three sections - first, speaking of the experience of the past two years -, secondly, showing some of the possibilities of the school - thirdly, considering the requirements of the school, if it is to realize those possibilities.

It was on February 9th 1914 that the first of all Anglo-Chinese Colleges - founded by Dr. Morrison in Malacca in 1818 , was revived under the name of Ying Wa College through the united efforts of the Society and its vigorous off-shoot, the To Tsai Church. It began its renewed career at No.9 Caine Road, a rented building which was large enough to provide not only rooms for the purposes of the school, but also quarters for the Headmaster and some of the teachers. On the first morning 30 students were enrolled, and this number increased to nearly 60 before the end of the first half year. By the end of the first year 80 students had been enrolled, but the average daily attendance only ~~emanated~~ to about 60 at that time. We were then turned out of No.9 and moved into No.67 Caine Road, a

從中環羅馬天主教堂向西眺望，可看見坐落士丹頓街的英華書院。（默多克．布魯斯繪畫，1846 年，香港藝術館藏品）

敦會在 1807 年遣派來華的第一位傳教士。基於清廷的種種禁令，
傳教士不能在中國自由傳教和活動，馬禮遜和米憐等人於是在南洋
另立據點，等候進入中華的機會。兩人於 1818 年在馬六甲創立英華
書院，作為訓練傳教士及溝通東西文化的基地。

1842 年香港開埠以後，政府在港島北岸建成一條 39 公里長的柏油
路——皇后大道。海濱地段率先發展，名為「維多利亞城」，包括
今天的西環、上環、中環和下環（灣仔）。中環是政經核心地區，
海岸及沿山興建不少歐式樓房；西環及上環是華人聚居的地方，佈
滿一排排兩層高的唐樓；下環一帶，則倉庫林立。2

倫敦會認為時機來臨，便派遣傳道人、教育家兼漢學家理雅各牧師
在 1843 年把英華書院移植到香港。他選擇在華洋交界處的士丹頓
街、鴨巴甸街興建傳道會大樓，內設英華書院，引進西方教學方法
和招聚信徒、建立教會。辦學方面，強差人意，英華書院在 1856
年停辦。然失之東隅，收之桑榆，理氏的事工孕育出第一所華人自
理會堂——道濟會堂。道濟會堂在 1914 年得倫敦傳道會襄助，在
堅道復辦英華書院。往後十多年，正當毗鄰的中國內地處於辛亥、
五四、社運、戰亂等種種內憂外患之際，英華學子卻可在風景怡

2018 年 9 月 3 日開學日，英華
中小學生齊唱校歌。

人、精英薈萃的香港西半山安心學習。有謂能避過直接的政治震盪，是歷史的偶然，或信是理氏上環播種子，半山收果實，誠神之恩賜。

英國在 1898 年租借新界，十餘年後大力發展九龍半島。1928 年英華書院遷到旺角，在這個新開發區為基層學童服務。1941 年，香港淪陷。學校停課三年後，迅速復元，穩步發展。1963 年遷入新規劃有「花園城市」之稱的九龍塘，隨着 1970、1980 年代經濟起飛，政府推展普及教育，英華亦踏入騰飛階段。九七回歸前、六四後，「玫瑰園計劃」動工，港府興建赤鱲角機場，又在九龍西岸進行大規模填海。英華在 2003 年遷到深水埗的新填海區，並復辦在 1964 年結束的小學部。中小學再次結成「一條龍」，兩校師生同心同德，在這塊新土地上努力開墾他們的「玫瑰園」。

學校開了又停，停了又開，實際辦學時間共 144 年。英華在旺角弼街時期（1928-1963）經過了承先啟後的 35 年：所承的是民初在西半山那段資源匱乏但堅毅不屈的日子，所啟的是 1960 至 1990 年代在九龍塘更上層樓的急速發展。千禧年後遷到西九龍填海區，又再開創出一個新景象。

原來沒有路，200 年來一步一步走，便走出了一條路。皕載人事，桃李滿途。沿路風光，廣角、近鏡、蒙太奇地去看：最觸動的，仍然是人。

風檐展書讀，古道照顏色。

美景之地　人間天堂

停辦了 58 年的英華書院，1914 年在西半山重開。那年頭的西半山又是怎樣的一個地方呢？

倫敦會東來傳教士科克倫醫生曾形容那裏是「一座天堂」，他寫下了他對該地的印象：3

> 上世紀光禿禿的荒島，今天變成一座花團錦簇、萬紫千紅的花園，隨處可見大片大片的藍繡球、山茶、玫瑰和猩紅的一品紅，在茂密的熱帶樹木如細葉榕和翠竹的襯托下，色彩份外耀目。華燈初上，景色更覺迷人。("the bare island of the last century has become a garden. Masses of blue hydrangea, of camellias and roses, and scarlet poinsettias abound, their brilliant colouring standing out against a background of tropical trees among which the feathery foliage of the bamboos and the dark shade of the banyan are conspicuous; and in the evening when the lamps are lit the effect is charming and bewitching.")

1900 年建成的英華女學校首座校舍

上：雅麗氏紀念產科醫院 4

下：中華基督教青年會 5

繁忙海港之外，是赭紅和灰色的岩石組成的離島，晚上燈繞岸磺，光浮海面，抹出了海灣的輪廓，天際繁星閃耀出西方鮮見的光芒。（ "beyond the harbour with its unceasing activity lies the sea dotted here and there near the coast with islands of red and grey rock. At night the scene is still more enchanting: thousands of lights gleam and sparkle on land and water. The contour of the bay is outlined in sweeping curves of light, while the stars shine above with a brilliance unknown in Western lands." ）

香港處處展示出令人驚訝的對比：半山上婆娑林蔭裏的幽雅舒適的別墅，和太平山下悶熱不潔的華人居所互視，令人側目。（ "Hong Kong represents some startling contrasts, and one of most striking is that between the exquisite beauty of the upper levels where comfortable villas lie embowered in trees, with the heat and smells and not too sanitary condition of the Chinese quarter on the level of the sea." ）

當刻香港政府已運作了 **76** 年，經濟民生、城市發展、文化教育漸上軌道。港島西半山除了是一處環境清幽、歐陸式建築物林立的高尚住宅區外，也是一個具有規模的文化、教育、宗教、醫療特色的地區。當年短短的般含道，東端是合一堂，往西走就見英華女學校、倫敦傳道會總部、雅麗氏紀念產科醫院、那打素醫院、何妙齡醫院、聖士提反女子中學、拔萃男書室、學海書樓、英華書院、英皇書院、香港大學和西端的聖保羅書院。由這裏步行十餘分鐘下山便到必列啫士街香港中華基督教青年會和荷李活道的皇仁書院，政經核心的中環區亦近在咫尺。

梯山航海　斬棘披荊

威禮士牧師（亞非學院藏品）

翻閱英華書院歷史，倫敦傳道會傳教士的名字如馬禮遜、米憐、理雅各等，和英華是分不開的。他們的生平和貢獻亦廣為人知，已出版的英華校史有詳盡的記載。但是其中一位威禮士牧師，則較少人認識。在20世紀早期，香港政府把許多教育、慈惠、民生、醫療的工作交給教會分擔。傳教士本着基督博愛精神，樂意藉着拓展教育、醫療、文字、及慈惠事工的過程，引人信主。6 威禮士牧師是倫敦傳道會當時的香港代表。他在民初年代的工作和英華息息相關。英華以外，他亦是身兼多職，40年來為不少尚未開發但緊貼民生的範疇開荒，對香港華人社會貢獻良多。7

威禮士在1886年由澳洲來中國時才23歲，短期受聘於聖經公會，然後轉為倫敦傳道會的牧師。他先在廣東博羅傳道六年，其間學懂客家方言和研讀漢學，然後長任倫敦會駐港代表，走遍港九新界來傳道、建堂、興學。8 英華書院是其事工中的重點學校。

1898年英國與滿清政府簽署《展拓香港界址專條》後，倫敦會聯合道濟會堂、西人愉寧堂一起組織「新界傳道會」，在新界傳道、興學。當時界限街以北的九龍、新界、離島和大嶼山，是一片人煙稀少、交通不便的地方。九廣鐵路要到1911年才全線通車，交通要靠走路攀山和坐小船到渡口。威禮士為人堅毅，熱心助人，不拘小節，有着澳洲人的「ability to rough it」的性格。9 他以「巡牧」身份「梯山航海」，「披荊斬棘」，足跡走遍偏遠的大埔、林村、粉嶺、沙頭角、上水、新田、錦田、屯門、荃灣、大澳、長洲等墟鎮。他熟習客家話，曾到元朗佈道，因沒有客棧而留宿在街市的豬肉枱多晚，亦處之泰然。經他參與建立的堂會覆蓋新界，有元朗堂（1898）、長洲堂（1904）、全完堂（1905）、川龍堂（1905）、林

村堂（1907）、屯門堂（1908）、大埔堂（1911）、大澳堂（1919）、沙螺灣堂（1919）、梅窩堂（1930）、林馬堂（1941）、上水堂（1941）等。在新界傳道同時，威牧在各地首次建校辦學。許多新界的兒童，尤其是女孩子，才能夠接觸到現代方式的教育，例如元朗的真光學校、長洲的端儀女校、荃灣的全完女校、川龍的川龍女校、大澳的大澳學校、東涌沙螺灣的迪光學校、梅窩的嶼山女校、上水的仲鸞學校。10

威禮士是倡議於 1918 年在西半山重辦英華書院的發起人之一。他是

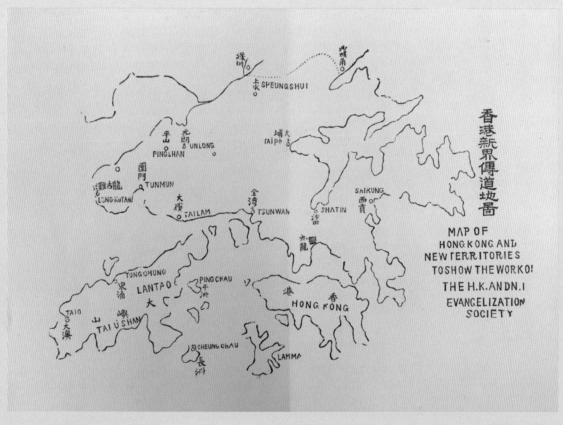

香港新界傳道會活動版圖
（亞非學院藏品）

倫敦傳道會香港代表，和合一堂、公理堂的執事一起在 1920 年代管理英華書院，曾經一起度過了一段艱難時期。校方曾被迫在資金短缺下於旺角自建校舍，以代替租用的般含道校舍。威禮士和張祝齡、區斯湛、吳文軒、沈維昌、翁挺生、馬永燦、尹耀星、何心如等校董向生員募捐，向教會四處張羅，舉債籌建。但當新校舍建至一半，教育司署突然不提出任何理由而單方面停止已應允的建校資助。屋漏夜雨，未見天明。幸而校方最後獲得何福堂女兒何妙齡女士一筆長期貸款，終於在 1927 年完成自置旺角弼街校舍。

威牧一直是合一堂對外的橋樑，向政府爭取資助，向倫敦會要求派助教員和舒活為英華校長。[11]

在波折重重的建校過程中，威牧又曾任籌建委員會主席和顧問，又是建委辦一員。他和吳文軒共同監督工程，和承建商交涉節流方案。他又向倫敦會提議動用博羅款項，借予英華。政府突停建校資助，又拒發還 3,000 元定金，威牧與尹耀星一起面見教育司交涉，惜屢遭港府拒絕，仍積極致力和區師湛、馬永燦等找尋開源節流方案。[12] 英華書院校史館仍保存這段時間的校董會會議紀錄，一章一節，字裏行間，威禮士、張祝齡、區斯湛和眾教育開荒者的堅毅精神，班班可考！

除合一堂外，威牧亦在香港灣仔堂、燈籠洲堂（聖光堂），深水埗堂巡視各堂工作，協助發展聖工和解決人事糾紛或代向政府交涉。威牧了解華人信徒喪葬習俗，特為全完堂在川龍、為元朗堂和屯門堂在新墟、為長洲堂在長洲，申請基督教基園。聖公會、倫敦會、巴色會、循道會、禮賢會、公理會和浸信會七大宗派教會，在 1915 年創設香港基督教聯會，威禮士曾擔任聯會主席。在 1930 年代，威牧和麥梅生長老、鄭科林牧師代表該會向港府申請用地 5,000 呎興建教堂，及另借 5,000 呎為學校運動場，方有今天香港仔海面傳道會的規模。[13]

威牧任港島拿打素醫院董事多年，亦任秘書一職。他定時到醫院向

患者傳道，亦有介紹新界居民到那打素醫院求醫。他和英華書院副校長盧冠元為那打素助產士課程作義務講師。他又是香港大學馬禮遜堂的舍監。

威牧的語言專才為港府重用。1911 年香港大學成立，同年辛亥革命成功，港督盧吉成立中文母語基礎教育委員會，他被委任為皇仁書院中文課程監督至 1915 年；其後 40 年受聘政府漢文考試局委員，評審來港英國官員的漢文成績，以作晉升考核，其中一位便是後來當上了港督的金文泰。他又在 1927 至 1929 年在港大教授官學生中國語文。14 他的中文著作有學校課本、外國人學廣東話應用書籍和文學翻譯。15

來自澳洲的開荒者威禮士先生，用了他大半生的時間服務英華書院、香港社會和香港政府。廟堂非高，江湖弗遠；風塵僕僕，功績超卓，1926 年受英皇頒授 O. B. E. 勳銜。威牧自 1930 年退休後，定居香港，兼理澳洲壽險業務，日佔時期曾被囚禁於赤柱集中營。他不幸於 1950 年 3 月 15 日在德輔道中因電車交通意外重傷，翌日逝世，享年 87 歲。16 一位為英華書院、為香港社群努力開拓耕耘的無私傳道人，便安息在港島跑馬地的香港墳場。

中英並重　昂首前行

在開埠至戰前，香港的英文官立學校和補助學校，採用英式八年制課程。[17] 這課程實際內容是甚麼，歷史文獻資料留存下來的不多。英華書院校史館藏有一冊 1929 年的學校簡章（《英華書院》），作為搬到旺角弼街的新校招生之用。其內容中英並列，詳細寫下辦學宗旨、師資、時間表、一至八班的課本和課程概要。我們可以藉此一窺當時教會英文學校的梗概。

該簡章顯示，學校「遵奉基督教義培養中國青年，灌輸以完美之教育以備升入大學或職業上之需要」。[18] 當時英華師資甚為優秀。倫敦會的舒活牧師和威禮士牧師分擔義務英文教師的工作。英文教師的資歷，計有具香港官立英文師範畢業資歷者五位，有美國紐約大學商科碩士一位、美國奧利根大學文學士一位、美國地敦大學（或譯代頓大學）理科學士一位、香港大學理科學士一位。漢文科教師有前清秀才林生五先生，另有翻譯和國語教師。體育顧問是美國春田大學體育科學士。

八班制是依香港教育司署規定編制。最低的是第八班，約今小五程度。新生報考的學齡限制並不嚴格，通常是 10 至 12 歲。課程要求學生入讀第八班前，已經打好了中、英、數和普通常識的基礎，經考試錄取後編進適合的班級。一般報考的學生，可能本來已經在私塾、新式小學或家庭教師學習。英文版簡介要求入讀第八班的學生要讀了三年中文。[19]

第二班為中學畢業班，學生完成後應考香港大學初級試。第一班是大學預科班，應考香港大學入學試。

每年分三學期上課，每學期約 13 星期，即 12 月至翌年 3 月、4 月至 7 月，9 月至 12 月。第一二三班每學期學費 24 元（另物理實驗費 2 元）；第四五六班 20 元；第七八班 16 元。設年值 50 元獎學

1929 年第六班和第二班課程

第六班

- 英文
  - 讀本：國學文編卷三 Picture Composition Book I
  - 默書：讀本選
  - 作文：造句
  - 字學：科氏字帖 第八至第九 抄書
  - 文法：自動及被動語氣 名字及代名字字數
  - 會話：動作字 圖畫課本
  - 誦詩：讀本選（七十行以上）
- 地理：中國地理 香港交通經緯線 海潮 日／中國全圖／月
- 簡易物理：蘋果與雪梨 橙／新聞紙 影戲 足球 香港之生菜 大鳥路／香港之水路 縫衣店 單車／電車 醫院（以上俱問答或教授）
- 算術：度量衡 咪制 最大公約 最小公倍 命／分數心算（在每時之磅）
- 漢文
  - 文學：選本
  - 讀解：商務新法高小國文第三 第四冊
  - 作文：普通信札 記事文
  - 史學：商務新法新歷史第四冊
- 聖經：默書 讀本選 新句
- 字學：抄書 習字
- 國語

第二班

- 英文
  - 文法：通語
  - 作文：苓氏詞府 論說 普通尺牘 商業尺牘 文字分類 字之分析 句之分析 普……
- 算術／數學
  - 除循環理小數 開立方 折扣 容器法外 一
  - 普通算術 均須器習
  - 大公約 小公倍 命分 方程式
  - 代數 對數用法 法解 離題
  - 幾何 Schools Geometry Part I to III
  - 三角 平面三角 角 度 分 厘 例
- 物理
  - 熱學：普通物理 溫度 華氏表 攝氏表 定點 冰點 力 密度 物質……
  - 光學：光度計 本影 半影 年差 反射 折射……
  - 聲學：聲之生成 噪音 諧音 音度 音……
- 力學：照大學試章程
- 地理
  - 天然：地球之自轉與公轉 溫度 氣壓 雨量 地層 河海之侵蝕 冰 風與氣候之侵蝕 山區 湖 低原 地球大勢 洋海 動物 植物 人類
  - 普通地理：世界地理擇要
- 歷史：希臘史 羅馬史
- 簿記：月結單 現金 貨物 賬項 總部 草部 運 支部 沽貨草流 景部 匯揚單
- 圖畫：自由畫 幾何畫 模型畫
- 漢文：作文 論說 尺牘 經籍
- 經學：經學孟子 第五至第七章
- 國語
- 聖經：以上帖吉及約伯吉一、二、四十二章 馬太福音

金（曉士學額及雅奴特曉士學額），用以獎勵勤敏和貧窮的學生。

所有年級均有漢文課程（見附表 1），包括讀解、作文、史學、默書、字學、文學、經學、抄書、地理、歷史、翻譯，並授國語。英文科課程（見附表 2），包括讀本、默書、作文、字學、誦詩、會話、文法和文學。其餘各科均以英語授課（見附表 3），包括地理、簡易物理、算術、聖經、代數、幾何、三角、物理、簿記、歷史、力學和圖畫。

除了傳授知識之外，學校所提出的辦學宗旨是強調基督教義、提高國民文化程度和發展德性。觀乎日後英華書院在旺角的發展，校長的言行身教、老師的啟蒙、校風的奠立、宗教的啟迪、體育的鍛煉、音樂和美術的薰陶等，都為學生灌輸了這方面的價值觀。

附表 1：漢文科課程

	第八班	第七班	第六班	第五班	第四班	第三班	第二班	第一班
讀解	✓	✓	✓	✓	✓			
作文	✓	✓	✓	✓	✓	✓	✓	✓
史學	✓	✓	✓					✓*
默書	✓	✓	✓	✓	✓			
抄書				✓	✓			
文學			✓	✓	✓	✓		
經學**				✓	✓	✓	✓	✓
字學	✓	✓	✓					
地理								✓
翻譯								✓
國語	✓	✓	✓	✓	✓	✓	✓	✓

* 簡章標作「歷史」而非「史學」。

** 第五班至第二班讀的是《孟子》，第一班是《四書》。

附表 2：英文科課程

	第八班	第七班	第六班	第五班	第四班	第三班	第二班	第一班
讀本	✓	✓	✓	✓	✓			
默書	✓	✓	✓	✓	✓			
作文	✓	✓	✓	✓	✓	✓	✓	✓
字學	✓	✓	✓	✓				
誦詩	✓	✓	✓	✓	✓			
會話	✓	✓	✓					
文法		✓	✓	✓	✓	✓	✓	✓
文學 *						✓	✓	✓

* 第三班和第二班讀的是《莎氏樂府》，第一班是莎士比亞的《金債肉償》（即《威尼斯商人》）。

附表 3：其餘科目

	第八班	第七班	第六班	第五班	第四班	第三班	第二班	第一班
地理	✓	✓	✓	✓	✓	✓	✓	✓
簡易物理	✓	✓	✓	✓	✓			
算術	✓	✓	✓	✓	✓	✓	✓	✓
聖經	✓	✓	✓	✓	✓	✓	✓	✓
代數						✓	✓	✓
幾何						✓	✓	✓
三角						✓	✓	✓
物理						✓	✓	✓
簿記						✓	✓	
歷史						✓	✓	✓
力學							✓	✓
圖畫							✓	✓

覆舟水湧　力挽狂瀾

1924 年中，英華書院在半山復校已有 10 年。在曉士校長悉心掌校下，成績斐然。曉士病故後，辦學情況逐漸變得困難，校董曾經面對沒有校長，英語教師不足，將面臨沒有校舍和可能沒有政府資助的困境。20 當年和這段歷史有關的人物，即校董皮堯士、港府輔政司施勳、英華書院校長腓力士、港督金文泰、校董威禮士、校董張祝齡、校長沈維昌在不同文獻留下的片言隻語，以第一身語言寫出，鮮明地反映沈維昌在學校最艱難的時刻作出勇敢的承擔，無私無懼，活出一個基督徒的典範。

1924 年 1 月 16 日，英華書院在中環必列啫士街香港中華基督教青年會禮堂舉行第十屆頒獎禮。出席嘉賓有港府輔政司施勳。皮堯士博士提到「英華書院最迫切的需要是擁有一所自己的校舍來實現她的教育計劃。其次是確保她有足夠的教職員 …… 英華復校是華人會堂推動的事工，故寄望經濟富裕的華人會挺身而出，捐助興建一所優良的教育機構。」（"The first great need of the College was a permanent building possessed and adapted to the programme which their institution had in view. The second need was better assurance than they had of obtaining a succession of helpers and an adequate staff." He concluded by saying that the College was a venture of faith on the part of Chinese, and he hoped some wealthy Chinese would come forward and help in the building project to make it a really good educational institution.）

輔政司施勳爵士亦同場指出：「貴校因校舍設備不足而令辦學陷於困境，雖然校方近年已在這方面有所改善 …… 但我在另一報告閱悉學校的英語水平未能達到標準。」（"You have been handicapped by inadequate buildings but steps have been taken to remedy that in the past year...it has been mentioned in another report which I have read that the English is below standard.") 21

校舍和歐籍英文老師問題終於在兩年內演變成停校危機。英華校長腓力士牧師在他寫的第11屆校務年報中記述:

> 在此一刻,十年辦校的成果快將付諸東流。沈維昌先生雖然只任教書院兩年,卻十分珍惜她的價值。他自告奮勇,接受挑戰,願意以個人名義續辦學校,直到書院能在自置的新校舍運作上了軌道後,把辦學責任交回會堂。("At the moment when it seemed that there was no hope of saving the work of ten years from extinction, Mr. Richard Shim, B. A., who had been on the staff for two years, and who appreciated the value of the school, pluckily volunteered to face the risks and shoulder the responsibilities without a Mission or Church behind him, and further to hand back the school to the Church whenever it is in a position to run the school again in premises of its own.")

> 沈先生是一位最優秀的基督徒。他關心奉獻多於關心謀取金錢。他有超卓的才幹、魄力和樂觀態度去實踐他的信念。我深信他會成功。學校因為沒有全職英籍教師而需要抽起最高的三班,但這遠比關門好。("Mr. Shim is a Christian of the best sort - more keen on rendering services than on making money, and I believe with him ability, energy and optimism he will make a success of his venture of faith. Having no whole-time Englishman on the staff he has had to cut off his three top senior classes, a most unfortunate necessity, but that is far better than closing down the school altogether.") 22

> 新學年開始時,沈先生收了159名學生。這是一個令人喜出望外的開始。雖然我只能多留一星期來協助,便要回廈門復職,我要感謝上帝。英華書院有了一位堅毅、督信、勇敢的年輕華籍教員,使她避過了一場災難。上帝會成全沈維昌的信念;英華書院會重歸教會管理並繼續培育高年級的學子;這是我們殷切的禱告。("Mr. Shim started the new school year with one hundred and fifty nine boys - a number which exceeded all expectations, and so

after remaining a week to help him, at the opening of the new term, I returned to Amoy...but thanking God that the worst disaster had been averted by the courage and devotion of a young Chinese master. That his faith may be rewarded and that the school may eventually come under the control of the Church once more as a training ground for senior boys is a matter worthy of our earnest prayer.")

幾年間，沈維昌把學校辦得有聲有色。旺角弼街校舍亦在十分艱鉅的環境下建成，在 1928 年開始運作。據 1930 年 1 月 24 日刊出的《南華早報》報道，港督金文泰爵士主持新校舍開幕禮致辭時卻不表認同：

沈維昌先生在沒有任何外界的資助下願意承辦英華書院。因為缺乏（英籍英語）教職員，教育司署只容許開設初班和預備班。雖然沈校長努力不懈，學校仍未能達到教育司署要求的資助水平；故此在 1927 年底把她從資助學校名單除名。("Mr. Richard Shim, however, offered to carry it on without any assistance from outside, and in view of the lack of staff the Education Department required that only the lower and remove classes should be retained. In spite hard and valuable work by Mr. Shim, the school could not maintain the standard of efficiency required by the Education Department and it was removed from the grant list at the end of 1927.")

在同一場合，校董和建校委員威禮士牧師從另一角度向出席者憶述這一段遷校歷史。《南華早報》引述威禮士的演辭：

沈先生成功挽回學校的命運。蒙上主祝福，校務得以蒸蒸日上，學生人數和校譽節節攀升。雖然學校曾一度只可開辦初級班，但 1927 年度和 1928 年度的大學初級文憑試（第二班學生應考）取得了好成績。("Mr Shim has been successful in retrieving the fortunes of the school, and, with the blessing of God, it has made great progress. The school increased in number and popularity, and, although for some years only lower classes were taught, it had many good successes in the Junior local examinations in 1927 and 1928.")

我們數年前獲建議在九龍這邊興建校舍，而政府當時正在我們租來的（般含道）校舍對鄰，興建英皇書院。（"Some years ago it was suggested that we should build on this side of the harbour [*Kowloon], and the Government was proceeding with the building of King's College in the closest proximity to our rented premises."）

校方購入地皮時，政府給予慷慨的安排，並且應承一筆建校的資助。但在 1927 年，政府停止 1927 年的學校資助，並且因此關係，同時把建校資助一併取消。可是當時校舍已在興建中，還是一幢耗資 50,000 元的建築物。（"Being assured of a Government grant of our building, and worked hard to have it erected, the Government has been very generous as far as land was concerned but in 1828 the ordinary grant for 1927 was withheld, and on that account the building grant for 1927 was kept back. As we had already proceeded with the erection of a building to cost $50,000."）

時至今日，學校因此負上 41,400 元的債務，每年利息支出多達 2,484 元。對一所私立學校而言，這是沉重的經濟負擔，會影響到老師和學生的表現。（"The school is now burdened with a debt of $41,400, and the interest charges on that sum last year amounted to $2,484. This is a very heavy charge on a private school, and tends to reduce its efficiency both on the side of the staff, and also on that of scholars."）23

校董會書記張祝齡牧師在 1928 年冬作以下的記述：

一九二八年秋，旺角新校舍落成，九月朔日遷入開課，生徒濟濟，為歷年所未有……惜位少人多，不敷供給……是季本書院已從容恢復中學資格，開始遣派高級生，赴考香江大學初級，次年進而考大學高級……同人歷年慘澹經營之宗教教育事業，及其重辦之宗旨與目的，亦不孤負……嗟呼，來軫方遒，仔肩難卸，英雄時勢，責在吾人。

又道：

> 雖則中道多艱，預算貽誤，歷受經濟之迫壓打擊⋯⋯然而憑茲
> 信仰，一意孤行。[24]

1930 年 5 月 1 日，沈維昌校長在校董會上提出：「欲還清學校債
務，必須求請英政府之津貼；而欲得此津貼，則在港情形，須有英
人校長較有希望。」[25]

1930 年 9 月 18 日，沈校長向董事會遞辭職函。[26]

1931 年 1 月 21 日校董會宣佈，倫敦會公函允許舒活牧師為署理校
長一年。[27]

1932 年 5 月 6 日校董會宣佈，視學查後可助高小而已，高中不獲資
助。[28]

1937 年起，第一至第八班均由政府助賞。[29]

春風又綠　芒角新城

英華書院在 1928 年從港島半山搬到九龍旺角。港督金文泰在 1930 年 1 月 24 日為弼街校舍主持開幕禮時指出，英華遷址九龍是有遠見的，因為九龍的發展會比對岸的維多利亞城更有前景，而英華書院又可滿足旺角區日益殷切的教育需求。

從半山搬到旺角，對英華來說可謂有危也有機。當時的維多利亞城已經隨着港島人口不斷增加而發展了近一個世紀，經濟、民生、教育設施已有一定規模。港島英華的學生多來自港島的中、上環，來自九龍的則寥寥可數。遷校過海猶如放棄港島區的基地，實非自願。

1930 年代旺角是一個怎樣的地方？旺角，古稱「芒角」，顧名思義是一個芒草叢生的地方，沿海一帶稱「芒角咀」。1819 年版《新安縣志》已記載九龍有「芒角村」。據 1893 年政府勘察調查報告，只有 200 名居民集中在「芒角村」耕種。水源出自筆架山的小溪，流落大坑東，轉到花墟，再流入西洋菜街、通菜街、花園街一帶的窪

OPENING OF A NEW COLLEGE.

HIS EXCELLENCY'S WARNING AGAINST EXCESSIVE AMBITION.

ADEQUATE STAFFS A NECESSITY.

I congratulate the school authorities, both on the building which they have erected, and on their foresight in transferring the school to Kowloon; for I am sure that the City of Kowloon will have an even greater future than the City of Victoria, and that this school will supply a real and growing need at Mongkok.

弼街校舍開幕禮的報道 30

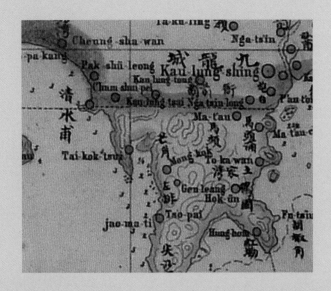

地。[31] 積水成塘，滋潤耕地後，溪水再拐入水渠道、塘尾道後，奔大角咀出海。旺角的英文譯音 Mongkok，仍保留了以廣東話「芒角村」中「芒」字的發音。

英華書院位處弼街和西洋菜街交界。弼街，有說是以英國第七任首相標得伯爵命名。[32] 西洋菜街一帶則原是芒角村種西洋菜的耕地，1930 年入職英華書院的萬威先生還記得學校附近盡是菜圃、魚塘。無疑，當時的旺角是一個有待發展的地區。

1868 年廣東新安縣地圖（九龍界限街以南部分）（英國國家檔案館藏品，CO 700HongKongandChina 3A/1）

1860 年英國租借界限街以南的土地後，最先發展的是尖沙咀、油麻地及紅磡。尖沙咀是軍部和歐籍人士集中之所，油麻地是漁民、商販、華人聚居的地方，紅磡提供了船塢、貨倉，何文田則是預留給歐籍人士備而不用的土地。1922 年港府首立專司城市規劃部門（城市規劃委員會），其中一項工作是銳意規劃發展九龍。1925 年，金文泰就任港督，翌年打通彌敦道和加冕道，統稱「彌敦道」。彌敦道由尖沙咀梳利士巴利道伸延至旺角界限街。同期，九廣鐵路又貫穿九龍新界，旺角成為油麻地的伸延，政府在該地建明渠疏水，填平窪田，夷平山崗，開闢馬路，設置街市、警署、碼頭、醫院和學校。

和英華書院同期由港島遷九龍的學校還有拔萃男書院、喇沙書院。在九龍新建的還有九龍華仁書院和尖沙咀的聖瑪利學校中學部（後改名嘉諾撒聖瑪利書院）。[33] 英華書院搬到旺角，變身成商人小販、工廠技工、勞工階層即中下層子弟求學的地方。地點沒有半山的清幽和高尚，重中之重的是有了自己的校舍，不愁迫遷。香港總人口尤其是九龍區在 1940、1950 年代以倍數增加。旺角的交通便利，連結了九龍的南北西東。英華學生來自旺角、深水埗、油麻地、紅磡區最多，也有部分來自九龍塘、尖沙咀和灣仔。這一變化持續了 30 至 40 年，從旺角和英華日後的發展來看，金文泰的贈言也算是

說對了。

從 1920 年的香港地圖看，民初旺角街道之枝蔓，排列之規整和命名之繁多，旺角迅速地變成了一個新舊並存、交通集中、工商興盛的新發展區。

旺角以英國皇室、官員、地方命名的街道有彌敦道（Matthew Nathan，港督）、窩打老道（Waterloo，英格蘭地名）、亞皆老街（Argyle，英國商船）、奶路臣街（Horatio Nelson，海軍統帥）、碧街（William Pitt，英國首相）、咸美頓街（James Hamilton，北愛爾蘭總督）、登打士街（Henry Dundas，戰事大臣）、快富街（Fife，蘇格蘭地名）、弼街（Bute，英國首相）、雅蘭街（Isle of Arran，蘇格蘭地名）、英皇子道（即太子道，Prince Edward，英國皇儲）和砵蘭街（William Henry Cavendish-Bentinck, 3rd Duke of Portland，英國首相）。以中國省市命名的街道有上海街、廣東道、長沙街、山東街、南頭街和深圳街。以工程設施命名的街道有新填地街、水渠道和廣華街。以經營工農業命名的街道有農耕業的花園街、通菜街和西洋菜街；醬園業的豉油街；紡織業的洗衣街、染布房街、黑布街、白布街；東方煙廠的煙廠街和東方街。

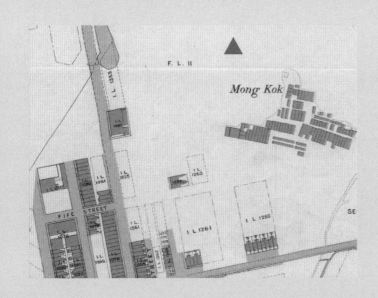

1920 年九龍地圖（旺角部分）。藍色三角形標示出後來英華書院的弼街校址，當時仍是一片農田。（英國國家檔案館藏品，CO1047/455）

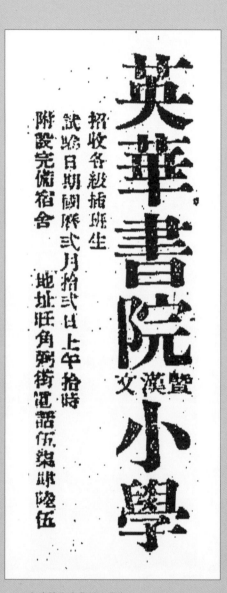

1938 年書院和小學招生廣告 36

英華小學......一九三一

1930 年代中期,英國政府改革殖民地教育政策,用意為大量兒童提供本地語文教育。1934 年,倫敦派英國資深視學官賓尼到港視察。34 賓尼主張港府開辦幾間規範中文小學、開設師範學院、設中學會考和主張教育司應由熟悉教育的專業人士擔任。1937 年,星加坡英籍督學梳利士受聘為香港高級視學官,1938 年出掌教育司署,隨即提出政府直接興辦 50 所規範中文小學的計劃,惜因二戰而擱置。

英華小學,比梳利士的計劃早了六年出現。那年頭,小學在香港並不罕見,但像英華這種中學和小學共用同一校舍的一條龍學校,就十分少有。1930 年,時任香港教育委員會成員的倫敦傳道會牧師舒活上任,代替請辭的沈維昌校長,當時學校已提供第八班至第一班的完整課程。翌年,校董會議決開設一所漢文小學,招收 8 至 12 歲男童,「為將來本校初班合格人物之預備」。小學由一年班開始,讀畢四年班後可升讀書院的第八班。1932 年春節後開課,由書院校長兼任小學校長。35

1928 年秋,弼街校舍工程告竣。建校已欠下債款 40,000 餘元,第一期債券息金及若干數尾要支付,裝修間隔及購置枱椅亦所費不菲。當時英華書院沒有政府分毫的資助。提供宿舍,是希望宿金收益可以幫助全校的開支。沈維昌校長已提出宿舍不敷使用,故用課室兩個暫充後備,但課室又不足夠。張祝齡牧師提議在地下禮堂東西二角各劃一室,多間兩房。後來這兩個「板間式」課室成為小一和小二的課室,一路沿用到 1963 年遷校九龍塘為止。

1932 年 5 月英華書院小學部收生 31 人，1934 年 47 人，1937 年 76 人，1938 年 81 人。37 1940 年，受政府視學讚許，小學資助有望；1941 年，收 75 人，小學部獲政府資助每年 1,000 元。以 1939 年的工錢計，建築地盤男性雜工日薪五至八毫、女性四至五毫；工廠女工更少。當時每家適齡入讀小學的孩子不只一名，窮等人家每月為每名孩子騰出一元或以上的學費殊不容易。38

學校可用資金不多，有時要靠校董私人借支周轉，如關子和校董墊支 700 元，39 區斯湛醫生墊支 3,000 多元。40 1941 年起小學獲政府補助，情況大幅改善。以 1941 年 75 名小學生共獲政府資助 1,000 元計，每名學生平均每年獲助 13.30 元。然而，同學仍需繳交一定學費和堂費。幸鈕寶璐校長澤心仁厚，家境貧困的學生多獲減費，讓這些九龍區基層兒童有機會入讀一所規範小學，並可通過中學，爭取入大學門檻。

把小一、小二課室的隔間牆移走後，禮堂即時變成大劇場，一年一度的聖誕舞台劇就在這裏上演。鈕寶璐校長（右角坐者）、鍾岳年老師（倚門者），以及小時候的文惠顯（第三排右）和顏國棟（中站者）皆樂在其中。

此照攝於 1932 年，隱約可見
「漢文小學」的招牌（楊浩宗
校友藏品）

1936 年小學師生合照

元老復校　戰火不傾

1941年底，香港淪陷，數日後，日本憲兵進駐英華書院弼街校舍。日兵一個月後換防，通知校方收回學校。英華教職員萬威、麥協和、容啟業臨危授命，持函冒險向日本憲兵收回旺角校舍，防止浪人拆掠門窗。其後，校舍再由日軍下水道部隊佔領至光復。香港重光後，復校工作由胡雛鵬策劃，萬威、鄭佩誠、麥協和、黎綽如五位奔走張羅，向灣仔堂和崇真堂商借椅桌，又四出購置所需。[41] 戰後初期，一些學生還要自備桌椅上課。[42] 1945年11月1日，英華正式復校，校務迅速復元。

五位復校功臣是胡雛鵬（復校主任）、鄭佩誠、麥協和、萬威及黎綽如。黎綽如老師在1958年身故，文獻資料留存很少，只知他是校友會前主席、前九龍民政專員黎家驊先生的父親。另外胡、鄭、麥老師則繼續任教於英華至退休，服務長達30年。而書記萬威先生則破服務英華最長紀錄，由1930至1970年代，長達44年，共事六任校長。

他們入職於1920、1930年代，當時各人風華正茂，年齒相若，一起在英華服務數30多年。幾位老師的特色是他們只受過中學教育或師範訓練，但教學認真，用自創的教法把他們所學傾囊相授，啟蒙學子，讓他們畢生受用。胡、鄭兩師在1968年同年下世，麥協和老師為文悼之；麥老師1969年榮休，萬威先生為文惜別。萬威先生在1983年榮休，英華學生在創校165週年的紀念特刊中專文誌之。如今2018年紀念創校200載，寫史者不忘四位先輩在英華的點滴事蹟，懷之憶之，乃是因為他們是復校光榮的一頁。亦因為他們的出現，令我們依稀地看到了一個時代的消逝，一種精神的承傳。

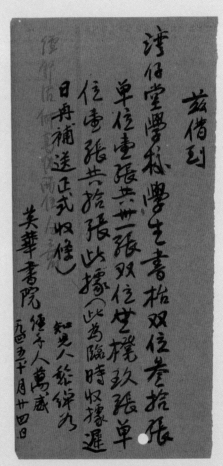

本校向灣仔堂借用桌椅的借據
（中華基督教會灣仔堂藏品）

在般含道英華書院讀書時的胡
雛鵬老師

胡雛鵬老師

麥協和老師〈敬悼胡、鄭兩先生〉一文提及胡雛鵬先生生平：

> 胡楚鵬（雛鵬）先生，籍廣東新會縣，早年就讀於本校，畢業
> 後再受師範教育，隨即為母校服務，時一九二八年也。由於誨
> 人不倦，學生獲益良多。先生好學敏思，才華出眾，對於中國
> 文學，造詣亦深，出言典雅，談笑間每多精警之語。尤擅詞
> 令，每對學生訓話，均能懇切警闢，聽者為之動容……自香港
> 光復之後，體力略減，料因多年磨折所致，然仍執教如故。至
> 一九六五年，到達榮休之期……決家居休養，豈知一病不起，
> 於一九六八年十月二十八日溘然長逝，殊可痛也！43

胡師的小四學生方展雲記得他授課時的神態：

> 胡雛鵬老師教的是英文，當時應是小四（1959-60），英文已
> 分為會話、讀本、作文及默書等部分。胡老師個子小，穿的西
> 裝常顯得過大。教書的時候站在老師桌側，從不坐着，亦甚少
> 來回走動。聲線通常不高，但「勞氣」之時可聲如洪鐘。我們
> 當時只是第二年學英文，未能掌握全英語聽講，所以胡老師教
> 書時是中英夾雜。我後來才知胡老師是英華舊生，二十年代中
> 畢業，未幾即在母校任教，似未曾赴外升學。他當時教的英文
> 發音，輕描淡寫道來，我很久後才認識到是很正宗的英國口語
> 音，遠高明於後來的港式英語。他好像教了我們兩年，至升上
> 小六時改由麥協和老師教授英文。

鄭佩誠老師

麥協和老師在〈敬悼胡、鄭兩先生〉一文回憶鄭佩誠先生生平：

> 鄭佩誠先生號靜絃，粵之中山人，弱冠畢業於縣立師範學校，
> 受洗加入石岐公理堂為教友。一九二八年來港，先在公圖學校
> 任教，後再入香港漢文師範受訓練。至一九二九年，本校創建
> 新校於九龍，先生即來校任國文教席，循循善誘，深得學生愛
> 慕。其謙沖有禮，和易近人……轉會入望覺堂後，歷任該堂值

理及堂會書記，對於教會事業，莫不悉力以赴，尤致力協助學生基督徒團契活動……直至一九六三年，本校牛津道新校落成，先生亦即及期榮休……先生榮休後，曾任望覺堂學校校長，艱苦擘畫，規模大備……一九六八年十一月八日以肺癌病發，息勞歸主，聞者惜之。44

鄭佩誠老師

鄭師小六學生方展雲記得：

鄭佩誠老師一口中山音，同屬中山人的我聽起來特別親切。他教的是聖經及國文。我當時是小六。我最深印象的是他教粵音九聲，對以後自學寫格律詩很有幫助。他之後再沒有國文老師教我這課題了。他是虔誠基督徒，經常主持早會，教聖經更應付裕如。胡、鄭二師俱是有心有才而不嚴厲的老師。

小六同班的翁永森緬懷國文老師鄭佩誠：

我對他最有印象的是他教的成語課。余光中先生曾撰〈怎樣改變英式中文？〉一文，指出中文成語歷千百年猶存，成為文化的一部分。成語如「千錘百鍊」，字義對稱，平仄協調；「朝秦暮楚」、「樂不思蜀」等都含有中國歷史。我仍然記得鄭佩誠老師所精選的成語如「提綱挈領」、「囫圇吞棗」、「熙來攘往」、「肩摩轂擊」、「揠苗助長」。其中一些字對小六學生筆劃算多，但成語內容有像一幅圖畫、一個故事，平仄協調，出處有典。鄭師似漫不經意，但已帶領小學生進入中國文字優美的世界。

麥協和老師

萬威先生在〈惜別麥協和先生榮休〉一文憶念麥先生，繪影繪聲：

一九三一年春，當年校長舒活牧師引介新入校教師與同寅相見，由此獲識麥協和先生。把晤寒暄，即有良好之印象。蓋麥君長相修長，舉止彬彬儒雅，態度誠摯謙和，而品貌修為，有儒者風，且在盛年，實青年人之楷模也……麥君任教英華至今秋凡三十九年半，對學生授課認真而有法，學生每有所問，定必溫言詳細解答，從無疾言厲色，是以學子於受課時如坐春

風……麥君除為一良好教師外，復精棋藝及攝影術。舉凡學校有因誌事而須攝影者，不假外求，俱由麥君負責，而效果必甚佳妙……近年來為學生會攝影學會顧問，指導有關攝影知識與技術……誠一多才多藝之英華有力成員也。45

當時小六學生方展雲對班主任麥協和老師如何保持課堂紀律有生動的記述：

麥協和老師是我小六時的班主任，教的是英文。長身玉立，一襲剪裁稱身的中山服、陸軍裝的髮式、一副金絲眼鏡，就是他永在學生心目中的標記。不苟言笑，溫文爾雅，說話不慍不火，卻字字清晰，不怒自威。除寫黑板外，他永遠坐着（可能他身材高，常低頭望着一班小學生，有點辛苦）。班上學生的名字，他全都了然，卻從不直呼，只按着他們座位的排列而以號數代名。全班四十人，第四行座號 31-40 是他的「頑皮學生收柙所」：將上課不守紀律、不專心等等的同學調坐那一行，稍稍「標籤」，使他們知恥近勇，力求改進以「出柙」。學養淵博，

麥協和班主任與 1962 年小六
班合照

態度認真，是標準良師。麥老師酷愛攝影，具專業水準。舉凡學校內之活動，他和余羨韶老師總包辦了拍攝的工作，以及每年每班及老師們的團體照。他們的作品可見於各年之校刊及校史館，久遠永傳，為英華五十至七十年代的歷史保留了寶貴的影像記錄。

萬威先生

萬威先生是英華的傳奇人物，幾乎沒有一個英華人沒見過或沒聽過他。他在 1930 年經他包伙食的世叔介紹之下，入職英華當書記，襄助沈維昌校長打理校務。46 豈料一做就是 40 多年。英華歷年的人和事他都了解深刻，有「英華字典」之稱。英華事無大小，都由他悉心處理。他接觸學生經驗豐富，對學生有深入觀察和了解。他服務英華，就像處理自己一個大家庭的事，表現一種息息相關的關懷。

萬威先生

以下一段 1960 年代的事和萬威先生有關，依稀記得，述之以懷念先生：

九龍淪陷前夕，他趕送弼街宿生的鐵床去拿打素醫院，光復後找日本兵接收校舍，喝止暴民搶掠，過海到灣仔堂借桌椅坐駁艇運送九龍等事，已成經典。每年陸運會的入選名單告示，由他毛筆書寫，貼在弼街鐵閘入口處牆壁；頒獎的獎盃、獎章由他安排。一碗米運動在操場派米，由他協助。每年小學生往校醫驗身、驗眼，由他安排。學生有經濟困難或詢問家境，由他聯繫。意外受傷的孩子，由他護送回家。遲到學生，由他記名。成績優異得獎者的獎勵書籍，由他邀請學生選書後代購。中五畢業生求職表格（各紀律部隊或師範），由他觀察個別學生，再個別分派。47 獲取政府獎學金、成績優異學生的名字，他不時提起，如數家珍。

圖書館的書本是可以外借的，但全部要經萬威先生登記。記得筆者當年是小五或小六學生，想外借一本《三國演義》（多數是簡易本），萬威先生力勸改借《格林童話》一冊。日後在中

學日子多了，聽過校友口述歷史及參考校刊和校報《火炬》記載先生的事蹟，對萬威先生的其人其事了解更多後，頓時肅然起敬。

胡雛鵬老師（後排左一）、萬威先生（後排右三）、黎緯如老師（中排左一）、麥協和老師（中排左四）、鄭佩誠老師（中排右四）、容啟業老師（前排右一）（冼納小姐藏品）

戰後英華　迅速發展

1937 年七七事變，1938 年日軍進犯廣州，1941 年太平洋戰爭爆發，年末香港淪陷。1945 年二戰結束，香港重光，1945 年 11 月英華迅速復課。

戰後英華學生人數激增。政府和倫敦會對英華均大力資助。淪陷期間學校損失甚鉅，要逐一添補，計需 49,000 元。蒙政府撥助 24,500 元及什費 7,500 元，倫敦會撥助 17,000 元，其事乃成。政府又撥價值 30,000 餘元的儀器及一筆「校長補助款」。48

1949 至 1950 年度開支預算是 37,460 元，政府補助 18,730 元，堂費收入 7,500 元，不足之數 11,230 萬元，由倫敦會補足。49

戰後初期的 1947 年已有學生 600 多人，開了 16 班，小學佔 9 班。50

踏入 1950 年代，英華書院進入穩步發展期，不受財政短缺影響。1953 年，即戰後重開的第 9 年，英華獲得學校歷年來最好的公開考試成績。51

1957 年中學人數是 319 人，小學人數是 242 人。70 名學生參加大學入學考試、中學會考或小學會考，僅 36 人及格，成績強差人意。52

1959 年，大學入學試 3 人合格，其中 1 人獲獎學金入讀香港大學。中學和小學會考則分別有 31 人和 27 人合格。53

踏入 1960 年代，英華中小學生總人數一直保持在 600 左右。小六班也得參加小學會考，但大部分可以原校升上書院。中學會考合格人數的中位數是 30 人，而大學入學試合格的中位數則為 8 人。整

體公開考試成績是中等至中上。

有教無類，篤信善行，弼街年代的英華書院為九龍區的幼童和青少年提供完整的小學和中學課程。在這 35 年間，英華學生享有中小學連貫的學習環境，一個比上不足、比下有餘的校舍，以及一位鞠躬盡瘁，把一生奉獻給基督人文教育的校長——鈕寶璐先生。而這 35 年的成果是：一、奠定淳樸校風的傳統；二、對母校有強烈歸屬感的舊生；及三、培養服務香港各階層的骨幹人才。

每天早禱　何進善堂

弼街校舍「麻雀雖小，五臟俱全」，禮堂就好比是英華的心臟，中小學生每一天都始於禮堂早會，自不然會對這地方留下深刻的印象。禮堂最主要的作用是早禱，禮台坐北向南，左右各有階梯，台緣呈半圓形，中正有一木講壇，東邊嵌有何福堂（進善）牧師身穿清朝官服的瓷像。何福堂是馬六甲時期的學生，1843 年隨理雅各由馬遷港，並協助在中環建立香港英華書院。1928 年弼街校舍籌建時，因何牧師女兒何妙齡女士雪中送炭，長期借出 10,000 元作建校資金，故禮堂顏曰「何進善堂」，以為答謝。[54]

禮台下有一鋼琴，供早會唱詩時奏樂用。早會時師生全程站立，包括台上的校長和講者及台下眾師生，獨司琴可坐。彈琴的是周詠怡老師（小學）和張雲槎老師（中學）。講者由老師如余羨韶、鄭佩誠、顏寵機、劉年佑、李德彰等輪流擔任。張老師彈琴的活力，以

何進善瓷像和張祝齡牧師撰寫的題碑

及余老師的生動宣道詞，例如「比天還要高、比地還要厚、比海還要深」之類的早禱金句，尤其令人難忘。

學生早會所唱之詩採自《普天頌讚》，每日一歌，週而復始，學生們對歌詞皆瑯瑯上口。「聖哉，聖哉，聖哉！」、「這是天父世界」、「一切美麗光明物、一切活潑生靈、一切聰明可愛物，都是父手造成」、「萬古磐石為我開，容我藏身在主懷」、「美哉小城小伯利恒，你是何等清靜！」音韻詞義，不知不覺已成教育的一部分。

鈕寶璐校長在台上宣佈校務時，都站在左邊，而容啟賢副校長則站在右邊，作即時傳譯。學校每月一次頒發「夙夜匪懈」綠布錦旗，用來獎勵缺席及遲到次數最少的班級，由班長上台領取。在今天看來，這種頗 old school 的鼓勵考勤方式，已入思古幽情之列矣。55

1954 年畢業班師生合照於何
進善堂（冼棟材千金冼紈小姐
藏品）

崇敬·三一上主

1 第一首 聖哉三一歌 十二十六、

(一) 聖哉聖哉聖哉全權的神明！ 清晨我衆歌聲穿雲上達至尊；
聖哉聖哉聖哉慈悲與全能 榮耀與讚美歸三一妙身。

(二) 聖哉聖哉聖哉衆聖都崇敬， 放下黃金冠冕環繞晶海之濱；
千萬天軍叩拜同聲頌主名， 昔在而今在永在億萬春。

(三) 聖哉聖哉聖哉黑暗蔽聖明， 罪人不能仰視莊嚴廣大妙身；
惟獨主爲眞原，惟主爲至尊， 全權又全愛全善全能神。

(四) 聖哉聖哉聖哉全權的神明！ 海天雲山酬和吾衆讚美歌聲；
聖哉聖哉聖哉慈悲與全能， 榮耀與讚美歸三一妙身。 阿們。

2 第二首 大秦景教三威蒙度讚 七、七、七、

(一) 无上諸天深敬畍； 大地重念普安和， 人元眞性蒙依止， 三才慈父阿羅訶。

(二) 一切善衆至誠禮； 一切慧性稱讚歌， 一切含眞盡歸仰， 蒙聖慈光救離魔。

崇敬：三一上主

第一首 第二首

普天頌讚

《普天頌讚》的第一首歌〈聖哉三一歌〉

既是匱乏 又是有餘

這是一個匱乏的年代；這是一個有餘的年代。

香港人口在 1931 年是 840,473 人，在 1941 年是 1,600,000 人，在 1949 年是 1,857,000 人，在 1960 年是 3,133,131 人，[56] 30 年間增加了近 300%，而在九龍的增幅比在港島的更大。人口短期內以倍數激增，令房屋、教育、福利等資源應付不來，結果是物質匱乏，普遍市民生活貧困。

英華書院在 1928 年遷入旺角弼街 56 號一所樓高四層的建築物，辦學至 1963 年，才能搬到九龍塘牛津道校舍。在這貧乏的年代，英華恰恰處於一個貧乏的地區。學校面對資金不足，地方短缺，家長貧窮，辦學者如何解決問題，把匱乏變成足夠，甚至有餘？師長怎樣言傳身教？學生如何學習、成長？

弼街校舍的二、三樓設課室和實驗室，四樓是宿舍，地下是禮堂，禮堂外是一個小型的露天操場。校舍最初的設計是給 350 名學生使用，[57] 但啟用不久，在 1930 年已有學生 426 名。戰後校務穩定發展，1957 年學生總體人數已增至 561 人，1962 年更達 586 人。[58] 但是可運用的空間卻沒有增加。

因宿舍和教學空間不敷應用，早在 1928 年學校已計劃把小小禮堂的兩個角落用板劃出兩個小房間。[59] 這就成為日後小一和小二級的課室，共可容納 80 名小孩。課室一用就是 30 年，過千學子受惠。多少位老師、牧師、教授、醫生、建築師、高官、警司、商人、運動員、音樂人，都是由這兩間「板間房」培養出來。300 至 400 名師生，每日上課前在這給分薄了的禮堂開始一天的活動，站着唱詩聽道，一點不覺擠迫。餘下的週日，就是望覺堂用來宣道聚眾的場地。[60]

全校只有一座鋼琴。早會完畢，前面加了黑板，後面放置三四行摺木椅子，就變成一個音樂室。張雲槎老師就在此教小學生鍾定一（其後成為著名音樂人）Harmony。西方的悅耳民謠 *Long, Long Ago*、*Old Black Joe*、*Santa Lucia*，《小學音樂教材》（梅耐寒編）中的中文歌曲，《普天頌讚》的聖詩，都在這「音樂室」裏高唱起來，而不少英華仔的音樂才華也在這裏被發掘出來。

操場很小，只比一個標準籃球場大一點。小息午飯時，禮堂又變成一個遊樂場；放上四張乒乓球桌，多數是高班學生佔用；小學生則在地下玩「滴滴仔」，周邊還有空間讓人奔跑、追逐、騎膊馬。61

弼街英華的圖書館不大，是位於正門地下，進入禮堂前左邊的一個小房間。記憶中靠牆壁三面都有書櫃。開了書櫃的玻璃門，會見到一行一行，整齊劃一，用黃色「雞皮紙」包封書面的書籍。房間中央是一張四方形大枱，周邊是坐椅。枱上放有《華僑日報》、《兒童樂園》、《中國學生周報》等，供學生小息時閱讀。午膳時間，大部分學生因住在附近，便回家吃午飯。小部分學生帶飯壺，或有專人送飯，就在這圖書館大枱進食。62

每年聖誕節，小一、小二不用上課，禮堂的板隔會被移走，全場放置座位，禮堂隨即變成一個大劇院。中小學生粉墨登場，又跳又唱又演，跟着放假，皆大歡喜。此外，在這普天同慶的佳節，又會舉行一年一度的「一碗米運動」，操場鐵閘會大開，歡迎附近各區的貧苦大眾排隊收取一年一度的派米。運動在 11 月底開始，各學生領取捐摺，作為期一個月的募捐。收集捐款買米，並以米票分發窮人，在指定時間到學校操場領取。派米日有 20、30 位同學負責派米、收票、運米和維持秩序。在窮困的 1950、1960 年代，施受皆歡，饒有意義。

英華的音樂課本（方展雲校友藏品）

雖然平日上課的空間一直缺乏，但是到了晚上和暑假時卻是有餘，可供利用。戰後旺角生活艱苦，童工普遍，失學兒童很多。基督教女青年會在 1948 學年借用英華三樓課室四間來開平民免費夜校；63 到 1953 年多借兩個課室，續辦夜校一年。64 在 1955 年，又續借課室半年作勞工夜校。65 此外，高年級學生又會趁暑假開辦義學，讓學校附近的貧困兒童一嚐學習的樂趣。

以上的例子可能不會提高學生公開考試的成績，但是這課本以外的教育是可以令學生受惠終身的。

1953 年英華小學聖誕聯歡
（黃恒敏校友藏品）

1961 年暑期義學師生照
1955 年 7 月，基督徒團契開辦暑期義學，招收區內貧苦兒童為學生，由高年級同學教導基礎知識。這一年只有 50 人參加，翌年已增至 140 人，1957 至 1959 年更逾 220 人。義學為期五週，早上 9 至 12 時上課，內容包括讀本、算術、常識、聖經、繪畫、音樂等。小老師還會做家訪，了解學生的家庭環境。學期結束時頒發獎品表揚優異學生。

操場內外　集體回憶

1930 年 1 月 24 日，威禮士牧師在弼街校舍揭幕禮上致辭曰：「學校在運動方面表現出色，特別是籃球和足球。辦學主事者……也很感恩學校可有一個大家都渴望的小操場。督憲閣下，你很快會看到一場球賽。」66

弼街的操場是一個比標準籃球場略大一點的空地，面積不大，卻滿載了 1950 和 1960 年代學生的集體回憶。回憶你我都有，當一大群人對同一段時間、同一個地方有着同一種懷念時，那回憶已屬於集體，哪管它是一場球賽、一堵牆壁、一根接力棒、一幢鐵梯、一袋白米或一串牛雜，都是眾多弼街英華學生在半個世紀後的共同話題。胡適說：「每一個平凡的人的遭遇都是歷史。」這年代的孩子是在一個物質缺乏和生活簡單的環境成長，沒有電視、互聯網、手機、自助餐和旅遊，許多看似平凡不過的校園經驗都成了他們的繽紛歷史了。

1930 年代操場東側鐵閘
（楊浩宗校友藏品）

以下是一些校友的回憶。

李鴻祥：67

這籃球場雖小，卻也孕育出許多好手，在學界也算是雄獅。當時最哄動的是英華對德明冠軍戰。德明雖有潘克廉；我校亦有梅勤官、梁國器，都是後來的香港代表。而我則是後一輩，亦為校方出過一些力。你們熟悉的招成滿老師和他的弟弟招成堅所效力的流星籃球隊，是籃球聯賽的勁旅，許多時都在我校球場練波。我等亦間中陪練。

每次小息都有一些同學在球場閘門向熟食小販買小食，五仙一毛有交易。當時大部分都是窮學生，包括我在內，沒有錢買小食，索性離開閘門不望一眼。

張福滔：68

英華書院是我唸小學和中學、吸收書本知識，和學習「篤信善行」的家。母校校舍不大，只有一個籃球場，可以玩籃球和排球；足球則要安排往京士柏球場踢。

在學校裏，我們小息時喜歡在操場一角的地下水溝玩波子，用拇指和食指握波子，向對方的碰撞。如果能把對手撞出小溝，乃為勝利。大哥高我五班，因此他小六時，我剛入小一⋯⋯早上吃過早點，多數是麵包開水⋯⋯一定由大哥拖着我的手上學。校舍位於弼街，在我們住的旺角道後面，因此不須過馬路。十多年前弼街原校舍拆卸時，校友會邀請我們回校道別。四十年來第一次再踏入母校，感觸不少。

高世英：69

50 年代末，從英華書院放學，走出弼街，不時用一毛錢買一串牛雜，跟幾個同學嘻嘻哈哈分享。母親每天給我幾毛錢，肯分一毛跟同窗吃牛雜的初中男生，家境富裕。祖父高卓雄大有來頭⋯⋯作為紅色資本家的長孫，我從小很清楚自己比一般人富

貴；眼中的英華書院，是窮人學校。但父親高振邦特意要我在
那裏上學，了解何謂貧窮。事實上，吃牛雜的日子很快樂。就
算後來時間成就財富不斷增長，超過半世紀後，跟記者翻出心
底記憶，自然流露的仍是這麼一句，「那是我一生最快樂的日子」。

方展雲：

南北各有籃球架一，劃有場線。南牆為校園盡頭，上髹阿拉伯
數目字，供上課前學生排隊之用，比鄰是西洋菜街的唐樓。

操場西北角有一鐵造的走火梯，由地下呈「之」字型上天台。
鐵梯髹黑色，設有扶手，每層俱有出入口，最高入天台處為鐵
枝頂，有水平拉閘可鎖。小三至小六學生，一律由操場經更衣
室小路走到正門的樓梯上二樓課室，中學生才可以用鐵梯上
落。能夠用鐵梯往上層遂變成了一種榮譽。下層至二樓變成了
一個現成的遊樂設施，供學生攀爬嬉戲。我曾在鐵梯攀上跳下
（稱為「鐵梯捉」），「拗了柴」，放學行不動，要由萬威先生送
我回家。

操場南牆髹上編號，方便分班
集隊。

翁永森：70

每年校運會，小學組設擲曲棍球和壘球比賽，都由體育老師張
雲槎先生主持。小學生列隊站在操場北面入口，盡力擲球向南
壁。校刊有記：60-61年度九歲以下小孩組冠軍是小四的梁鈺
基，成績 63´6˝；丁組（九至十二歲）冠軍是小六黃玉棠，成績
91´。擲鉛球就在界限街近花墟的陸軍球場舉行。戰前陸運會多
數在何文田京士柏運動場舉行，全校老師、中小學生和舊生會
的校友都來參加。郭木開校友每年都開槍主持賽跑。這是一年
一度的盛事，不用上課，運動會後放假一天。陸運會好像一個
大家庭的遊戲日，師弟有機會一睹不同年代的師兄。

每年的集體照，都是在學校大樓南牆對開拍攝的。這裏採光充
沛，牆壁設計典雅，一用就用了30多年，直至遷校到牛津道
為止。它有愛德華式建築風格：花崗石長方形門框，外配淺浮
雕方柱及雕花裝飾；伸延兩旁是對稱的灰磚外壁，壁上左右嵌
入對稱長方形木框窗戶。弼街校舍是香港早期名建築師 Raven
& Basto 設計的，曾被列入香港三級歷史建築。71 歐陸式建築
物風格，在旺角唐樓群中實屬罕見。麥協和老師和余羨韶老師
在這裏拍攝了不少集體照，保留了小一至中七各班師生、領袖
生、詠唱班、籃球冠軍隊隊員、1960 年基督徒團契舞台劇 *The
Lost Star* 的監製師生及演員等在英華時的印記。

大樓西側那幢鐵梯，猶如學生們心中的圖騰。香港保留這種太
平梯不多，在必列啫士街青年會有，紐約市唐人街區也有。每
次在電影（如《珠光寶氣》和《夢斷城西》）看見這類太平梯，
都不期然記起弼街英華書院。

操場東面圍牆有一鐵閘通往西洋菜街行人路。英華學生人數由
1930 年代的 350 人至 1945 年太平洋戰爭結束、香港重光復
校後增加至近 600 人。當年旺角百廢待舉，民生艱苦，整個學
校沒有一個小賣部。小息時，鐵閘外擠滿了來自附近的小販，
穿過鐵閘鐵枝間隙，向學生售賣汽水、麵包、雪條、雪糕、麵
食、酸菜、滷味、牛雜。估計每節小息交易過百次。多年來鐵
閘內外相安無事。沒有爭執，各得其所；看似混亂，其實有
條。校方曾顧慮過食物衛生，但既然無事故發生，便讓商販們
繼續謀生。回想起來，相信這是鈕寶璐校長人情味的體現。

校舍西側的鐵梯（望覺堂勸品）

有教無類　寶玉君子

鈕寶璐先生在 1933 年經倫敦傳道會加入英華為化學科教師，1938 年任校長，至 1964 年榮休後不久病逝，是英華有史以來任期最長的校長，長達 26 年。提起鈕校長，結合學生、老師、文獻紀錄，得到的結論是七個字：有教無類的君子。

香港整個社會在 1940 至 1960 年代是處於人口激增、民生苦困的時期。而旺角是貧窮年代裏的貧窮地區，大部分學生都來自周邊貧窮的家庭。鈕校長住的地方也是在旺角校舍裏的宿舍。72 就是在這環境內，他貢獻大半生的時間，為幾代貧窮的孩子帶來豐盛的教育。

鈕寶璐校長

倫敦傳道會的克萊格牧師指出，校長念茲在茲的理念是基督人文精神的教育。英華校譽藉此飛升，不單有賴學生爭取優良的學業成績，更因書院教導他們追求建立公義和正直的社會。73

鈕校長在 1960 年寄語學生會幹事的一段講辭，深入淺出地解釋了學生個人對學校、社會整體的關係和責任。他指出學校的核心價值在於校內所有的人：校長、校工、最年長或最年幼的學生。它不是由一所校舍、一組課程或一串活動來定義。每一個人都是代表學校的一部分。只要一個學生的品德能夠有所長進，學校亦算有所進步。滴水滙成汪洋，國民構成國家，師生組成學校。改變個人就能改變整體；我們每人都可以為整體利益貢獻個人的力量。（"For what is the school? It is not a building; it is not even a collection of buildings; it is not a list of subjects studied or games played. The school is the people who work in it: it does not matter whether you are the headmaster or the newest servant; it does not matter if you are the oldest pupil or the youngest; the school is all the people who work in it; we all are part of the school. And so if one student improves his character then that means the school is a little better than it was before. Everything that affects each one of us makes a little bit of difference to the whole school. An ocean is made up of drops; a nation is made up of people; a school is also made up of people, students and teachers, and what affects one affects all in some way...And *we can each add something which will improve the whole.*"）74

校長明白，不是每個學生都長於學習，精於考試。反而他要求學生通過在校內的活動，學會找尋快樂和發揮所長的方法。並以基督大愛，灌輸正確的人生觀。學生在校園快樂成長，在社會能快樂生活，進而建立快樂人生。鈕校長希望培養學生有以下的基本條件和人際關係：一、找到一份能力所及並且自己喜歡的工作；二、有工作以外的嗜好；三、能夠欣賞存在事物的美；四、對別人有憐憫無私的關懷；五、能面對現實，接受自己的不足；六、有幽默感；七、找到能解釋生命意義的宗教信仰；八、依靠一位能分憂解惑的導師。（"Not all boys are good at school work – the kind that helps you to pass examinations – but every boy has been given talents or skills of some kind, and we hope that the introduction of other societies into the life of the school will help these non-academic boys to develop their skills and increase their happiness in school and later in life outside school. Because happiness plays a very important part in life. To be happy and contented a person needs to have certain basic conditions and relationships. He must have (1) work that he enjoys doing and within his capacities; (2) a hobby – some activity, different from his work, by which he can use his spare time with profit; (3) a love of beauty; (4) sympathy for others and be ready to think of others rather than of himself; (5) ability to face reality – we cannot always have things our own way; (6) ability to see the funny side of things – a sense of humour and be ready to laugh *with* others but not *at* them; (7) a religious faith which alone gives life a meaning; (8) a counsellor – some one he can trust absolutely so that he can discuss his questions and doubts and problems with him."）75

校長不會過分強調考試的重要性。成績落後一點的學生，他不放棄，會給他們留班繼續唸書，補底趕上。升中考試成績良好的、遜色的學生都一視同仁，被安排全部在原校升中，繼續做同學，大器有可以晚成的機會。成長的十幾年間同窗共硯，可以結成知己。三代英華，偶有所聞；四代亦有。父親、叔伯、兄弟、表親同為校友的，則習為常事。英華成了一個大家庭，畢業超過半個世紀後，校友仍對母校有強烈的歸屬感。這是弼街時期的特色，亦變成為日後的英華傳統。

和歷屆弼街英華校友訪談後察覺：不論他們畢業於何年份或畢業後做甚麼工作，大部分校友會異口同聲地說，他們在英華度過了快樂和沒壓力的青年歲月。早會、陸運會、聖誕話劇、一碗米運動、校際籃球爭霸戰都是快樂的集體回憶。既是匱乏，又是有餘。回憶中這是人生一段美好的時光。

早在戰前，鈕校長聘任在尖沙咀聖安德烈教堂的樂師寶路文先生任教席，並組織了當時中學罕有的英華歌詠團，校內校外均作表演；戰後由張雲槎老師接替。寶路文在 1938 年為英華寫下了一首校歌 *Home of Our Youth*，音韻悠揚、歌詞慷慨，沒有英華人不懂，直至 2018 年的今天仍是英華小學生和中學生的校歌。

鈕寶璐校長一直以來對貧窮學生的幫助都毫不猶豫，減少或豁免其學費。這是他任內的一大特色，歷年師生津津樂道，受惠學生終生感激。曾經接受，懂得施予，畢業後回饋學校，回饋社會。校長很

仁慈，從未見他厲言疾色，責罰頑皮的學生。他平易近人，是眾人口中的好好先生。他略懂聽講廣東話，不懂英語的家長和他見面，更添親切。他的朋友和同事稱讚他謙虛、低調、踏實和有幽默感。

認識鈕寶璐校長 30 年的潘頓牧師說：「他沉默寡言，甚少無拘束的透露心底話，但他活出對基督的信仰。」76 二次大戰前，校長參加了海軍後備隊。香港淪陷後被關入深水埗集中營三年零八個月。同期被日軍囚禁的還有英華女校校長蕭覺真、合一堂的張祝齡牧師、倫敦傳道會的威禮士牧師和舒活牧師。香港光復後，各人都一一返回崗位，繼續傳道授學。

鈕校長在戰後不久便要面對旺角校舍不敷應用的問題。他用了他在任的時間，默默地完成了把弼街校舍搬到新建的牛津道校舍的工作。雖然沒有被校史濃墨特書，這其實是一項很偉大的功績。本身是 1919 年般含道英華學生，時任校董會主席的歐炳光校友，在 1964 年歡送鈕校長榮休晚宴時說：

鈕寶璐校長（中）與老師們參加「運蛋」比賽

我請大家把弼街舊校舍和牛津道新校舍作一比較。當你們留意到一所美輪美奐的新建築物時，一定體會到鈕校長偉大的成就。他努力不懈、孜孜不倦完成了一項艱鉅的任務。我深深相信沒有鈕寶璐的奉獻，就沒有今天的成就。77

在 1962 年 6 月 10 日的牛津道校舍奠基禮上，鈕校長又重複地堅持他的教育理念，78 殷切期望新校與師長們無論在校內或校外，都要活出一個堪為學生效法的生命；不竭地培育神賜予我們在靈性上、頭腦上及身體上的恩賜，並當時刻以學生自居，放棄陳舊過時的觀念，不斷學習以求更新；對天資不敏，成績落後的學生及名列前茅的優異生應一視同仁；並跟學生分享我們最寶貴的信仰，使他們面對人生的必經艱困時，能認定及沒有任何事物可以將他們與神的愛隔絕。

1950、1960 年代港府成功擴充小學後，到了 1970 年代初面臨中學學位嚴重短缺。粥少僧多，學費較便宜、教學質素一般較佳的一

校友會設宴恭賀鈕寶璐校長榮休

小撮官立、補助中學成為數以萬計參加升中試小學生激烈競爭的對象。[79] 鈕寶璐校長為學生牟取利益，始終不渝。在此關鍵時刻，他為香港資助學校議會貢獻他寶貴的教育經驗和精明的意見。補助學校議會前主席史璧琦牧師對鈕校長如此評價：

> 他擁有資深的經驗、清晰的頭腦和熱愛學生的初衷。他是議會的寶貴成員，領導大家審視每個議題……多年來，他曾擔任秘書、副主席至主席的職位，又在不同範疇的工作小組內（公積金、香港大學、教育司署、英中會考）發揮所長，並一直在擔任議會成員的發言人。[80]

港督柏立基為牛津道新校舍主持開幕禮時，讚揚英華書院的傳統因鈕寶璐校長而顯得崇高。[81] 1963 年元旦，英女皇為表揚校長 30 年致力香港教育的卓越功績，授以 O.B.E. 勳銜。潘頓牧師有如此定論：「To sum up in a characteristic English phrase: He was Noble by name and noble by nature.」[82]

鈕寶璐的「寶璐」，意為美玉。典出楚辭《九章·涉江》：「被明月兮佩寶璐」。為 Herbert Noble 改中文名者，採取了古人「男楚辭、女詩經」的習慣。中國是古文明中最重玉的國家，始自夏商周之前。[83]《詩經·秦風·小戎》云：「言念君子，溫其如玉。」「君子以玉比德」，也是中華文化稱讚一個人品格的最崇高的美譽。

寶玉君子，良有以也。

云誰之思？西方美人！

本文標題，出自《詩經・邶風・簡兮》。美人、玉人，均可男可女；
唐・杜牧云：「二十四橋明月夜，玉人何處教吹簫？」這個玉人，指
的是韓綽，就是一名鬚眉男子。「西方美人」，指的是長存在我們同
學心裏的艾禮士校長，Mr. Terence Ivor Iles（1934-2013）。

艾禮士校長

我和母校結緣，始於 1961 年。那年，我升上中學，
獲派旺角弼街英華書院。那時，我住在亞皆老街和
廣東道的交界處，可以步行上課。我整個中一、中
二都在弼街。一介街童，自不知校舍是否老舊，師
資是否優良，只是和一班「志同道合」的同學盡情地
享受精力瀰漫的日子，抗拒管束，喧嘩躁動。這個情
況，中文沒有一個適合的形容詞，英文倒有，叫做
rumbustious。兩年後升上中三，學校遷往牛津道
新校舍。我已經習慣了徒步往返學校，之後五年，每
天清晨從亞皆老街出發，過上海街、彌敦道，在洗衣
街匯合了從火車站走下來的新界學生，浩浩蕩蕩，一
同走向太子道，然後散向四方八面。整個初中階段，
我仍然是一個「視爾夢夢」、「氓之蚩蚩」的少年。
我只記得這些，和中三時教我物理的老師，一位黝黑
壯實的青年人，上課時把課本一放，便拿起粉筆，

把黑板敲得「托托」響。一口滔滔不絕的英文，卻讓我這個英文蹩
腳的學生聽得清楚明白。由於他火熱的形象，我們叫他做 Bunsen
burner。

1964 年，升上中四。那一年，套用黃仁宇的話，是「無關輕重的一
年」。後來我和我的同學才知道，那年對我們非常重要，影響鉅大。
1964 年，30 歲的歷史老師 Mr. Iles 升任校長。那時教我班中文的
是袁效良老師。他是一位個子高瘦的中年人，他的眼鏡片真像汽水
樽的底部，所以要把課本捧到鼻端，才可以看見課文。他習慣一面

誦讀課文，一面滿室遊走，突然停下來，便指住就近一名猶在夢中的同學冷靜地説：「你解！」袁老師還有一個特點：他不是朗讀課文，而是「吟誦」課文。我後來才知道，近代嶺南吟誦之學，始自陳澧（1810-1882），至陳洵（1871-1942）、朱庸齋（1920-1983）等，傳承有序。袁老師舊學必有根柢。那年冬天，袁老師不幸因眼疾去職，由「年甫花訊，恨作鬚眉」的陳耀南老師繼任教席。「年甫花訊」，剛 24 歲；「恨作鬚眉」，則是陳老師戲言非女兒之身，畢業時搵工甚難也。之後我有幸跟隨陳老師三年有半，老老實實地學習中文。至於艾禮士校長，當時尚少交往，卻常因英文學習問題奉召往校長室接受「勸勉」，所以那時一瞄見這個「鬼佬」，便溜之大吉！

就這樣跟跟蹌蹌地攀上了中五。面對會考大關，人家全套美式裝備，我則是小米加步槍，難以言勝。那年我們的班主任是戴葆銓老師。他只有幾個月的時間來拯救我的英文。戴老師個子瘦小但實大聲宏，握着粉筆頭把黑板敲得驚天動地，大聲疾呼：「英文之生死，在 accuracy ！」然後每課都把英文句子合成、拆散。就是如此，我這個在中二時還認不清 26 個英文字母的呆蛋，竟然英文過關。艾禮士校長親自主持放榜及宣佈升讀中六名單。在説了幾個「XXX，disqualified」之後，他説「Tam Fook Kei」，然後頓了一頓，把我的心懸上了半天……「qualified」。

中六是極充實的一年。中四生仍嫩，中五、中七生準備公開考試，中六生便要肩負起大部分課外活動的工作，常常要面晤校長。這一年艾校長還親授大英聯邦史，介紹了帝國主義，十字架隨着軍旗而來（The Cross follows the flags）等課題，令人印象深刻。中七那年，艾校長怕我們在英文關前陣亡，於是親授英語課。他習慣印發補充教材，然後和我們一起聊天答問。其中有一篇短篇小説，我非常喜愛，把它翻譯改寫，投稿去了。後來才知道，這是詹姆斯‧喬伊斯名著《都柏林人》15 篇故事中的《阿拉比》，是成長小説（Bildungsroman）類別的典範之作。不經不覺間，艾校長給了我們一副盔甲，免為英文所傷！

艾校長給我們保護衣，班主任陳耀南老師給我們的卻是攻城的利器！陳老師對自己的學問極具信心，上課既無廢話，亦不浪費時間，講課完畢便測驗，題題搏鬥，冷熱無違。陳老師講解深入，教材充實，所教直涵蓋中文大一課程。考完高級程度試，我們文科班同學英文最低要考獲 D（香港大學文學院收生最低條件），其他科最低要有 D、E；而中文一科當年全港 31 個 A，我們獨取九個，並有相當的 B 和 C。靠這個成績，我班很多同學考入了香港大學！

我大學畢業之後即投身教育工作，如陳老師一般，是中文科教師、科主任、副校長；又如艾校長一般，做了十多年的中學校長。自幸親炙兩位賢師的薰陶，算是站在巨人的肩上前望，各種高明招數，如在囊中；豈知實行起來，卻渾不是那回事。例如在高考中文科考取全港三分一的 A，那可真是天方夜譚了。1961 年上映了一張英國片子，尊・米路士演神父，美男子狄・保加第演歹徒。片末兩人死在一塊，完場前歹徒説了一句話：「The singer not the song。」（歌者是關鍵，不是那首歌。）成事在「人」，殿堂級數的表現，真是可學又不可學。

我常常思考艾禮士校長和陳耀南老師所以成功的理由。我感受到他們火熱的人格魅力，這種火熱源於他們的信仰。艾禮士校長信仰基督，而以他的方式來榮神益人。他的方式，就是隨着軍旗東來，步武英華書院創校諸賢，為中華青少年帶來西方文化中的美善品質。陳耀南老師近晚年時決志信主，但當年所信仰的並不是基督，而是中華國學和文化，並以一生來努力宣揚。陳老師於學無所不窺，於術亦無所不曉，舉凡語體文、古文、駢文、古典詩、對聯及書法等，無一不精，若早生百年，當為狀元之選。而回想當年的我們，淳樸機靈，亦非庸懶之輩；受到賢師的耳提面命，我們舉足登山，揚帆出海；三星互曜，於是和兩位賢師共同成就了如佛家所謂的好一段因緣。

1968 年畢業離校，至今足 50 年了。預科兩年所學，影響殊深而可為座右銘者，就是海明威在其小説《老人與海》中借老漁夫聖地牙

哥說出的一句話：「人不是為失敗而生的。一個人可以被毀滅，但不能給打敗。」

1972 年，艾禮士校長離任。如果艾校長做到 60 歲，帶領英華 30 年，現在的英華將會是怎樣的狀況？可是歷史沒有「如果」。之後艾校長再沒有出任校長，這是香港教育的大損失。1973 年，陳耀南老師也離任了，這是英華學生的大損失。此後母校的情況逐漸離開了我們這一輩同學的視線，日後種種傳說，要由身歷其境的同學描述了。

2017 年冬天，為慶祝母校皕年之慶出版特刊的校史組同學，發現《香港短篇小說百年精華》收入 1924 年英華學生譚劍卿的小說《偉影》，及鄧傑超的《父親之賜》，視之為美事，並要寫入校史，以證母校中文教育之成績，而垂詢及余。此書為劉以鬯主編，分上、下兩冊，近 800 頁，香港三聯書店初版於 2006 年 9 月。在書局瀏覽時，因見其收入我刊於 1978 年的小說《老金的巴士》，於是欣然

艾禮士校長

購藏。譚、鄧兩位前輩的作品，均見於《英華青年》季刊第一卷第一期（1924 年 7 月 1 日）。《英華青年》為 1914 年英華書院復校後的學生報，由校內中華基督教青年會出版，現可見的《英華青年》共四期，出版年份為 1919 年、1924 年、1926 年及 1930 年。（見袁良駿《〈英華青年〉與香港新小說的萌芽──香港小說史第一章》，《香港文學》第 146 期，1997 年 2 月 1 日，頁 18-24。）

《香港短篇小說百年精華》是 1901 至 2000 年間香港小說的選本，收入 67 名作者的短篇小說，每人一篇。《英華青年》是唯一被選的學生刊物，67 名作者裏英華學生佔了三名，視之為美事，亦不為過。若要以之證明母校重視中文教育的成績，則就我所知，還有幾個名字值得記下：

許冠傑，香港 1970 至 2000 年粵語流行曲殿堂級人物，他親撰的歌詞情真意切，他中文的 A 級絕對貨真價實；

陸健鴻，在 1972 年創辦香港長壽現代詩刊──《詩風》，他的《天機》是 1970 年代香港重要的現代詩集；

陶永強，1968 年移居加拿大。1988 至 2001 年溫哥華《星島日報》專欄作家，1990 年出版散文集《蜻蜓的複眼：一個海外華人疏落的夢》。2000 年開始中、英詩互譯，2005 年以中譯英詩獲台灣梁實秋翻譯文學獎。2007 年出版 *Ode to the Lotus: Selected Poems of Florence Chia-ying Yeh*（《獨陪明月看荷花：葉嘉瑩詩詞選譯》）；

梁國驊，他的 18 萬字小說《尋找摩登伽》已經付印，在 2018 年出版。

他們，都是 1966 至 1968 年陳耀南老師座下的學生。[84]

1 劉紹麟：《中華基督教會合一堂史》，頁 30-39。

2 蕭麗娟、陳成漢、劉思詠、鄭惠元、梁嘉偉：《孫中山與香港》，頁 224。

3 Thomas Cochrane (M.B., C.M.), "Hong Kong, the Noblest Form of Conquest," *The Chronicle of the London Missionary Society* (May 1918).

4 巴治安：《矜憫為懷——雅麗氏何妙齡那打素醫院百週年紀念特刊》，頁 45。

5 《香港中華基督教會青年會九十周年會慶特刊》，頁 48。

6 李金強主編：《香港教會人物傳》，頁 229。

7 "Rev. H. R. Wells Goes on Holiday: Over Forty-Five Years Work for Chinese. An Educationist," *South China Morning Post*, 19 Jun. 1931, p. 10.

8 "The Investiture: Miss Woo and the Rev. H. R. Wells Honoured. Government House Ceremony", *South China Morning Post*, 19 Oct. 1926, p. 10.

9 "Death of Rev. H. R. Wells. Struck Down by Tramcars," *South China Morning Post*, 17 Mar. 1950, p. 8.

10 李金強主編：《香港教會人物傳》，頁 16-19。

11 校董議會會議紀錄，1931 年 1 月 21 日。

12 校董議會會議紀錄，1927 年 9 月 14 日；1927 年 9 月 21 日；1927 年 9 月 29 日；1927 年 11 月 7 日；1927 年 11 月 18 日；1927 年 12 月 12 日。

13 李金強主編：《香港教會人物傳》，頁 16-19。

14 "The Investiture: Miss Woo and the Rev. H. R. Wells Honoured. Government House Ceremony," *South China Morning Post*, 19 Oct. 1926, p. 10.

15 威牧中文著作有：學校課本：*Hong Kong Chinese School Readers*；外國人學廣東話書：*Cantonese for Everyone, Chinese for Everyone, English-Cantonese Dictionary, Commercial Conversations in Cantonese*；文學翻譯：*Book of Changes and Genesis*（SCMP, 19 Jun. 1931）。

16 "Death of Rev. H. R. Wells. Struck Down by Tramcars", *South China Morning Post*, 17 Mar. 1950, p. 8.

17 陸鴻基：《從榕樹下到電腦前——香港教育的故事》，頁 79-80。

18 《英華書院　1929》，頁 8。

19 *Prospectus of Ying Wa College, Hong Hong, 1929*, p. 4.

20 劉紹麟：《古樹英華》，頁 65、67。

21 "Ying Wa College," *South China Morning Post*, 17 Jan. 1924, p. 3.

22 Leopold Gordon Phillips, "Ying Wa College, Hong Kong, 11th Annual Report," 1924, LMS/SOAS.

23 "Opening of a New College," *South China Morning Post*, 25 Jan. 1930, p. 12.

24 張祝齡：〈英華書院四個重要時期史畧〉，《英華書院 1929》，頁 4。

25 校董會會議紀錄，1930 年 5 月 1 日。

26 校董會會議紀錄，1930 年 9 月 18 日。

27 校董會會議紀錄，1931 年 1 月 21 日。

28 校董會會議紀錄，1932 年 5 月 6 日。

29 校董會會議紀錄，1937 年 2 月 4 日。

30 "Opening of a New College," *South China Morning Post*, 25 Jan. 1930, p. 12.

31 葉輝：〈芒角的生命之河〉，《信報》，2015 年 11 月 12 日。

32 肖喜學：《香港城市探微》，頁 238。

33 何佩然：《城傳立新——香港城市規劃發展史（1841-2015）》；鄭寶鴻：《香江半島：香港的早期九龍風光》；陳天權：〈彌敦道百年變遷〉，《灼見名家——城市考古》，2017 年 7 月 4 日。

34 陸鴻基：《從榕樹下到電腦前——香港教育的故事》，頁 103。

35 校董會會議紀錄，1931 年 10 月 9 日。

36 《香港華字晚報》，1938 年 1 月 21 日，頁 2。

37 校董會會議紀錄，1932 年 9 月 28 日；1934 年 11 月 14 日；1937 年 12 月 13 日；1938 年 8 月 1 日。

38 陸鴻基：《從榕樹下到電腦前——香港教育的故事》，頁 98。

39 校董會會議紀錄，1934 年 11 月 14 日。

40 校董會會議紀錄，1937 年 12 月 13 日。

41 萬威先生：〈惜別麥協和先生榮休〉，《英華書院校刊 1969-1970》，頁 19。

42 羅志桓校友、方榮華校友、李鴻祥校友、溫宗耀校友訪問紀錄。

43 麥協和：〈敬悼胡、鄭兩先生〉，《英華書院校刊 1968-1969》，頁 9。

44 麥協和：〈敬悼胡、鄭兩先生〉，頁 9。

45 萬威先生：〈惜別麥協和先生榮休〉，頁 19。

46 《英華書院 170 週年紀念特刊》，頁 80-81。

47 陳世豪校友訪問紀錄。

48 校董會會議紀錄，1948 年 6 月 28 日。

49 校董會會議紀錄，1949 年 6 月 22 日。

50 校董會會議紀錄，1948 年 6 月 28 日。

51 校董會會議紀錄，1953 年 11 月 18 日。

52 校董會會議紀錄，1957 年 12 月 11 日。

53 校董會會議紀錄，1959 年 5 月 27 日。

54 校董會會議紀錄，1928 年 6 月 25 日。

55 〈每天早禱 何進善堂〉一文由翁永森、方展雲合撰。

56 Hong Kong Annual Report.

57 Herbert Noble, "A Brief History of Ying Wa College," *Ying Wa College School Magazine,1959-60*, p. 8.

58 校董會會議紀錄，1930 年 1 月 3 日；1957 年 12 月 11 日；1962 年 5 月 30 日。

59 校董會會議紀錄，1928 年 11 月 7 日。

60 方展雲校友訪問紀錄。

61 方展雲校友訪問紀錄。

62 李翰志校友訪問紀錄。

63 校董會會議紀錄，1948 年 6 月 28 日。

64 校董會會議紀錄，1953 年 7 月 16 日。

65 校董會會議紀錄，1955 年 7 月 6 日。

66 "Opening of a New College," *South China Morning Post*, 25 Jan. 1930, p. 12.

67 李鴻祥，1947 至 1954 年小三至中五就讀弼街英華書院。

68 張福滔，1948 至 1958 年就讀弼街英華書院，是由小一讀至中五的高材生。因英華當時沒有預科生物科，由鈕寶璐校長介紹轉讀拔萃男書院讀中六。後中七再轉聖保羅男女中學，獲英皇愛德華七世獎學金，入讀港大醫學院。後深造英倫，成為著名婦產科醫生。（見張福滔《家在香港》）

69 1950 年代初中就讀弼街英華書院。高世英的曾祖父高星君、祖父高卓雄、父親高振邦都是經營藥物生意。第四代高世英 1968 年從墨爾本蒙納士大學畢業成藥劑師，到過麻省理工及華盛頓大學接受專業培訓，是著名華人研藥專家，亦是第一位成功研發干擾素口含片的專家。資料摘錄自《蘋果日報》，2001 年 11 月 13 日，記者冼麗婷訪問。

70 方展雲、翁永森，1956 至 1969 年小一至中七同班同學，就讀弼街和牛津道英華書院。方是外科醫生，翁是牙科醫生。二人先後再在香港中文大學歷史系修讀碩士課

程，是 200 週年紀念校史的編者。

71   "The Builder: The New Ying Wah College Handsome Building to be Erected on the Mainland at Mongkok," *South China Morning Post*, 18 Apr. 1928, p.9；香港建築中心：《十築香港：我最愛的香港百年建築》，頁 174。

72   校董會會議紀錄，1933 年 9 月 18 日。

73   Rev. C. Stuart Craig, "Personal Recollections," *Ying Wa College School Magazine 1964-1965*, p. 11.

74   Herbert Noble, "Inauguration of the Students' Association," *Ying Wa College School Magazine 1960-1961*, p. 15.

75   Herbert Noble, "Inauguration of the Students' Association," *Ying Wa College School Magazine 1960-1961*, p. 16.

76   H. P. Bunton, LMS: "personal recollections," *Ying Wa College School Magazine 1964-1965*, p. 12.

77   Daniel P. K. Au, "Farewell Dinner Speech to Mr. and Mrs. Noble," *Ying Wa College School Magazine 1964-1965*, p. 11.

78   Herbert Noble: "Foundation Stone Ceremony: Headmaster's Remarks," *Ying Wa College School Magazine 1961-1962*, p. 36.（中譯見《古樹英華》頁 94。）

79   陸鴻基：《從榕樹下到電腦前——香港教育的故事》，頁 123-125。

80   Rev. Geoffrey Speak, "Personal Recollections", *Ying Wa College School Magazine 1964-1965*, p. 13.

81   《華僑日報》，1963 年 10 月 5 日，頁 13。

82   Rev. H. P. Bunton, "Personal Recollections," *Ying Wa College School Magazine 1964-1965*, p.12. 鈕寶璐校長的英文全名是 Herbert Noble。英語裏的 "Noble" 既是姓氏，也可解作「高尚的」、「偉大的」。潘頓牧師這句説話一語雙關，意思是鈕校長的名字是「Noble」，他的人格也是「Noble」（高尚的）。

83   欒秉璈：〈古今玉概念〉，載於劉國祥、鄧聰主編：《玉根國脉》，頁 341-346。

84   〈云誰之思？西方美人！〉一文由譚福基校友撰寫。

第八章

乘時因勢　砥礪奮發

京力士校長

初中時代的京力士，攝於1950
年。（京力士校長藏品）

外嚴內寬　奮進革新

1972 年 9 月，京力士先生接替艾禮士先生，成為英華書院第 14 任
校長。

1937 年，京力士校長出生在世界最南端——紐西蘭南島的因弗卡吉
爾。那裏一直流傳一個笑話：「你往南面再走一步，便掉進世界最底
部了！」京力士校長在一個牧場長大，家境一般，那牧場的面積大
約有 15 畝，在紐西蘭算是小牧場。

他所讀的小學規模相當小，只有一所房間、一個教員和四個學生
（由 5 至 12 歲），教員不可能同時照顧全部學生，所以京力士校長
的人生第一門課就是學會自習。中學時，學校離牧場有五哩遠，就
算是惡劣天氣，他也得騎單車往來；還有學校要求學生在攝氏零下
十度的氣溫也得穿着短褲！這對他實在是一份十分珍貴的經驗，除
了鍛鍊出強健的體魄外，自立和堅毅的性格也是這樣慢慢培養出來
的。1

京力士校長在中學已活躍於基督徒團契。他有一位妹妹，很不幸，
妹妹在他 12 歲那年的騎馬意外中喪生。這件事令小小的他開始思考
生與死的問題，他比同年紀的兒童對宗教有更深刻的感受。中二那
年歸信基督，加入了當地的長老教會。

紐西蘭牧場的生活和基督的真理對京力士影響殊深，故即使他大半生都任不同機構的主管，但都過着簡單、樸素和虔誠的生活。

他高中畢業後，升讀奧塔哥大學，專修科學課程，但因未能通過必修數學科的考核，最終跟學位失諸交臂。他轉到基督城坎特伯雷大學，改修文學士課程。沒料到因禍得福，這一段文理兼修的學習經歷，對他日後在中學擔任校長，以及在香港考試局工作，皆有莫大幫助。2

京力士取得碩士學位和國家教育文憑後，在基督城的高中投身教學工作。1960 年代，香港能熟練使用英語者不多，能流暢教育學生英語的老師就更少。當時，香港的教會經常請求英語國家的教會代聘英語教師，而香港中華基督教會中華基督教會香港區會就一直和紐西蘭的長老會合作，選拔紐西蘭老師到港，約四年一期。1963 年，

1963 年，中華基督教會何福堂書院開幕。京力士接待港督戴麟趾爵士。（京力士校長藏品）

26 歲的京力士應教會海外委員會秘書長的邀請來港教學。

明月白露，光陰往來。他本計劃留港三年，沒想到，這一留，卻是33 個年頭！

到港的第一站，是屯門的中華基督教會何福堂書院。他主要的工作是教英文，但由於學校缺乏教師，他還要上科學、數學及女生的體育課。

1960 年代的香港人口不斷增長。1963 年中學生人數為 131,000人，到了 1970 年已到 217,200 人，3 增長 65.8%。1965 年的《教育政策白皮書》建議在 1970 至 1971 年度，讓 80% 的兒童可入讀政府資助的小學，使往後數十年中小學教育以資助教育為主線。4一時間，中小學校如雨後春筍般湧現，但仍不敷應用，特別是優質正規的學校。有見及此，中華基督教會決定在那時較貧困的石硤尾創辦英文中學——中華基督教會銘賢書院。在一個治安不靖、人心不穩的地區創立一所正規的學校，要解決的事千頭萬緒，開校者自不然要有熱切的使命感和強大的魄力。1966 年，這開荒牛的重責，就落在 29 歲的京力士身上。5

其時銘賢書院因建築上的問題而延誤了開課的日子，京力士校長便有一年的空隙在新亞書院學習廣東話和做好一切準備功夫。從 1966至 1972 年，他全心全意放在銘賢書院的教育工作中。很多人會有「萬事起頭難」的想法，但京力士校長卻認為，在一間全新的學校工作，能和一班朝氣勃勃的教員共同樹立起一間學校的傳統，是一件非常有意義的事。他十分緬懷在銘賢書院的日子，那是他事業中的一個重要段落。6

1972 年，中華基督教會安排京力士出掌英華書院。當時，香港教育正醞釀着大變革。新任港督麥理浩在施政報告中列「擴展教育」為三大施政目標之一。7 1973 年以綠皮書發表教育政策徵詢稿，提出擴充初中教育，目標是在 1981 年讓 80% 的適齡少年獲得初中學

位。[8] 在擴展教育的大勢下，我們可從下表看到英華書院學生人數在
1974 年後的變化。[9]

英華書院師生人數（1974-1978）

年份	學生人數	老師人數
1974	960	37
1975	975	40
1976	1,065	44
1977	1,130	46
1978	·1,130	46

在短短五年中，學生人數增長了 **17.7%**，老師人數更增加了
24.3%！在如此高速的增量下，如何既維持英華極高的學業成績，
又能謹衞純樸校風，並在數目日增的中學中脫穎而出呢？這都考驗
着年輕的京力士校長。

1970 年代初排球隊

英華老師如何看這位年輕的新校長呢？從日後的回憶文章中，我們看到最早期那些有趣的隻言片語：「很隨便。」「樸素，喜歡紫色、橙色恤衫。」「近乎『老土』，不過很有紐西蘭風格。」「有點像羅渣摩亞。」10 而學生的回憶是：「京力士校長把原來只容許領袖生和老師進出的正門開放給全體學生，此親切、公平之舉，在多年之後仍為舊生津津樂道。」11

他上任第一年，即開展了一系列的課程改革：

· 所有班級每天增至八節課
· 初中學生的公民課節增加一倍
· 在中一到中三級，重開停辦了好一段日子的國語（後稱普通話）教育。
· 中四中五的同學在香港中學會考選科上多了文化科目的選擇，他們可選中史、聖經和藝術三科。
· 中一到中五的學生每週都有一節音樂課，在此之前，只有中一至中三的學生有音樂課。

位於打比道的「德記士多」，是英華仔的集體回憶。相中一對年長夫婦便是老闆德叔和德嬸。（徐漢明校友藏品）

- 初中的聖經課堂有所加強，由以往的每週一節增至兩節。12
- 推出設計與工藝課程，使英華書院成為香港最早推出這類課程的學校之一。13

從上列的改革可見，京力士校長旨在培養學生全面發展，用今天的話就是博雅教育或全人教育。無論文科還是理科學生都能選讀文化科目，並且在音樂和藝術上着力頗多。此外，京力士校長是一個虔誠的基督徒，他沒有忘記自己來港的真義，因此，他把聖經教育放在重中之重，這些改變都反映了京力士校長的人文關懷。

我們可在 1973 年的香港學校音樂節和朗誦節中看到改革的成果。那一年，英華書院表現優異，共獲得 38 個優異獎和 2 個榮譽證書，共有三名學生得到第三名、11 名得到第二名和 11 名得到第一名。14

持中扶英　文理兼重

這時的英華書院雖然是一間傳統英文名校，但學生的中文能力卻比英文好得多。當時英華有著名的三陳三李，「（他們）是當時的經典。三陳是陳耀南、陳其相、陳炳星；三李是李家榮、李家樹及李潔芳，是三兄妹。在文科班，中文中史成績是最好的。」15 從不少校刊中，我們都能看到學生的中文是如何文采飛揚：

> 猶似那山間溪水，不與萬物爭艷，卻是大自然不可或缺的奇景；外表是柔和雅淡，蘊藏的是萬股幹勁；是剛柔的融合，是外向與內向糅合，是個人與群眾的折衝，是體育智育的俊彥，這就是江志雄。16

又如寫男校女生關小梅同學的：

> 「小妹」身材高瘦，有飛燕之姿，徐姿之態，乃有「梭花」、「七姐」之譽，其人樂天派，常掩嘴而笑，於興高采烈之餘，尤手舞足蹈，亦真情之表現。有向其取笑者，其反應必臉如關公，紅暈過耳，此缺少厚黑之術，希小妹慎之，免為人所乘。身材雖瘦削，然班中旅行，必為中堅分子，誠讀書不忘娛樂之事，

男校女生演話劇。約攝於
1974 年。（左：黃愛美校友藏
品 右：譚淑玲校友藏品）

1973 年，陳耀南副校長轉職
香港理工學院，同學為陳老師
舉行歡送會。（張曼麗校友藏
品）

我班「咪家」宜效之。17

然而，學生整體的英語水平卻一般。有見及此，京力士校長遂將提高學生的英語能力作為校政的重點之一。他匠心獨運，方法殊多：

- 「早上説英語」活動：每週一次，從早到午，學生必須以英語交談或上課，每説一次粵語會被罰款若干，款項會為圖書館購置新書。京力士校長在休息和午餐時間會在校園內巡視以觀察學生。
- 口號鼓勵、實習英語：如把「想學好英語，你先要用它」標語掛在校園四周，提醒學生説英語的重要性。這也和「早上説英語」活動一道，建立起學生對説英語的興趣和勇氣，繼而提升英語水平。
- 英語比賽、同場競技：比賽在禮堂舉行，全校學生都要出席。比賽要求低年級的學生大聲朗讀英文段落，高年級學生則要以英文發表講話，而且只有 5 分鐘準備。18
- 京力士校長親自教授中一學生英文會話。
- 高年級的學生每週一次早會以英語進行，每次約 30 分鐘（當時每週有 5 次早會）。19

1973 年 12 月 22 日，基督徒團契在烏溪沙青年新村舉行燒烤會。

1974 年，梁偉光勇奪亞米茄玫瑰盃全年最佳運動員獎。（梁偉光校友藏品）

在各方努力下，英語成績斐然。在京力士任校長的六年間，學生中學會考英文科的優良率有質和量的飛躍，由 22.9% 提升至 35.7%。[20] 在重視英語的同時，京力士校長也沒有忘記英華的傳統強項——中文，他一直不遺餘力地推廣。這一點實在是難能可貴，以一個外籍人士來說，能夠了解中國文化在香港社會的重要性是極不容易的。正如上文所述，他重開國語課程，使學生得以作新的嘗試、有新的學習機會。他亦大力扶植中樂隊，使英華中樂隊能在學界保持一定的水準。[21]

此外，在這六年裏，京力士校長為了使學生得到更公平、更合理和更全面的教學環境，也有以下的課程改革：

- 預科優先收取本校生：只要在會考考獲最低入學要求，將優先獲得中六學位。
- 把社制轉為班制：社制強於競技，易培養運動精英，但競技能力較弱的學生難有參與的機會。在學生人數大增的背景下，京力士校長在衡量得失後，還是從全體同學的利益出發——用班制取代社制。
- 取消中期考試：把考試次數從三次減少到兩次，減少師生的壓力。
- 推出六天循環課節制。
- 中六級別從兩班增加到三班（即兩班理科、一班文科）使更多學生能參加高級程度考試。
- 班級總數逐漸增加到 31 班（中一到中五各五班、中六中七各三班），學生人數提高到約 1,200 人左右。
- 為中一到中三、成績達不到基本升學要求的學生開設了中英兩科輔導班，第一年輔導了約 80 人。[22]

京力士校長任內，開放部分早會予學生主持。早會很多時候是表演，有時是話劇，有時是歌唱，以班作為單位參加。同學都非常投入，舞台、燈光的功夫是做足了的；當時電視節目影響很大，同學又會從中找到不少素材。主領的同學與觀眾都非常享受這些時刻。[23]

京力士校長是一個事必躬親的人，他還參與了校舍空間的重新設計，如把三個教員房間合併成一個大房間，鼓勵教師溝通，增強凝聚力和團隊精神；增加學校圖書館空間以存儲更多書籍；創建一個新的設計與工藝室和音樂練習室；為高年級學生建立一個可容納近100 名學生的演講室；最後，也是意想不到日後成為英華傳統的，把校園外部顏色改為深綠色。24

擇善固執　氣象一新

在一些回憶京力士校長的文章中，都提到他「處事過於硬朗」。25
我們今天回看他的辦事風格，更貼妥的形容是「有原則」。他只要認為是對的，便勇往直前，硬幹到底；他認為不對的，絕不讓步，堅守原則。我們可以他將社制改為班制為例，此舉在實施的初期，師生議論紛紛，反對者為數亦不少，生怕這對校際運動比賽成績有影響。但日子久了，班制的功效終於見了，班中團結的精神，日勝一日，大家生活得更緊密，合作得更愉快，英華精神，彰顯無遺，充滿了一股新的氣象。因此，班制的設立，亦於同學裨益不淺，一改從前社制的缺點。26

而他的教每每見諸於罰，如他會揮動一根樹枝，督促學生在越野長跑的訓練中跑得更快，更會要求那些沒有盡力的學生在週六早上和他一起練習英文；那些遲到的低年級學生須整理圖書館藏書，而那

左：1973 年，西翼四樓海外教師宿舍改建為圖書館，總面積 2,400 平方呎。校友會捐贈 10,000 元添置圖書。

右：1975 年，西翼三樓圖書館舊址改建為演講室，可容納近 100 人，內設電影及幻燈放影機，以及一張可供實驗示範之教師長椅。

1976 年，東翼四樓職工職舍改建為工場，以配合新開設之設計工藝課程。

些遲到的中六學生則成了週六早上的英語導師。27 他強調「中一和中二的同學應盡量去爭取學校所給予的一切,而高年班的同學應學習如何給予,更高年班的同學應盡量的去給予。」28 這種生生不息的延續,正是英華一個難能可貴的傳統。

今天,我們看那些 1978 年學生對這威嚴校長的評價時,會不禁莞爾,如「有時兇一點,我很怕他。」「見而避之,最怕他生氣的時候。」「其實他也很可愛,有點孩子氣。」「民主、開朗,甚有大丈夫風度。」「很好,能為學生設想。」29 而多年後,那些上過京力士校長課堂的校友還印象深刻:

> 那一年中四,遲遲請不到歷史老師,於是校長親自下場,教了我們一年歐洲史,他不談個人的事,也很誠實,說自己只會希特拉,所以一整年都在教德國史!我會稱他的教學為親切的威嚴。30

其他校友眼中的京力士校長也一道貫之:

> 京力士校長做事熱心、積極,喜歡幫助學生。為人節儉,所以甚得同學愛戴。當時,他免息貸款予清貧的同學,讓他們購買樂器,成為中樂隊的隊員,然後才分十八個月攤還,可見他積極助人的精神。在我的記憶中,他在任六年以來,只穿過兩套西裝:一套綠色的;一套是啡色的,足證其儉。此外,京力士校長嚴謹的辦事態度和威嚴的外表,卻令不少老師同學望而生畏。31

也有校友憶述當時與京力士校長的一段交往:

> 當時我還唸中學,父親回內地經商,在一次內地空難中過世。京力士校長知道了,便問我有甚麼需要幫忙的。當時學費不多,其他費用也尚能應付,所以我也沒有甚麼要求。因為我是住在觀塘的,每天坐小巴回校,他也住在該區,便邀請我每天坐他的車子上課,好省回那交通費。原來在我以前他已接載了兩位同學。每天早上我在觀塘道口等他,他從不遲到,反而我自己間中也有遲到。跟他熟稔了,發覺雖然他外表很威嚴,但

其實很健談，而且胸無城府。32

老師也對他讚譽有加：

> 他待人的態度是那麼隨和親切，可惜一般同學未能覺察得到。
> 他對老師非常信任，從不干涉老師的教學方法方針，讓他們自
> 由發揮，很有民主的作風。同時他聘用基督徒老師，藉著他們
> 固有的愛心來實施於教育工作，是達到德育教育的最佳方法。
> 他亦從不擺出校長的威嚴來壓制老師，所以老師們都以能與他
> 共事為榮。33

在京力士校長任內，老師教授認真、校園閱讀風氣鼎盛，同學成績大
有進步，參加公開考試的成績非常突出，更有「直升機」之名。34 其
實，在艾禮士校長任內，英華的學業成績已比前大有進展。在 1970
年，艾禮士校長宣佈當時有 16 名中六學生升讀海外大學，有 27 名
升入香港大學，會考共取得 320 優良。這是至當時為止的最高紀
錄。35 在京力士任內，英華學生參與公開考試的成績更勝從前。無

1976 年，京力士校長與同學
暢遊海洋公園。（洪芳豪校友
藏品）

論是中學會考、預科考試，到 1975、1976 年成績都達到高峰。36
1978 年共有 28 人入讀香港大學，另有 20 入進入理工學院，1 名進
入中文大學；5 名赴海外大學攻讀（4 名在美國，1 名在英國）。中
學會考成績也逐年穩步提高，優良率達 58%。這裏最值得一提的是
英文科的優良率由 22.9% 提升至 35.7%，37 此急劇的躍進，相信是
對京力士校長六年辛勤經營的最好回饋。

1978 年，京力士校長轉職香港考試局，換到另一個崗位繼續服務香
港教育。他臨別時跟師生分享他的感受：

> 一所學校的校長不時更換。每個校長所重視的東西都會有所不
> 同。任何政策都不應影響到學生對學校愛戴的傳統。一所學校
> 與其他學校不同的地方，就是這些歷史、傳統和風格。我感到
> 英華書院有自己的傳統和獨特風格。正因如此，我會因自己曾
> 為英華書院的校長而感到自豪。我能繼承馬禮遜、米憐、理雅
> 各、鈕寶路和艾禮士等人的工作，的確是我的福氣。38

京力士校長熱愛集郵。他離開
英華多年，仍不時招待集郵學
會會員到他家觀賞珍藏。（陳
紹均校友藏品）

Ying Wa wins Maths Olympiad

Ying Wa College defeated 53 schools to win the 4th Inter-School Mathematics Olympiad held yesterday at Northcote College of Education.

Kun Tong Government Secondary Technical School and King's College tied for second place.

After the competition, the Principal of Northcote College of Education, Miss M. R. Templeton, presented prizes to the winners.

左：1977 年 5 月，我校奪得第四屆聯校數學競賽冠軍。39

右：高六同學排成「A」字，寓意要在高考爭取佳績。（張曼麗校友藏品）

1960 至 1980 年代，每逢中午時間，英華南邊後街和何東道都會出現大量熟食小販，售賣盒飯、粉麵、三文治、小吃等，為牛津道上的數千學生提供廉價午膳。但校方慮及健康和環境衞生問題，於是報警求助。當局在路口築起石柱，阻止小販進入擺賣。兩星期後石柱給破壞了，小販陸續回來營業，事件也不了了之。及至 1989 年 5 月，有鄰校師生食用街邊熟食後不適送院，政府才大力取締後街小販。自此，學生多轉而光顧九龍城的食肆。1990 年代起，有小巴在午飯時間往返牛津道和九龍城，學生用膳就更為方便了。

此聖誕卡合上時，正面是「三博士來朝」的故事；打開看，駱駝的腳即變成「YING WA」。周永熊同學設計。
（黎仲鵬校友藏品）

仁厚謹慎　守成有功

1978 年，當處英華創校 160 週年之際，京力士校長轉職香港考試局任英文科主管後，由梅浩濱先生接任第 15 任校長，也是戰後首位華人校長。

梅浩濱校長，廣東台山人，肄業於九龍華仁書院預科，1962 年在九龍的模範英文中學講授生物和普通科學，早有志從事教育工作。1963 年，進香港大學文學院攻讀，主修歷史，副修地理，1966 年畢業，同年任教於香港嶺南書院。

1967 年，英華西史及地理科容若麟老師離校，在容老師的介紹下，梅浩濱校長轉至英華工作。那時由於合約所限，他未能即時填補容老師的空缺，為了使學生的學業進度不受影響，未上任已為學生義務補課，可見他誠懇無私的工作態度。40 在英華教書三年，梅浩濱校長專授高年級歷史及地理科，並為歷史科主任。他記憶力極好，對中外史事，講書如數家珍，而且擅長分析史事，在他循循善誘下，學生耳濡目染，歷史公開試成績卓越。41 教學以外，他兼管圖書館館政，並主持早會崇拜、擔任基督徒團契和柔道的顧問等。42

梅校長一家和英華關係密切。他的舊居就在旺角弼街舊校舍附近；他有五位叔父曾在英華就讀，到他這一代，在英華讀書的也有不

梅浩濱校長

少，其中包括他的胞弟梅浩求、梅浩濂，堂弟梅浩然、梅浩慈、梅浩洲，堂妹梅筱瑋等，另外還有兩位表兄、四位表弟都曾經是英華的學生。43

1970 年秋，梅浩濱校長的事業再上高峰，他到粉嶺中華基督教會基新工業中學出任第一位華人校長。44 四年後，他成為中華基督教會蒙民偉書院的創校校長。這是一所新建學校，缺乏一個模範可循，故此各事均需要校長的教學理想和想像力。後來回想，梅浩濱校長認為如在一張白紙畫圖，工作雖辛苦卻比較簡易。45

然後，又過了四年，在 1978 年京力士校長轉職後，英華校董會邀請他重投英華的懷抱，擔任校長之職。46

這一年前後，香港教育政策發生了三件大事，都影響到英華書院的校政管理。依次是在 1977 年 10 月 5 日，港督麥理浩突然宣佈將普及資助初中的起始年從 1979 年提前到 1978 年，並且把普及初中的目標升格為實施九年強逼教育（即義務教育）。47

第二是 1978 年的教育白皮書《高中及專上教育發展白皮書》把高中資助學位設定為所有適齡少年的 60%。48

第三是 1978 年「升中派位辦法」取代了「升中試」。那年每一個小學畢業生都能升讀公立初 中，「升中試」就再沒有存在價值，但學生仍需要依能力分派中學，「升中派位辦法」便應運而生，方法是以校內成績為主，通過一項學生的學能測驗（不包含學業成分）調節校際差異，然後將學生按學區（稱為學校網）分為五個組別，每組別之內按家長選擇隨機分派學位。49 英華書院錄取全港第一組別的學生，即是學區內成績最好的 3% 學生。

這三件大事造成最直接影響，便是學生人數激增，由 1970 年的217,200 到 1980 年的 455,600，50 增幅是 109.7%！英華學生數目也水漲船高，伴隨着同期中學數目的大增，英華取錄的學生入學成績必

更易能力參差。

梅校長在一篇文章中完整提出了自己的教育哲學，暢談對香港學生看法、教育理念和校政方向。首先他認為香港學生太自我，學生和家長太以學業為重，沒有考慮自己對社會的貢獻，由此，他認為「均衡」在教育中的重要：

> 我很相信「均衡」是教育的關鍵……太過着重某一方面的教育是有害的，只向一個方面發展，這樣便縮窄了全人的成長。健全的教育應以全人發展為其首要目標。51

學生太重視學業也好，太喜好課外活動也罷，都是一種失衡，都有違教育的全人發展。他認為教育應該是培養學生身體和心智上的健康發展，並能在精神上得到圓滿的栽培；而學校就是一個激發心智、砥礪人格的地方。英華是一間基督教學校，更兼顧基督的福音，鼓勵學生篤信教義，並知行合一、榮神益人。

1968 年 11 月 11 日，英華舉行 150 週年校慶畢業典禮。梅浩濱老師向歐炳光主席（左）和翁珏光牧師（右）介紹學校的歷史文獻。

此外，梅校長的「均衡」觀，也見諸於中英教育上。香港社會一直有重英輕中的傾向，梅校長認為這是不平衡、不平等的，英華自馬禮遜牧師創校以來都是中英並舉的，學生能流暢使用兩語是英華教育的核心所在。52 他認為同學在背誦和思考之間、課內讀書和課外活動之間、學問和體魄之間、英文和中文之間、個人和群體之間，都應力求均衡發展。

離校雖八年，人事也幾番新，1978 年的英華與昔日梅校長任教時期差別很大，最顯著的是學生人數的增加。全校班數從 24 班增至 32 班了，53 教職員人數亦因此而大量增加。學生的成績要比以前好得多，這種現象在文科方面尤其顯著。到 1979 年，英華約有 1,130 名學生，中一至中三各六班、中四至中五各四班和預科各三班。54

梅浩濱校長認為，他的基本任務是「守成」，希望能盡量保持昔日良好的成績和校風。55 他的目標是要保持英華學生學業成績在高水準的同時，要引導學生在德育和文化的全人發展；要鞏衛學校中英兼具的教育。簡言之，就是要帶出英華學生年青基督徒的新氣象！56

在這時期的很多校政裏，我們都能看到梅校長是在京力士校長的基礎上擇善而行，並有所發展的。如把聖經科推行至中四、中五級，

1990 年代校規

（歐陽裕鋒校友藏品）

教育高年級的學生基督的真理，57 培養靈性，使《聖經》的話成腳前的燈、路上的光，指引學生造福社會。

如為中英文能力較弱的初中學生推出的輔導班，不僅保留下來，梅校長還力臻完善，在 1982 年專為輔導班增聘了兩名教師。58 又如在 1979 當年，學會數目增加了一成，總數達 44 個之多。單在這一年便添加了釣魚學會、風帆學會、社會服務團和網球學會等學會，使課外活動更多采多姿。59

再如兩位校長皆以英華學生利益為本，盡可能把學位優先給予英華學生。京力士校長設定了預科以英華生為先的策略；梅校長則多次表達對中四學生能全為上一年的中三學生而喜悅。60 要知道那時的中三還有初中成績評核試，61 競爭十分激烈。

至於英華的體育成績仍能保持 1970 年代的水準，在 1981 至 1982、1982 至 1983 的兩年間，英華書院在學界比賽成績可人，皆名列亞米茄玫瑰盃第三名。62

因勢輔導　金針度人

在梅校長任內，英華校政還有很多歷史性創見，其中最為重要的就是循序漸進地推行學校的輔導工作。

正如上引梅校長的教育理念，教育的目標應是培育學生全人發展，故教育不應局限於向學生傳授學科知識，還應使其在個人品德、技能、態度和體格等方面有均衡的發展。除了一般的學科知識外，學生亦需學習成為一個負責和關懷社會的公民。而忽視對品格的培養是梅校長認為英華教育最大的問題。學生輔導工作是以學生為中心，並重視他們在學校生活的不同範疇有健康的社交和情緒發展。因此，學生輔導工作可說是均衡理念的延伸，對加強學生全人發展極為重要。

Ying Wa are the winners

YING Wa College are the winners of this year's Forum Essay Competition.

Ying Wa College had a close call from Belilios Public School in the final round of the competition which included challenges from Diocesan Girls' School and Tang King Po School.

The subject for the final round of the competition was:

Does Hongkong need a cultural complex in addition to the existing facilities for the arts?

The winning essay will be published in these columns tomorrow.

The winning team was represented by Yui Man-chau, Yu Kwan-fu, Wong Chi-fai and Albert Tsui.

The winners will be notified about the prize presentation details in due course.

左：1980 年，我校獲得《南華早報》主辦徵文比賽冠軍。63

右上：1980 年代聖誕舞會門票（張榮洲、吳金華校友藏品）

右下：數學學會出版的《數粹》，可說是英華書院最長壽的學會刊物之一。（張偉雄校友藏品）

教育署在 1982 年開始，就認識到學生輔導工作是中學教育的重要一環，64 不過，在此前一年，英華書院已設立了駐校社工一職，開啟了全人教育的新一頁。

在全香港還沒有了解駐校社工的價值時，中華基督教會已為下屬的中學派駐社工，這是全香港中學的一個突破。65 和現在的駐校社工由教育局委派和支薪不同，那時的社工是由中華基督教會統一聘請並支付薪津的，但因資源所限，教會做不到「一校一社工」，需要社工們到不同學校輪值。梅校長看到學生有需要，便向中華基督教會申請一筆資金，運用這筆金錢聘請一位駐校社工。66 第一任駐校社工是錢儀健先生，他在 1981 年入職。67

在梅校長任內，英華也開創性地建立四項輔導工作：

第一是建立學生個案。為有需要的學生設立溝通渠道，學生遇問題能找社工跟進，社工也更專注於幫助學生。

1982 年獲學界籃球甲一組冠軍（陳啟新校友藏品）。招成滿老師（前左四），1929 年出生於香港。他年輕時為職業籃球員，嘗效力班霸南華體育會，馳騁於本地頂級聯賽，更入選 1952 年赫爾辛基奧運會的中華民國代表隊，可惜因事未能成行。他又跟潘克廉、吳乙安等好手組成力克籃球隊，不時到東南亞作賽，他的精湛球技備受讚賞。及至 1950 年代末轉執教鞭，1963 年 1 月就英華書院教席，同年即帶領丙組籃球隊取得校際冠軍。1970 至 1971 年度更領軍拿下學界體育最高殊榮——亞米茄玫瑰盃。招老師於 1995 年榮休。他的兩位公子秉正、秉恒皆為本校校友。68

1987 年 4 月 25 日，學生會舉辦「生還者」流行音樂會，為非洲饑民籌募善款。（伍健強校友藏品）

第二是建立輔導課程。如舉辦一些「認識自己」、「學習發展」等課題的講座，通過小組、班際或級際的講座形式，幫助學生解決青春期及成長期的問題和需要。69

第三就是舉辦「家長日」。1983 年是英華家校合作史上濃墨重彩的一年。「家長日」的對象是中一中二學生的家長，因為他們的兒子由小學升中，會在適應上遇到困難。共有 200 多名中一和中二學生的家長參加了「家長日」活動，由梅校長致歡迎辭，然後是親子教育專題講座，內容包括學生升中及青春期疑惑、父母子女溝通問題等，這些在其時都屬於新奇的題目，對參與的老師和家長都是一次珍貴的經歷。70

第四是輔導主任的設置。今天輔導主任一職已是學校不可或缺的角色，主任領導全校輔導組工作，與學校社工、教育心理學家，學科教師，校內的功能小組及校外機構互相配合，共同為學生和家長推行預防性及發展性的輔導計劃，以促進學生的個人成長為最終目的。71 但在 1980 年代初，不要說輔導主任的設立，輔導工作對各中學來說還是非常陌生的事。就在政府開始鼓勵學校設立輔導工作時，72 英華是最早一批響應的學校。梅校長看到，學生的全人發展需要很多支援，所以要創立多一點輔導的位置，讓老師有這方面的訓練和幫助，幫助遇到問題的學生，這也是教育的均衡。1984 年，梅校長委任黃啟鴻老師為首位輔導主任，並全力支持他的工作。黃老師接任後，除了各類不同的講座和建立學生個案外，也推出了不同的計劃如植樹、青年獎勵等，使學生能更全面、更健康地投入學習生活。73

親力親為　知人善任

在任校長期間，梅校長並沒有親自下班任教，而他又是一個認真寡

言的人，故容易給學生距離感，但事實是否這樣呢？

> 我在做學生時，和梅校長接觸不多，覺得他並不熱情。但1990
> 年代，我回英華教學，會碰到從加拿大回來探訪舊同事的梅校
> 長，我發現他很有心，對英華歷史如數家珍，對英華極有歸屬
> 感！而且梅校長是一個做事講規矩的人，每事每行都是君子以
> 方。74

也有另一些師生這樣評價他：

> 沉默寡言的梅校長，往往給人一個冷冰冰的感覺。事實上，他
> 宅心仁厚，穩重嚴謹，篤信基督，為同學樹立典範。最難得
> 者，他凡事親力親為，專心校政，最早回校，最遲離開。所以
> 校內的大小事情，他都瞭如指掌。75

梅校長是勤力的，他多是五時多離開學校的，那個年代大多數老師
四時多就走，校長是很勤力的。76

錢儀健先生為學生開辦空手道
班（何熙力校友藏品）

梅校長帶領英華走過了整個 1980 年代。他孜孜不倦、實事求是、默默耕耘，既能配合教育當局的措施，也能順應社會環境及學校情況。他用人不疑，只要老師能獨立處事，梅校長會讓其嘗試，故 1980 年代的英華有很多可能性。如李志海老師的福音工作，會有四日三夜的暑假福音營，活動有 50 至 60 人參加，梅校長能放手讓李老師把福音工作發揚光大。

又例如晚間的學習中心，當時學生會的顧問老師提出讓學生晚上留校溫書，梅校長定了一些規則讓學生自律。其時他住在九龍塘廣播道，一星期有三、四晚會回英華看看學生溫習的情況。77

1980 年代，香港前途問題導致人心浮動，移民潮四起；1980 年代，也是新界區人口增加，大量地區的學校崛起，他們的校外成績猛進，不斷挑戰傳統名校的地位。11 年間，梅校長面對裏裏外外的挑戰，實際的艱辛非足為外人道，而「守成」有功，應是對梅校長最中肯的評價。

1980 年代初，我校參加了漁農處的「學校植林計劃」。漁農處在大美督郊野公園劃出一片土地，並豎立一鐵牌，寫上「學校植林計劃　英華書院」。我校師生每年皆到該處植樹和修護林木。（麥德祥老師藏品）

1988 年獲得校際中一英語集誦比賽冠軍

1989 年 1 月,《南華早報》和香港電台聯辦「校際問答顯精英」,我校榮膺冠軍。

校政開放　民主治校

1990 年，梅浩濱校長重掌蒙民偉書院，英華書院校長一職由英華校友楊寶坤先生接替。

楊寶坤校長創造了英華歷史上許多第一。

他是戰後第一名英華舊生校長。他在 1946 年入讀英華書院小學部二年級，並升讀中學，至中五畢業後因英華還未開設文科的預科班，遂轉往拔萃男書院修讀中六文科。在香港大學畢業，主修歷史。

他是第一名主管過多種類型學校的校長。出掌英華前，楊校長曾在私校（培新、培理、公理）、津校（銘賢書院）及官校（政府英文夜中學）擔任校長。英華是他校長生涯的第一所補助學校。

他是第一名兼任輔助警察的校長。他最初的志願是加入警隊，但因視力問題而未能如願。他畢業後任教師，同時參與輔警工作，並於 1986 年升任輔警總警司。

1987 至 1988 年度，我校在多個校際數學比賽取得優異成績，包括香港數學競賽冠軍。

Song brings four schools together

By ALISON WONG,
Jockey Club Government
Secondary Technical School

FOUR schools – Jockey Club Government Secondary Technical School, TWGHs Wong Fut Nam College, Bishop Hall Jubilee School and Ying Wa Boys' College – got together recently and held a Joint School Singing Contest. The event was held at Ying Wa Boys' College.

The aim of the contest was to give the students from the four schools a chance to demonstrate their singing ability, and also provide them an occasion to meet and get to know each other.

The contest was divided into solo and group sections. Each school sent in two entries for each section. There were altogether eight solo and six group competitors.

Teachers from the four schools served on the panel of judges. Contestants were judged according to "tone, interpretation, expression and articulation".

A high standard of singing was demonstrated at the contest. In the solo section, a variety of songs was heard, from Cantonese and Mandarin to English music. The singers, all of whom performed expressively, were accompanied on musical instruments, such as the guitar or piano.

Much expressive singing was also heard in the group section, with some schools choosing haunting Mandarin songs and others opting for lively and catchy pop songs, matching the

words with suitable gestures. Each group had its individual style, and all the performances were very well received by the audience.

The three student comperes – Annie Lau, Rosita Tam and Eric Chan – did an excellent job. Besides interviewing the judges during the interval, they also sang a song, "Nothing To Tell You", at the end of the contest.

The winners of the day were as follows:

Law Chung-yan, a Form 4 student of Jockey Club Government Secondary Technical School, was the champion in the solo section with her entry "Thousands of Songs".

Kwan Chiu-wing of Bishop Hall Jubilee School came second, and Wong Chin-pang of Ying Wa Boys' College came third.

Cordea Kwok and Catalina Lam of TWGHs Wong Fut Nam College won the Best Group Award with their emotional and touching interpretation of the golden hit song "Blood-stained Honourable Image".

Cordea Kwok and Catalina Lam (above) win Best Group Award with "Blood-stained Honourable Image", while Law Chung-yan (right) wins solo event with "Thousands of Songs". In one of the items, a boy performs a soliloquy (below) with flute accompaniment.

1989 年初，我校與賽馬會官立工業中學、東華三院黃笏南中學和何明華會督銀禧中學合辦聯校歌唱比賽。（陳家樂校友藏品）

1984 年開設電腦選修科，特闢三樓 201 室後半部為電腦室。

楊寶坤校長

中學時代的楊校長

他是第一名公職繁重的校長。他曾任教育統籌委員會委員、上訴委員會（教育事宜）主席、香港中學校長協會副主席、香港津貼中學議會顧問、雅麗氏何妙齡那打素醫院主席及中華基督教青年會董事等公職。先後獲頒官佐勳章（O.B.E.）、聖約翰官佐勳銜（O.St.J.）、殖民地警察獎章（C.P.M.）勳銜及獎章，並獲委任為太平紳士。他還擔任多個非政府機構、法定團體的職銜。

最後，也是最重要的，他是第一名曾在最高立法機關擔任議員的校長。他因積極參與社會教育事務，曾於 1983 至 1988 年獲委任為立法局議員，是第一位英華校友成為立法局議員。78

楊寶坤校長的治校方針，可以用「校政開放，社會參與」八個字歸納。

「校政開放」的想法源自他先進的管理理念，他認為一所學校並非只屬於辦學團體、校董會的，更是屬於每一位老師、每一位學生、每一位校友、每一位家長的，一個開放的、共同參與的管理體系，既能增加各方人士對學校的歸屬感，又能集思廣益，使學校精益求精。早在 1993 年，他已提出「持份者」（那時稱「股東」）觀念，借鑑公司的治理方法，把原來學校簡單直接的行政管理，轉為更平等、更開放、更民主、更多參與的「股份」公司。79 這正正是回應時代的需求。1990 年代的香港，經濟和社會發展日漸成熟，開放、民主和參與之風吹向校園，社會對公共機構的問責性要求增加，辦學團體或校長不再是一言堂，老師、學生和家長都能參與學校的決策。

他上任後，便把開放、民主的理念帶到英華。他盡量讓各級職員皆有參與決策的機會，學校的行政系統亦制度化起來，事事有專責小組跟進。而校內的重要決定，他盡量交由老師，甚至學生去決定，實行校政民主化。他對工作的要求是擔當、效率和效能。80 在實際運作方面，楊校長引進一套完善的檔案系統和綿密的組織系統，更符合現代管理學的原則。81

戲劇學會顧問葉秀賢老師指導
會員演戲技巧（葉秀賢老師藏
品）

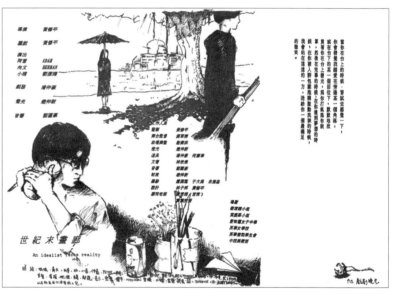

1993 年 5 月 1 日戲劇晚會場
刊和門票。當晚「世紀末畫
廊」一劇，由戲劇學會主席黃
修平擔任導演和編劇。

1992 年的生物課——解剖老鼠
（胡澤明校友藏品）

楊校長的民主、開放、多元的施政作風可從三事看到，第一是建立多媒體語文實驗室、第二是復行社制、第三是遷校西九龍。

其一，政府在 1997 年成立「優質教育基金」，其中一個資助重點是對基礎教育具成效的計劃，當時的英文科主任梁麥韻鶯老師建議申請，楊校長採納了她的意見後，成功向政府申請一筆為數約 80 萬元的款項，建立一個提高語文教育效率的多媒體語文實驗室。82

其二，正如上文所述，京力士校長在 1976 年改社制為班制，目的是想讓更多同學能有參與活動的機會，從精英集中走向全民參與，讓比賽不再是少數人的專利。不過，化社為班，同學參與的熱誠減退，比賽水平和氣氛也每下愈況。況且社制不但可提升運動成績，還能打破年齡間的界限，增強學校的內聚力。所以復行社制的呼籲在 1980 年代中已出現。楊校長上任，招成滿老師即提出建議。在徵得老師、同學及校友各方意見後，楊校長決定於 1991 年 9 月復行社制，照舊採用以前的五個社名及社色。83

第三是遷校，尋找一個更大的校舍。重建小學部一直是英華校董

會、校友念茲在茲的。牛津道校舍在鈕寶璐校長任內建成，1963年使用，設計之時，可容納24班。可至1980年代，學校已經有31班，空間嚴重不足，以至有約六班同學需要以「浮動」方式上課。[84]此外，1990年代開始的電腦化如火如荼，在遍尋課室不獲時，校方不得不在中六文科的教室中另開一房，臨時闢作電腦室，又將中七課室改建成多媒體教學室，勉力支撐，捉襟見肘。長此下去，對學校的多元發展影響極大。此外，戰前的英華已有小學部，後因政府政策而停辦，兼辦小學的好處是使學生由小學階段開始已受學校的精神及氣氛所薰陶。如果能有一個較大的校舍，同時容納英華書院與一所直屬小學，則可把「篤信善行」的辦學理念深植學生心中。

1999年，校董會得知長沙灣西九龍填海區將有一幅土地可作建新的校舍之用，於是中華基督教會香港區會、校董會便聯同部分英華老師擬就了一份建議書，向政府申請這幅土地。到2000年6月1日，學校正式收到通知，指政府已經決定將長沙灣西九龍填海區的一幅土地撥予英華作興建校舍之用。按計劃，新校舍將有130,000多平方呎地方，是現時校舍三倍有餘，可容納三個籃球場，一個小

1998年學生會選舉

型足球場，禮堂、音樂室、實驗室等設施。更重要的是，根據政府的安排，將以「一條龍」式的計劃批出這片土地：辦學團體在此地不只要辦一所中學，還要有一所直屬小學。

這個今天看來是天大的好消息，卻在英華校友、同學及家長間激起了熱烈的討論。因牛津道校舍已使用了近 40 年，那一帶名校林立，風氣純樸，英華的優良傳統和九龍塘區息息相關，而新區環境與九龍塘差別頗大，對英華的校風會是莫大的考驗。當然也有支持的一方，英華當年在旺角弼街，也是坐落在一個低收入人士的社區之內，也未見受其影響。英華由香港般含道遷往旺角弼街，再遷往九龍塘，學校也沒有因為這些搬遷而有後退，反而是越來越好。只要英華精神常在，則學校位處甚麼區域，也不是主要問題，能有一個更廣闊的校園，反而更能提供新的刺激。85

在此，楊校長深明溝通的重要，即時出版〈遷校專訊〉，向同學及家長詳細介紹遷校的情況，而〈遷校專訊〉是以月刊形式刊行的，盡量把遷校的討論放在陽光底下，確保透明公開。同時，又舉行家長座談會及學生座談會，由楊校長、袁國柱和蘇瑞濤副校長、中華基督教會代表、校董會主席陳志堅牧師、家長教師會主席、及該區的高級警務人員解釋事件的始末、遷校的原因、各方的參與，以及

1995 年，英文學會為帶動校園的英語學習氣氛，特向校方借用公共廣播系統，開設英語電台節目《Radio Ying Wa》。幹事們每週開咪 2 至 3 次，每次 15 分鐘。節目的內容多元化，如討論時事、推介音樂、點評電影、暢談人生，有時候還會邀請學生擔任嘉賓，增加與聽眾的互動。在情人節當天更有點歌環節，同學可憑歌寄意，互相問好，或為球隊打打氣，反應熱烈。（盧宇軒校友藏品）86

Airwaves alive with the sounds of English

HAVE you ever imagined setting up your own radio station in your school? The English society of Ying Wa College has realised its dream.

"The most satisfying moment is when somebody tells me that he recognises my voice on Radio Ying Wa," says Edward Lam, chairman of the English society of Ying Wa College.

Edward, and his classmate Jack, the vice chairman of the English society, are disc jockeys of Radio Ying Wa. They set up the "radio station" when their school introduced English as the Medium of Instructions this year.

"We want the students to get more familiar with English through listening to Radio Ying Wa," Jack says.

The program is broadcast to all classrooms through the school's public address system from Monday to Friday at 1pm and it lasts about 20 minutes.

Although the program is short, Edward and Jack say they spend a lot of time preparing before the program goes "on air" each day.

"The program, which consists of news, songs and some interesting things that happen in our school everyday, is conducted in English," Jack says.

"We hope students find English an interesting and lively subject through our program."

SOUNDS IMPRESSIVE: Jack, left, and Edward spread their desire to improve their English.

Besides the regular broadcast, some special programs are arranged on some festivals. For example, there was a song dedication on St Valentines' Day.

"Students can dedicate songs not only to their lovers but also to their classmates or teachers," Jack says. "The response of the students was so encouraging. We

even arranged a lucky draw for the participants.

"We really felt satisfied and wanted to express our gratitude to the teachers and students who were so supportive of our program."

Says Edward: "We learn much through organising the program. Being a DJ myself, I have so many opportunities to speak in English and my spoken English has improved a lot."

Everything seems to be easy going to outsiders but there are many difficulties behind the scene.

"Sometimes the broadcasting is not very clear and also it is very noisy in classrooms during lunch time," Jack says.

"Besides, we find it difficult to look for ideas and we have to carry on every day, even when there are tests or we have sore throats."

Nevertheless, Edward and Jack still enjoy being the DJs of Radio Ying Wa since it is a chance for them to contribute something to school.

"We will try our utmost to upgrade our school's English standard," Edward says.

"As the program is so meaningful, we hope there will be someone to continue Radio Ying Wa next year."

STORY AND PICTURES: CHENG YU-MAN

新校舍區內的治安情況等。到 2000 年 7 月中，校方向同學、家長及職員進行問卷調查，瞭解他們對遷校的意向。所得的結果，顯示家長及同學大致上接受遷校的決定。87

到了 2001 年，為了確保新校舍建設和「一條龍」順利運作，楊校長在「新校籌備委員會」以下設立了四個小組統籌全局，包括「籌款小組」、「建築小組」，「教務小組」和「公共事務小組」。四個小組定期開會，密切合作，協調遷校事情，並適時匯報「新校籌備委員會」，使英華書院的遷校，事半功倍。88

社會參與　持分者明

在社會參與方面，1990 年代的中學不再能閉門造車，獨處於社區；學生也要更多走出校門，兩者都要和社區，以至整個社會密切交往。這和楊校長的教育理念是一致的，他認為教育並不局限在書本裏、課室中，而是隨時隨地隨機的啟迪。而同學必須明白考試只是一種途徑，決不是學習的目的。所以他主張同學養成自律、自主、自發、自動的習慣。培養多方面的興趣，爭取「見識世面」的機會和留心社會、國家的事務。89 例如，楊校長會借助畢業典禮，讓師生緊貼教育政策的發展和香港回歸後的施政。90

此外，他也重視和家長的關係，最能説明這方面的貢獻首推家長教師會的成立。1993 年，政府開始推行家教會，楊校長認為是大勢所趨，乃請許耀賜副校長和輔導主任鄭德富老師負責成立家教會。鄭德富老師憶述當時情況：

> 幾乎從零開始。政府有一本冊子給我們，但我、許副校長、麥德祥老師和卜國志老師全力摸索。第一困難要先鼓勵家長參與，那時候和現在不同，家長不太理會學校事的，他們又是自由參加，所以非常困難。我們主要找中一家長，因為新進來的家長較容易談。91

在多番努力下，家教會於 1995 年成立，許俊炎先生獲選為第一屆主席。

西九龍新校舍工地

畢業典禮嘉賓

年份	嘉賓
1990	行政立法兩局議員鄭漢鈞博士
1991	香港大學校長王賡武教授
1992	警務處處長李君夏先生
1993	香港最高法院首席大法官楊鐵樑爵士
1994	廉政專員施百偉先生
1995	香港教育專上學院校董會主席葉錫安太平紳士
1996	香港中文大學校長李國璋教授
1997	新華社香港分社初志農部長
1998	教育及人力統籌局局長王永平太平紳士
1999	教育統籌委員會主席梁錦松太平紳士
2000	立法會主席范徐麗泰議員
2001	教育統籌局首席助理局長張秀文女士
2002	律政司司長梁愛詩女士

楊校長積極強化學校與家教會及校友會的聯繫，一方面發揮兩者對學校發展的支持，另一方面又可聽取他們對學校的意見。校內多項設施的改善，如加裝冷氣及音樂練習室，都是透過校方與校友會的緊密聯繫而達致的成果。就以音樂練習室為例，工程費用為 20多萬元，由校友會籌款建設。92

在楊校長在位十多年間，英華學生成績再創新高，課外活動、校外比賽的表現也相當出色。以 1993 年為例，會考及格率為 98%，187 名應考學生共考得 228個優、812 個良，佔總應考科目達 54%。整體成績優異，個人成績也相當突出，繼 1995 年同學陳誌賢考得九優一良的成績後，1997 年曾申翹考獲十優，是英華第一名「十優狀元」。

1999 年畢業典禮

英華的課外活動在學界中也有傑出表現。1992 年楊永寧同學獲選為全港學界最佳運動員，同年謝龍峰同學又獲選為十大傑出學生。英華的劇社、手球隊，在各項聯校活動中多次獲得優異成績。

2003 年，西九龍的一條龍校舍落成，書院遷校，小學復校，楊寶坤也功成身退，交棒給李志華和簡燕玲校長。

社會教育科

1971 年，教育司署計劃整合初中的經公、地理和歷史三科，製訂出嶄新的社會教育科。1975 年，署方推出暫定課程，並邀請學校參與先導計劃，經四年試驗和檢討，才定為正式課程。93 其實，早在暫定課程出台前的一年，英華書院已開設社會教育科。

1974 年，京力士校長開始構思改革初中課程。他有感於經公、地理和歷史每週只有兩節課，內容支離破碎，於是借鑑紐西蘭的教育制度，嘗試以「主題導向模式」整合三科材料，開發出一門知識與思考方法並重的科目。他把籌劃新課程的重責，交託剛從教育學院畢業的謝國強老師。謝老師在教院首年修讀西史和地理，第二年轉讀經公，正是最佳人選。

1974 至 1975 學年，謝老師任教中一級四班的社會教育科。由於沒有課本可循，而手上只有教育司署的兩頁課程初稿指引，他只好獨自焚膏繼晷編寫校本教材。新科目講求靈活思考，不重死記硬背。他打破傳統科目的常規，把課堂設計得有趣而實用，如「小組討論」、「專題研習」、「合作學習」、「資料冊」、「資料應用」、「匯聚式思考法」、「擴散式思考法」等；又鼓勵同學走出校園，到社會不同角落搜集資料，親身經歷，藉此培養出自主學習、獨立思考的能力。

1975 年 9 月，社會教育科推展至中二級，霍啟源、李樹輝、李志儀等老師也加入了這個新隊伍。校方為善用人力資源，採用團隊教學模式：把中二級四班的社會教育課安排在相同時段，老師各自準備一部分，然後輪流到不同班別授課，這模式至翌年便運用到初中所有年級。新學科首年推行時，中一學生難以掌握，結果在考試時不少同學尚欠些微分數才合格，結果校方破天荒採用常模參照評量（俗稱「拉曲線」），把合格率略為調整。當時的中一級班主任也為此抹一把汗呢！

這支敢於創新的團隊用了數年時間，發展出完整的課程，連教育司

署也派員來觀課取經。1979 年，
當局正式把社會教育科列入初中課
程，出版社爭相編製教科書，我
校也在 1980 年代開始使用現成課
本。1990 年代中，校方因應教育發
展需要，恢復經公、地理和歷史三
科，推行逾 20 年的社會教育科正
式劃上句號。94

SWAP 夏令營

SWAP（Summer With A Purpose）是一個專為青少年而設的英語夏令營，由美國歸正教會宣教士嘉偉德牧師創辦。嘉偉德牧師於 1969 至 1973 年在台灣宣教，其間主持了數屆 SWAP。他之後來港，自 1975 年起在英華書院擔任駐校輔導員及宗教科教師。1978 年，他得到美國歸正教會和香港基督教協進會的贊助，在港開辦了首屆 SWAP 夏令營。

夏令營為期四週，參加者（SWAPers）主要是升讀中四的學生，每屆大約有 30、40 人，而英華書院差不多是每一屆最多參與者的學校。營內活動由數位外籍導師和本地大學生帶領。每日節目由早操開始，隨後便是英語和《聖經》學習時間。下午主要為集體活動，包括球類比賽、遠足、文藝欣賞，或探訪老人中心、孤兒院、智障人士中心等。晚上則有話劇、歌唱、舞蹈等表演。

根據營規，參加者大部分時間只可運用英語交談。一旦犯規，便會收到「奴隸券」。「奴隸」須為大家服務，包括清潔洗手間和營地設施。在這樣一個近乎全英語的環境下生活，營友的英語能力有顯著進步。

第一屆 SWAP 夏令營（姚文孝校友藏品）

此外，透過集體活動和社會服務，他們的人際技巧和社會責任感皆有所提升。不少參加者更結為終身好友，在離營後數十年還不時相聚。

1983 年嘉偉德牧師返回美國後，夏令營由京力士校長接手。京力士校長自第一屆 SWAP 開始已是籌委會的主力，一直熱心策劃和推廣活動。他為幫助營友持續提升英語能力，又開辦了「SWAP 英文學會」，每隔三週邀請營友到他家聚會一次，為期兩年，直至他們參加會考為止。

及至 1990 年代末，由於香港社會氛圍的轉變，青少年對夏令營的興趣大減，而且招募海外和本地導師也越見困難，SWAP 籌委會於是在 1999 年暑假後宣告停辦。自 1978 至 1999 的 22 年間，曾參與 SWAP 的學生超過 1,100 人，英華書院同學逾百人。95

京力士校長與 1991 年英華 SWAPer 合照（許世鋒校友藏品）

復辦五社

英華的五社制度首創於 1965 年 10 月。五社以馬禮遜、米憐、梁發、何福堂和鈕寶璐五位極具代表性的先賢命名,分別配上綠、黃、棕、藍、紅五色,以及火炬、梅花、橄欖葉、飛翼和劍盾五種圖案。凡球類、田徑、游泳、語文、史地、數理、音樂、話劇、棋牌等比賽,俱為五社較技之舞台,故好動好靜者,皆可為己社爭奪殊榮。

1976 年,京力士校長鑑於社際比賽過於精英化,一般同學難有機會參與,加上同學對社制活動的熱衷程度逐漸減退,於是以班制取代社制。自此,同學對班的歸屬感大大加強。每逢重要賽事,眾人身穿班衫,揮舞班旗,落力為同學吶喊助威。歡聲雷動,五彩斑斕,熱鬧氣氛不遜舊時。

1991 年,楊寶坤校長復行社制,名稱、顏色和旗幟俱仍舊例,另外新添吉祥物。綠、黃、棕、藍、紅五社的吉祥物分別為龍、獨角獸、水牛、鷹和獅子,以象徵各社的精神。部分社更自設社歌、紀念品或獎勵計劃,藉此團結社員,激勵士氣。此外,社長也成為學生會內閣的當然成員,與民選閣員一同籌辦活動。

推行班制後,同學都喜歡自製班衫,以壯聲勢。

在校時，社員互相扶持，矢志為社爭光；畢業後，老同學敍舊，最回味的莫過於當年社際競技比賽。五社，恍如英華大家庭裏的五個小家庭，它帶給同學的，除了剎那的比賽，還有畢生的友誼。96

復辦社制後的首屆陸運會，五社旗海飄揚。

紅十字會青年團

紅十字會青年團歷史悠久。香港首支隊伍成立於 1956 年,當時隸屬英國紅十字會。1970 年,英華書院也開始籌組青年團(第 49 團),最初團隊只有 21 人,兩年後已增至 50 多人。

> 紅十字會誓詞:「我,_____,誓為香港紅十字會會員,盡忠服務本土及與世界各地紅十字會會員聯合一致,扶助疾病及患難人士。」

紅十字會以互相幫助為精神,以「危難中見關懷」為使命。總會為團員開辦不同類型的培訓課程,包括急救、護理、消防、微型拯救等。有需要時,他們便可學以致用,貢獻社群,例如在大型活動擔任義務急救員,為市民作健康檢查等。1972 年 6 月,團隊就曾奉召到大坑東社區中心,幫助受暴雨所累的居民度過困境。

除救急扶危外,團隊也關顧到弱勢社群的身心需要。例如,1970 年代初每逢週六到東頭邨跟智障兒童玩遊戲,教授他們簡單的生活技能;1987 年暑假,團員以兩人一組到石

1971 年 11 月 24 日,第 49 團舉辦首屆招募日。

2018 年，第 49 團榮膺全港最佳團隊，以及連續三年獲全港服務盾總冠軍。

硤尾徙置區，幫助長者清潔家居，聆聽他們的心聲；[97] 1989 年，聯同第 74 團（聖安當女書院）到偏遠的大澳漁村，為當地小孩帶來歡樂。部分成員更學習手語，希望他朝一日可服務備受忽視的聽障人士。1989 年總隊長朱啟平分享道：「我在紅十字會所學到的東西、遇到的人和事教我回味無窮，也令我獲益良多，更帶給我一段段根深蒂固的友情。這段歲月是我人生中極為重要的一頁。」

1997 年，香港紅十字會改屬中國紅十字會，書院編號也由 C.U.49 改為 Y.U.49。往後的 20 年是團隊的豐收期，成員先後取得多個急救、護理和運動比賽獎項，並有逾十位成員獲選為傑出青年會員，成績斐然。

第 49 團自成立至今已近半世紀。團員所學到的，不僅是救傷、技能，還有社會責任感、自律精神和領導才能。又因着共同信念和經歷，團員之間建立起深厚的兄弟情，即使畢業多年，感情依舊。[98]

溫馨校園計劃

1970 年代起，港府逐漸關注青少年在學業以外的身心發展，於是增撥資源予中小學，加強對學生的心理輔導與成長支援。也促成了英華溫馨校園計劃的誕生。

溫馨校園計劃是輔導部最受歡迎的活動之一，創辦於 1980 年代中，旨在幫助中一生適應新環境和解決學習問題。老師招募中四同學擔任「大哥哥」，給予輔導訓練。每位「大哥哥」獲分派一至兩位「小弟弟」，他們會以過來人身份，跟學弟分享經驗，給予指導和鼓勵，使英華變成一個真正的大家庭。99

1988 至 1989 學年擔任「大哥哥」的陳瑋納分享道：「那年由中三升到中四，自己在各方面其實還是個孩童。參與溫馨校園計劃，獲派了兩位學弟，感覺上忽然長大了許多，每日都想着怎樣跟他們介紹校園裏各樣有趣的事物，又和他們一起吃飯，一起踢球，真是我在英華最美好的時光。」100

英華遷至西九龍後改為「一條龍」學校，書院大部分學生來自英華小學，中一生沒有多大適應問題，校方乃停辦溫馨校園計劃，把資源改用在其他輔導項目上。

溫馨校園計劃發揮了朋輩互助精神。中一生在學兄關懷下能面對新環境的挑戰，固然獲益良多；「大哥哥」在輔導過程中也更認識自己，建立了更大的責任感。有很多師兄弟因這計劃建立了深厚的兄弟情，畢業多年仍有緊密聯繫。101

透過溫馨校園計劃，中一同學
可更快適應新環境。

溫馨校園計劃的週年植樹日甚受
歡迎，每次皆吸引大批同學參
加。林務工作完成後，大夥兒
會在附近野餐和玩遊戲。照片
攝於 1989 年 1 月 14 日烏蛟騰。

日本濱松之旅

自 1984 年復活節起，有一位我們尊敬的人，他不辭勞苦，每年帶着三個就讀中六的年輕小伙子到日本，堅持了 20 年沒有間斷。這位就是我校職員陳漢光先生。

現今 21 世紀，隨着全球化的大趨勢，再加上香港社會越趨富裕，英華也舉辦了不少海外遊學團，近年就有北韓、芬蘭、荷蘭、美加等。但是在 1980 年代，香港還是在經濟起飛的年代，各間中學亦甚少舉辦境外交流遊學。加上當年很多英華仔是來自公共屋邨的基層家庭，到海外遊學是一件遙不可及的事。

當年濱松南扶輪會的國際奉仕委員會早已和世界各國如巴西、阿根廷等進行文化交流活動，到 1984 年時，扶輪會希望將此活動伸展到香港，所以當時的委員會主席國分秀祐先生便與一名香港的老朋友聯絡，研究活動的可行性。這位老朋友就是陳漢光先生了。而陳先生當然將這個機會留給英華仔了。幾經磋商後，決定每年英華書院可派三個中六學生到濱松及東京進行七天的交流。

第一屆日本濱松之旅

1980 年代的日本在全球經濟與科研上處於領導地位，而濱松是位於名古屋附近的工業城市，因此行程方面少不了參觀當地的工廠及其他設施，如山葉樂器廠、鈴木汽車廠、豐田汽車廠、濱岡核電廠，甚至是航空自衛隊基地等。不論是廠內的科技與日本人的認真嚴謹，均令當年大都初次出國的英華仔留下難忘的回憶。除了參觀外，參與同學也要住在當地家庭，克服言語的障礙，與當地人交流，亦是難忘的經驗。

在扶輪會的安排下，每年英華仔亦可有幸拜訪濱松市市長等。這個活動一直維持了 20 年，而扶輪會對這個交流亦相當重視，他們甚至為紀念這個計劃在該市的中田島公園建立了一個紀念碑。

短短七日的交流，可以帶來很大的改變。有些同學至今仍與當地的家庭保持聯絡，仍然維繫著數十載的友誼，也有些同學希望更深入認識日本文化而選擇負笈日本。這 20 年的交流也是英華學生活動的歷史上重要的一頁。102

2003 年，李志華校長（中）、陳漢光先生（右二）和三名訪日同學在中田島公園的紀念碑前留影。碑上刻有陳先生和 20 屆共 60 位曾參與該活動同學的名字。

1　見〈其人其事〉，梁偉昌編：《變：英華六年特刊》，頁8。

2　許世鋒：〈京力士校長訪問錄音整理稿〉，2017年4月1日。

3　程介明：〈教育的回顧（下篇）〉，載王賡武編：《香港史新編（下冊）》，頁467。

4　程介明：〈教育的回顧（下篇）〉，載王賡武編：《香港史新編（下冊）》，頁469。

5　黃啟鴻老師訪問錄音整理，2018年1月8日。

6　見〈其人其事〉，梁偉昌編：《變‧英華六年》，頁9。

7　另外兩項是房屋和福利，見MacLehose, M,. *Governor's Speech*, 1972, p. 7.

8　香港教育委員會：《教育委員會對香港未來十年內中等教育擴展計劃報告書》。

9　根據1974至1978年畢業典禮場刊製作。

10　見〈六年共事　老師的話〉，載梁偉昌編：《變‧英華六年》，頁7。羅渣摩亞（Sir Roger George Moore，1927-2017），1970年代電影鐵金剛007的扮演者，以高大英俊聞名。

11　蔡榮甜校友訪問紀綠，訪問於2017年7月19日。

12　京力士：〈校長報告〉，載英華書院：《1972畢業典禮場刊》，頁6-7。

13　許世鋒：〈京力士校長訪問錄音整理稿〉，訪問於2017年4月1日。

14　梅浩然編：《英華書院（始創一八一八年）中六文（71-73）同學錄》，頁6。

15　〈李展猷（英華1982年畢業）訪問紀綠〉，轉引自劉紹麟：《古樹英華：英華書院校史》，頁105。

16　梅浩然編：《英華書院（始創一八一八年）中六文（71-73）同學錄》，頁28。

17　梅浩然編：《英華書院（始創一八一八年）中六文（71-73）同學錄》，頁29。

18　日後，當京力士校長成為香港考試局英文科目主任時，把成功的經驗推廣到全港，中學會考及高級程度會考的英文口語都是用「英文發表講話」的考核方式。

19　許世鋒：〈京力士校長訪問錄音整理整理稿〉，訪問於2017年4月1日。

20　梅浩濱：〈校務報告（一九七七至七八年度）〉載英華書院：《1978畢業典禮場刊》，頁21。

21　見〈六年共事　老師的話〉，梁偉昌編：《變‧英華六年》，頁7。

22　許世鋒：〈京力士校長訪問錄音整理整理稿〉，訪問在2017年4月1日。

23　〈嚴頌昌（英華1978年畢業）訪問紀綠〉，轉引自劉紹麟：《古樹英華：英華書院校史》，頁105。

24　許世鋒：〈京力士校長訪問錄音整理整理稿〉，訪問於2017年4月1日。

25　見〈那些未完成的手術〉，梁偉昌編：《變‧英華六年》，頁5。

26　見〈六年共事　老師的話〉，梁偉昌編：《變‧英華六年》，頁7。

27　許世鋒：〈京力士校長訪問錄音整理稿〉，訪問在2017年4月1日。

28　見〈師變〉，梁偉昌編：《變‧英華六年》，頁3。

29　見〈其人其事〉，梁偉昌編：《變‧英華六年》，頁11。

30　蔡榮甜校友訪問紀綠，2017年7月19日。

31　劉天成：〈京力士校長時期〉，載《英華書院一百七十週年紀念特刊》，頁51。

32　〈嚴頌昌（英華1978年畢業）訪問紀綠〉，轉引自劉紹麟：《古樹英華：英華書院校史》，頁104。

33　見〈六年共事　老師的話〉，梁偉昌編：《變‧英華六年》，頁6。

34　見〈六年共事　老師的話〉，梁偉昌編：《變‧英華六年》，頁7。

35　《英華書院一百七十五週年紀念特刊》，頁50。

36　《英華弍六零‧展望與追普》，頁43-44。

37　黃啟鴻老師訪問錄音整理，2018年1月8日。

38　見〈其人其事〉，梁偉昌編：《變‧英華六年》，頁11。

39　"Ying Wa Wins Maths Olympiad," *South China Morning Post*, 29 May 1977, p. 6.

40	〈新校長　新老師〉，《火炬》，1979 年 3 月，頁 4。
41	陳炳星：〈簡介梅浩濱先生〉，載《英校書院校刊　1970-1971》，頁 17。
42	《英校書院校刊　1966-67》，頁 9；《英校書院校刊　1967-68》，頁 9。
43	《英華式六零　展望與追普》，頁 54。
44	中華基督教會基新工業中學在 1969 年成立，本是一所工業男學校，1996 年改為文法男女中學，並易名為中華基督教會基新中學。
45	〈新校長　新老師〉，載火炬編輯委員會：《火炬》，第四版。
46	〈第一百六十年的第十六任校長〉，載《英華式六零　展望與追普》，頁 54。
47	「研究發現，港督的突然決定，是外部原因多於內部原因。港督在歐洲參加關稅會議（GATT，WTO 的前身），香港因為法定最低勞工年齡（14 歲）低於國際慣例（15 歲）而受到不利待遇。港督於是運用其決策權，在外地即時決定實施九年強逼教育。同時把法定勞工年齡提高到 15 歲，挽回香港當時面對的『國際信用危機』。」程介明：〈教育的回顧（下篇）〉，載王賡武編：《香港史新編（下冊）》，頁 471。
48	Education Department, *The Hong Kong Education 1981*, p. 9, 12.
49	程介明：〈教育的回顧（下篇）〉，載王賡武編：《香港史新編（下冊）》，頁 472。
50	程介明：〈教育的回顧（下篇）〉，載王賡武編：《香港史新編（下冊）》，頁 467。
51	Mui, H. B., *My Philosophy of Education*, Ying Wa College 160th Anniversary, p. 55.
52	Mui, H. B., *My Philosophy of Education*, Ying Wa College 160th Anniversary, p. 55.
53	〈新校長　新老師〉，頁 4。
54	梅浩濱：〈校長報告〉，載英華書院：《1979 畢業典禮場刊》，頁 6。
55	〈新校長　新老師〉，頁 4。
56	Mui, H. B., *My Philosophy of Education*, Ying Wa College 160th Anniversary, p. 55.
57	鄭鈞傑校長訪問錄音整理，2018 年 1 月 6 日。
58	梅浩濱：〈校長報告〉，載英華書院：《1983 畢業典禮場刊》，頁 8。
59	梅浩濱：〈校長報告〉，載英華書院：《1979 畢業典禮場刊》，頁 8。
60	梅浩濱：〈校長報告〉，載英華書院：《1981 畢業典禮場刊》，頁 7；和梅浩濱：〈校長報告〉，載英華書院：《1982 畢業典禮場刊》，頁 9。
61	初中成績評核試俗稱「中三評核試」、「中三淘汰試」。
62	梅浩濱：〈校長報告〉，載英華書院：《1982 畢業典禮場刊》，頁 10；梅浩濱：〈校長報告〉，載英華書院：《1983 畢業典禮場刊》，頁 10；招成滿老師訪問錄音整理，2016 年 6 月 18 日。
63	"Ying Wa are the Winners," *South China Morning Post*, 25 f 1980 13.
64	可參考教育局：〈中學輔導‧簡介〉，頁 1。見《香港教育局網站》，最後閱讀時間：2017 年 11 月 20 日。網址：http://www.edb.gov.hk/attachment/tc/teacher/student-guidance-discipline-services/projects-services/sgs/guidance-in-secondary-schools/intro1_c.pdf。
65	鄭德富老師訪問錄音整理，2017 年 8 月 11 日。
66	黃啟鴻老師訪問錄音整理，2018 年 1 月 8 日。
67	鄭德富老師訪問錄音整理，2017 年 8 月 11 日。
68	招成滿老師經歷一節由楊永寧校友撰寫。
69	黃啟鴻老師訪問錄音整理，2018 年 1 月 8 日。
70	鄭德富老師訪問錄音整理，2017 年 8 月 11 日。
71	可參教育局：〈輔導主任的職責〉，頁 2。見《香港教育局網站》，最後閱讀時間：2017 年 11 月 21 日。網址：http://www.edb.gov.hk/attachment/sc/teacher/student-guidance-discipline-services/projects-services/sgs/guidance-in-secondary-schools/role4_c.pdf。

72　從 1982 到 1986 年，教育署先後為各官立及資助中學增添了 5 名教師，以改善各項支援學生的服務。其中一個教席，更特別為加強輔導服務（包括升學輔導）而設。可參考教育局：〈中學輔導‧簡介〉，頁 1。見《香港教育局網站》，最後閱讀時間：2017 年 11 月 20 日。網址：http://www.edb.gov.hk/attachment/tc/teacher/student-guidance-discipline-services/projects-services/sgs/guidance-in-secondary-schools/intro1_c.pdf

73　鄭德富老師訪問錄音整理，2017 年 8 月 11 日。

74　鄭鈞傑校長訪問錄音整理，2018 年 1 月 6 日。

75　英華書院：《英華書院一百七十五週年紀念特刊》，頁 49。

76　鄭德富老師訪問錄音整理，2017 年 8 月 11 日。

77　鄭德富老師訪問錄音整理，2017 年 8 月 11 日。

78　楊寶坤校長訪問錄音整理，2016 年 10 月 18 日。

79　英華書院：《英華書院一百七十五週年紀念特刊》，頁 143。

80　楊寶坤校長訪問錄音整理，2016 年 10 月 18 日。

81　英華書院：《英華書院一百七十五週年紀念特刊》，頁 143。

82　楊寶坤校長訪問錄音整理，2016 年 10 月 18 日。

83　招成滿老師訪問錄音整理，2016 年 6 月 18 日。

84　1974 年《教育政策白皮書》的主要內容，是大規模增加初中學生，但原有和新建校舍卻不敷應用，在大多數學校中有許多學生沒有自己固定的課室，故有「浮動班」的出現，這辦法還是一直延續到 1990 年代。程介明：〈教育的回顧（下篇）〉，載王賡武編：《香港史新編（下冊）》，頁 471。

85　劉紹麟：《古樹英華：英華書院校史》，頁 109-112。

86　*Student Standard*, 14 Jun. 1996, p. 12.

87　楊寶坤校長訪問錄音整理，2016 年 10 月 18 日。

88　楊寶坤：〈校長報告〉，載英華書院：《2002 畢業典禮場刊》，頁 15。

89　英華書院：《英華書院一百七十五週年紀念特刊》，頁 143。

90　根據 1990 至 2002 年的畢業典禮場刊整理。

91　鄭德富老師訪問錄音整理，2017 年 8 月 11 日。

92　《英華書院一百七十五週年紀念特刊》，頁 54、143。

93　"Explaining Curriculum Change: Social Studies in Hong Kong," Paul Morris, Gerry Mc Clelland and Wong Ping Man, *Comparative Education Review*, Vol. 41, No. 1 (Feb., 1997), pp. 27-43.

94　〈社會教育科〉一文由梅威倫校友撰寫。

95　〈SWAP 夏令營〉一文由許世鋒、梁永健校友撰寫。

96　〈復辦五社〉一文由盧宇軒校友撰寫。

97　此活動獲香港紅十字會頒發最佳服務項目獎。

98　〈紅十字會青年團〉一文由黃琨暐校友撰寫。

99　鄭德富老師訪問錄音整理，2017 年 8 月 11 日；黃啟鴻老師訪問錄音整理，2017 年 12 月 19 日。

100　陳瑋納校友訪問錄音整理，2018 年 4 月 20 日。

101　〈溫馨校園計劃〉一文由許世鋒校友撰寫。

102　〈日本濱松之旅〉一文由林欣榮校友撰寫。

第九章

結龍南昌 同譜新章

....

遷校西九　再獻新猷
陳耀南教授曾說:「馬六甲建校有時,港島遷校有時;稍息有時,重辦有時;立足弼街有時,移址牛津道有時,騰飛深水埗也有時。」1

於 1963 年落成啟用的牛津道校舍,規模雖比弼街校舍大得多,設施也較完善,但很快又已不敷應用。1978 年,即牛津道校舍啟用 15 年後,全校班級數目前所未有地多達 32 班!這情況維持了五年後,雖回落至 31 班,2 但教學和活動空間依然不足,而以浮動班的做法應對也產生了不少管理問題。

英華街校舍

與此同時，世界正迎接數碼化教學年代。資訊科技教學需要大量先進器材和基礎建設，但牛津道那舊式校舍和狹小空間根本難以配合，勉力為之只會事倍功半。校董們曾考慮過增添新建築甚至在原址重建，但預期可增空間始終有限，最終作罷。他們於是朝另一方向思考——在另一處更大的地方，興建一個更大的校舍。

其實，校董一直思考的，非獨是尋找空間上的擴充而已，同時也是思索另一種辦學模式的可能性。英華於戰前已兼辦小學，其後迫於政府政策，小學部於 1964 年結束。中小學合一，可讓學校有更長時間、採用更連貫的課程培育學生，而學生也會對學校、對同學有更深厚的感情。如果可以興建一個較大的校園，同時開辦中學和小學，將會對英華發展有正面的影響。

故此，這一個不單單是遷校計劃，也是建校計劃——重建停辦 30 多年的英華小學。

2000 年 6 月 1 日獲政府批出長沙灣深旺道與東京街交界、一幅面積約 130,000 平方呎的土地。9 月，校方即與教育統籌局和建築署商討新校舍圖則設計的細節。政府原初要求新校舍按「千禧學校」

英華街校舍

1964 年，英華小學停辦，同學乃遷往基華小學下午校繼續學習。2005 年，基華小學下午校轉為全日制學校，需要獨立校舍，乃遷入英華在牛津道 1 號 B 的舊校舍。今基華小學（九龍塘）門外立一碑石，訴説兩校情誼。

主曆二零零六年四月二十一日

榮耀上帝

中華基督教會香港區會立石

宗旨為此恭謹泐石以傳久遠

書院緊隨區會以傳道服務為辦學

（九龍塘）承接遷校深水埗區的英華小學

址定名為中華基督教會基華小學現

於二零零五年九月遷校牛津道

師生為配合全日制小學教育發展

學收納當年停辦的弼街英華小學

區會在市區自建的第一所直屬小

六四年創辦於九龍彩虹邨乃本

中華基督教會基華下午校在一九

準則興建，即小學和中學分別為「L」型和「U」型佈局。校方認為「千禧學校」不切合英華的需要，跟政府多輪磋商後，終成現在的模樣，是為「超千禧」校舍。

這座「超千禧」校舍除備有一般設施外，英華更重新設計了中、小學相連而互通的校舍；為推廣資訊科技教學，全校鋪設了電腦網絡系統及資訊科技教學設施，提升教學效益；書院特設可容納 1,200 名師生於早會或大型活動中，濟濟一堂的空調大禮堂，而它更配備音響、燈光設施，讓它成為學生展示藝術才華的音樂廳及劇場，以及可供 200 人同時用膳的空調飯堂及廚房設施。

中、小學校舍相連互通，加上三個共用的標準籃球場及一個七人足球場（50 米 x40 米），都能促進兩所學校的師生交流。為紀念前賢創校守成，新校舍又特設校史館，讓中、小學生都能多認識學校的背景及歷史，進一步增加他們的歸屬感。至於其他多間空調音樂

練習室、家長教師會室、校友室、健身室等,更能回應新世代學校持份者的需要。

為確保遷校及中小學「一條龍」能順利落實,校董會組織了新校籌備委員會,下轄四個工作小組,包括建築小組、籌款小組、課程發展小組及公關小組。小組成員定期舉行會議,監督及協商各項與新校有關的事宜,加上家長、師生、校友及社會各界人士慷慨解囊,使建築工程緊依預期進度,新校舍於 2003 年 7 月,亦即創校 185週年同年,如期落成。

關愛溝通　全人發展

李志華校長

英華街新校舍的落成,不但代表着師生有全新而更理想的教與學環境,而且標誌着新任校長領導的新里程。為籌備遷校而延期退休的楊寶坤校長,在率領師生搬到新校舍後功成身退,卸下校長職,旋獲校董會邀請出任校董。2003 年 9 月 1 日,李志華先生和簡燕玲女士分別出掌書院和小學。

李志華校長 1979 年畢業於英華書院,並考入香港大學翻譯系。1982 年畢業後,他加入中華基督教會銘基書院任教,其後歷任多所專上院校的語文教師。1993 年,李志華校長於澳洲悉尼大學英文教育學碩士課程畢業後,回港加入「香港科技學院(柴灣)」〔即香港

政府應校董會的建議,把學校與今西九龍法院大樓之間的街道命名為「英華街」,2003 年 2 月 7 日刊憲。書院和小學地址分別為英華街 1 號和 3 號。

2003 年 9 月 1 日，李校長從校董會關啟昌主席和楊寶坤校長手上接過校徽，象徵薪火相傳。

專業教育學院（柴灣分校）前身〕，並負責該院語文中心教育行政管理工作。2003 年，適值 185 校慶週年，他重返母校，出任英華街時期的首任校長。

「我從沒有在英華任教過，甫重返校園便出任校長，心情之興奮，可以想像！」說時，李志華校長雀躍之情，溢於言表。3 當年李志華校長讀英華時，得到老師、校長的支持和鼓勵，即使遇到挫折，終能振作。因此，他希望也能以自己的校長和老師為榜樣，給學生適當的引導，讓他們得以全面發展。

李志華校長認為，學校要讓學生明白到學業對他們日後發展的重要，故必須鼓勵他們勤學；另一方面，若學生在運動或其他課外活動方面有潛質，學校則會支援學生，例如學生因需要參加練習或比賽而錯過課堂，校方會有補課的安排。

接任領導英華書院之後，為促進師生溝通，李志華校長常主動與學生聊天，表達對學生的關心，而學生也透過內聯網或直接向他反映對學校的意見及他們的需要。

李志華校長不但重視與學生之間的溝通，而且對原有的教職員團隊同事，包括他昔日的老師，他也以尊重、溝通為大前提，積極與他們建立良好的關係。若有問題未能即時解決，他也不會急於為求一個解決方法而放棄用時間來換取最佳方案的機會。在他任內，書院與校友會及家長教師會的聯繫進一步加強，李志華校長功不可沒。

李志華校長相信，與其他年輕人一樣，英華的學生都具有潛質，若兼備信念、信心及信用——抓緊信念，處事有信心，對自己和別人有信用，便可以發揮潛能，貢獻社會。

新瓶陳酒　甘醇如舊

英華書院早於上世紀復校之初，已按照英國的教育制度，課程由第八班開始，最高為第一班。第二班同學可報考大學初級文憑試，第一班可報考大學高級文憑試或香港大學入學試文憑試。

1931年，校董會議決開設一所漢文小學，招收8至12歲男童，「為將來本校初班合格人物之預備」。小學由一年班開始，讀畢四年班後可升讀書院的第八班。1932年春節後開課，由書院校長兼任小學校長。

1950年代，香港人口急增，對學位的要求也大大增加。香港教育司因應社會需要，要求香港將中學與小學分開，並把小學分為上下午班。4 當時弼街校舍早已不敷應用，校董會於是向政府申請土地，

2003年11月11日，教育統籌局局長李國章教授主持新校舍揭幕禮。

上：英華小學校徽

下：英華書院小學部員生歡送
鈕寶璐校長榮休留念（1964 年）

為書院和小學興建更大的校舍。經多年爭取，政府最終批出九龍塘牛津道 1 號 B，但只容許作為中學校舍。學校唯有自 1962 年起停止招收小一學生，計劃於 1967 年停辦小學。5 1963 年英華遷往牛津道，翌年小學部提早結束，部分師生在中華基督教會安排下，轉往在彩虹邨新開辦的基華小學下午校。

20 世紀末，英華書院校董會計劃遷校，同時復辦英華小學，把兩校在同一校園結合成「一條龍」學校，為學生提供「十一年一貫課程」（新高中推行後改為「十二年一貫課程」）。2000 年，政府批出西九龍填海區一幅 130,000 呎的土地。面積之大，足夠容納兩所學校。校董會隨即着手興建校舍，以及籌辦遷校和復校事宜。適值大角嘴的中華基督教會基全小學上下午校，正計劃分拆成兩所全日制學校，辦學團體於是安排上午校留在原址，繼續服務區內學生，而下午校師生則轉往英華小學，原下午校校長簡燕玲女士出掌英華小學，協助校董會主理復校工作。

由於到了 2003 年學期結束後，基全小學下午校只餘下小三至小五三級（56 名女生、80 名男生），故英華小學須自行招收小二、小三插班生，另由教育署按照「小一入學統籌辦法」安排小一學生。

原基全百多名男女生可參加「中學學位分配辦法」，選讀心儀的中學，小一至小三學生則直升英華書院。為避免同區學校惡性競爭，小二、小三級申請者必須為新遷入深水埗區居住，或現居深水埗區但在其他地區學校就讀的學生。

英華小學與英華書院具同一願景：「以基督精神，辦全人教育」。小學及書院均致力提供一個自由、民主、公義、團結的優良學習環境，活出校訓「篤信善行」的精神。

簡燕玲校長

簡校長帶領基全小學師生過渡新校，發揮了穩定人心的重要作用；又安排招收新生、購買設備、設計課程、建立制度等工作，為英華小學奠下重要基礎，居功至偉。2004 年學期結束後，簡燕玲校長功成身退，調任中華基督教會基順學校（小學部）校長，現為中華基督教會協和小學校長。

多元學習　寓學於玩

簡燕玲校長離任後，由人稱「史諾比校長」的林浣心女士接棒。林校長，英國諾定咸大學一級榮譽教育學士，早年在聖羅撒學校任教，1994 至 2004 年在母校協恩小學任校長，2002 年獲特區政府

THE RETIREMENT OF MR. H. NOBLE, O.B.E., B Sc 1964
珞校長榮休留念（一九六四年）

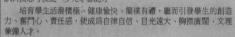

英華小學招生廣告

男校女生

頒授榮譽勳章。

林校長認為教育必須以學生為本。她領導協恩小學 10 年，成就備受各界肯定，但她拒絕典型化，把女校那一套硬搬到男校來：「教男孩子要有很獨特的方法。他們充滿探險精神，卻又坐不定，易分心。學校該如何引他們走入我們設定的場景當中，讓他們不知不覺投入學習呢？」6 她因應男孩子「好奇」、「好玩」、「好動」、「好勝」的特性，跟英華老師團隊設計出一套嶄新的「男孩友善」課程，以提升孩童的學習動機。這套課程包含三組理念：一、單一主題，多元學習；二、置身其中，融會貫通；三、玩得認真，玩出學問。為具體落實這三組理念，學校自 2004 年起，每年皆構思一個「好玩」的跨學科主題，主題年年不同，務求為同學帶來新鮮感。同學玩得開心之餘，也寓學於玩。

跨學科主題

2004 年	「拯救林木木」
2005 年	「頭文字 A」
2006 年	「Ying Wa Express」
2007 年	「英華奧運會」
2008 年	「英華勇士闖星空」
2009 年	「The E-project」
2010 年	「環球小先鋒」
2011 年	「『珍』有奇珠」
2012 年	「『珍』有奇珠前傳之十兄弟」
2013 年	「英華‧翱翔萬里」
2014 年	「英華特工の世紀解密」
2015 年	「英華『良』食研究院」
2016 年	「拼砌『築』覺」
2017 年	「探險 +」

學校先把學生置於一個好玩的「劇情」之中,再由老師啟發他們「學」、「習」不同知識和技能,培育創意和獨立思維。例如2016年,英華正興建室內游泳池,林校長團隊靈機一觸,想出了以「建築」為該學年的主題——「拼砌『築』覺」。在一整年裏,老師們把建築的元素滲入教室內外的每一環節:英文科老師邀請同學以〈我和建築師有個約會〉為題創作一則小故事,中文科老師啟發同學編寫一本介紹特色建築物的旅遊書,數學科老師講解一些建築學的有趣數字,而常識、音樂、視藝和宗教科老師又會帶同學走出校園,參觀跟各學科相關的建築,透過親身經歷強化課堂學習,運用書本知識欣賞現實世界。「多元學習經驗,除了刺激、好玩外,又滿有溫情。最開心是看到學生透過不同的主題,對不同事物產生興趣,並且能夠延續下去。我們相信這些親身經歷,會陪伴他們成長,甚至影響他們對職業的選擇。」林浣心校長說。7

英華小學學校註冊證明書

英華小學現時設中文及普通話、英文、數學、常識、視覺藝術、音樂、體育、宗教和圖書九科。校方實行母語教育,又為培養同學掌握「兩文三語」,中文科以普通話授課,英文課則以全英語進行。語文科老師十分鼓勵同學寫作,多次把同學的優秀作品結集成書。李綺媚副校長說:「很多人認為男生強於數理,女生強於語文。其實,學校只要給予適當的指導和鼓勵,男生也可以寫得很好。例如,學校把同學的中英文作品結集成書,帶給他們成功感,他們自然會更喜歡寫作,達致中英兼擅。」8近年,不少同學自發組織出版社,創作和編印不同類型的中英刊物分發同學,有文藝創作,有綜合雜誌,也有專題介紹。學校於是因勢利導,乃開辦編輯班,既指導同學採訪和編輯的技巧,又訓練他們的語文能力。

近年政府大力推廣「STEM」教育。「STEM」即「科學」、「科技」、「工程」和「數學」。英華小

2004 年 9 月 1 日，林校長從校董會關啟昌主席和李志華校監手上接過校徽。

學的「STEM」教育既着重理論，也強調實踐。校內設有「夢工場」（科學與科技創意學習室）和「i-Lab」，備有多種科學和電子儀器，讓同學在實驗中親自領悟當中的原理。老師們又在「STEM」的基礎上發展出「STEAM」。「A」即「藝術」，在科普教育中注入藝術元素，可進一步誘發同學的學習興趣和創意。

英華同學絕大多數在石屎森林長大，受到父母呵護備至，難免養成惰性和依賴心。學校為提升他們的解難和自理能力，於 2017 年起引入「森林課程」，讓同學們親身走到野外，學習各種求生技能，如看地圖、用指南針、結紮竹筏、釣魚、生火煮食等。

工欲善其事，必先利其器。英華小學致力推動「專科專教」，讓老師心無旁騖，集中發展個人專長的學科；又鼓勵老師進修，每年皆安排他們到境內外學校參觀和交流，拓闊視野，不斷改良教學方法，讓師生皆得益。

「學生大使」計劃是一項全體學生參與的活動。學生代表學校接待本

左：同學在「夢工場」學習製
作機械人

右：2018 年 10 月 12 日，行政
長官林鄭月娥女士蒞臨英華小
學，「學生大使」向她介紹校
園設施。

同學在森林課程學習

明報　　　　還男孩一個公道　　A32 ／ 2015年 5月29日

林浣心

男孩落後起跑線

1998年，有家長不滿女兒的升中派位結果，比同校成績遜色於她的男生還要差，於是向平等機會委員會投訴。經調查後，發現自1978年開始的中學學位分配，向來採取男女分隊，惟此舉一直不爲人知，於是引起軒然大波，結果被裁定違反性別歧視條例。最後教統局於2002年改用男女合併派位模式。新政策推行迄今12載，對社會造成的骨牌效應愈來愈多，最明顯的有兩方面：

1. 除了組別一（甚至組別二）的中學男女嚴重失衡，各大學亦有充分數據顯示，女生比例已經遙遙超男生，愈吃香的科目（醫科、法律），情況愈嚴重，這現象不但影響學校硬件配套的裝置（包括洗手間及宿舍），更對科目設定及教學效果帶來連鎖效應。

2. 目前許多專業仍然是男性位居要職，但情況已慢慢出現變化。新生代的草莓特性固然讓大小企業怨聲載道：招聘員工困難重重，而較像樣的男性應徵者更沒多少個。這現象對行業組成的結構帶來衝擊——優秀的女生大獲全勝，可她們結婚生育後，又多會要求改爲部分時間工作。有企業老闆透露，試過一個崗位由3個女職員分擔，雖是百般莫奈何，卻沒有更佳選擇。

小學生態的偏差

事實上，男孩和女生的生理和心理發展步調不同，小女孩的成熟進程平均較男孩快，大部分在小學四、五年級已會自我控制、遵守校規，上課安靜，而男生定性較遲，很難安坐，容易招來老師責備。置身女孩旁，男生自我形象偏低。另外，女孩精話言，男孩強數理，兩種性別各有強弱。然而，派位制度只是其中一個外加的衝口而出：「看，你們男生多不爭氣！」早熟的女孩也會嘴巴不饒人：「好低能哟。」這些話兒潛藏的標籤日積月累，男孩自信就會一點一滴被磨蝕。

'既然已有足夠研究揭示男孩的學習意態情態殊異，我們爲何仍硬要他們跟女生一起走相同的軌道？既然已有客觀實證顯示人有個別差異，爲何我們硬要抹平他們的特質，蓋上一樣的模子？所以，我奉勸家長千萬別要把男孩女生典型化；文靜的男生沒什麼問題，好動的女孩亦正常得很。**教養或教育的最大危機**們一個公道。

問題構成始於根柢，我相信要留意目前小學層面幾個偏差了的教育生態：

1. 小學教師以女性居多，男孩需要學效的男性典模不足。天性使然，熱中科普的女教師寥寥無幾。大勢所趨，目前3科常識科（社、科、健）已經合而爲一，當中的科學成分愈來愈少，甚至有學校刪減常識科的實驗環節，要學生死記硬背那些艱澀的英詞串法，變相側重於語文學習。

2. 男孩對語言的掌握和運用能力早已落後女生，連他們較有勝算的數理科也給刪減扼殺，缺損一個足以讓他們展示能力的平台，難怪大部分小男孩都不安於（教）室。教統局課程道明中、英、數、常皆爲核心，可在許多學校裏面，後兩者所佔份額都相對地低，男孩被架上這條不利他們的軌道，潛質活活給埋掉，他們怎會覺得學習有趣呢？

3. 男生體內的雄性激素是女生7倍，生理因素讓他們的細胞時刻蠢蠢欲動，可是老師教務沉重，管教自然講求效率，往往因此忽略男孩的特性，掛在嘴巴的是不假思索的「別動」、「閉嘴」。如果我們不刻意去營造健康的渠道，男孩又如何釋放他們抑壓的動能？

4. 慢熟的男生屁股對抗地心吸力，整天奔跑跳碰，班長、行長、風紀、學校代表等神聖職務自然甚少落到他們頭上。教師恨鐵不成鋼，有時或會是把孩子典型化，而忽略個別差異：人與人之間的差異，比性別的差異來得更大。父母也好，教師也好，都要尊重每個孩子的特性，因材、順性而教，這才算得上是教育。

如何拆解困局

1. 政府可以怎麼做？

政策教育政策影響深遠，推行之後，成效如何？有客觀而深入的調查嗎？過去10多年來，教育局先後推出男女統一派位、目標爲本、語文微調、一條龍等，都是重大議題，對社會（尤其家長）造成不少震盪，政府絕對有責任要認真檢視每一項新政策帶來的具體後果，然後公開回應及調整，讓公衆掌握眞實現況，絕對不能不了了之。當然，教育同工（包括校長及教師）亦要好好運用前線的教學平台，發揮自己的專業，認真驗證政策，看看它對孩子是否真有裨益，然後向政府反饋，而並非單向盲從。

2. 學校可以怎麼做？

政策改動說易行難，有些事卻可先從校本入手。

a. **男孩需要成年男性楷模**，招聘教師時要注意團隊的兩性平衡。

b. 從男孩角度出發，用心去經營校舍環境、課程及活動。學校是孩子每天生活的地方，全日制課程更要充分利用學校的環境，讓孩子不會光有頭腦知識的輸入。哪管校舍大小，其實都可重新考量：如何全面利用校舍每個角落，提供豐富多樣的環境刺激，設計出不同的活動和遊戲，容讓孩子自由奔跑走動。學校或會擔心發生意外，但絕不成爲此礙奪學生學習生活、學習成長的寶貴機會。

c. 認真看待常識科。那是一個專科，其課程目標並不在認字識字，必須有足夠的相關知識輸入，輔以相應的實驗操作。男孩熱愛挑戰，只要老師拋出有深度的問題，他們就會主動地尋根究柢，學習態度也會變得截然不同。孩子掌握到真知識，自然會喜歡學習、喜歡上學。事實上，其中科學教育部分，由男教師執教的確相對優秀。

d. 加強男孩的閱讀。閱讀，是父母送給孩子最好的禮物，且一生受用。要提升男孩的語文能力，就讓他們愛上閱讀吧。不過，男孩喜愛的書籍畢竟與女生有點不同，他們喜歡的內容可能是要有更多動作情節、知識性更強的那種，而有關運動、恐龍、星球大戰及與科學科技的主題，就更容易引起他們的興趣。

e. 相比女孩子，男孩需要發泄更多的體能，沒有足夠的體育課時，他們較難安靜坐下。況且，男孩友誼多在運動團隊中發展出來，通過個人學科，很難令壯健體魄外，性情也在不覺間陶洽。

3. 家長可以怎麼做？

a. 孩子成長的重要基地始終是他們的家庭，家長才是他們人生最重要的教師，並且是終身的教師。

b. 男女大不同。父母雙方都要更深入地了解兩性的分別，才能在教養上好好配搭。簡單來說，母親心思細膩，在照顧孩子從嬰兒到幼兒期中擔當非常重要的角色。而父親更要在親子教養中走前一步，做孩子的重要楷模，鼓勵孩子獨立，負責任和擁抱挑戰，如何成爲一個真正的男子漢。

c. 學校的家長教育不妨在這方面多點著墨，例如舉辦爸爸講座、父子營、邀請更多爸爸參與學校活動和擔任義工，讓父親獲得更具體的啓發。

今天資訊發達，孩子知道的不比我們少。無論是老師或家長，在教學或教養進程中，都不該作單向輸入，而是要跟孩子互動，啓發（inspire）及協助（facilitate）他們思考。孩子（特別是男生）只是不懂得把問題講得清楚、準確，「備課必先備人」，當成人樂意放下身段，進到小孩中間，從更多的生活面向中接觸他們，對他們有新的認識和體會，自能抓對更適切的課程和教養模式。

作者是英華小學校長

2015年林校長撰寫〈還男孩一個公道〉一文，指出教育必須以孩童爲本，不可忽略人與人、男與女之間的差異。9

林校長，熱心教育和社會服務，她曾任廉政公署傳播媒介及教育小組委員、香港大學及中文大學兼任講師。目前為香港電台節目顧問團成員、香港資優教育學苑委員、香港副校長會務顧問及公共圖書館諮詢委員。她又經常透過傳媒宣揚積極的教育信念，鼓勵父母及教育工作者尊重和愛護每一位孩子。

地及外地的教育團體；他們運用兩文三語，為來賓介紹校舍設施與同學的學習情況。透過這個計劃，學生大使學習社交技巧，培養自信，並大大增強對學校的歸屬感。

順應時宜　平民直資

1991 年 9 月起，香港政府實行「直接資助計劃」。凡參與該計劃的中小學，除獲得政府發放的津貼外，還可收取學費，並在多個範疇上享有較大的彈性，包括資源調配、課程設計、語言政策、10 招收學生等。換言之，直資學校只要管理得宜，當可比一般津貼學校更能提供切合學生需要的教育。

英華坐落西九龍後，擁有一個特大校園，添置了不少新設備，本可大有作為。可惜政府補助沒有因此而大幅增加，學校每年所得資源，只足夠應付常規開支，難以大展拳腳。校董會為提升教育質素，於 2006 年考慮加入「直接資助計劃」，並舉辦了多場諮詢會，聽取不同持份者的意見，一時意見紛紜。有家長和學生擔心轉型後，基層同學會遭受歧視，形成內部分化，影響團結和學習情緒；有校友認為這會使英華走上「貴族學校」之路，違背了百年「有教無類」的傳統。

2013 年 7 月 13 日，高級弦樂團在斯洛伐克的「第五屆國際青年音樂節」，榮獲 12 歲以下組別金獎，並力壓一眾成年組，奪得全場總冠軍，為香港小學界創下歷來最輝煌成績。11

其中一場諮詢會是 2007 年 3 月 18 日，由英華書院家長教師會於書院禮堂舉辦的家長座談會，有逾 180 位家長出席。李志華校長及校友會主席陳廷光也出席座談會，為家長詳細闡述英華長遠發展的方向，並解答家長疑問。當天家長以舉手形式，表達對書院及小學轉為直資學校的支持，結果是絕大多數出席的家長表示支持。12

多場諮詢會中，校方詳細講解直資學校的種種好處，並承諾如真的轉型，也只會收取相宜的學費，以及盡力給予基層學生經濟支援。正如李志華校長所強調的尊重與溝通，經過與各持份者多輪交流後，書院最終能夠凝聚共識，以「平民直資」為學校定位。

邁向 190 週年校慶，書院和小學於 2008 年 9 月 1 日同時轉為直資學校，凡新生皆須繳納學費，現有學生則獲豁免，直至畢業。學校設有學費減免計劃和多種資助，幫助經濟拮据的學生完成學業。此外，小學自 2015 年起，每年皆邀請區內幼稚園推薦清貧學生入讀小一。

現任校長鄭鈞傑分享直資計劃的好處：「學校轉為直資，多點自由發揮的空間。我們近年就多請了很多老師，現在全校學生 1,200 人，如果沒有轉直資的話，老師大約為 60 多個，現在卻有 80 位。校長不可能去聽每一堂課，因此我們的中層教師非常重要，我們積極提高科主任的領導能力，希望透過小組、分組小班教學，讓老師照顧不同同學，紓緩學生個別差異的問題。」

迎新高中　策劃經年

鄭鈞傑校長畢業於英華書院，1989 年中六預科時，他以「暫取生」的資格獲香港中文大學取錄，其後獲中文大學先後頒授理學士、教育文憑（優異）及教育碩士（院長榮譽名錄）等學銜。他自 1994 年大學教育學院畢業後，一直在英華服務，迄今已近四分一個世紀。2010 年升任副校長，翌年再接替李志華先生，成為英華書院第 18 任校長。

鄭鈞傑校長

鄭鈞傑校長初中時已發現自己對教學工作很感興趣，而且對英華的教育也很嚮往，故他在大學畢業後，繼續修讀了一年的教育文憑，其後再兼讀教育碩士的課程，並以十分優異的成績，完成以上兩項專業課程。

作為英華書院舊生，鄭鈞傑校長很慶幸能夠回到母校服務，他謙稱在學時對社會的眼界不夠廣闊，他認為學生應該早在中學階段，從接觸不同的校友、知識、範疇、學習經歷的領域，以及個人興趣等，找到自己的抱負和價值觀，並在日後的工作崗位上，貢獻社會。因此，鄭鈞傑校長希望培育學生成為「僕人領袖」，期望學生抱着服務他人的使命感，以僕人一樣的心態，真誠地服侍和造福社群。

鄭鈞傑校長認為，學校要在心態、能力及視野三方面，培育學生成為「僕人領袖」。在心態上，學校循序漸進地培養學生的歸屬感、責任感、承擔感及使命感；能力上，透過校園生活的學習機會，讓學生從參與者變成籌劃者；視野上，學校開拓學生眼界，讓學生從同學需要開始，進而得見身處地區及社會因貧窮而引發的問題，以至

地球村上民眾的處境和需要。心態、能力和視野三方既循序漸進，又互相緊扣。

從初中開始，學校會透過豐富的校園生活和學習經歷，培養學生對學校的歸屬感。當他們投入並熱愛校園生活時，便願意為同學、為學校付出。學校亦提供多元化的機會，鼓勵學生在班內不同的崗位服務，提升他們的責任感及待人處事的能力。當建立起歸屬感與責任感之時，學校便賦予學生更多的機會，幫助建立承擔感。到高中階段，學生成為領袖生、學生會幹事、會社主席或委員、校報編輯、制服團隊領袖、校隊隊長、樂團領袖等。作為高年級師兄，學生亦自覺對學校、對師弟有所承擔，便進而擔當組織策劃者。學生站在台前籌劃與領導，老師則在背後提點、引導和支持。一方面學生建立溝通協作與領袖才能，另一方面老師亦促進了學生反思自省。同時，學校一直透過不同場合介紹社會現況，並提供不同類型的服務機會，讓學生得見社會上，甚至世界上不同人士的需要。學校擴闊學生視野之時，亦將服務他人的使命感植根在學生的生命裏，並期望學生存感恩之心，有着謙厚的品格和態度，對社會作出貢獻，造福人群。

強調全面教育和主動學習的新高中課程於2009年推行，其精神與英華一貫的辦學理念和原則不謀而合，故英華書院比其他學校更有信心，把新高中課程推行得更成功。

早在新高中課程正式推行的四至五年前，書院已着手部署新高中方案的具體實施。2005年，在初中開設綜合人文學科，為新高中課程的「通識科」作準備。此外，不斷進行意見調查，徵詢不同持份者意見，包括教師、家長及學生。從制定初稿、進行討論；修訂、反覆討

校長開壇 鄭鈞傑　信報 2014年12月5日

僕人・領袖・僕人領袖

英華書院校長

學校教育致力培養學生成為品學兼備的青少年，而近年所提倡的生涯規劃，亦幫助學生尋找個人志向、確立人生目標。個人志向和人生目標因人而異，但也有一些普世認同的價值觀和人生觀，值得學生深思和回應。我校則期望學生成為社會上的「僕人領袖」。

表面上，「僕人」和「領袖」是兩個截然不同的角色。僕人重於服侍，而領袖則作領導。無可否認，父母都希望子女出人頭地，社會上亦有許多人想成為「領袖」。或許成為一個領袖代表着擁有名譽與地位，然而作領袖的背後，是否應該帶着某些使命感呢？在這個講求名利的社會裏，又有幾多人帶着貢獻社會、造福人群的使命呢？

「僕人領袖」的概念自七十年代起，Robert K. Greenleaf 等人亦提倡有關領導模式。領袖帶着服務他人的使命感，以僕人一樣的心態，真誠地服侍和造福他人。僕人領袖亦成為他人的榜樣，使這使命感傳遞開去，感染更多的人。《聖經》中的主耶穌基督正是「僕人領袖」的典範。我校期望透過各種領袖訓練和社會服務，除為社會培育不同範疇的人才外，更致力培養學生從年少時就有着服務他人、回饋社會的精神。期望學生存感恩心，有着謙厚的品格和態度，做個貢獻社會的人。

在此分享一位年輕校友的故事。他籌辦了一個夏令營，並有以下的反思：「人生第一次成為計劃的總負責人……比起我以往參與的任何一個營會都來得有意義……一個又一個在營前混混噩噩的青少年在營會裏尋找了自己的理想和目標……看到這班青少年在最後一天流着淚分享自己的經歷和理想……令我拾回當初對社會工作的熱誠，也讓我找到將來服務青少年的每一個方向，希望營會裏的每一個參加者能與我一起同行……英華的培育，包括國際少年服務團和學生會的經驗累積，我才成功籌辦了這個夏令營。」見到年青校友承傳了學校「建立生命」的教育理想，讓我們老師感動不已！

鄭校長撰文淺解「僕人領袖」
的含意。13

論;多次修訂,到最後定稿,學校經歷了不少困難,例如將開辦甚麼科目、科目數量、校內資源的配合、人力資源調配、教師培訓、分班問題等,都要一一研究。新高中課程有學習經歷的理念,而李志華校長較看重「其他學習經歷」,故在制定學校的新高中方案時,校方對安排校外活動學習相當重視。

事實上,在新高中學制未正式開展時,英華書院已準備就緒。在人力方面,經過多年籌劃早已加強教師培訓及為調配制定了計劃。學科方面,教學時間表將會實行五天星期制,而不同科目組合以分班形式運作。不同班別有既定的選科核心,餘下選修由學生自行選擇。在設施方面,早於 2007 年學校已特別增建小型課室,供分組教學及小組討論之用。不過,家長的支持亦是英華成功的關鍵。2007 年書院得到家長同意,從特殊收費中,撥款於圖書館設立嶄新的學生自學中心及小型討論室,鼓勵同學主動學習,提倡協作;同時又於圖書館加設大量圖書櫃,增加藏書量,期望同學能夠廣泛閱讀。

學校推行新課程時適量加入「其他學習經歷」時段,舉辦校內及課外活動,例如:體育、社會服務及「與工作有關的經驗」學習,令學生達致均衡發展。

辦學理念「一條龍」

自 2003 年 9 月 1 日新校舍正式啟用後，英華書院進入一個新紀元，但挑戰也接踵而來。英華復辦小學，代表着英華的學生最少有 11 年的時間在同一個校園學習，經歷中、小兩個學習階段，而這段時間，正是男孩子由兒童成長至青少年，身心各方面都會有巨大的變化。要成功落實英華中、小學「一條龍」的辦學理念，李志華校長指出，英華必須有以下的條件：完整而連貫的中、小學課程；中、小學共享的教學設施；以及多元化的支援力量，包括校友、家長、老師、辦學團體、社區、政府和學校管理。這些條件英華都具備了。

當時適值教育改革開展，學校發展也要與時並進。英華有了小學，又有數碼校園，加上校本管理的新文化，李志華校長期望學校會有長足的進步。而他也體會到教師團隊已相當了解「一條龍」模式所帶來的「機」與「危」，因此他領導教師團隊面對及思考相關問題，例如：

· 如何在保持英華的優良傳統的同時，發揮新思維的力量？

小學水田運動會

2007 至 2018 年，英華小學連續 12 年在「香港學界體育聯會全港小學體育獎勵計劃」奪得金獎。

· 如何在教育改革的洪流中，突顯英華書院的獨特性？
· 如何充分利用中、小學生的協同效應，創造英華的優勢？

英華「一條龍」的辦學理念未經考驗，要待英華書院和小學真正「結龍」，才可根據實際教育效果，得到驗證；而書院面對的新發展和挑戰，對學校也會有廣泛而深遠的影響。事實上，學校及校董會在 2003 年復辦小學的時候，已準備接受嚴峻但又饒有意義的挑戰：中、小學「結龍」後，書院每年均必須預留足夠的中一學額，以完全接收英華小學的畢業生；同時代表着自 2007 年以後，書院與小學不僅是共用英華街的校園，而是透過一系列合作計劃，加強兩校師生間的了解、學術交流、教學心得的交流、課外活動的協調，以至學生間的功課輔導等，真正達致「英華一家」。越接近 2007 年正式「結龍」的日子，兩校合作及交流越有增無減。

在英華關於「接龍」實際操作的反覆討論中，書院關注的事項包括：

·「一條龍」的辦學模式可以為英華帶來怎樣的課程改革機會？
· 怎樣的管理模式才會對書院及小學的長遠發展有利？
· 英華在競爭越來越激烈的情況下，怎樣吸引優秀的學生入讀？

「接龍的準備功夫在兩年前已經開始了。任何制度上的改變，都難免有些冒險和犧牲，但我們熱切期待着中小一家的體現，並且在課程上可以做到『一條龍』──12 年的課程規劃。」14

2007 年 9 月，英華書院與小學正式「結龍」：在「一條龍」的辦學模式下，英華小學首批男畢業生，直升書院的中一級，成為首屆「小龍」，繼續體驗英華豐盛的校園生活。

書院與小學都積極為英華小學的學生升讀書院作準備，透過兩校教師研討及互相交流，務使高小與初中的課程無縫銜接，包括舉辦中、小學課程（小五至中二）銜接的會議、家長講座、初中與高小生的交流活動及暑期適應課程等，讓小學每位「小龍」都能順利升上書院，並適應中學的校園生活。

英華書院為英文中學，小學則為中文小學。在正式「結龍」的 2007年，書院從政府資助中，撥款擴建

2008 年書院和小學全體教職員大合照

「英語學習角」，讓學生能透過有趣的英語活動，輕鬆增強英語能力。為此，英語學習角增設了全新的視聽及電腦設備，以便學生進行小組討論、英語辯論、故事演講等學習活動，「學習角」還提供了一個舒適的閱讀空間，讓學生安坐其中，享受閱讀的真正樂趣。

英華書院與小學成功實踐「一條龍」的教育模式，學生由小一入學至高中畢業，將經歷一個 12 年的連貫學習過程。兩校自行設計的「超千禧校舍」為「一條龍」的辦學提供更佳的條件，而完善的校園設施及充足的體育場地，也為學生提供一個理想的學習環境，讓學生全方位投入校園生活。「一條龍」的教育理念，每年皆吸引數千家長報讀小一課程，這 1,000 多個家庭已為英華轉為直資學校投下信任票。在直資模式下，英華會有較大的自主空間和靈活的財務安排，將可以帶領學校在 21 世紀穩定發展，並且更加卓越。

資優教育

1990 年，教育統籌委員會發表《第四號報告書》，指出主流學校應為天才學生發展「以學校為本位的課程」，給予他們「額外的挑戰、激發和關注，以進一步發展其潛能」。

英華書院一直重視資優學生的培訓。為進一步提升培訓質素，乃於 2007 年成立資優教育委員會，協助文化科發展資優課程。體藝尖子則仍由體育、音樂和視藝科提供訓練。

文化科的資優活動多元化。如中文科的配音、相聲、演講和寫作課程；英文科的辯論隊、英語電台訓練、寫作技巧訓練班；數理科的奧林匹克比賽訓練、科學研究組、香港理工大學高中數理比賽、香港學生科學比賽；人文學科的地理奧林匹克比賽、學生通識報告比賽等。

資優教育委員會也負責統籌跨學科活動，如香港機關王競賽、創意思維比賽、國際資優解難大賽；又鼓勵同學參與海內外大學的評估和交流課程，如科技大學、英國劍橋大

2015 年，同學在創意思維比賽獲得亞軍。

委員會老師不時到小學舉辦科學活動，在孩子心中撒下熱愛科研的種子。

學、澳洲新南威爾斯大學等，讓同學拓闊視野，挑戰自我。

2013 年，委員會主席蔡錦滔老師檢討校內的資優課程，訪問了多位同學、校友和老師，以及參考海內外的研究成果，撰成《英華書院　科學範疇的資優教育：回顧與前瞻》。當中提議增加「家長教育」和「教師發展」兩個工作項目，務求加強對天才學生的照顧。

自此，委員會每年皆舉辦多次家長

講座，邀請本地專家蒞臨學校分享資優教育心得，也歡迎友校家長和同學參與。15

英聲華采

寶路文先生，攝於 1920 年代。
（寶路文侄孫女 Ms. Denise Baldwin 藏品）

寶路文先生——校歌 *Home of Our Youth* 作者

寶路文，1901 年 12 月 2 日生於英格蘭肯德郡的施爾尼斯，[16] 是家中幼子，排行第八，父親查理斯是手術室助理員，母親蘇珊娜是家傭。[17] 寶路文精通音樂，考得倫敦聖三一學院文憑，在德文郡米爾頓教區教會擔任風琴師。[18] 1926 年 5 月 1 日抵港，就任九龍聖安德烈堂風琴師及詩班指揮。[19] 次年 12 月 28 日，與同鄉溫妮芙瑞德小姐締結婚盟。[20]

1938 年 1 月，寶路文加入英華書院，[21] 教授物理、地理和音樂，並任詩班指揮。[22] 同年，他為書院撰寫了新校歌——*Home of Our Youth*（《青年之家》）。他 1941 年初回英國，[23] 本計劃於 1942 年初經澳洲回香港，[24] 但行程受日軍侵港所阻，自此再沒有回英華工作。他滯留澳洲期間，在維多利亞省的智朗文法學校任教，至 1944 年回英國為止。[25] 1950 年，他對 *Home of Our Youth* 稍作修訂，成為現在所唱的版本。[26]

寶路文於 1954 年 7 月 28 日在英國赫特福德郡因肝癌辭世。[27] 他與妻子育有兩名子女，大衞和仙菲亞·瑪麗。[28]

1939 年 1 月 1 日，寶路文（中排右一）攜同太太（中排左一）、兒子（前排右一）和女兒（前排左一）到九龍聖安德烈堂，出席其尚在襁褓中的教子史提芬遜的浸禮。（寶路文教子 Dr. Graham Roger Stevenson 藏品）

校歌。寶路文先生曲詞，寫於
1938 年。

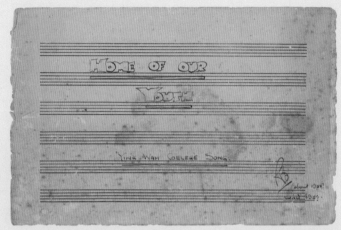

上：校歌手稿，右下角有寶路
文的簽名。

中及下：寶路文先生的校歌手
稿 29

The School Hymn

1. We build our school on Thee, O Lord,   To Thee we bring our com-mon need;
2. We work to - geth - er in Thy sight,   We live to - geth - er in Thy Love;
3. Hold Thou each hand to keep it   just,   Touch Thou our lips and make them pure;
4. We change, but Thou art still the same, The same good Mas - ter, Teach-er, Friend;

The lov - ing heart, the help - ful word,   The ten - der thought, the kind - ly deed:
Guide Thou our fal - t'ring steps a - right,   And lift our thought to heav'n a - bove:
If Thou art with us, Lord we must,   Be faith - ful friends and com - rades sure:
We change, but, Lord, we bear Thy name,   To jour - ney with it to the end:

With these we pray Thy Spir - it may   En-rich and bless our School al-ways.
Dear Lord, we pray Thy Spir - it may   Be pres-ent in our School al-ways.
Dear Lord, we pray Thy Spir - it may   Be pres-ent in our School al-ways.
And so we pray Thy Spir - it may   Be pres-ent in our School al-ways.

校詩

西樂團

戰後香港百廢待舉，音樂教育亦然。全賴來自蘇格蘭的傅利莎先生的努力，香港終於 1949 年迎來第一屆的學校音樂節比賽。另外，傅氏於 1952 年設立並執掌教育司署音樂組後，一直積極協助艾禮士校長籌組英華書院的管弦樂團，由教育司署音樂組的小提琴手文理女士指導 50 多名初中生免費學習弦樂器，同學分毫不用支付。

歷經一年籌備，英華書院管弦樂團於 1966 年正式成立。首任樂團指揮便是弦樂導師文理女士，她亦是教育司署於 1963 年成立的香港青年管弦樂團的指揮，對青年樂團的創建和領導富有經驗。樂團成立伊始，只有小提琴手 34 人、中提琴手六人、大提琴手四人及低音大提琴手一人，且大部分均是初中生，逢週五放學後排練。在初期的弦樂團基礎上，由鄭繼祖先生教授管樂而為樂團增添雙簧管手、巴松管手各一人，單簧管手、圓號手、小號手及

1972 至 1973 學年的西樂團（前排中由左至右：京力士校長、陳耀南副校長及曾令琪老師）

長號手各兩人，管弦樂團至此漸見雛型。

創團同年的 12 月 19 日，管弦樂團於鈕寶璐禮堂首次公開演出。文理女士帶領樂團，以七首樂韻柔揚的聖誕曲，為學生會舉行的音樂晚會揭開序幕。四天後，樂團眾成員再次登台，由 A.A.P. 米憐老師指揮在學校的聖誕崇拜中演出。樂團成立翌年便即參加 1967 年學校音樂節，初試啼聲便獲得季軍。

然而礙於資源匱乏，樂團創立初期充滿挑戰。雖然樂團經常參與校內音樂會，並為學校聖誕崇拜、畢業典禮等活動伴奏，但因導師和樂手不足，樂團發展一直緩慢。一方面，西洋樂器價格較高，對一般家庭來說負擔太大，而政府亦未有為學校和學生提供任何補貼和支援。30 此外，校方一直安排學生在上課時間期間上樂器課而惹來老師不滿，導致在安達臣先生擔任樂團指揮期間，團員人數難以維持。直至譚全先生繼任指揮後，成功覓得更多樂器導師，令管弦樂團度過難關。

150TH ANNIVERSARY

西樂團在 150 週年校慶表演

英華書院的器樂教育發展，於 1990 年代初踏入新里程。在時任音樂老師曾令琪小姐的推動下，從 1992 年 9 月起，所有中一新生必須學習一種樂器，由學校安排導師在課後修習，此舉使得所有英華學生皆有接受完整的音樂教育和器樂訓練的機會外，亦為各樂團培養一批批的樂手。於是乎 1998 年英華創校 180 週年校慶時，楊樺先生得以指揮一

安達臣指揮與西樂團（1980 年畢業典禮）。圖中擔任樂團首席的勞永泰校友於 1991 年設立了一音樂獎以表揚為學校音樂發展貢獻良多的同學，每年於畢業典禮頒發。

丹尼路先生指揮新組成的英華書院管樂團，又得到家長教師會的鼎力支持，在 2004 年 7 月舉辦籌款音樂會，讓管樂團能有充足資源添置樂器以供發展。至今，管樂團已有超過 90 名樂手，而且享譽香江。

與此同時，弦樂亦再開新章。雖然管弦樂團的弦樂組時常參與校內外的活動，但因並非定制，往往只是在管弦樂團的恒常排練完結後，額外抽空倉促練習。有見及此，時任樂團首席（現任弦樂總監）顏嘉俊先生，建議學校成立一支獨立的弦樂團，安排獨立排練時段。因此，2003 年，英華書院弦樂團闊別近 40 年後重新成立，並由管弦樂團指揮湯龍先生執棒。而管弦樂團在每週二的排練以外，再為弦樂團添加逢星期五的獨立排練。

時至今日，在英華書院音樂聯會下，分別有共同組成英華書院管弦樂團的弦樂團和管樂團，在指揮湯龍先生、丹尼路先生、音樂老師李寶龍先生及袁永軒校友等執掌下，已在各界享負盛名。

隊編制齊全的交響樂團，灌錄校慶唱片。

無獨有偶，1998 年亦是英華管樂團發展的重要一年。當年 12 月，一班志同道合的學生合組了一隊銅管樂隊，在該年的聖誕音樂會中演出，成為英華籌組管樂團的濫觴。此後，銅管樂器亦先後在不同學校活動中亮相。直至 2003 年 4 月 12 日的英華街新校舍平頂禮及同年 11 月 11 日的新校舍啟用禮的兩場演出，激揚高昂的銅管樂聲備受讚賞，觸發音樂老師李寶龍先生成立管樂團的構思。李寶龍老師先邀得小號家

楊樺指揮（攝於 1996 年）

湯龍指揮與西樂團（2001 年畢
業典禮）

國樂團

早在 1926 年，英華書院已開設中樂樂器班。當時青年會群育組請得中樂名家丘鶴儔先生擔任導師。31 可惜相關紀錄盡失，往後發展情況不詳。

戰後十餘年，物資匱乏，學校一直未能重建樂團。1969 年暑假，終於開辦了第一屆樂器班。時艾禮士先生任校長，他雖為英國人，卻着力推動國學教育。他委任余羨韶老師主理樂器班，聘請謝永康先生擔任導師。樂器班最初只設高胡、二胡兩組，另安排同學在外學習琵琶。第一屆學生僅十多人，第二屆已增至 20 多人。及至年底，陳自更新先生接任導師。陳自先生是香港著名演奏家和作曲家，在他指導下，英華很快便建立起一支吹、彈、拉、打四聲部俱備的樂隊。他亦從管弦樂團借來大提琴手和低音大提琴手一同演奏，提升表演的質素。

陳自先生辭任後，劉振凱先生、譚耀宗先生、劉天成校友、邱少彬先生、洪鴻君校友等諸君先後擔任樂團指揮。劉天成校友是國樂團早期學生，研習二胡，1979 至 1988 年

1972 至 1973 學年的國樂團
（前排中由左至右：陳自更新指揮、京力士校長、陳耀南副校長及曾令琪老師）

間義務擔任樂團指揮，2004年倡辦校友會中樂團。邱少彬先生是新聲國樂團的創辦人，1989至2014年來校任教，是任期最長的一位導師。20多年間，他帶領同學取得逾百獎項，1997至2000年更連續四奪學校音樂節二胡、小胡組冠軍。2014年，洪鴻君校友接替指揮一職。洪讀書時從邱少彬先生研習二胡，嘗任英華國樂團團長，畢業後繼續深造中樂。他2009年獲中國民族管弦樂學會頒發「優秀指導教師」證書，翌年再獲「藝術成就獎（音樂）」。他正努力帶領英華國樂團走上另一高峰。

樂團帶給同學的，不僅是藝術薰陶，還有濃厚的兄弟情。高年級團員多自發指導師弟練習，分享心得，不分資歷互相切磋，以樂會友。2004年，一群志同道合的校友聯袂成立英華書院校友會中樂團，團員包括畢業生和在校同學，希望讓這份音樂兄弟情一直延續下去。

學校為推廣國樂文化，於1970年2月23日舉辦了第一次國樂演奏會。圖為高胡班同學的表演。（區耀興校友藏品）

1988 年 12 月 20 日，初級合唱團於 170 週年校慶音樂會表演。

合唱團

學校音樂節，並在翌屆比賽奪得季軍。合唱團往後多年在學界音樂比賽中均有不俗成績，指揮羅賓・帕西先生和苗雅牧師等人居功不少。

1965 年起的聖誕音樂會，漸漸由話劇主導變成音樂表演為主，而在 1966 年除了迎來管弦樂團的首演外，聖誕音樂會上還有高級、中級和初級合唱團的表演項目。

從 1970 年代起，合唱團試音是每位中一新生的指定環節。經過篩選的同學會組成初級合唱團。他們於聖誕音樂會上演出的童聲合唱，往往是男校眾學生中的天籟之音。由中三及中四學生組成的中級合唱團，則於學校音樂節作賽，屢有佳績。個別高中學生更有機會一償獨唱家的滋味，在每朝清晨得曾令琪老師的個別指導後，常於校際比賽奪魁而回，難怪多年來競爭激烈的「費明儀女士聲樂獎學金」，得主常有英華仔。

隨着音樂教育的發展，由高年級同學組成的高級合唱團，近年亦嘗與

聖詩頌唱一直以來都是基督宗教信仰的敬拜傳統，香港教會學校設立詩班源遠流長。英華書院合唱團在戰前已經成立，亦有參與校外坊間的活動，惟詳情已不可考。現時最早的紀錄，是一張攝於 1958 年的詩班合照，而 1960 年代的校刊校報中亦開始刊登合唱團照片和表演內容。而根據紀錄，1960 年成立的音樂學會，亦以中級合唱團為其骨幹之一。

而從 1964 年起，合唱團開始參加

第二屆班際聖詩比賽（1991年10月）

英華女學校、聖傑靈女子中學、何東中學及真光女書院等女校合組混聲合唱團，一同參與不同活動和比賽，亦有與庇理羅士女子中學、協恩中學及聖士提反女子中學等的同學組成合唱小組參與學校音樂節的牧歌小組比賽。高級合唱團水平甚高，屢獲嘉許。

音樂教育重於普及，合唱活動當然不會由合唱團團員專美。始於1990年10月的年度班際聖詩比賽，讓每位同學都有登台演唱的機會。透過唱詩，同學不單深切領略詩歌中的上帝恩典，亦可以體會到音樂和歌唱的樂趣。各級優勝班別亦會在早會上再次為全校獻唱。

聖詩比賽也反映出英華同學的音樂造詣日新又新。合唱的伴奏從初期只有鋼琴，發展至加入不同樂器，近年亦常有同學自研配器，豐富其演出的內容。音樂老師會於賽前特別舉辦指揮工作坊，又增設最佳指揮及最佳鋼琴伴奏等獎項以嘉獎出色表演者。除了樂手，老師的加入

中級合唱團為香港學校音樂節
比賽準備（攝於 2002 年）

亦成了新常態，讓比賽成為師生交流互動的機會。正如香港聖公會教省音樂總監楊欣諾先生在 2017 年 12 月 5 日擔任評判後表示，這已成為英華「可貴而獨特的傳統」。

英華的音樂培育，影響英華仔甚深。在曾令琪老師的號召下，不同屆別的校友在 2004 年組成舊生合唱團，在該年聖誕音樂會中首度登場，延續他們對合唱的熱愛。此後，舊生合唱團參與了不同的校內演出，包括 2006 年《英聲華采音樂會》、創校 190 週年及創校 195 週年音樂會等。而從 2010 年起，舊生合唱團主辦舊生音樂會，讓「青年之家」的新知舊雨有每年聚首一堂的機會。除了在校內的演出機會，舊生合唱團亦受邀參加不同的校外活動，其中包括參與演唱 2009 年學士合唱團的《馬勒第八交響曲》、2010 年醫藝盟的貝多芬《第九交響曲》、2012 年的樂樂國樂團週年音樂會等。

英華詩班與英華堂合作於
2013 年 12 月 20 日舉辦的聖
誕頌歌與經課

萊比錫聖多馬合唱團接收紀
念品後留影（2016 年 3 月 4
日）。由左至右：香港藝術節
行政總監何嘉坤小姐、校長鄭
鈞傑校友、領唱者施瓦茨先
生、書法手石瑋汶同學、總經
理阿爾特納先生及音樂科主任
李寶龍老師。

上：英華書院在芬蘭坦佩雷與音樂學院的同學一起演奏西貝流士的《芬蘭頌》（2013年4月9日）

下：2008年11月11日，190週年校慶音樂會於香港文化中心音樂廳舉行。校友盧厚敏博士替陳耀南老師的詞譜成《英華頌》並在當晚演出。

中西交匯　以樂會友

短短40年間，英華裏的各音樂團體茁壯成長，已能在中西文化交流中擔當一角。踏入21世紀，各團體足跡遍及世界各地。頻繁的交流活動以2009年8月的日本管樂交流揭開序幕。其後，78名管樂團、弦樂團、中樂團及合唱團的同學於2013年的復活節遠赴芬蘭，讓當地民眾見識結合中國器樂的西方傳統宗教合唱。2015年的暑假，師生率團過百人，造訪了著名的美國伊士曼音樂學院、紐約州立大學及加拿大的多倫多大學，並舉行了音樂會及參加不同的工作坊。在2017年，計有12名敲擊樂手在4月參加的日本成田太鼓祭，及管樂團於7月份在荷蘭舉行的世界音樂大賽中奪得金獎。

除了各海外活動外，不同的外地團體也頻頻造訪鈕寶璐禮堂。除了不計其數的個人交流外，英華先後曾在2014年接待赫爾辛基的學院男聲合唱團和在2016年與來自德國的巴登符騰堡青年管樂團以樂會友。特別值得一提的，要數音樂之父巴哈親自領導20多年的萊比錫聖多馬合唱團在第44屆香港藝術節演出前夕，於英華籃球場上和英華仔的切磋及在禮堂裏與童聲合唱團和中樂團的砥礪。英華書院的同學常以「振大漢之天聲」讓來訪的外賓為之驚艷。

不同的交流活動，除讓英華的同學獲得寶貴的學習和經歷外，更使各樂手以無國界的音樂語言，為「促進中西方學術交流」的使命注入新的意義。

英華的管風琴

在 20 世紀 70 年代，一所學校擁有自己的管風琴，是件非常罕有而且奢侈的事。32 承蒙時任音樂科張雲槎老師在合一堂管風琴司琴事工關係，英華得以在 1960 年代接收了般含道合一堂一台替換的哈蒙特電風琴。此後，在早會和畢業典禮等重要場合上管風琴序樂殿樂伴奏，以及教職員列隊進場退場、全校師生同唱聖詩的場面，便是牛津道以來英華仔的集體回憶。張氏亦以此電風琴替校歌譜上和聲。

可惜，在英華街新校舍開學禮的殿樂成為它的絕響。該古老的電風琴年紀已長，經不起一次搬運的舟車勞頓，在 2003 年 9 月 1 日奏出開學禮殿樂後便「封咪」停工，也再不能維修。幸得時任校監胡丙杰牧師等人支持下，學校終能在一年後添置一座新的羅傑斯電風琴，讓鈕寶璐禮堂淳厚的風琴聲能繼續承傳下去。而第一座風琴，退役後現坐落在校史館內，繼續展示英華的音樂傳統。33

現珍藏於校史館的管風琴

柔道

柔道運動員一般以右手施投，張永洛師傅（中坐）則以左手教授，學生起初不太習慣，但在對外比賽時，卻使對手無所適從，故取得不少優勢。

柔道是日本國技，由嘉納治五郎（1860-1938）始創，其宗旨為「精力善用，自他共榮」，意即善用身心力量，以達致對己、對人、對世界皆有裨益。嘉納曾任東京高等師範學校校長；他致力將柔道融入學校教育之中，並將之推廣至全世界。

英華柔道會成立於1964年，聘得武德館館主、駐港英軍柔道教練黃崙任教。招生通告一出，即吸引200多位同學報名。黃師傅從中挑選40

人，按年級分為初中組和高中組，一星期練習兩課。柔道會早年活動不少，除跟其他學校競技外，還參與學界歡迎雅麗珊郡主訪港、啟德遊樂場開幕和學校開放日等表演。

1967年，蔡德培師父出任教練。蔡師父正職為玫瑰崗學校老師，工餘到南華體育會及香港大學教授柔道，是香港大力推廣柔道的第一人，被譽為「香港柔道之父」。

1970至80年代是英華柔道的黃金期。遠東柔道會的張永洛、黃瓊春師父先後到校任教。在他們教導下，英華同學取得不少公開比賽獎項，1977年更奪得香港大學隊際柔道賽冠軍。當年日本柔道劇和武打電影盛行，掀起一股功夫熱，故有大批同學報名入隊。1973年就因人數太多，不得不由一星期一班兩天課，增至兩班四天課，每班40人，實一時之盛。一些熱心校友又感念母校之恩，畢業後不時回校義務教導學弟，薪火相傳。

大學柔道部也不乏英華仔的身影，

上：1977 年，英華參加港大開放日柔道團體邀請賽，結果擊敗一眾勁旅奪得冠軍。

下：黃瓊春師傅（中排右五）與英華小學柔道班學員合照，攝於 2013 年。

他們出任幹事、會長，甚至教練。更有校友代表香港參加國際賽事，或出任香港柔道協會（後改名中國香港柔道總會）執委，繼續在不同崗位推廣柔道。

踏入 1990 年代，隨着課餘活動日益多元化，柔道的吸引力相對下降，學員人數大減，柔道班被迫於 90 年代末停辦。

2003 年，英華小學復辦。多位校友向小學建議開辦柔道班，並出錢出力，玉成其事。終於 2007 年成功開班，並再度邀得黃瓊春師傅擔任教練，但到 2017 年，卻再因收生不足而停辦。

英華柔道會曾叱咤學界柔道壇，教育出一班堅毅不屈、矢志奉行「精力善用、自他共榮」的學生。柔道班再次停辦，實為憾事；期望有朝一日柔道能再次在英華綻放光芒。34

長跑日

長跑日，是英華書院學生一項充滿集體回憶的活動。1969 年 1 月 17 日，學校舉辦了首屆社際長跑比賽，以慶祝創校 150 週年。是次參賽人數多達 410 人。甲組健兒從浸會書院前的廣場起步，經窩打老道、龍翔道、鳳舞街、杏林街、聯合道、富美街，最後返回浸會書院前廣場，全程約二又四分三英哩（miles）。乙組和丙組則分別縮短為兩英哩半和一英哩半。

自此長跑日成了我校的傳統，每次路線按實際情況而定，但範圍不外乎橫頭磡、樂富和九龍城一帶。最常用的路線是由九龍仔公園運動場出發，經過禧福道、聯福道、聯合道、樂富公園（雷達山），最後返回九龍仔公園。而甲組更伸延至延文禮士道、衙前圍道、喇沙利道，再回到九龍仔運動場。最為同學津津樂道的，莫過於樂富公園一段。京力士校長會守在水庫斜坡上，為已

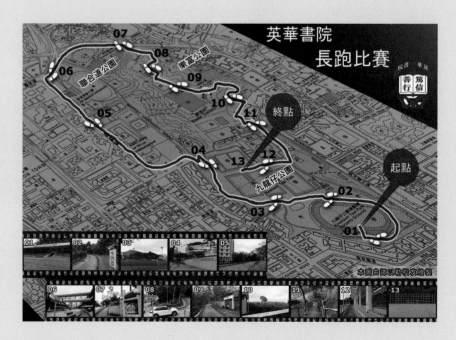

牛津道時代最常採用的長跑路線（譚以勒校友繪製）

跑得氣力不繼的健兒「打打氣」；如看見有同學放慢腳步，京力士校長便會揮舞手上的樹枝，「鞭策」他們迎難而上！

1977 年的長跑比賽發生了一段小插曲。比賽當日（11 月 4 日），場地管理人員臨時要求更改起點，又嚴禁以鳴槍開跑，結果引起混亂，同學表現大受影響。校方為求公平，決定丙組擇日再賽。這是英華長跑史上唯一的一次重賽。

1990 年代末，長跑日改於香港體育學院舉行。全程約 3,000 米，由田徑場出發，經網球場、體育學院大樓、高爾夫球場、足球場、凹凸沙地，回到田徑場，然後再繞一圈返回田徑場為終點。其後因學院用作 2008 年奧運馬術比賽場地，長跑日停辦了好幾年。

2015 年 3 月 29 日，學校假烏溪沙青年新村復辦週年長跑日。參賽者從營地的運動場出發，經鞍駿街轉入馬鞍山海濱長廊，至海澄軒前折返運動場，全程約 3,000 米。復辦

後的比賽也歡迎老師、家長和校友參加，讓英華大家庭所有成員，皆可享受這一年一度的盛事。35

首屆社際長跑比賽 36

在烏溪沙青年新村，2018 年 1 月 22 日。

欖球

上：2016 年，郭樹燊教練（右一）帶領英華甲組打入港九區杯賽，獲得亞軍。同年，鄧卓恒先生接替郭教練出掌球隊。

下：欖球隊第一代球衣為綠底黃間。相片攝於 2014 年全港區乙組七人賽決賽。

郭樹燊先生擔任教練。新招來的十多位隊員幾乎全是門外漢，他們每星期二、四課後到大坑東欖球場練習。

為爭取臨場經驗，球隊參加了學界港九區乙組七人賽（2013），沒想到這班新手首次參賽竟取得杯賽亞軍。37 在翌年的全港區乙組七人賽，再度拿下亞軍。雖非掄元，但已為這支初生隊伍打下了強心針。其後球隊成員逐漸增加，由最初只十數人增至 20、30 人（甲、乙組合計）。部分成員更獲選加入香港欖球總會的青年戰士隊，代表香港參與國際賽事。

球隊成立至今未嘗在學界杯賽摘金，仍有待來者一圓冠軍夢。38

1970 年，招成滿老師開辦了英華首個欖球班，不時邀約英童學校進行友誼賽。當年，欖球運動在華人社會尚未普及，感興趣的同學不多，加上較多肢體碰撞，容易受傷，故兩年後便停辦。

2013 年，羅漢良老師和郭曜林同學決意復辦欖球隊，請得經驗豐富的

巧固球

巧固球起源於上世紀 60 年代，由瑞士生物學家布蘭德結合手球、排球、壁球等運動而成。賽事一般在室內長方形球場進行，球場兩端各設一個三公尺的「D 形」禁區，球員在禁區外把球擲向底線上的網架，只要反彈出來的球沒被對方接去而掉落地上，便可得分。

此項運動的本質不在對抗，而在團隊合作，雙方身體碰撞不多，打法斯文，故華人又稱之為「君子球」。目前，全球逾千所學校把巧固球列入體育科課程。

巧固球約於 1980 年代傳入香港，1984 年有球隊參與國際錦標賽，但未能掀起熱潮。及至 2005 年，我校聯同一群巧固球愛好者，成立了中國香港巧固球總會和香港代表隊，李志華校長和龐耀榮老師分別擔任會長和領隊。

總會以英華書院為基地，舉辦培訓課程和聯校比賽，落力向本地中小學推廣這安全、斯文的運動。英華也以身作則，在書院和小學組織球隊，後者更是全港最先引入巧固球的小學。

翌年 7 月，代表隊出征高雄，參加亞洲盃巧固球錦標賽，39 標誌着巧固球運動在香港正式啟航。40

手球

手球隊復辦初期合照

英華手球的光輝歷史，可追溯至
1979年。當年，手球運動在香港尚
在起步階段，英華成立手球學會，
也屬試驗性質，終未能掀起熱潮，
其後更一度停辦。1987年，體育科
龐耀榮老師和莊卓民同學合力復辦
手球會。一眾師生皆是門外漢，球
員多是籃球和排球隊的借將，對手
球僅有皮毛認知。在資訊科技還未
普及之際，可參考的就只有一本薄
薄的球例。他們邊學習，邊鑽研，
兄弟互相砥礪，一同構思攻守戰
術，一同享受「快樂手球」。

球隊成立之初，在校際比賽屢遭敗
績。隨着經驗的累積，球員的技術
和心理質素也越趨成熟，終於在

1991年首次奪得校際獎項——乙組
銅牌。這確實為師生打下了一支強
心針，往後越戰越勇，遇強越強。
1993至1994年度，英華包辦了港
九區第二組別甲、乙、丙組和團體
冠軍，以四面紅旗之勢晉升第一組
別。翌年，即以升班球隊身份在所
有項目掄元。凱歌再奏，為我校手
球隊長達20年的黃金期揭開序幕。

2004年，英華取得了學界第一個
團體冠軍「十連霸」(1995-2004)，
但並未因此而自滿。他們正劍指下
一個突破：手球界金滿貫。41

1984年，香港學界體育聯會開辦全
港學界精英手球比賽。賽事雲集港
九新界最優秀的學校，在手球場上
一決高下。42 1994至2007年，我
校四次在港九區拿下「大滿貫」，並
三度在精英賽封王，可惜未能一嚐
「金滿貫」的滋味。2008年，英華
終於擊敗一眾勁旅，囊括第一組別
所有冠軍和精英賽寶座，成為香港
第一所手球金滿貫中學。龐耀榮老
師乘勝追擊，邀請了亞洲大專冠軍
韓國慶熙大學朴教練來港作賽前特

訓;又藉着跟港大、中大手球隊作友誼賽提升實力。天道酬勤,我校在 2009 年取得精英賽「三連霸」(2007-2009)殊榮,同時為學界手球運動史添上一項新紀綠。

自 1995 至 2017 年,所得甲組冠軍共計 18 次,乙組 10 次,丙組 14 次,團體賽 16 次,佔去冠軍總數逾六成;又七奪精英賽冠軍,紀錄至今無人能破,傳為學壇佳話。不少球員畢業後,成為各大專院校手球隊的中堅,甚至被延攬入香港代表隊,為港爭光。

2003 年,英華遷往西九龍,發展成中小「一條龍」學校。英華小學推行「一生一體藝」計劃。多位手球隊校友趁工餘時間,義務指導英華小學手球隊,建立良好的青訓系統。

英華手球隊成立至今已歷 30 寒暑,當初由零開始,苦無憑藉,摸着石頭過河,終立下一座又一座豐碑。他們倚仗的,正是對手球的熱愛,以及一顆永不言敗的心志。43

1994 至 1995 年度以升班球隊身份,在第一組別奪得四面紅旗。

2004 年,英華實現了第一組別團體賽「十連霸」夢想。44

泳池大樓

為了配合學生的多元化發展,英華書院及小學於 2012 年開始籌備興建泳池大樓,內有五線各 25 米長的室內泳池,天台亦設有操場跑道兼沙池,地下則有多用途室,可供同學上課及練習。泳池窗戶採落地玻璃形式,室內採自然光,夠環保之餘,設計簡約。

新泳池將會為學生提供游泳訓練場地,讓校內所有學生學游泳。新泳池於 2017 年中落成,6 月 24 日更齊集了 2,584 位「英華人」,由前財政司司長曾俊華及立法會秘書長陳維安見證下,共同創出最多人同時配戴泳帽的健力士世界紀錄。

1　陳耀南教授：〈英華蛻變見英華〉，《英華書院一百九十周年校慶紀念特刊》，頁 19。

2　梅浩濱校長：〈梅浩濱校長感言〉，《英華書院一百九十周年校慶紀念特刊》，頁 24。

3　李志華校長訪問紀錄，2016 年 6 月 29 日。

4　校董會會議紀錄，1955 年 4 月 26 日。

5　校董會會議紀錄，1962 年 5 月 30 日。

6　林浣心校長訪問紀錄，2016 年 6 月 29 日。

7　林浣心校長訪問紀錄，2016 年 6 月 29 日。

8　李綺媚副校長訪問紀錄，2018 年 7 月 23 日。

9　林浣心：〈還男孩一個公道〉，《明報》，2015 年 5 月 29 日。

10　由於直資學校獲容許全港性取錄學生，因此，教育局相信，直資學校一般較能適時適切地配合取錄學生的學習進度，故容許直資學校在「教學語言」的要求上，「學生能力」這項條件中，享有彈性。讀取自教育局網頁，「微調中學教學語言常見問題」。

11　〈英華小學弦樂團　膺國際賽總冠軍「默譜」演奏　技驚歐洲〉，《星島日報》，2013 年 7 月 28 日。

12　英華書院家長教師會《「中中」與「直資」家長座談會報告》，2007 年 4 月 23 日。

13　《信報》，2014 年 12 月 5 日。

14　《英華書院畢業禮 2007》場刊，「校務報告」。

15　〈資優教育〉一文由蔡錦滔校友撰寫。

16　Dr. Graham Roger Stevenson (god-son and grandnephew of Mr. Baldwin), "Rupert & Winifred Baldwin, Part 1".

17　*Census Returns of England and Wales* of the following years and households:-

a.　Year 1891: 1 Sidney Road, New Brompton, Gillingham (The National Archive of the UK (TNA), Class RG12; Piece 659; Folio 66; Page 16; Schedule No. 99)

b.　Year 1901: 2 Albert Terrace, Unity Street, Sheerness (The National Archive of the UK (TNA), Class RG13; Piece 815; Folio 115; Page 22; Schedule No. 157)

c.　Year 1911: 13 Unity Street, Sheerness (The National Archive of the UK (TNA), Class RG14; Piece 4461; Schedule Number: 449)

and Dr. Graham Roger Stevenson, "Charles and Susannah Baldwin".

18　*South China Morning Post*, 1 Apr. 1926, 2.

19　"Returns of Passengers leaving the United Kingdom in ships bound for places out of Europe, and not within the Mediterranean Sea" of s.s. "Khyber" filed for her departure from London on 24 Mar. 1926 for Yokohama, 1 (The National Archives of the UK, Series BT27); *South China Morning Post*, 3 May 1926, 3; 20 Apr. 1926, 9 on the arrival of s.s. "Khyber".

20　*South China Morning Post*, 29 Dec. 1927, 8.

21　Reference Letter by Mr. Herbert Noble, 10th Mar. 1950.

22　校董會會議紀錄，1941 年 11 月 27 日。

23　"List or Manifest of Alien Passengers for the United States Immigrant Inspector at Port of Arrival" of ss "President Cleveland", delivered for her sailing from Hong Kong on 6 Feb. 1941 and arriving at Port of San Francisco, California on 27 Feb. 1941, list 4 (The National Archives at Washington, D.C, NAI No.: 4498993; Record Group Title: Records of the Immigration and Naturalization Service, 1787-2004; Record Group No.: 8); "Returns of

Passengers brought to the United Kingdom in ships arriving from Places out of Europe and not within the Mediterranean Sea" of ss "Edam", filed for her arrival at Liverpool on 16th Apr. 1941 from New York, page 1 (The National Archives of the UK, Series BT26; Piece: 1193; Item: 129).

24   *South China Morning Post*, 8 Dec 1941, 4.

25   Dr. Graham Roger Stevenson, "Rupert & Winifred Baldwin, Part 1," quoting information from Melissa Campbell, Archivist, Geelong Grammar School, Corio, Victoria, Australia in Feb. 2008.

26   根據戰前校友方榮康記述，日本戰爭後，校歌曲譜失傳，乃請寶路文老師幫助，「他靠記憶重寫校歌時，把歌詞和音調，稍作改變，這就是我們現今所唱的校歌了」。方榮康：〈紐寶璐校長時期（前期）〉，見曾繁湘編：《英華書院一百七十周年紀念特刊》，頁 48。

27   *Calendar of the Grants of Probate and Letters of Administration made in the Probate Registries of the High Court of Justice in England (England & Wales, National Index of Wills and Administrations) Year 1954*, Vol. "A.B.", 280. and Dr. Graham Roger Stevenson, "Rupert & Winifred Baldwin, Part 2".

28   St. Andrew's Church (Kowloon, Hong Kong), *Parish Magazine*, May 1949, 3; Dr. Graham Roger Stevenson, "Rupert & Winifred Baldwin, Part 1".

29   〈寶路文〉一文由李天豪、張家輝校友撰寫。

30   Cham, Estella Suk-ching Lai (2001). "A critical study of the development of school music education in Hong Kong, 1945 – 1997," (Doctoral thesis) Kingston University.

31   《中華基督教會堂佈告》，1926 年 7 月 4 日，頁 1。此外，1921 年的學校簡章提及到「由學生辦理，由教員指導」的「中樂會」，見頁 10。

32   Foo, Timothy Wo-Ping (1973), "*Survey appraisal of secondary school music in Hong Kong*," University of Oregon.

33   〈西樂團〉、〈合唱團〉、〈中西交匯　以樂會友〉、〈英華的管風琴〉四文由黃鐳鈞校友撰寫。〈國樂團〉一文由劉永佳校友撰寫。鳴謝曾令琪老師、鄭鈞傑校長、李寶龍老師、劉天成校友、楊欣諾先生、李康駿校友、鄧皓忻女士、吳遠光先生、陳曉暉校友提供資料。

34   〈柔道〉一文由陳文輝、陳顯生、吳金華校友撰寫。

35   〈長跑日〉一文由歐偉賓校友撰寫。

36   *South China Morning Post*, 18 Jan 1969, p.2.

37   香港學界欖球賽由高至低分為杯、碟、碗三個級別，各設冠、亞、季、殿四獎。杯賽冠軍為最高殊榮。

38   〈欖球〉一文由郭曜林校友撰寫。

39   是次錦標賽隊員陳廣裕（隊長）、羅漢良、鄧惠聰和陳桂和四人為英華校友。

40   〈巧固球〉一文由羅漢良校友撰寫。

41   「金滿貫」即同時奪得第一組別的「大滿貫」（甲乙丙組和團體四項冠軍）和精英賽冠軍。

42   精英手球比賽舉辦之初，只由港九、新界二區各派一隊對賽，漸漸擴大至今天的 24 隊。

43   〈手球〉一文，由黃偉嘉校友、鍾振輝校友合撰。

44   《星島日報》，2004 年 3 月 4 日。

英華一家

（1843 至今）

第十章

肇創滋養　榮神樹人

· ·

英華書院於 1818 年由倫敦傳道會的馬禮遜捐資在馬六甲興建，1843
年遷港，至 1856 年停辦。接近一甲子後，本地華人教會道濟會堂
得到倫敦會襄助，於 1914 年復辦英華書院，進而成為學校的辦學團
體。其後中華基督教會廣東大議會第六區會成立，道濟會堂作為會
員之一，乃抱着「教會合一」之精神，邀請區會另一成員公理堂協
辦英華書院，也把學校歸入中華基督教會名下。及至 1950 年代，
第六區會改組為香港區會，英華書院自此由香港區會管理。

本章將介紹倫敦會、道濟會堂、公理堂、中華基督教會、學校董事
會及兩所植堂英華的教會——望覺堂和英華堂——的歷史。

· 倫敦傳道會
· 從道濟會堂到中華基督教會合一堂
· 中華基督教會公理堂
· 中華基督教會香港區會
· 學校董事會
· 中華基督教會望覺堂
· 中華基督教會英華堂

倫敦傳道會
· · · · · · · · · · · · · · · · · · ·
「倫敦傳道會」成立於 1795 年，初名「傳道差會」，是由公理宗、

長老會、聖公會、循道會等聯合組成的跨宗派組織，1818 年改名為倫敦傳道會，其宗旨是「把基督知識傳揚到異教徒和其他尚未啟蒙的國家」。1百多年來，倫敦會派出的傳教士不計其數，所到之處有美洲、非洲、印度、中國、東南亞、南太平洋等，可謂無遠弗屆。

倫敦傳道會旗幟（倫敦國家航海博物館藏品）

1807 年，倫敦會派馬禮遜牧師來華，成為打開中國福音大門的第一人。他捐資在馬六甲創立英華書院，培育華人傳道人才。學校原為馬禮遜的個人事工，但倫敦會一直給予支援，在後馬禮遜時代順理成章成為辦學團體。1843 年，倫敦會把英華書院和佈道站遷到香港，開展在香港逾百年的多元化福音事工。除建堂傳教外，還參與興辦學校（如英華書院、英華女學校）、印刷所（英華書院）、醫院（雅麗氏利濟醫院、那打素醫院、何妙齡醫院）、醫護學校（香港華人西醫書院、那打素醫院附屬的護士學校）、大學宿舍（香港大學馬禮遜堂）等，對香港的宗教、文化和醫療衞生發展貢獻良多。

倫敦傳道會在香港的其中一座大樓，位於羅便臣道，1893 年落成。原為傳教士的辦公室和宿舍，1930 年代用作那打素醫院護士宿舍，目前為私人會所。獲古物諮詢委員會評為二級歷史建築。（胡澤明校友提供）

英華書院復辦後，倫敦會雖然不再是辦學團體，但仍然派出多位傳教士協助管理學校，例如：

· 曉　士牧師，英華書院校長
· 威禮士牧師，英華書院校董、校監、外務顧問
· 皮堯士牧師，英華書院署任校長
· 腓力士牧師，英華書校長
· 舒　活牧師，英華書院校董、校長、校監
· 鮑克斯牧師，英華書院校董
· 晏樹庭醫生，英華書院校董
· 夏靜怡女士，英華書院校董
· 鈕寶璐先生，英華書院教師、校長、校監
· 潘　頓牧師，英華書院校監
· 史慕爾牧師，英華書院校董
· 蕭覺真女士，英華書院校董
· 孟冀如女士，英華書院校董
· 巴約翰先生，英華書院教師、校董
· 卓　文醫生，英華書院校董
· 鄭美蓮女士，英華書院校董
· 麥祈莊先生，英華書院校董
· 巴治安醫生，英華書院校董

1966 年，倫敦會跟「英聯邦傳道會」合併為「公理會世界傳道會」。1972 年，「英格蘭長老教會」與「英格蘭及威爾斯公理宗」結合成為「聯合歸正教會」，其海外差傳工作部分併入公理會世界傳道會，後者翌年更名「世界傳道會（公理與歸正）」，最終於 1977 年重組成為今天的「世界傳道會」。2 倫敦會改組後，不再派出傳教士到海外；其分佈各地的事工和資源，也陸續轉到當地教會或機關。

世界傳道會成立時只有 22 個成員教會，目前已增加至 32 個，中華基督教會香港區會即其中之一。1997 年，「世界傳道會／那打素

倫敦傳道會的汽船「約翰‧威
廉斯 IV」號 5

基金」在香港成立，其宗旨乃透過資助本港及中國內地的宣教、醫療健康、教育及社會服務的事工，宣揚基督的愛心及分享資源的精神。英華書院遷校深水埗，世界傳道會／那打素基金即捐贈 50 萬港元資助興建校史館。如今校史館裏的古《聖經》、老照片、舊書刊，都見證着倫敦會和英華書院之間那份百載恩情。

從「道濟會堂」到「中華基督教會合一堂」

道濟會堂開基於 1886 年，是香港第一家自治、自養、自傳的華人教會，其起源可追溯至開埠早期的倫敦會佈道站。

1843 年，倫敦會把馬六甲英華書院和佈道站搬到香港，在鴨巴甸街與士丹頓街交界的地皮興建「傳道會大樓」。大樓地下為辦事處，樓上則開辦英華書院。來港初期，華人皆在英華書院受水禮。這華人信徒群體俗稱「英華書院公會」，除主日崇拜外，星期三也有聚會，另每月施餐一次。3 華人信徒又會在下市場堂和愉寧堂聚會，聆聽理雅各、何福堂等宣講耶穌福音。

隨着華人信徒日增，他們開始擁有自己的長老、自己的賬目和自資的宣教師，4「華人自理會」逐步成形。1876 年，會友採用會眾制，

通過會眾大會，制訂了堂會憲章、禮儀規則、治理辦法、紀律守則等。1879 年募款購入上環一幢樓宇作為禮拜堂，是為自理會建立的首座堂所。6 但不久空間不敷應用，要借用愉寧堂聚會，故亟需另置新堂。

1885 年，自理會延攬禮賢會王煜初牧師為堂主任。同年，信徒高三桂夫人廉價出讓荷李活道的房產予倫敦會，以供興建華人教堂和醫院之用（即雅麗氏利濟醫院）。新教堂於 1886 年開基，翌年落成，黎福池長老提議取名「道濟會堂」，以示天道救人之意。7 王煜初從多方面發展傳教事工，例如與倫敦會和愉寧堂合組「新界傳道會」，在新界屯門、荃灣、上水、大埔、離島各地開基傳道；又借慈善事業作為佈道的平台，如開設種植場、籐業公司、燒製石灰及造船工場等。8

荷李活道道濟會堂，攝於 1921 年 10 月 23 日。（合一堂藏品）孫中山在香港華人西醫書院習醫時，經常到書院旁的道濟會堂參加聚會，又與王煜初牧師、區鳳墀長老等談論國事。道濟會堂原址出售後，改建成商住樓宇，如今已納入「孫中山史蹟徑」，以紀念有關事蹟。

1908 至 1950 年間，道濟會堂聘得巴色會宣教師張祝齡為堂主任。在張牧主持期間，道濟會堂先後創辦《大光報》和復辦英華書院，推動堂會事工多元化；又帶領道濟會堂加入中華基督教會和籌建合一堂，使堂會走上另一高峰。

道濟會堂門樓以青石刻「道濟會堂」四字，每字徑尺，由王煜初牧師所書。原樓拆卸後，今嵌於般含道合一堂正門左牆。

早在 1896 年，道濟會堂已函請倫敦會協助復辦英華書院，但母會有見當時堂校發展有欠蓬勃而不予支持。9 1911 年，張牧與諸長老再度呈請，這次得到了喜出望外的結果：雅廷頓基金會慷慨資助首五年校長薪金，每年 150 英鎊。好消息傳來，堂會立刻展開復校工程。1914 年 2 月 9 日，英華書院復課，倫敦會威禮士牧師稱它為「道濟會堂的恩賜與努力的果實」。10

1919 年，「中華基督教會廣東大議會」在廣州成立。香港和澳門劃為「第六區會」，道濟會堂成了新組織的成員，改名「中華基督教會道濟會堂」。是時，教堂建築已見殘舊，座位又不敷應用，加上左右商店林立，環境雜亂喧鬧，遂有遷堂之想。倫敦會乃讓出般含道 2 號舊辦事處興建新堂。遷建期間，堂會借用樓梯街公理堂和必列啫士街男青年會聚會。11 1926 年新堂落成，改名「中華基督教會合一堂」。1950 年代起，合一堂開展植堂工程，先後成立九龍堂、北角堂、鞍山堂和港運城佈道所（般含道堂址改稱「香港堂」）；又積極發展多元化社區服務事工，如小學、幼稚園、老人中心等，實行寓傳道於服務。12

般含道 2 號合一堂香港堂（合一堂藏品）

中華基督教會公理堂

公理堂（又譯作「綱紀慎會」）是繼道濟會堂後香港第二所華人自立堂會，其源於美國公理會。公理會熱心國外傳教工作，設有「美國公理宗海外傳道部」，簡稱「美部會」，1829 年派遣裨治文牧師來粵宣講福音，是為美國差會來華第一人。

1843 年，美部會將總部遷至香港，並設有一間學校，兩年後撤離香港轉往廣州。但因在廣州發展不理想，故結束當地工作，把資源轉往他省。[13] 1883 年，美部會應廣東的旅美華僑教友請求，差派喜嘉理牧師東來。喜嘉理得到溫清溪、宋梓榮等相助，於上環必列啫士街 2 號開設福音堂和華文日校，夜教英文，主日則在學校佈道。其二樓用作信徒宿舍，其中一位入住的是孫中山。孫中山接受喜嘉理洗禮入教，取名「日新」。

舊樓梯街堂（公理堂藏品）

校址先後數遷（1901 年遷往必列啫士街 36 號），佈道所亦隨之他遷，後以機會日佳，乃租屋設堂命名「合眾教會」。[14] 1898 年，眾人集資購入樓梯街 2294 地段建堂，1901 年落成，取名「美華自理會」，成為香港第二所華人自理會堂。樓梯街堂樓高四層，設有學校，是當年華人教會最大的堂址。[15] 翌年聘翁挺生為首位華人堂主任。1912 年，華人會友集資向母會購回物業，易名「中華公理會堂」，正式宣佈成為華人「自養、自傳、自治」之中華本色教會。

1919 年「中華基督教會廣東大議會」在廣州成立，香港和澳門劃為「第六區會」，中華公理會堂成了新組織的成員，改名「中華基督教

會公理堂」。1921 年起，與道濟會堂攜手在弼街興建新堂校。1928 年，英華書院和支堂福音堂（改名「中華基督教會望覺堂」）遷入新址。道濟會堂本着「教會合一」之精神，邀請公理堂協辦英華書院，公理堂遂開始派員加入校董會，間接成為學校的辦學團體之一。

1950 年，銅鑼灣的「禮頓道堂」落成，逐漸取代樓梯街堂成為公理堂的主堂。其後重建，目前的「公理堂大樓」於 2013 年啟用。樓梯街舊堂則於 1970 年代初拆卸重建，因新門牌為必列啫士街 68 號，故改名「必列者士街堂」。16

中華基督教會香港區會

中國自 19 世紀起屢受列強入侵，基督教被質疑是帝國主義的工具；復因基督教入華百年，宗派林立，門戶殊異，減低了福音事工的效率。當時，一些宗教領袖指出教會必須合一，實行本色化，並做到自治、自養、自傳，才能使基督教在華扎根。17 及至 20 世紀初歐美興起「普世教會合一運動」，合一觀念乃在中國教會當中越來越強烈。

1918 年 4 月，長老會在南京召開會議，倫敦會、公理會也派了代表出席，提出教會合一之建議。三會議決聯合組成「中華基督教聯會」，並選出執行委辦，負責籌備工作。次年 1 月，執行委辦於南京開會，商討組織細則，擬定典章制度，定出「堂議會──區議會──大議會──總議會」的四級議會制度（1922 年臨時總會將「議」字悉數刪去）。18 會議之後，閩南的長老會和倫敦會率先聯合成「閩南合一教會大議會」。7 月 16 日，倫敦會、公理會、長老會、同寅會和美瑞丹會在廣州成立「中華基督教會廣東大議會」。19 閩、粵兩會比「中華基督教會臨時總會」早三年成立，比「中華基督教會總會」更早八年。香港和澳門劃為「廣東大議會第六區會」，成立之初，僅道濟會堂和公理堂屬自立教會，故正副主席非翁挺生即張祝齡。20 弼街的望覺堂和英華書院校舍，便是「第六區會」在香港的第一項大型事工。

1926 年，「廣東大會」為加強大會和區會、堂會的聯繫，乃改組為「廣東協會」。新成立的協會銳意經營，強化福音佈道、宗教教育、文宣出版、婦女教育、教會音樂等事工，並興教辦學、贈醫施藥，務求讓民眾在靈、智、體三方面俱得滋潤。21

1927 年 10 月，第一屆中華基督教會總議會在上海舉行，誠靜怡當選首任會長。初時有大會 11 個、區會 53 個，戰後大會已達 20 個、區會 105 個，加入合作的西國差會包括加拿大合一教會、加拿大合一教會女宣道會、加拿大長老會、加拿大長老會女宣道會、美國公理會、美國南長老會、復初會、美國北長老會、歸正會、同寅會、倫敦會、英浸信會、英長老會、愛爾蘭長老會、蘇格蘭長老會、紐西蘭長老會和澳洲長老會。22

廣東協會轄下八區會（1928 年情況）23

區會名稱	堂會、學位、醫院位置
第一區	廣州、佛山、南海
第二區	中山、南海、高要、順德、新會、鶴山
第三區	台山、開平、恩平、新會、新昌、赤溪、其他
第四區	東莞、增城、博羅、龍門、石龍
第五區	陽江、陽春
第六區	香港、澳門、上海
第七區	番禺、花縣、從化、南海
第八區	茂名、信宜、電白、吳川、廉江、化州、高州

1927 至 1954 年中華基督教會架構圖（以合一堂為例）

中華基督教會合一堂 → 中華基督教會廣東協會第六區會（香港、澳門）→ 中華基督教會廣東協會（廣東省）→ 中華基督教會總會（全國）

1927 年，總會第一屆全國大會在上海聖瑪利亞女校舉行。（中華基督教會香港區會藏品）

日軍侵華期間，廣東協會顛沛流離，先後遷往香港、韶關、曲江等地。縱然兵荒馬亂，協會仍堅持開展各種活動，包括傳教、講道、救濟、醫療、教育等。和平後，遷回廣州，即致力重建教會、廣傳福音，如興辦基督教思潮講座、青年歸主運動、會友歸家運動、萬人歸主運動等。24

1949 年後，廣東協會曾考慮把總部遷到香港，但最終作罷。其後時局變遷，第六區會無法與廣東協會聯繫，為求名實相符，乃於 1954 年改組稱為「中華基督教會香港區會」，行政組織完全獨立，並於 1958 年註冊為法定團體。1980 年正式宣佈為「自治、自養、自傳」的「三自」教會。25

目前，香港區會管理港澳共 75 所堂會。社會服務方面，現設有屯門特殊幼兒中心、家庭支援服務中心、家情軒，提供個案輔導、婚姻及家庭輔導訓練等。另有學校支援及臨床心理、全方位輔導等服務。教育方面，設有「教育事工部」，管理 26 所中學、1 所夜中學、24 所小學和 7 所幼稚園，為香港規模最大的辦學團體之一。

汪彼得牧師（1915-1984），
1933 年英華書院畢業，歷任
中華基督教會廣東協會總幹
事（1947-1951）、中華基督教
會香港區會首任總幹事（1957-
1983）、香港基督教協進會主席
（1965-1979；1980-1983）、
英華書院校董會主席（1972-
1973）、英華書院校監（1973-
1984）、中華基督教會香港區會
主席（1983-1984）等職。

1954 年至今中華基督教會香港區會架構圖（以公理堂為例）

中華基督教會 公理堂	→	中華基督教會 香港區會

至於國內的總會，在 1958 年跨宗派的「基督教聯合禮拜」推行後，
逐漸變得名存實亡，最後在 1960 年代中消失。26 總會壽命雖短，
但它在教會合一、堂會自養和教義本色化三方面起了推動作用，為
近代基督教發展寫下重要一頁。27

中華基督教會香港區會馬禮遜
紀念會所，1960 年落成。

學校董事會

學校董事會（以下簡稱「校董會」）是學校的最高權力機構，負責策劃發展路向、安排資源分配、監察具體運作，以確保其辦學使命得以實踐。英華書院立校已達兩世紀，在這 200 年間，校董會（或功能類近的組織）的組成、結構、運作模式等皆經歷了多次變化。本節將作簡單綜述。

馬禮遜和倫敦傳道會時期（1818-1856）

英華書院是馬禮遜捐資興辦的，可說是他個人的事工，但學校設於倫敦會的地皮上（包括馬六甲和香港），並由一眾倫敦會傳教士合力營運，故又是倫敦會的。

學校開辦初年已有類似校董會的管理層，由「贊助人」、「信託委員會」和「書院議會」組成。信託委員會包括校監馬禮遜、倫敦會代表和一些英籍友好，書院議會則有校監、校長和中文教授，這兩層承擔起學校的實質管理工作。但自 1825 年起的校務報告再沒提及書院議會，而校長和中文教授則歸入信託委員會，相信這兩層已於該年合併為一。至於贊助人，除馬禮遜本人外，主要由駐遠東的英籍官員或知名人士出任，似乎僅屬榮譽性質，並無具體權責。

1843 年，英華書院遷校香港。8 月的「弟兄會議」決定倫敦會在華所有傳教士合組「管理委員會」，總理學校事務；又為加強英國官員和在華外籍人士的信心，委員會將邀請非倫敦會傳教士加入，如當時備受英政府器重的馬儒翰。此外，駐港傳教士合組「本地委員會」，負責招生、師資、課程、訓育和財務等日常運作。[28] 可惜資料闕如，兩會的具體運作情況難以考析。

道濟會堂時期（1914-1924）

1856 年，理雅各停辦英華書院。1914 年，道濟會堂在倫敦會支援

下於堅道復校。道濟會堂（1926 年後改名合一堂）是由倫敦會牧養成長而後自立自理的華人教會，它成為學校的實質辦學團體，負責管理校政和承擔絕大部分經費開支。一如曉士校長所言，「管理學校的是一家華人教會而非倫敦傳道會，故這是一所教會學校而非差會學校……支持和管理學校的主要責任一直落在這所華人教會」。29

復辦之初，道濟會堂委任 15 名華人組成「管理委員會」，另倫敦會派代表擔任顧問成員給予協助。其後鑑於委員會人數過多，召開會議不易，而且意見分歧，故於 1916 年設立一個規模較小的「執行委員會」。執行委員會包括三名堂會華人代表（包括一名堂會牧師）、一名倫敦會代表和校長，後來又邀請香港中華基督教青年會總幹事麥法臣擔任顧問成員。兩個委員會各司其職，前者只在每年通過財政年結或遇有特別情況方召開會議，後者則負責學校日常事務，故會議頻密，首年便多達八次。30

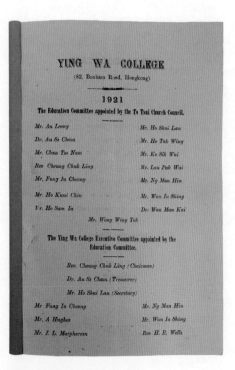

1921 年「道濟會堂教育部」和英華書院「學董執行部」芳名 32（亞非學院藏品）

1920 年底，道濟會堂作出了變動：每學年開始，從堂會選出 15 人加入「道濟會堂教育部」，管理堂會轄下的所有教育項目，而堂教育部在首次會議中委任若干人組成「學董執行部」，專責英華書院的事務。第一屆執行部共九人，包括主席張祝齡牧師、五位堂會代表、曉士校長、威禮士牧師和麥法臣。這種「堂教育部——學董執行部」的二重架構，顯然是之前「管理委員會——執行委員會」的改良版。曉士校長十分滿意新安排，並謂此堪作其他中國教會辦學之楷模。31

自力時期（1924-1928）

1924 年，學校因欠缺校長和校舍而面臨倒閉危機。10 月 23 日，道濟會堂召開特別會議，讓各方代表商討書院的去留。堂教育部的歐亮埋怨「十餘年來，僅公舉數位學董負責，似英華書院與堂會無甚干連，實為不合，故一向力量微小，不能發展」。會議最

後表決通過繼續營辦學校，唯「取消學董制，收回堂會完全直接負責」。[33] 然而，在 11 月 1 日的堂全體大會卻議決暫時停辦。數天後，沈維昌、潘顧西老師提出接辦英華書院。此提議獲道濟會堂接納，雙方於是訂立合約：沈維昌出任校長，而在學校遷入旺角新校舍前，辦學權暫交沈維昌，其間「一切擔負及責任，皆不干道濟堂會之事」，但堂會仍會施以宗教輔助及介紹學生。[34] 在沈氏帶領下，英華書院成了一所有宗教信仰卻無教會直接管理的學校。

中華基督教會時期（1928 年至今）

1919 年 7 月 16 日，「中華基督教會廣東大議會」在廣州成立。稍後港澳地區劃為「第六區會」，當時香港僅有的兩所自理教會——道濟會堂和公理堂——皆有加入。1921 年起，兩堂攜手籌建「中華基督教會旺角堂」，並計劃在新堂址建立一所男女學校，[35] 但因緣際會，該建築最後成為英華書院校舍和望覺堂（即旺角堂）堂址。1928 年，英華書院遷入新宅，沈維昌依約交出辦學權，唯當時新校董會尚未成立，故學校由負責遷校事宜的「校舍建築兼學務委辦」暫時管理，直至新校董會成立為止。[36]

1929 年 7 月 4 日，校舍建築兼學務委辦通過新的校董會組織章程。根據新章程，中華基督教會成為英華書院的辦學團體，其校董會由 20 人組成，席位分配如下：

1. 中華基督教會自立堂會選派 14 人，即由合一、公理兩堂先各選五人，其餘四人由兩堂代表擇才選充（合一堂最終選出英華校友馮耀榮、高佑昌出任校董，此為校董會設立校友代表之首例）；
2. 駐港倫敦傳道會選派二人；
3. 由宗教團體或個人中選請二人；
4. 外務顧問一人；
5. 校長為出席會員，有提議權而無投票權。[37]

校董會設主席、副主席、書記、司庫四職，由校董互選產生；並設

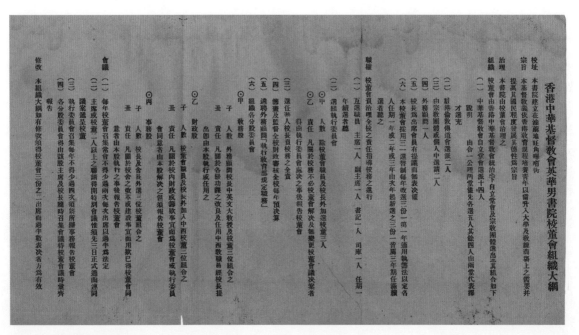

1929 年英華書院校董會章程
（望覺堂藏品）

「執行委員會」，由該四名職員、校長和三名校董組成，唯其所行不得違背校董會之議決。

中華基督教會成為本校的辦學團體已逾 90 年，時移世易，滄海桑田，校董會也經歷過多番改變，唯萬變不離其宗。若逐條羅列，未免瑣碎沉悶，今綜述 90 年間五個較重要的變化：

其一、英華書院遷往弼街後，改由合一、公理二堂以「中華基督教會廣東協會第六區會」名義組織校董會辦理。1954 年，第六區會鑑於無法與廣東協會聯繫，乃改組為「中華基督教會香港區會」，行政組織完全獨立，繼而在 1958 年註冊為法定團體。今天，英華書院的辦學團體和校董會再無跟內地任何教會有從屬關係，而區會在校董會的代表也來自其轄下多家教會。

其二、倫敦會協助華人教會復辦英華書院，一直無間歇地給予支援，如安排校長和教師，提供物質資助，處理跟政府相關的事務

等，讓學校度過一個又一個難關。但傳教士功成而不居，業創而不驕，在校董會只佔一至兩席，尊重華人辦學團體的決定，堪稱為而弗恃的典範。及至上世紀 60、70 年代，倫敦會跟英國其他宗教團體合併為「世界傳道會」後，即功成身退，逐漸淡出香港和本校的事工。目前，校董會並無世界傳道會代表之席位。

其三、1929 年校董會首次邀請舊生代表加入，但此安排似乎未成定制。1952 年校董會議決「由校友會派代表一名參加」，[38] 1966 年增至二名，[39] 這做法維持不變。此外，多名校友代表卸任後，即獲邀出任獨立校董，足見辦學團體對舊生的重視。

其四、2003 年遷校深水埗後，與剛復辦的英華小學連結成一條龍。原有的書院校董會同時管理兩所學校，除加入小學校長為當然校董外，其餘成份不變。校董會名義上分為書院和小學兩個，但召開會議，即同時處理兩校事務。

其五、2005 年 1 月 1 日起，香港政府實施《2004 年教育（修訂）條例》。按規定，但凡資助學校均須成立「法團校董會」，當中包括辦學團體校董、選出的家長校董、選出的教員校董、校長（當然校董）、校友校董及獨立校董。因英華書院於 2008 年由補助學校改為直資學校，故可選擇不成立「法團校董會」，但仍須跟從條例改組校董會的成份。2009 年，中華基督教會按《公司條例》第 32 章，把書院的校董會註冊為「英華書院校董會有限公司」。翌年再把小學的校董會註冊為「英華小學校董會有限公司」。按新章程，兩校校董會結構相同，成員皆不多於 20 人，席位分配如下：

1. 辦學團體校董不少於八名，任期三年；
2. 校長為當然校董；
3. 由教員選出之教員校董一名，任期一年；
4. 由家長教師會執行委員會選出之家長校董一名，任期一年；
5. 由校友會執行委員會選出之校友校董不少於兩名，任期三年；
6. 獨立校董不多於兩名，任期二年。

改組後仍沿用合一管理的做法，即兩校校董會除校長、教員校董和家長校董外，其餘成員盡皆相同，而每次校董會召開會議，同時處理兩校事務。在更多持份者的協助下，校董會對學校的管理更臻完美。

中華基督教會望覺堂

中華基督教會望覺堂（下稱「望覺堂」）原是快富街的公理支堂，其歷史可溯源至 1905 年。當年旺角華洋織造公司幾名信徒在公理會裏助下，於廠內組織「正道會」，舉行崇拜、主日學、查經班等，1917 年改名「福音堂」。十多年間屢次搬遷，但總不離旺角一區。

1921 年，道濟會堂和公理會以中華基督教會名義，攜手在弼街籌建「旺角堂」。1928 年秋竣工，福音堂和英華書院遷入新宅，前者正式命名為「中華基督教會望覺堂」。往後日子，教會和學校同享一建築，共用一電話（57465 號）。望覺堂的辦公室設在北面大堂左側，與書院的校務處和練習簿售賣處咫尺相對。毛錦權校友曾在弼街校舍唸小學和初中，他憶述道：「當年地下禮堂是共用的，平日學校用作禮堂、音樂室、雨天操場和一二年級課室，主日則成為教友們崇拜聚會之處。」40

望覺堂和英華共處 35 載，一同成長，也一同經歷苦難。1941 年 12 月 12 日，「日軍佔領九龍，是日入境，即佔英華書院整間建築物作為屯駐之用。一切傢私品物，不准移動，均作敵產沒收。蓋事起倉卒，搶救無從，學校與禮拜堂，咸遭重大損失」。41 學校停辦，師生星散。教友也被迫轉到別處聚會，直至 1946 年 2 月遷回上址為止。

當年堂校關係密切，望覺堂負責牧養英華師生，而很多望覺堂人同時也是英華人，這從一幅攝於 1957 年的堂會服務人員合照得到印證。當中的鄭佩誠先生（第二排左一）和楊葉其珍女士（第五排右五）是書院老師，楊寶恂（第三排左十三）、楊寶坤（第三排左五）、楊寶德（第三排左十一）、楊寶璋（第四排左十二）、麥繼志（第三

排左三）、郭木枝（第五排右九）等皆是英華校友。楊寶坤曾任母校校長十三年，現為書院和小學校董，他憶述道：「葉其珍老師是我的母親，我們兄弟四人，寶恂、寶坤、寶德、寶璋，都在英華接受中小學教育，又是望覺堂的詩歌班成員。」[42] 此外，1978 至 1990年的梅浩濱校長，是望覺堂的資深教友和執事；現任書院校監陳應誠教授和校董會主席陳志堅校友，分別為望覺堂司庫和堂主任牧師。

1963 年英華遷往九龍塘，望覺堂乃接收全座建築物和操場。半世紀以來，望覺堂就地興教辦學，開設了多間學校，包括望覺堂學校、啟愛學校、賢貞幼稚園等。1997 年教堂建築拆卸重建，2002 年新廈落成，命名基督教大樓。12 樓設文物室，內藏英華書院弼街校舍原圖則，逾 90 年歷史，彌足珍貴。

望覺堂服務人員合照，攝於
1957 年聖誕節。（望覺堂藏品）

中華基督教會英華堂

基督教大樓

1963 年，英華書院遷往牛津道，弼街校舍和地段悉數售予望覺堂，自此堂校各自發展。往後 40 年間，牛津道校舍一直只作教學用途，沒有借予任何團體開辦教會。

2002 年，當遷校深水埗和復辦小學的工作進行得如火如荼之際，一些基督徒老師和校友（如鄭鈞傑老師、方榮康校董等）建議在新校舍建立一所教會，既方便牧養兩校師生和家長，又可向鄰近社區廣傳福音。這提議很快獲得辦學團體接納。新教會定名為「中華基督教會英華堂」，將借用小學禮堂和課室作聚會場地。2003 年 7 月，長沙灣基道堂的鄧達強牧師帶領一群教友展開植堂工作。翌年 4 月正式開堂，辦公室設在小學一樓，區國良傳道出任首位堂主任。

多年來，英華堂跟學校關係密切，合作無間。堂會傳道人每周到小一級上宗教課，並不時協助小學舉辦活動，如聖誕慶祝、復活節崇拜等；而書院的校園傳道，除了照顧同學的屬靈需要外，又會兼顧英華堂青少年的牧養工作。現任校園傳道的張錦豪校友說：「盼望福音的種子在年輕人身上發芽成長，讓英華成為福音的基地。」43

英華堂現有會眾 300 多人。陳德義牧師自 2015 年起擔任堂主任，他盼望英華堂能夠把福音事工做好：「英華四鄰發展迅速，人口不斷增加，我們需要關心這些鄰舍，向他們宣講福音，榮耀神。」44

2004 年 4 月 4 日英華堂開堂感
恩崇拜（英華堂藏品）

2018 年復活節社區祝福行動
（英華堂藏品）

復校功臣——道濟會堂區鳳墀長老

上：區鳳墀長老（亞非學院藏品）

下：區斯湛主席

區逢時（1847-1914），字錫桐，號鳳墀，廣東順德西滘人。他少居佛山，1864 年結識了在當地傳道的何進善牧師，拜讀何《馬太福音註釋》後，決志歸信基督，成為倫敦傳道會在佛山結出的第一顆果實。往後 20 餘年，他來回粵港兩地宣揚福音，深得教友信服。

1872 年，區鳳墀獲丹拿牧師推薦，任香港灣仔堂堂主任。1890 年，他離開傳道人崗位，遠赴德國柏林大學的東語學堂教授粵語。1894 年回港，翌年被華民政務司駱克聘為該司之總文案，前後近十年。

退休後，擔任基督教青年會華文總幹事、聖士提反女校漢文總教習、廣華醫院首任監理等職。45

區鳳墀與孫中山關係密切。約於 1883 年，孫中山經好友尹文楷醫生認識了區鳳墀。區替他補習中文，又介紹他給美國綱紀慎會的喜嘉理牧師。孫中山受洗入會，在名冊署名「日新」，區則為其改名「逸仙」。區鳳墀又積極參與早期革命活動，相傳曾任興中會的會計。46 1895 年廣州首義流產後，他回到香港，加入政府工作，仍與孫中山保持聯繫。孫擔任臨時大總統時邀其當官，卻拒不出山，留在香港服務教會和社會。47

1896 年，時任道濟會堂長老的區鳳墀聯同王煜初牧師、黃勝、尹文楷等，函請倫敦會在港重辦英華書院，但未獲答允。1911 年再度提出請求，48 此番終於得到首肯。區氏領導復校工作，出任校董，卻在開課後不久因肝病離世，享年 67 歲。區氏育有二子三女，長子區斯湛醫生、女婿尹文楷醫生、外孫尹耀聲先生同為英華書院校董，區醫生更擔任校董會主席近 30 年。一門數傑，貢獻良多。49

復校功臣——道濟會堂張祝齡牧師

張祝齡牧師（1877-1961），廣東東莞人。祖父張彩廷是當地巴色會教友，曾任太平天國戶部侍郎三千歲，50 在鎮守杭州時殉職。父親張恭（字聲和）修讀神學，後為巴色會香港總會牧師。1877 年，張聲和生長子祝齡，乃依舊約之例，把長子獻予上帝，立誓祝齡畢生服務教會。

張祝齡克紹箕裘，16 歲完成中學課程，次年入讀巴色會位於東莞李朗的神學院。畢業後，在惠陽、古竹、河源一帶主持教務 11 年，又籌建學校、醫院等，惠澤社群。51 1908 年，區鳳墀長老、高卓承長老邀請他到道濟會出任堂主任，1913 年由倫敦傳道會按立為牧師。他主持教會期間，參與創辦《大光報》，復辦英華書院，加入中華基督教會廣東第六區會（後改組為香港區會），興建般含道新堂等，帶領教會踏上新里程。

香港淪陷期間，被日軍指為間碟，逮捕入獄，受盡折磨。後得「香港基督教總會」顧問鮫島盛隆牧師與

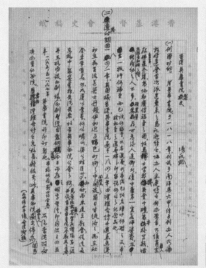

憲兵進行交涉，終獲釋放，但健康已大不如前。52 1950 年退休，仍擔任顧問牧師職，至 1961 年 3 月 1 日辭世。

張牧師與妻吳雲熙女士育有四子四女，子江槎、薇槎、漢槎、雲槎，女婿關文偉（張慈君夫）、曹煥乾（張濟君夫），孫詩聖、詩賢、詩豪皆英華書院校友。雲槎於 1940 至 1960 年代在英華書院任教音樂和體育，後升任中華基督教會全完中學校長，2018 年辭世，享年 100 歲。

左：1940 年 4 月，香港基督教聯會為紀念基督教在港傳播 100 週年，議決出版《香港基督教會史》。「英華書院校史」一節由張祝齡牧師撰寫。圖為張牧師手稿第一頁。

右：張祝齡牧師（前左一）、張雲槎老師（後左一）、張詩聖校友（前中）（張祝齡家族藏品）

1   Richard Lovett, *The History of the London Missionary Society*, 1795-1895, p. 747.

2   *Guide to the London Missionary Society Archive 1764-1977*, p. 7; Robert Latham, "Patterns of the Spirit: Towards a Council," in Bernard Thorogood (ed), *Gales of Change: Responding to a Shifting Missionary Context: The Story of the London Missionary Society, 1945-1977*, pp. 227-237.

3   王誌信：《道濟會堂史：中國第一家自立教會（1886-1926）》，頁 7。

4   劉紹麟：《中華基督教會合一堂史：從一八四三年建基至現代》，頁 73。

5   *"John Williams V," The L.M.S. Schooner for the Service of God in the South Pacific*, p. 2.

6   葉深銘：《天道下濟：香港華人自理會道濟會堂傳教事業研究（1843-1926）》，頁 55-56。

7   王誌信：《道濟會堂史：中國第一家自立教會（1886-1926）》，頁 15。

8   葉深銘：《天道下濟：香港華人自理會道濟會堂傳教事業研究（1843-1926）》，頁 63-64。

9   A letter from John Chalmers to Wardlaw Thompson, 18 Jun. 1896, LMS/SOAS.

10 王誌信：《道濟會堂史：中國第一家自立教會（1886-1926）》，頁 61。

11 李林遂心：〈百年大事的開端（1886-1986）〉，見《中華基督教會合一堂香港堂八十五周年堂慶特刊》，頁 11。

12 〈道濟會堂〉一文由阮志偉校友撰寫。

13 刑福增：《香港基督教史研究導論》，頁 43。

14 劉粵聲：《香港基督教會史》，頁 46。

15 李志剛：《香港基督教史研究導論》，頁 152。

16 〈公理堂〉一文由阮志偉校友撰寫。

17 蘇成溢：〈會員教會巡禮：中華基督教香港區會〉，見《信息》第 324 期（2014 年 9 月、10 月），頁 5。

18 〈基督教聯會執行委辦會議紀錄〉，見翁傳鏗主編：《中華基督教會創會九十周年紀念特刊》，頁 10。

19 〈中華基督教會廣東大會史略〉，見翁傳鏗主編：《中華基督教會創會九十周年紀念特刊》，頁 25。

20 《整理中華基督教會廣東第六區會會務芻言》（年版不詳），頁 8。

21 譚沃心：〈中華基督教會廣東協會三十年〉，見《新壇》，1948 年，第 6 至 7 期，頁 17-18。

22 高伯蘭著，文南斗譯：〈合而為一〉，見《中華基督教會全國總會公報》，1948 年，第 20 卷第 2 期，頁 6-7。

23 朱紫封：〈中華基督教會組織現狀〉，見《總會公報》，1929 年，第 1 卷第 3 期，頁 62-63。

24 吳義雄：〈中華基督教會廣東協會與本色教會運動〉，見《世界宗教研究》，2002 年第 2 期，頁 70-80。

25 蘇成溢：〈會員教會巡禮：中華基督教香港區會〉，頁 5。

26 羅偉虹主編：《中國基督教（新教）史》，頁 729-740。

27 〈中華基督教會〉一文由阮志偉校友撰寫。

28 A letter from Samuel Dyer to the LMS, 26 Aug. 1843, LMS/SOAS.

29 Arnold Hughes, "Report on the Ying Wa College presented by the Headmaster at the Annual Prize-giving," 21 Jan. 1922, LMS/SOAS.

30 　Arnold Hughes, "Report on Educational Work in Connection with the Ying Wa College Hongkong, 1916," 30 Jan. 1917, LMS/SOAS; Arnold Hughes, "The Report of the Ying Wa College, 1914-1916," 31 Jul. 1916, LMS/SOAS.

31 　*Prospectus of Ying Wa College, Hong Kong, 1921*, p. 1; Arnold Hughes, "Report on the Ying Wa College presented by the Headmaster at the Annual Prize-giving," 21 Jan. 1922, LMS/SOAS.

32 　*Prospectus of Ying Wa College, Hong Kong, 1921*, p. 1, LMS/SOAS.

33 　《中華基督教會堂佈告》，1924 年 10 月 26 日，頁 1。

34 　《中華基督教會堂佈告》，1924 年 11 月 9 日，頁 3。

35 　校董會會議紀錄，1923 年 4 月 19 日。

36 　校董會會議紀錄，1929 年 1 月 16 日。

37 　《香港中華基督教會英華男書院校董會組織大綱》，1929 年。

38 　校董會會議紀錄，1952 年 7 月 16 日。

39 　校董會會議紀錄，1966 年 10 月 17 日。

40 　毛錦權校友訪問記錄，2018 年 4 月 20 日。

41 　甄永全主編：《中華基督教會望覺堂鑽禧紀念特刊（1928-1988）》，頁 8。

42 　楊寶坤校長訪問記錄，2018 年 1 月 17 日。

43 　張錦豪校友訪問記錄，2018 年 4 月 20 日。

44 　陳德義牧師訪問記錄，2018 年 4 月 21 日。

45 　楊襄甫：〈追悼會彙錄〉，收入區斯湛、區深湛編：《區鳳墀哀思錄》，頁 1-14。

46 　【日】宮崎滔天著，佚名初譯，林啟彥改譯注釋：《三十三年之夢》，頁 116。

47 　〈追悼會彙錄〉，收入區斯湛、區深湛編：《區鳳墀哀思錄》，頁 3-4。

48 　A letter from Clayson to Martin, 12 Oct. 1911, LMS/SOAS.

49 　〈區鳳墀〉一文由歐偉賓校友撰寫。

50 　劉粵聲：《香港基督教會史》，頁 341。

51 　張祝齡：〈立志佈道史〉，見劉紹麟：《中華基督教會合一堂史 —— 從一八四三年建基至現代》，頁 271。

52 　【日】鮫島盛隆著，龔書森譯：《香港回想記：日軍佔領下的香港教會》，頁 50。

第十一章

親師協力 家校同心

1992年，教育統籌委員會發表第五號報告書，指出「學校與學生家長互相合作，可以在教育過程中帶來莫大裨益」，鼓勵並撥資源予學校成立家長校師會（以下簡稱「家教會」），「作為持續的接觸途徑，以促進家庭與學校的聯繫」。[1]其實早在1960年代，英華已是當時少數設有家長教師會的學校之一。

· 英華書院家長教師會
· 英華小學家長教師會

1969年，書院首次成立家教會。

三不三鼓勵

不干預校政；不批評老師；不人身攻擊。
鼓勵與孩子坦誠對話；鼓勵與老師直接
溝通；鼓勵熱心參與家教會工作。

懸掛在家教會室的「三不三鼓勵」提示

英華書院家長教師會

1969 年，書院慶祝創校 150 週年後不久，便着手籌組家教會。1 月 24 日，大約 160 名中一學生的家長出席了家教會會議，會上選出四位家長代表（中一四班，每班一名），他們聯同校長、副校長和四位中一班主任共 10 人，組成第一屆執行委員會，主席一職由戴葆銓老師出任。他們關注的事項甚多，包括學生的學習、膳食、交通、安全、健康、懲處等。[2] 1971 年 3 月，執委會更協助學校籌款成立獎學金，目標 10,000 元，用以獎勵品學兼優的學生。可惜的是，家教會只運作了三數年便停止，未能繼續發展。雖如此，這已為英華的家校合作播下了種子。

1995 年，英華書院復辦家教會，以達致親師攜手培育學子的目標，故凡現職老師和在校學生家長或監護人均自動成為會員（分別稱為「當然會員」及「普通會員」）。家教會以會員大會為最高權力機關，下設執行委員會籌劃和推行日常會務。執行委員會由八位家長和七位老師組成，職位包括主席一人（家長）、副主席二人（家長、校長各一）、秘書二人（家長、老師各一）、司庫一人（老師）、聯絡組四人（家長及老師各二）、活動組三人（家長二人及老師一人）和總務組二人（家長及老師各一），俱由新任執委互選產生。家長執委於周年會員大會選出，任期一年，可以連任；教師執委由校方推薦，經會員大會委任。執委會又可邀請家長出任增選委員，協助推行會務，出席執委會會議，惟沒有表決議案權。

1995 年 5 月 7 日，書院復辦家教會。

2009 年，辦學團體按教育局指引增設家長校董一席。首位家長校董是第 14 屆執委會副主席劉天成，他憶述：「當年執委會負責制訂家長校董的產生程序和主持選舉。家長校董從執委中選出，代表全體家長履行校董職權，向學校反映意見和參與決策。校董又可按個人興趣和專長，選擇加入校董會轄下的工作小組。我當年便選擇了『學術及藝術』、『音樂及運動』，希望可協助學校強化全人教育。」3

2017 年敬師日，家長代表向老師送上親手做的「天然手工皂」。

家教會的活動多元化，如講座、書展、旅行、茶叙、聚餐等，又幫忙組織家長義工隊，協助學校整理圖書，帶領境外遊學團，籌辦慈善活動等。此外，家教會透過《會訊》、分享會、聯絡員網絡等渠道，促進家長與家長之間、家長與學校之間的溝通。會員從家教會所得到的，不單單是學校的資訊，還有親子心得和友情。不少家長在子弟畢業後，仍然經常回校擔任義工，家教會也為此增設「附屬會員」，供肄業學生之家長及離職教師申請，希望可永續這份珍貴的家校情。

英華小學家長教師會

英華小學復辦於 2003 年，次年 11 月 26 日便成立家長教師會（以下簡稱「家教會」），以加強家校合作，幫助學生茁壯成長。凡現職老師和在校學生家長或監護人均自動成為會員（分別稱為「當然會員」及「基本會員」）。家教會以會員大會為最高權力機關，下設執行委員會籌劃和推行日常會務。執行委員會由十位家長和九位老師組成，職位包括主席一人（家長）、副主席二人（家長、校長各一）、秘書二人（家長、老師各一）、司庫二人（家長、老師各一）、聯絡組四人（家長、老師各二）、康樂組二人（家長、老師各一）、總務組四人（家長、老師各二）和編輯組二人（家長、老師各一），俱由新任執委互選產生。家長執委於周年會員大會選出，任期一年，可以連任；教師執委由校方推薦，經會員大會委任。執委會又可邀請家長出任增選委員，協助推行會務，出席執委會會議，惟沒有表決議案權。自 2010 年起，校董會增設家長校董一席，進一步加強家長與學校的聯繫。

家教會為學校提供了龐大的支援，學校多項大型活動，如晚上學

2016 年 4 月 9 日天台種植班

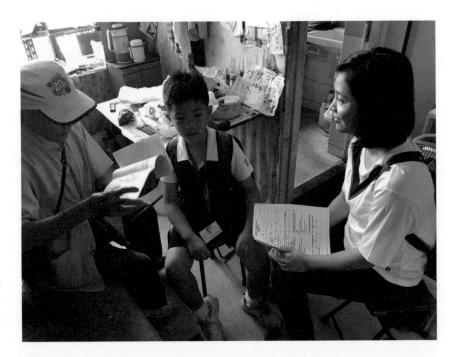

傳承愛深關懷探訪計劃——
2018 年 6 月 9 日，70 多個家
庭逾 200 人到石硤尾區公共屋
邨探訪長者。

習、小一新生面試、小一入學簡介會、水運會和陸運會等，都得到
家長鼎力支持，擔任義工。家教會現任主席黃子華先生分享說：「本
會為家長準備了不同類型的工餘活動，如羽毛球隊、乒乓球隊、籃
球隊、足球隊、排球隊、童軍、歌唱才藝比賽等，既可加強親子關
係，又可重拾昔日校園生活的美好回憶。」4

1   《教育統籌委員會第五號報告書》（香港：1992 年）。
2   Mr Terence Iles' logbook, 24 Feb. 1969; *Ying Wa Magazine 1968-1969*, p. 12.
3   劉天成校友訪問紀錄，2018 年 4 月 25 日。
4   黃子華先生訪問紀錄，2018 年 6 月 4 日。

第十二章

相識相知　飲水思源

1965 年 11 月 30 日，英華書院校友會註冊為有限公司，至今超過半世紀，正式會議逾 600 次。但要完整介紹舊生組織的歷史，必須再把時間推前 40 年。

復校校長曉士曾計劃成立畢業生組織，但因急病猝逝而未能實現。及至 1923 年夏天，首屆校友會終於成立，活動有周年晚宴和音樂會，腓力士校長也對該會寄予厚望。[1] 然而，根據校董會紀錄，1930 年又有「舊生欲組織一同學會」，[2] 似乎先前成立的校友會未能發展下去。可惜資料不詳，難以深究。

二戰以後，舊生組織又再出現，校董會還邀請校友會派員出任校董，以及為遷建新校舍籌募經費，[3] 但相信當時會務不振，甚至是名存實亡。鈕寶璐校長乃於 1958 年主動邀請舊生重興校友會。6 月 23 日，選出一個 15 人執行委員會，包括會長 1 人、副會長 3 人、主席 1 人、秘書暨財政 1 人和委員 9 人，委員的肄業年份遠至 1919 年，近及 1955 年。會議又通過一份憲章初稿，其揭櫫三大宗旨：「維繫昔日情誼」、「盡力協助學校」、「推動會員互助」。[4] 這一次執行委員會選舉，可說是現今校友會的起點。

校友會會會徽，由黃兆榮校友於 1960 年代設計（上），2017 年朱啟平校友重新繪圖和配色（下）。

校友會於 1960 年註冊為法定社團，再於 1965 年登記為有限公司，使組織更為完善更有系統。[5] 根據章則，校友會於周年大會報告會

YING WA COLLEGE

It is proposed to revive the
YING WA COLLEGE OLD BOYS ASSOCIATION
and your presence at
A PRELIMINARY MEETING
on Saturday Evening, the 31st May 1958 at 8 p.m.
in the
SCHOOL HALL
would be much appreciated

HERBERT NOBLE
17th May 1958   Headmaster

Old Boys' Association.

One of the chief events of the year has been the blossoming into life of the Old Boys' Association which held its first annual dinner last summer. Plans to form this O.B.A. had been considered by Mr. Hughes before his death, and now his work has borne fruit. Let us hope that in the days to come this Association will be a source of great strength to the school. I confidently expect that all boys who have just left will enroll quickly if they have not done so already.

左：1958 年 5 月，鈕寶璐校長發帖廣邀舊生回校，商討重興校友會事宜。

右：有關首屆校友會的報道 6

Constitution of the Ying Wa College Old Boys Association

(later amended.)

I	Name	The name of the Association shall be THE YING WA COLLEGE OLD BOYS ASSOCIATION, hereinafter called the Association.
II	Purpose	The purpose of the Association is (a) to foster and continue the friendships formed during school days; (b) to assist the school in whatever ways seem possible and desirable; (c) to provide opportunities amongst the members for mutual assistance.
III	Membership	Membership of the Association shall be open to all ex-pupils of the school.
IV	Honorary Membership	Persons whom the Association wished to honour may be elected to Honorary Membership.
V	Governing Body	The Governing Body of the Association shall be composed of members of the Association who are ex-pupils of good standing who shall meet annually early in October for the specific purpose of electing a President and two Vice-Presidents. The Headmaster shall also be a Vice-President ex-officio. At the same meeting they shall elect eleven other members to form an Executive Committee, and one member to serve as Auditor, and fix the annual subscription.
VI	Executive Committee	The Executive Committee shall be responsible for (a) electing from amongst its members a Chairman, Vice-Chairman, and such other officers as are considered necessary; (b) considering and dealing with applications for membership, and the discipline of members; (c) organising the activities of the Association; (d) summoning members to meetings.
VII	Amendments to this Constitution	Any member wishing to propose an amendment to this Constitution shall notify the Executive Committee who shall then give one month's notice of a general meeting of the Governing Body at which the proposed amendment shall be discussed. Before being adopted and coming into effect an amendment must be approved by a two-thirds majority of those present at the meeting and by the Board of Directors of the Ying Wa College.

1958 年的校友會憲章

攝真原　照合員委體全度年一七至九六九一會友校院書華英

大年週會友校院書華英　英
會

英華書院校友會

舉行慈善餐舞會

响應東華三院百週年紀念籌欵

黎家驊呼籲社會人士慷慨支持

（時訊）據本院校友會消息，本院校友會爲响應東華三院百週年紀念籌欵，特於八月七日在香港浚德酒店舉行餐舞會，籌得之款項，撥充東華三院經費。

主席黎家驊，向泛貝會發出呼籲：「今年舉辦之慈善餐舞會，一則爲慶祝本校建校一百五十二週年紀念，一則爲响應東華三院百週年紀念而籌款。」

「東華三院爲社會服務之貢獻，相信合港已知之甚詳，而三院醫院，歷來安以對三院本身之歷史及經費出力，任勞任怨，百年如一日，足以反映香港社會人士之慈愛好義精神。因此，本年支持三院之慈善工作，而亦安以對三院本身及歷屆總理之忠誠服務表示敬意，謹請此社會人士師鼎支持。」

一百元慈善舞劵外，並設傳（一元慈善獎劵），開始公開發售，凡欲納欵、購鄉委或慈善券之熱心人士，於辦公時間向以下地點洽購：（一）黎家驊先生（電話K八八四一一），分機三四一；（二）黎家駒先生（電話H二三八七六四八）；（三）方嘉感先生（電話H二三○三八七）；（四）郭米田先生（電話K六三二三六）；（五）黎治沄先生（電話H○五二三一三）。（明）

上：1969 年校友會周年大會

（司徒廉校友藏品）

下：1970 年 8 月 7 日，校友會
舉行慈善餐舞會，為東華三院
籌款。7

上左：校友會到孤兒院服務
（楊浩宗校友藏品）

上右：自 1976 年起，校友會
每年皆與升學及就業輔導部合
辦座談會，為高年級同學介紹
各行各業的特色和前景。

下：1983 年周年舞會

務和賬目，並選出新一屆正副會長和 21 名執委。執委再互選正副主席、秘書和司庫各一名。初期一年一選，1960 年代後期改為兩年一選。校友會尊重不同聲音，執委會由全體會員經民主選舉產生，凡重要議案也由眾執委投票決定。執行委員每月開會一次，凡一切行政和餐飲開支，全由出席的師兄弟攤分，絕不取用公家一分一毫。

每月例會，執委會歡迎校友出席旁聽，不時也邀請在校學生領袖列席。現任副主席吳智光說：「本會十分鼓勵年輕校友接棒。高年級同學和就讀大專的校友參加每月例會晚餐，毋須繳付餐費；而最大得着，當然是能夠向師兄們學習做人處事之道。我 1985 年入讀大學後便正式加入執委會，至今已 30 多年，我很榮幸能夠為母校和校友服務。」8

校友會的工作多元化。聯誼感情方面，有校友日、聚餐、舞會、旅遊、球類比賽等，又成立校友中樂團和校友合唱團，以樂會友。回饋母校方面，則先後成立了體育發展基金、音樂發展基金、校友會慈善信託基金，因應母校或同學需要而撥款資助。也有不少校友參與母校的「師友計劃」，或擔任各類體藝文教活動的義務領隊或導師。

1993 年，校友會為「校友會服務團」舉辦燒烤活動，藉以感謝團員的貢獻。「校友會服務團」成立於 1990 年代初，團員皆為正就讀英華的校友子弟。

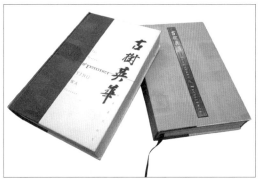

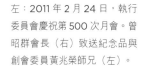

左：2011 年 2 月 24 日，執行委員會慶祝第 500 次月會。曾昭群會長（右）致送紀念品與創會委員黃兆榮師兄（左）。

右：1998 年，校友會為慶祝母校開基 180 周年，委託中國神學研究院的劉紹麟君編寫校史，英文版由梁宏福君譯出，劉小康校友設計封面。校史於 2001 年 3 月出版，取名《古樹英華——英華書院校史》。

2002 年 10 月 18 日，校友會假座香港足球會舉辦「英華薈萃金曲夜」，為遷建深水埗新校舍籌款。

世紀之交，校友會再一次協助英華遷校，大家出錢出力，舉辦了一連串籌款活動，共籌得三百多萬元。辦學團體更破格任命非基督徒的關啟昌校友為校董會主席，總理整個遷校工程。四易寒暑，新校舍 2003 年落成啟用，學校把書院東座命名為「校友會教育大樓」，以申謝意。關校友其後決志信主，在英華堂受洗，更為美事。

1991 年 9 月起，政府推行直接資助計劃，所有參與計劃的中小學享有較高的自主權，可針對學生的需要和能力制訂教學策略。學校除了可獲發政府津貼外，又可徵收學費，既然資源比一般官立或資助學校多，相信能夠提供更優質的教育。

2008 年，英華書院與小學轉型為直資學校。由於辦學團體堅持「有教無類」的精神，只向學生收取低額學費，故所得的總體資源並不太多，難作多方面的突破。有見及此，校友會倡議成立一個教育基金，希望結合校董、教師、家長、校友等一眾持份者的力量，集腋成裘，為學校建立穩健的財政後盾。

2012 年，「英華教育基金」正式誕生，它以「無股本的擔保有限公司」形式註冊，獲政府確認為慈善組織，享有稅務優惠。基金雖由

每逢周日早上，學校開放校園讓校友進行體育活動。自 2004 年起，校友會主辦「英華校友足球聯賽」，參賽隊伍最初只有 8 隊，其後陸續增加，高峰期達 14 隊。師兄弟不論屆別，以球會友。頒獎禮多安排在校友會周年大會舉行。

校友會發起和籌建，但成立後則由校董會、家教會和校友會的代表共同管理，設執行委員會負責日常運作。執委會須定期召開周年會員大會，滙報工作情況、通過財政報告、選舉執委會成員等。成立至今，基金已批出多個項目，例如：

· 資助學校聘請領袖／服務課程助理
· 資助學校聘請助理以關注有特殊學習需要的同學
· 資助基層學生參加境外學習活動
· 資助一名校友到牛津大學攻讀博士課程
· 資助學生參加劍橋交流計劃

基金籌組時，得到 122 名「創辦成員」認捐 284 萬元成立啟動金，此後便一直仰賴各方友好的慷慨解囊。自 2015 年起，基金每年皆與家教會和校友會合辦「英華行」步行籌款。此活動既可為學校籌募經費，又可加深彼此的認識。基金發起人兼執委陳廷光校友說：「有人形容英華是『平民直資學校』，學費低廉，但教與學都屬優質。十分慶幸所有籌款活動都得到大家踴躍支持，讓我們有資源幫助學校改善設備，提升教育質素。」9

2015 年 1 月 25 日第一屆「英華行」

2017 年 11 月 2 日舉辦「英華
皕載籃球明星邀請賽」，為英
華教育基金籌募經費。

舊生還獲邀參與校政。早於
1929 年已有畢業生加入校董
會。目前校董會設校友校董兩
席，皆由校友會提名，另有多
名校友加入校董會轄下的工作
小組，利用他們的專業知識回
饋母校。曾昭群校友在中學畢
業後便加入了校友會，現任校
友會會長、英華校董和小學校
監。他分享道：「我在校友會和
校董會服務多年，喜見母校能
因應社會環境和教育政策變遷
與時俱進，遇到困難時又能萬眾一心，盡力解決，這就是我們的英
華精神。」10

自 1970 年代起，移民海外的校友日漸增多。他們雖身在遠方，但
仍心繫英華，不時聚會聯誼，緬懷昔日學生時代的生活，分享母校
的最新動態。1986 年，首個海外校友會在溫哥華成立，名為「英
華書院及英華女校（溫哥華）舊生會」。創會會長劉糖根憶述成立
經過：「70、80 年代，我們移居溫哥華的英華仔不時聚頭，其後得
悉當地的女英華校友也經常有活動，我於是跟女校的羅重志女士會
面，商討合組校友會事宜。在大家同心合力下，溫哥華校友會終於
誕生。雙方協議會長一職由男女校友輪流擔任，我做第一屆，羅女
士做第二屆。轉眼間，校友會已經成立 30 多年了。」11 目前執行委
員會由五男五女組成，設會長、副會長、秘書、司庫等職位。

1990 年，聚居多倫多的英華舊生也在當地成立校友會。他們的聯誼
活動多元化，如周年聚餐、遠足、燒烤、高爾夫球賽、乒乓球慈善
錦標賽等。

加拿大兩個校友會皆採用香港校友會的會徽，以示同氣連枝，英華
一家。

2018 年 4 月，溫哥華校友會
聚餐，男女「英華人」聚首一
堂，由 1951 年到 1989 年的畢
業生都有。（溫哥華校友會藏
品）

2017 年 9 月多倫多校友會的遠
足及燒烤活動（多倫多校友會
藏品）

校友會歷任會長芳名（1958 年至今）

歐炳光（Mr. AU Ping Kwong）	1958-1960
余兆麒（Mr. YEE Shiu Kee）	1960-1963
黃恩榮（Mr. WONG Yan Wing）	1963-1972
方榮康（Mr. FONG Wing Hon）	1972-1979
黎永添（Mr. LAI Wing Tim）	1979-1995
李廣輝（Mr. LEE Kwong Fai）	1995-1999
曾昭群（Mr. TSANG Chiu Kwan）	1999- 今

校友會歷任主席芳名（1958 年至今）

余兆麒（Mr. YEE Shiu Kee）	1958-1960
張大榮（Mr. CHEUNG Tai Wing）	1960-1962
黃恩榮（Mr. WONG Yan Wing）	1962-1963
屈曉圻（Mr. WATT Hew Kei）	1963-1964
黎家驊（Mr. David LAI）	1964-1968
方榮康（Mr. FONG Wing Hon）	1968-1971
黎家駒（Mr. LAI Ka To）	1971-1973
黎永添（Mr. LAI Wing Tim）	1973-1979
羅銘江（Mr. LO Ming Kong）	1979-1983
麥繼雄（Mr. MAK Kai Hung）	1983-1985
黃秉炎（Mr. WONG Ping Yim）	1985-1989
曾昭群（Mr. TSANG Chiu Kwan）	1989-1993
劉善鵬（Mr. LAU Sin Pang）	1993-1995，2001-2003
關啟昌（Mr. KWAN Kai Cheong）	1995-2001
岑炳生（Mr. SHUM Ping Sang）	2003-2005
陳廷光（Mr. CHAN Ting Kwong）	2005-2009
劉天成（Mr. LAU Tin Shing）	2009-2011
盧炯宇（Mr. LO Kwing Yu）	2011- 今

1　*South China Morning Post*, 17 Jan. 1924, 3; *Ying Wah Echo*, Vol. 1, No. 1, Jul. 1924, p. 1, 23.

2　校董會會議紀錄，1930 年 2 月 24 日。

3　校董會會議紀錄，1952 年 7 月 16 日；1955 年 5 月 31 日。

4　Herbert Noble's Log Book, pp. 52-53.

5　《英華書院校刊　1960-1961》，頁 24。

6　*South China Morning Post*, 17 Jan. 1924, p. 3.

7　《華僑日報》，1970 年 7 月 21 日，頁 10。

8　吳智光校友訪問紀錄，2018 年 4 月 19 日。

9　陳廷光校友訪問紀錄，2018 年 4 月 21 日。

10　曾昭群校友訪問紀錄，2018 年 4 月 27 日。

11　劉糖根校友訪問紀錄，2018 年 6 月 18 日。

英華書院教職員合照

1950 至 1951 年度
教職員合照

（第三排左起）胡雛鵬、楊錫鴻、李德彰、周楨華、戴中岳、顏寵璣、萬威、鍾岳年、張雲槎
（第二排左起）黎綽如、麥廣文、麥朝鏘、麥協和、伍步雲、鄭佩誠、梁漢鏞、戴葆銓、麥肯堂
（第一排左起）鍾叢桂、楊淡影、梁德珍、Rev. Gun Hatt Lipscomb、鈕寶璐校長、
容啟賢副校長、周詠怡、葉其珍、容啟業

1959 至 1960 年度
教職員合照

（第三排左起）伍步雲、胡雛鵬、李德彰、張雲槎、陳漢光、萬威、Norman Brian Roper、
李錦芳、Ronald Henry Fieldhouse、楊錫鴻
（第二排左起）麥肯堂、麥廣文、麥朝鏘、姚文輝、顏寵璣、劉年佑、梁漢鏞、余羨韶、麥協和
（第一排左起）周詠怡、戴葆銓、鍾岳年、葉其珍、鈕寶璐校長、容啟賢副校長、梁德珍、
Rev. D. L. Rogers、容啟業、鄭佩誠

1963 至 1964 年度
教職員合照

（第三排左起）李遠達、朱理堅、胡雛鵬、鄭保羅、黃儉純、麥廣文、陳漢光、楊錫鴻、陳恕法、張雲槎、麥肯堂、李輝堂、余羨韶

（第二排左起）麥協和、萬威、劉年佑、招成滿、鍾岳年、陳明德、麥朝鏘、袁效良、伍步雲、陳煒堅、陳耀南、張東和、姚文輝、顏寵璣

（第一排左起）梁漢鏞、Michael F. Caddick、米憐、葉其珍、周詠怡、容啟賢副校長、鈕寶璐校長、梁德珍、鍾月萍、艾禮士、Harold Farrar、戴葆銓、李錦芳

1968 至 1969 年度
教職員合照

（第三排左起）李遠達、張雲槎、陳沛玉、黃儉純、陳拔元、招成滿、陳漢光、蕭永強、顏寵璣、李桂芬、楊錫鴻、陳恕法、伍榮潤

（第二排左起）萬威、陳其相、張東和、姚文輝、陳明德、雷庭蓀、高炳民、黎翰陞、戴文德、羅馬持、陳炳星、李潔琛、李家榮、陳耀恩

（第一排左起）麥協和、戴葆銓、米憐、區碧坤、何恩德、陳耀南副校長、艾禮士校長、高次湄、李錫韞、梁漢鏞、梅浩濱、余羨韶

1973 至 1974 年度
教職員合照

（第三排左起）黃桂烈、陳恬、楊春棠、陳耀江、張威儀、霍啓源、招成滿、李樹輝、雷庭蓀、
歐禮華、李家榮、陳漢光、陳恕法、李遠達

（第二排左起）萬威、冼偉文、蔡義鴻、許耀賜、蘇偉權、李家樹、高炳民、John Fisher、
姚文輝、梁漢鏞、李桂芬

（第一排左起）余銀娣、李潔芳、劉靄兒、招麗君、曾令琪、陳鎮芳、陳炳星副校長、
京力士校長、胡新約副校長、高凌雯、朱唯真、黎碧珊、林佩珺、葉秀賢、李志儀

1978 至 1979 年度
教職員合照

（第四排左起）康文輝、陳漢光、葉成忠、魏健輝、湯錦成、李志海、劉爵培、邢必武、黎瀚陞、
許耀賜、梁醒光、崔啟源、麥健開、霍啟源、招成滿

（第三排左起）李桂芬、李遠達、黃啟鴻、袁國柱、關樹培、曾繁湘、陳業祥、董麗新、鄧潤輝、
易錦輝、卜國志、陳祖輝、李植燊、古紹璋

（第二排左起）劉樹良、陳耀江、陳恬、歐禮華、李家榮、林施施、吳安妮、勞燕玲、張威儀、
葉勁雲、馬偉鵬、李樹輝、黃桂烈、蘇瑞濤

（第一排左起）朱唯真、招麗君、符月眉、李志儀、高凌雯、高炳民副校長、梅浩濱校長、
蘇偉權、陳鎮芳、曾令琪、黎碧珊、葉秀賢、李潔芳、李妙儀

1983 至 1984 年度
教職員合照

（第五排左起）周成釗、劉爵培、蘇偉權、李志海、陸禎祥、劉慶華、許耀賜、黎翰陞、余力、容志山

（第四排左起）曾志文、陳榮添、涂道揚、袁國柱、何貴益、錢儀健、王德寶、霍啟源、黃信君、董麗新、招成滿、黃啟鴻

（第三排左起）關榕添、陳漢光、李桂芬、葉勁雲、關樹培、麥德祥、陳恬、歐禮華、曾繁湘、李家榮、郭永昌、鄭德富、蘇瑞濤、麥慶強、古紹璋

（第二排左起）陳達翔、李遠達、陳耀江、馮肇誠、黃桂烈、林施施、吳安妮、林主恩、葉秀賢、鍾麗玲、卜國志、林國才、薛勇華、楊耀宗

（第一排左起）符月眉、招麗君、麥韻鶯、李志儀、高凌芬、高炳民副校長、梅浩濱校長、李樹輝副校長、陳鎮芳、劉婉貞、李潔芳、曾令琪、朱唯真

1988 至 1989 年度
教職員合照

（第五排左起）周成釗、劉爵培、蘇偉權、陸禎祥、張主強、鄭家驊、黎瀚陞、黃國俊、邱次凱、蕭凱寧、陳業祥、容志山

（第四排左起）陳漢光、陳榮添、袁國柱、曾繁湘、麥德祥、霍啟源、劉培生、董麗新、招成滿、黃信君、陳玉娟、李高凌雰

（第三排左起）關榕添、黃悅鴻、李桂芬、葉勁雲、張嘉華、陳恬、羅世傑、招潔華、許捷照、李家榮、麥慶強、鄭德富、蘇瑞濤、梁國基

（第二排左起）陳達翔、李遠達、陳耀江、黃桂烈、黃筱茵、關碧蓮、林施施、鄧潔嫦、林主恩、鍾麗玲、李鳳琼、卜國志、薛勇華、麥泰元

（第一排左起）劉婉貞、林慧貞、招麗君、麥韻鶯、陳玉燕、高炳民副校長、梅浩濱校長、許耀賜副校長、陳鎮芳、葉秀賢、李潔芳、曾令琪、朱唯真

1993 至 1994 年度
教職員合照

（第五排左起）周成釗、馬錫成、劉爵培、王堅臣、黎瀚陞、蘇偉權、張主強、陳紹德、陳滿堅、
鄭德富

（第四排左起）陳業祥、袁國柱、朱國源、霍啟源、麥德祥、陳漢光、曾定祥、張嘉華、陳榮添、
招成滿、陸禎祥

（第三排左起）陶永成、陳恬、李遠達、黃悦鴻、陳兆麒、葉勁雲、林偉昊、陳耀江、李家榮、
蘇瑞濤、黃華許、麥泰元、龐耀榮、容志山

（第二排左起）黃桂烈、卜國志、許文蘭、陳偉珍、陳淑貞、吳碧華、孫穎怡、鄧潔嫦、鍾麗玲、
何桂香、張月有、鄭佩華、陳秀娟、謝道華、薛勇華

（第一排左起）朱唯真、麥韻鶯、陳玉娟、陳玉燕、陳鎮芳、高凌雰、高炳民副校長、
楊寶坤校長、許耀賜副校長、陳慧思、蕭琇璆、曾令琪、劉婉貞、林慧貞、葉秀賢

1998 至 1999 年度
教職員合照

（第五排左起）周成釗、李家傑、王堅臣、鄧惠聰、謝君豪、邵中、羅漢良、雲維漢、姚天樂、
陳滿堅、容志山、馬錫成

（第四排左起）黎耀強、朱國源、歐陽東華、蕭偉樂、鄭鈞傑、麥德祥、陳漢光、曾定祥、
曾雲強、陳榮添、鄭德富、陸禎祥、成耀明

（第三排左起）黃桂烈、卜國志、李遠達、陳兆麒、黃悦鴻、葉勁雲、林煒昊、薛勇華、吳欲麟、
黃華許、麥泰元、張嘉華、龐耀榮

（第二排左起）蕭敏儀、許文蘭、鄧淑敏、陳偉珍、馮淑珍、孫穎怡、鄧潔嫦、鍾麗玲、何桂香、
張月有、林少娟、吳楚珠、黃邵凝、謝道華

（第一排左起）陳淑貞、吳碧華、陳玉燕、林慧貞、麥韻鶯、朱唯真、蘇瑞濤副校長、
楊寶坤校長、袁國柱副校長、鄭佩華、黃筱茵、曾令琪、劉婉貞、葉秀賢、林月珠

2003 至 2004 年度
教職員合照

（第四排左起）成耀明、李家傑、張牧恩、邵中、陳滿堅、吳嚴武、羅漢良、王堅臣、馬錫成、雲維漢、曾志滔、劉爵培、姚天樂、鄧惠聰、容志山、蔡延展、陳業祥

（第三排左起）曾雲強、麥德祥、蔡錦滔、陳榮添、林煒昊、卜國志、鄭鈞傑、歐陽東華、朱國源、李寶龍、黃顎頤、曾定祥、張嘉華、關偉東、李遠達、龐耀榮、麥泰元、黃悅鴻、陳兆麒

（第二排左起）葉勁雲、黃桂烈、吳欲麟、黃華許、吳文珮、張錦豪、孫穎怡、何桂香、張月有、李月梅、鍾麗玲、陳偉珍、石敏枝、馮淑珍、李詠儀、劉瑩、曾浩文、薛勇華、張家樂、蔣偉鋒

（第一排左起）周成釗、蕭敏儀、黃邵凝、陳玉燕、胡黛珍、林月珠、陳淑貞、吳碧華、蘇瑞濤副校長、李志華校長、胡丙杰校監、袁國柱副校長、鄭佩華、謝道華、林少娟、冼昭蓉、梁芷珊、黃筱茵、黃靄萍、許文蘭、Carmen Boudreau

2008 至 2009 年度
教職員合照

（第四排左起）歐陽東華、成耀明、梁承恩、陳滿堅、李家傑、邵中、關偉東、朱國源、葉澤亮、曾志滔、雲維漢、陳卓能、曾雲強、蘇家樂、陳業祥、麥德祥、鄧惠聰、羅漢良、馬錫成、葉湛能、王堅臣、黃宇建、鄭鈞傑

（第三排左起）蔣偉鋒、李寶龍、梁錦明、姚天樂、薛勇華、蔡錦滔、林煒昊、李沛暉、余彥宗、曾定祥、黃正夫、張嘉華、龐耀榮、卜國志、麥泰元、黃悅鴻、陳兆麒、陳子輝、陳玉珊、黃邵凝、陳偉珍

（第二排左起）孫穎怡、劉瑩、李月梅、李詠儀、曹穎鑾、林少娟、梁芷珊、蕭敏儀、鄧淑敏、陳淑貞、林月珠、鍾綺芬、謝道華、許文蘭、鍾麗玲、黃惜玉、吳碧華、胡黛珍、鄺詠儀、Amanda Jane Chapman、Afia LeBon

（第一排左起）黃靄萍、黃筱茵、曾肖波、陳玉燕、李小飛、唐韵、蘇瑞濤副校長、陳志堅校監、李志華校長、袁國柱副校長、葉菀菁、余靄欣、周若蘭、梁秀燕、郭穎堯、李美兒

2013 至 2014 年度
教職員合照

（第四排左起）林錫忠、陳志文、陳卓能、陳業祥、朱國源、黃宇建、陳滿堅、王堅臣、羅漢良、雲維漢、Raymond Allen Patton、馬錫成、邵中、鄧惠聰、姚天樂、成耀明、李寶龍、梁世融、李家傑、葉澤亮、李慶偉

（第三排左起）曾浩文、黃正夫、陳兆麒、麥泰元、林煒昊、張嘉華、曾定祥、翁江樺、傅詠賢、蘇家樂、梁錦明、姚金濠、凌繼昌、蔡錦滔、蔣偉鋒、林欣榮、曾雲強、歐陽東華、甄沃奇、黃悅鴻、關偉東、龐耀榮、謝斐

（第二排左起）廖佩詩、孫穎怡、鍾麗玲、高泳恩、陳偉珍、黃芷嫦、吳碧華、王穎、黃惜玉、鍾綺芬、陳玉燕、馮善欣、龔倩玉、郭嘉藝、唐韵、梁秀燕、陳淑貞、黎惠敏、陳玉珊、施婷茵、林少娟、周若蘭、梁翠潔

（第一排左起）潘敏芝、黃靄萍、李美兒、黃筱茵、楊慧明、鍾曉瑩、郭慧茹、李淑華、吳少虹、麥德祥副校長、陳應城校監、鄭鈞傑校長、曾志滔副校長、蕭敏儀、黃邵凝、潘迪詩、陳健敏、李詠儀、鄧淑敏、周穎藍、黃小娟、余靄欣

2018 至 2019 年度
教職員合照

（第五排左起）林瑋濤、葉澤亮、林文浚、陳卓能、凌繼昌、李家傑、陳子傑、王慶聯、邵中、姚天樂、劉裕勤、黃恩信、葉承義、馬錫成、羅漢良、陳滿堅、Thomas Howard、鄧惠聰、陳礎擎、楊紫軒、黃家聰、黃宇建、葉湛能、蔣偉鋒、吳君輝

（第四排左起）黃正夫、周亮、盧有華、林志斌、陳文俊、李慶偉、林欣榮、鄧偉業、朱國源、蘇家樂、陳志文、袁永軒、梁世融、李寶龍、雲維漢、劉卓能、王堅臣、屈啟賢、黃健威、曾浩文、李育諭

（第三排左起）黃小娟、余靄欣、周若蘭、文詠詩、朱劭茵、鍾麗玲、謝斐、蔡廸坤、姚金濠、殷沃奇、關偉東、曾定祥、龐耀榮、麥泰元、林煒昊、張嘉華、梁錦明、李文傑、林錫忠、葉翠瑩、周麗明、梁翠潔、周穎藍

（第二排左起）黃蕙妍、毛淑琪、黎惠敏、陳淑貞、蕭敏儀、黃芷嬅、郭嘉藝、蘇柳思、鍾綺芬、黃惜玉、Beth Allen、徐玉鳳、曹穎鑾、龔倩玉、李淑華、陳玉燕、謝允菁、唐韵、黃邵凝、何博菁、何穎欣、陳玉珊、郭慧茹、周健瑜

（第一排左起）胡詠怡、張子茵、黃筱茵、潘敏芝、楊慧明、鄧淑敏、林少娟、梁麗珠、成耀明副校長、鄭鈞傑校長、麥德祥副校長、曾志滔副校長、楊綺雯、譚嘉蓓、麥敏儀、李詠儀、陳偉珍、吳碧華、黃尚如、李家韞

2018 至 2019 年度
職工合照

（第二排左起）劉疊皖、周文英、劉鳳美、關玉嬋、夏愛霞、倪定君、蘇雪梅、凌秀儀、侯松光、吳瑞民、曾昭海、梁浩明

（第一排左起）何國權、鍾麗玲、麥德祥副校長、鄭鈞傑校長、曾志滔副校長、成耀明副校長、麥泰元老師、黃偉強

英華小學教職員合照

2003 至 2004 年度
教職員合照

（第三排左起）何萍寄、陳穎儀、鄭敏儀、徐國芳、劉少文、顏俊基、林廣業、鄺偉雄、廖兆年、楊美玲、吳景華、陳潤芳

（第二排左起）陳玉清、曾淑慧、梁浩莊、姚錦芬、李美思、雷慧賢、張慶梅、梁敏菁、陸麗貞、葉慧雯、黎景燕

（第一排左起）宗藹雯、李永威、關明慧、陳鳳柔、鄺慶迢副校長、簡燕玲校長、江祥麟、徐小萍、麥愛萍、陳冠靈

2008 至 2009 年度
教職員合照

（第四排左起）鄭賽華、劉曉麗、陳展雲、林旭昇、廖偉峰、朱加偉、莫至剛、王思深、Richard Courtenay Woods、顏俊基、李啟宗、陳麗敏、翁慧敏

（第三排左起）Mazumder Abanty、葉楚橋、黎慧儀、謝瑞華、蕭敏儀、田淵、傅金英、李陸恩明、盧秀美、鮑柏穎、杜綺明、鄭麗儀、陳綺華、岑綺冰

（第二排左起）陳遂美、何樂美、黎慧雲、洪翠蘭、陳穎儀、黃麗明、郭伊莉、馮仲頤、彭婉珊、李美思、黃健德、馮穎欣、何佩詠、丁銘銘、張納娜

（第一排左起）李凱盈、李詩雅、雷慧賢、黃秀芬、陳麗萍、姚惠瑜、鄺慶迢副校長、李志華校監、林浣心校長、李綺媚副校長、李浩翔、歐家威、關越雄、葉葆誠、徐迪康

2018 至 2019 年度
教職員合照

（第五排左起）顏俊基、邵志豪、溫力民、朱永豪、翁振海、Richard Courtenay Woods、范啟軒、鄺毅成、朱加偉、程偉麟、邢偉瀚、廖偉峰、湯家偉、馮仲頤、徐珮儀、夏貝勤、盧錦雄、黃曉璐

（第四排左起）李詩雅、郭伊莉、梁綺凌、雷慧賢、蕭敏儀、陳頴儀、范俊媚、徐凱盈、陳思懿、陳樹雄、吳國銘、葉挺堅、羅政彥、林卓瀚、梁安琪、陳麗婷

（第三排左起）伍家麟、李嘉泳、何珈慧、黃秀芬、黃麗明、陳麗娟、謝瑞華、侯梅香、周文禧、曾寶瑩、邱碧姬、朱鳳貞、李美思、鮑柏穎

（第二排左起）何樂美、彭映彤、張翠珊、鄭麗儀、明妙儀、楊思敏、Mazumder Abanty、馮穎欣、何佩詠、李婉雯、韓靜文、余靜韻、譚玉蘭

（第一排左起）徐迪康、陸燕虹、關越雄、李綺媚副校長、林浣心校長、陳麗萍副校長、李浩翔、馬鎮梅、莫至剛

2018 至 2019 年度
職工合照

（第三排左起）劉立波、李健、鄧宇斌、鄧益知、張文杰、梁倩

（第二排左起）江偉豪、劉和友、陳女桂、唐南顏、蔡禮琼、曾慶琴、劉雪平、陳麗貞、蕭秀梅、莫惠琼、黃石棉、劉國銘、謝瑞芳

（第一排左起）楊鳴、衛映好、劉麗琼、蕭美雲、麥敏儀、高惠儀、何麗春、楊麗霞、鄧世麟

領導諸賢

英華書院

創校校監

Rev. Robert MORRISON, D.D.（馬禮遜博士）	1818-1834

校董會主席

張祝齡牧師（Rev. CHEUNG Chuk Ling）	不詳 -1924
區斯湛醫生（Dr. AU Sz Cham）	1928-1953
歐炳光先生（Mr. AU Ping Kwong）	1953-1967
羅大堯先生（Mr. LO Tai Yue）	1967-1969
黃恩榮先生（Mr. WONG Yan Wing）	1969-1972
汪彼得牧師（Rev. Peter WONG）	1972-1973
翁珏光牧師（Rev. YUNG Kok Kwong）	1973-1978
蘇宗仁博士（Dr. SU Chung Jen）	1978-1984
郭乃弘牧師（Rev. KWOK Nai Wang）	1984-1986
蘇宗仁博士（Dr. SU Chung Jen）	1986-1992
方榮康先生（Mr. FONG Wing Hon）	1992-1997
陳志堅牧師（Rev. CHAN Chi Kin）	1997-2000
關啟昌先生（Mr. KWAN Kai Cheong）	2000-2005
馮壽松先生（Mr. FUNG Sau Chung）	2005-2010
陳志堅牧師（Rev. CHAN Chi Kin）	2010-2015
蘇成溢牧師（Rev. SO Shing Yit）	2015-2016
陳志堅牧師（Rev. CHAN Chi Kin）	2016-2018
蘇成溢牧師（Rev. SO Shing Yit）	2018- 今

校監

Rev. Herbert Richmond WELLS（威禮士牧師）	不詳
Rev. Frank SHORT（舒活牧師）	不詳
Mr. Herbert NOBLE（鈕寶璐先生）	不詳 -1964
Mr. Terence Ivor ILES（艾禮士先生）	1964-1965
Rev. Hedley Percival BUNTON（潘頓牧師）	1965-1973
汪彼得牧師（Rev. Peter WONG）	1973-1984
李清詞牧師（Rev. LEE Ching Chee）	1984-1985（署任）
郭乃弘牧師（Rev. KWOK Nai Wang）	1985-1988
翁珏光牧師（Rev. YUNG Kok Kwong）	1988-1993
蘇宗仁博士（Dr. SU Chung Jen）	1993-1995
吳振智牧師（Rev. NG Chun Chi）	1995-1997
胡丙杰牧師（Rev. WU Ping Kit）	1997-2007
陳志堅牧師（Rev. CHAN Chi Kin）	2007-2010
陳應城教授（Prof. CHAN Ying Shing）	2010- 今

校長

Rev. William MILNE, D.D.（米憐博士）	1818-1822
Rev. James HUMPHREYS（宏富禮牧師）	1822-1826
Rev. David COLLIE（高大衛牧師）	1826-1828
Rev. Samuel KIDD（修德牧師）	1828-1832
Rev. Jacob TOMLIN（湯雅各牧師）	1832-1833
Rev. John EVANS（伊雲士牧師）	1834-1840
Rev. James LEGGE, D.D.（理雅各博士）	1840-1856
Rev. Arnold HUGHES（曉士牧師）	1914-1922

Rev. Thomas William PEARCE, D.D.（皮堯士博士）	1918-1919（署任）
Rev. Leopold Gordon PHILLIPS（腓力士牧師）	1922-1924
沈維昌先生（Mr. Richard SHIM Wai Chong）	1924-1930
Rev. Frank SHORT（舒活牧師）	1930-1938
Mr. Herbert NOBLE（鈕寶璐先生）	1938-1964
Mr. YUNG Kai Yin（容啟賢先生）	1946-1947（署任）
Mr. Terence Ivor ILES（艾禮士先生）	1964-1972
Mr. Rex Frederick KING（京力士先生）	1972-1978
梅浩濱先生（Mr. MUI Ho Bun）	1978-1990
楊寶坤先生（Mr. YEUNG Po Kwan）	1990-2003
李志華先生（Mr. Roger LEE Chee Wah）	2003-2011
鄭鈞傑先生（Mr. Allan CHENG Kwun Kit）	2011- 今

副校長

盧冠元先生（Mr. LO Kun Un）	1922-1930
Mr. B. T. LEWIS（路易士先生）	1922- 不詳
容啟賢先生（Mr. YUNG Kai Yin）	1930-1968
陳耀南先生（Mr. CHAN Yiu Nam）	1968-1973
何恩德女士（Ms. HO Yan Tak）	1969-1970
李錫韞女士（Ms. Salween LEE）	1970-1972
胡新約先生（Mr. Harry AW）	1973-1975
陳炳星先生（Mr. CHAN Bing Sing）	1973-1975
雷庭蓀先生（Mr. LOI Ting Shiin）	1975-1977
高炳民先生（Mr. KO Ping Man）	1976-1996

李樹輝先生（Mr. LEE Shu Fai）	1979-1987
許耀賜先生（Mr. HUI Yiu Chi）	1987-1994
袁國柱先生（Mr. YUEN Kwok Chu）	1994-2011
蘇瑞濤先生（Mr. SO Sui To）	1996-2010
鄭鈞傑先生（Mr. CHENG Kwun Kit）	2010-2011
麥德祥先生（Mr. MAK Tak Cheung）	2011- 今
曾志滔先生（Mr. TSANG Chi To）	2013- 今
成耀明先生（Mr. SHING Yiu Ming）	2018- 今

英華小學

校監

胡丙杰牧師（Rev. WU Ping Kit）	2003-2004
李志華先生（Mr. Roger LEE Chee Wah）	2004-2010
曾昭群先生（Mr. TSANG Chiu Kwan）	2010- 今

校長

簡燕玲女士（Ms. Brenda KAN Yin Ling）	2003-2004
林浣心女士（Ms. Maria LAM Woon Sum）	2004- 今

副校長

鄺慶迢先生（Mr. KWONG Hing Shiu）	2003-2011
李綺媚女士（Ms. LEE Yee Mei）	2008- 今
姚惠瑜女士（Ms. YIU Wai Yu）	2011-2016
陳麗萍女士（Ms. CHAN Lai Ping）	2013- 今

英華書院總領袖生

鍾甲山（ZHONG Jiashan）	1934
彭國燈（PANG Kwok Dun）	1959
羅國慈（LAW Kwok Che）	1960
關漢捷（KWAN Hon Chit）	1961
陸均泉（LUK Kwan Chuen）	1962
文樹勳（MAN Shu Fun）	1963
黃禧源（WONG Hay Yuen）	1964
麥佐浩（MAK Chor Ho）	1965
高偉強（KO Wai Keung）	1966
毛錦權（MO Kam Kuen）	1967
黃恒敏（WONG Hang Mun）	1968
許宗盛（HUI Chung Shing）	1969
黃保羅（Paul WONG）	1970
關文宗（KWAN Man Chung）	1971
方展圖（FONG Chin To）	1972
鄭秀全（CHENG Sau Chuen）	1973
陳裕華（CHAN Yue Wah）	1974
梅浩洲（MUI Ho Chow）	1975
何貴益（HO Kwai Yick）	1976
魏永捷（NGAI Wing Chit）	1977
陳建田（CHAN Kin Tin）	1978
陳振雄（CHAN Chun Hung）	1979
曾偉男（TSANG Wai Nam）	1980
何啟華（HO Kai Wa）	1981
曹貴子（CHO Kwai Chee）	1982

胡信平（WU Shun Ping）	1983
藍國雄（LAN Kwok Hung）	1984
梁雁超（LEUNG Ngan Chiu）	1985
張恒光（CHEUNG Hang Kwong）	1986
蔡澤輝（CHOY Chat Fai）	1987
翁志偉（YUNG Chi Wai）	1988
馬中驥（MA Chung Kei）	1989
連志堅（LIN Chi Kin）	1990
林治崑（LAM Chi Kwan）	1991
鄺浩德（KWONG Ho Tak）	1992
徐偉斌（TSUI Wai Pun）	1993
謝龍峰（TSE Lung Fung）	1994
湯力文（Raymond TONG）	1995
黃正謙（WONG Ching Him）	1996
周庭駿（CHAU Ting Chun）	1997
曾申翹（TSANG Sun Kiu）	1998
潘寧遠（PAN Nin Yuan）	1999
龔本霆（KUNG Boom Ting）	2000
陳卓熙（CHAN Cheuk Hei）	2001
陳卓能（CHAN Cheuk Nang）	2002
黃鐳鈞（WONG Lui Kwan）	2003
陳嘉盛（CHAN Ka Shing）	2004
劉子安（LAU Tsz On）	2005
許偉信（HUI Wai Shun）	2006
蘇俊傑（SO Chun Kit）	2007
葉家能（YIP Ka Nang）	2008
陳建成（CHAN Kin Sing）	2009

蔡震宇（CHOY Chun Yu）	2010
余家洛（YU Ka Lok）	2011
潘誦軒（POON Chung Hin）	2012
陳加邦（CHAN Ka Pong）	2013
鍾朗騫（CHUNG Long Hin）	2014
何承樂（HO Shing Lok）	2015
林世澤（LAM Sai Chak）	2016
梁顥熹（LEUNG Ho Hei）	2017
陳摯諾（Bowie CHAN）	2018

英華書院學生會主席 / 會長 / 執行秘書

李錦祺（LI Kam Ki）	1960
陳家業（CHAN Ka Yip）	1961
陳家業（CHAN Ka Yip）	1962
周拾三（CHOW Shup Sham）	1963
鄒世嘉（CHOW Sai Gar）	1964
曾儒聖（TSANG Yue Shing）	1965
羅國鏘（LAW Kwok Cheung）	1966
廖長城（LIAO Cheung Sing）	1967
李樹青（LEE Shu Ching）	1968
梁志昌（LEUNG Chi Cheung）	1969
關禮銓（KWAN Lai Chuen）	1970
廖淥波（LIU Luk Por）	1971
張劭（CHANG Shao）	1972
鄧志明（TANG Chi Ming）	1975
趙錦誠（CHIU Kam Shing）	1976

陳建田（CHAN Kin Tin）	1977
林勇行（LAM Yung Hang）	1978
陳耀強（CHAN Yiu Keung）	1979
張永成（CHEUNG Wing Shing）	1980
林如德（LAM Yu Tak）	1981
姚國康（YIU Kwok Hong）	1982
車偉庭（CHE Wai Ting）	1983
陳冠仁（CHAN Koon Yan）	1984
鄧志廣（TANG Chi Kwong）	1985
郭文亮（KWOK Man Leung）	1986
梁耀基（LEUNG Yiu Kei）	1987
胡景邵（WU King Shiu）	1988
吳文傑（NG Man Kit）	1989
張家輝（CHEUNG Ka Fai）	1990
梁志豪（LEUNG Chi Ho）	1991
孔令賢（HUNG Ling Yin）	1992
吳常青（NG Sheung Ching）	1993
葉沛珩（IP Pui Hang）	1994
吳伯乾（NG Pak Kin）	1995
張子熙（CHEUNG Tsz Hei）	1996
何光熹（HO Kwong Hei）	1997
趙緯樂（CHIU Wai Lok）	1998
陳逸熙（CHAN Yat Hei）	1999
吳東澤（NG Tung Chark）	2000
唐樹熙（TONG Shu Hei）	2001
張海華（CHEUNG Hoi Wa）	2002
林正輝（Jovian LING）	2003

陳易楊（CHAN Yik Yeung）	2004
鄭彥斌（CHENG Yin Pan）	2005
蘇啟豪（SO Kai Ho）	2006
陳柏康（CHAN Pak Hong）	2007
徐成亨（TSUI Shing Hang）	2008
何志威（HO Chi Wai）	2009
何柏林（HO Pak Lam）	2010
陳卓喬（CHAN Cheuk Kiu）	2011
陳演聰（CHAN Yin Chung）	2012
鄭煒東（CHENG Wai Tung）	2013
陳力進（CHAN Lik Chun）	2014
劉政男（LAU Ching Nam）	2015
陳曉智（CHAN Hiu Chi）	2016
梁沛生（LEUNG Pui Sang）	2017
歐曉浪（AU Hiu Long）	2018

跋

200 年，是一段悠長歲月，更記載着許多人和事。在 200 年的歷史裏，英華書院建立了無數的生命，也為香港以至中國，帶來了劃時代的影響。

作為第一位來華的基督教傳教士，倫敦傳道會的馬禮遜牧師敬畏上帝，也深愛中國人，明知不可為而為之，將福音帶來中國。他於 1818 年在馬六甲成立英華書院，旨在溝通中西文化，以及培育華人傳道人才。正因馬禮遜牧師與及歷代校長的努力，基督教信仰得以在華人社群廣傳。英華書院於 1843 年遷到香港，作育英才，對香港開埠初期的傳教及教育事業有不少貢獻，多年來亦培育了許多傑出人才貢獻社會。此外，當年的書院有印刷設備，亦出版了不同書刊，這些工作與當時的漢學研究、華語翻譯、新教在華傳教事業、華文報刊出版及印刷等方面的歷史息息相關。

由創校旨在傳教的學府，英華書院至今已發展成為香港的一所文法中學，培育青少年。由於資源匱乏，書院於遷港之後面對不少困難。或許正因如此，校長先賢為學校發展盡心竭力；學生縱然多來自基層，但都奮發圖強，在老師悉心栽培下，英華學生實而不華，卓而不傲，大多都有良好發展，貢獻社會。200 年的歲月裏，校長師生一起編寫了無數勵志而動人故事。一代又一代的英華人，就是這樣建立起這個青年之家。

在此感謝英華一眾師兄弟仔細查考史實，合力編寫這部校史書，更感謝我們的前任副校長，香港大學退休教授陳耀南博士為此書賜題《皕載英華》，以及香港中文大學前任校長沈祖堯教授親書封面墨寶。

在英華書院創校 200 年之際，願英華人謹記創校宗旨，實踐上主的愛，秉承校訓「篤信善行」，承英華之傳統，振大漢之天聲。

《皕載英華》出版委員會主席
鄭鈞傑

參考資料

檔案資料

Land Register
Legge Family Collection
London Mission Society Collection, School of Oriental and African Studies Archive, University of London
Morrison & Hobson Families, Wellcome Archives
P&O Archive
The British and Foreign Bible Society Archives, Cambridge University
The Hong Kong Administrative Report
The Hong Kong Government Gazette
The Hong Kong Legislative Council
The National Archive, UK
The National Archives at Washington, D.C.
UCL Special Collections, University College, London
《教育委員會對香港未來十年內中等教育擴展計劃報告書》，香港：香港政府，1973。
《教育統籌委員會第五號報告書》，香港：香港政府，1992。

報章、期刊及雜誌

A Report of the Malacca Mission Station and the ACC for 1830 to 1831
Allen's Indian Mail
China Mail
Deaths Registered in October November December 1979, England and Wales Civil Registration Indexes. London: England, General Register Office.
Foreign Missionary Chronicle
Hong Kong Daily Press
Honolulu Star Bulletin
Illustrated London News
Indian News and Chronicle of Eastern Affairs
Missionary Herald
Missionary Magazine and Chronicle
Parish Magazine
Report of (the ACC and) Chinese/ Protestant Mission
Report of the British and Foreign Bible Society
Report of the Manchester and Salford Anglo-Chinese Association
Report of the Preparatory School, and the Theological Seminary, in Hong Kong of the London Missionary Society for the Year 1849
Report of the Preparatory School and the Theological Seminary in Hong Kong of the London Missionary Society for the Year 1850
Reports of the Preparatory School, and the Theological Seminary, of the London Society.
South China Morning Post
Student Standard
The Asiatic Journal and Monthly Register for British India and its Dependencies
The British Review and London Critical Journal
The Chinese Repository

The Eagle
The *Evangelical Magazine and Missionary Chronicle*
The Friend of China and Hongkong Gazette
The Honolulu Advertiser
The Indo-Chinese Gleaner
The Report of the BFBS
The Straits Times
《中華基督教會堂佈告》，中華基督教會合一堂。
《中華基督教會望覺堂年報》
《明報》
《東方日報》
《信報》
《星島日報》
《工商日報》
《香港華字日報》
《香港華字晚報》
《華僑日報》
《察世俗每月統記傳》
《閩南基督教大議會年錄》

英華書院檔案、紀錄及刊物

《火炬》（*Torch*），1965-2008。
《英華弍六零・展望與追普》，1978。
《英華月刊》（*The Ying Wa Echo, Anglo-Chinese Monthly*），1926。
《英華青年》（*The Ying Wa Echo*），1924、1930。
《英華青年》（*Ying Wa Student*），1919。
《英華書院》，1929。
《英華書院一百七十週年紀念特刊》。1987。
《英華書院一百七十五週年紀念特刊》，1994。
《英華書院一百七十週年紀念特刊》，1989。
《英華書院一百九十五週年校慶紀念特刊》，2014。
《英華書院一百九十週年校慶紀念特刊》，2009。
《英華書院一百八十五週年紀念特刊》，2004。
《英華書院一百八十週年紀念特刊》，1999。
《英華書院校刊》（*Ying Wa Magazine*），1960-1974。
校董會會議紀錄
梁偉昌編：《變：英華六年》，香港：英華書院學生會，1978。
梅浩然編：《英華書院（始創一八一八年）中六文（71-73）同學錄》，香港：香港人人書局有限
　　　公司，1974。
畢業典禮場刊

書籍

A Brief Statement of the Objects of the Anglo-Chinese College. Malacca, 1818.
A Lexilogus of the English, Malay, and Chinese languages. Malacca: The Anglo-Chinese
　　　College Press, 1841.

Abdullah Bin Abdul Kadir; Hill, A. H. (tr.), *The Hikayat Abdullah*. London: Oxford University Press, 1970.

Abeel, D., *Journal of a Residence in China*. New York: Leavitt, Lord & Co, 1834.

Addison, W. I., *A Roll of the Graduates of the University of Glasgow*. Glasgow: James Maclehose and Sons, 1898.

Atkins, S. E., *The Academic Library in the American University*. Madison: Parallel Press, 2002.

Barnett, S. W. & Fairbank, J. K. (eds.), *Christianity in China: Early Protestant Missionary Writings*. Cambridge, Mass.: Harvard University Press, 1985.

Bebbington, D. W., *The Nonconformist Conscience, Chapel and Politics, 1870-1914*. London: Allen & Unwin, 1982.

Begbie, Peter James, *The Malayan Peninsula, Embracing its History, Manners and Customs of the Inhabitants, Politics, Natural History &c. from its Earliest Records*. Madras: Vepery Mission Press, 1834.

Bellin, J. N., *Plan de la Ville de Malaca*. Paris: Bellin, 1764.

Boardman, E. P., *Christian Influence upon the Ideology of the Taiping Rebellion, 1851-1864*. New York: Octagon Books, 1972.

Bocarro, A., *Livro das plantas de todas as fortalezas, cidades e povoaçoens do Estado da India Oriental*. Biblioteca Nacional de Portugal, 1635.

Bowman, M. L., *James Legge and the Chinese Classics*. Victoria, BC, Canada : Friesen Press, 2016.

Broomhill, M., *Robert Morrison: A Master-Builder*. London: Student Christian Movement, 1924.

Calendar of the Grants of Probate and Letters of Administration made in the Probate Registries of the High Court of Justice in England (England & Wales, National Index of Wills and Administrations) Year 1954.

Cham, Estella Suk-ching Lai, *A Critical Study of the Development of School Music Education in Hong Kong, 1945 – 1997* (Unpublished Doctoral thesis). London: Kingston University, 2001.

Chiu, Patricia P. K., *A History of the Grant Schools Council*. Hong Kong: Grant Schools Council, 2003.

Clulow, A., *The Company and the Shogun: The Dutch Encounter with Tokugawa Japan*. New York: Columbia University Press, 2014.

Cook, J. A. B., *Sunny Singapore: An Account of the Place and its People, with a Sketch of the Results of Missionary Work*. London: Elliot Stock, 1907.

Cornwallis, C. F., *Selections fr. the Letters of C. F. Cornwallis*. London, 1864.

Correa, G., *Lendas da India*. Lisboa: Academia Real das Sciencias, 1860.

Daily, C. A., *Robert Morrison and the Protestant Plan for China*. Hong Kong: Hong Kong University Press, 2013.

Davies., *Memoir of Rev. Samuel Dyer*. London: J. Snow, 1843.

Dean, W., *The China Mission*. New York: Sheldon & Co., 1859.

Denzel, M. A., *Handbook of World Exchange Rates, 1590-1914*. Farnham: Ashgate Publishing Limited, 2010.

Downs, J. M., Grant, F. D., *The Golden Ghetto: The American Commercial Community at Canton and the Shaping of American China Policy, 1784–1844*. Hong Kong: Hong Kong University Press, 2014.

Fey, Harold C. (ed.), *A History of the Ecumenical Movement*, Volume 2: 1948-1968. London: World Council of Churches Publications, 2004.

Foo, Timothy Wo-Ping, *Survey Appraisal of Secondary School Music in Hong Kong* (Unpublished Doctoral thesis). Oregon: University of Oregon, 1973.

Franck A. H. & Jaques, W. (tr.), *A Guide to the Reading and Study of the Holy Scriptures*, 3rd ed. London: D. Jaques, Chelsea, 1819.

Geiger, R. L., *The American College in the 19th Century*. Nashville: Vanderbilt University Press, 2000.

Guide to the London Missionary Society Archive 1764-1977. SOAS The Library, University of London, Jul. 1994, last revised Oct. 2017.

Gützlaff, C., *Journal of Three Voyages along the Coast of China*. London: Frederick Westley and A. H. Davis, 1834.

Hancock, C., *Robert Morrison and the Birth of Chinese Protestantism*. London: T. & T. Clark Ltd, 2008.

Harrison, B., *Waiting for China: The Anglo-Chinese College at Malacca, 1818-1843, and Early Nineteenth-Century Missions*. Hong Kong: Hong Kong University Press, 1979.

Hsü, Immanuel C. Y., *The Rise of Modern China*. New York: Oxford University Press, 1990.

Hunter, W. C., *Bits of old China*. London: Kegan Paul, Trench, & Co, 1855.

Hussin, N., *Trade and Society in the Straits of Melaka, Dutch Melaka and English Penang, 1780-1830*. Singapore: NUS Press, 2007.

João de Lucena, *Historia da vida do padre Francisco de Xavier: e do que fizerão na India os mais religiosos da Companhia de Iesu*. Lisboa: Impressa per Pedro crasbeeck, 1600.

"John Williams V" The L.M.S. Schooner for the Service of God in the South Pacific. Westminster: London Missionary Society, 1930.

Kidd, S., *China, Illustrations of the Symbols, Philosophy, Antiquities, etc.* London: Taylor & Walton, 1841.

Le Fevre, L. S., *The Directory for the Incorporated Settlements of Prince of Wales Island, Singapore and Malacca, with an Appendix for the Year of Our Lord 1843*. Singapore: Mission Press.

Legge, Helen Edith., *James Legge, Missionary and Scholar*. London: Religious Tract Society, 1905.

Legge, J., *The Notions of the Chinese concerning God and Spirits*. Hong Kong: Hong Kong Register Office, 1852.

Lim Huck Chin; Fernando, Jorge., *Malacca: Voices from the Street*. Malaysia: Lim Huck Chin, 2006.

Lin Yutang., *A History of the Press and Public Opinion in China*. New York: Greenwood Press, 1968.

LMS., *The Report of the Directors to the 37th General Meeting of the Missionary Society*. London: London Missionary Society, 1831.

Lovett, Richard., *The History of the London Missionary Society, 1795-1895*. London: Henry Frowde, 1899.

Lum, Arlene (ed.), *Sailing for the Sun: The Chinese in Hawaii, 1789-1989*. Honolulu, Hawaii: University of Hawaii Press, 1988.

Malaya. Survey Department, *Malacca: Guide Map Showing Features of Historical Interest*. Kuala Lumpur: Survey Dept, 1958.

Malcom, H., *Travels in South-eastern Asia*. Boston: Gould, Kendall and Lincoln, 1839.

Martin, R. M., *History of the Colonies of the British Empire*. London: W. H. Allen and Co, 1843.

McNeur, G. H. & Seitz, J. A. (ed.), *Liang A-Fa: China's First Preacher, 1789-1855*. Eugene, OROregon: Pickwick Publications, 2013.

Medhurst, W. H., *China, its State and Prospects*. London: John Snow, 1838.

Miller, T. P., *College English*. Pittsburgh: University of Pittsburgh Press, 1997.

Milne, W., *Retrospect of the First 10 Years of the Protestant Mission to China*. Malacca: Anglo Chinese Press, 1820.

Milne, W., *The Sacred Edict, containing sixteen maxims of the Emperor Kang-He, amplified by his son, the Emperor Yoong-Ching*. London: Printed for Black, Kingsbury, Parbury, and Allen, 1817.

Missionary Records: China, Burmah, Ceylon. London: Religious Tract Society, n.d., c. 1836.

Missionary Sketches: For the Use of the Weekly and Monthly Contributors to the Missionary Society. London: London Missionary Society, Jan 1825.

Montgomery, J., *Journal of the Voyages and Travels of D. Tyerman and G. Bennet*. Boston: Crocker and Brewster, 1832.

Morrison, E., *Memoirs of the Life and Labours of Robert Morrison*. London: Longman, Orme, Brown , Green and Longmans, 1839.

Morrison, R., *A Parting Memorial, consisting of Miscellaneous Discourses, etc.* London: Printed for W. Simpkin and R. Marshall, 1826.

Morrison, R., *Memoirs of the Rev. W. Milne*. Malacca: Mission Press, 1824.

Morse, H. B., *The chronicles of the East India Company trading to China, 1635-1834*. Oxford: Clarendon Press, 1926-1929.

Nolan, E. H., *The Illustrated History of the British Empire in India and the East*. London: James S. Virtue, 1860.

Philip, R., *The Life and Opinions of the Rev. William Milne, D. D., Missionary to China: Illustrated by Biographical Annals of Asiatic Missions from Primitive to Protestant Times, Intended as a Guide to Missionary Spirit*. New York: D. Appleton & Co., 1840

Plan of Part of Cooboo, 1875. Kuala Lumpur: Arkib Negara Malaysia.

The Vanguard of the Christian Army. London: The Religious Tract Society, n.d..

Richardson, R. D., *Emerson: the Mind on Fire*. Berkeley: University of California Press, 1996.

Ricklefs, M. C. Voorhoeve, P., Gallop, A. T., *Indonesian Manuscripts in Great Britain*. Jakarta: Yayasan Pustaka Obor Indonesia, 2014.

Schneider, R. J., *Thoreau's Sense of Place*. Iowa City: University of Iowa Press, 2000.

Shavit, D., *The United States in Asia: A Historical Dictionary*. Westport: Greenwood, 1990.

Sibree, James, *London Missionary Society: A Register of Missionaries, Deputations, Etc., from 1796 to 1923*. London: London Missionary Society, 1923.

Smith, Carl, *A Sense of History: Studies in the Social and Urban History of Hong Kong*. Hong Kong: Hong Kong Educational Publishing Co., 1995.

Smith, Carl, *Chinese Christians: Elites, Middlemen, and the Church in Hong Kong*. Hong Kong: Hong Kong University Press, 2005.

Sng, B. E. K., *In His Good Time: the Story of the Church in Singapore, 1819-2002*. Singapore: Bible Society of Singapore, 2003.

Song Ong Siang, *One Hundred Years of the History of the Chinese in Singapore*. London: John Murray, 1923.

Song Ong Siang, *One Hundred Years' History of the Chinese in Singapore*. Singapore: National Library Board, 2016.

Stevens, G. B., *The Life, Letters and Journals of the Rev. and Hon. Peter Parker*. Boston: Congregational Sunday-School and Pub. Society, 1896.

Taylor, F. W., *A Voyage Around the World*. New Haven: D. Appleton and Co., 1842.

Thomson, J. T., *Translations from the Hakayit Abdulla*. London: Henry S. King & Co., 1874.

Tkin Shen, *The Rambles of the Emperor Ching Tih in Keang Nan, A Chinese Tale*. London: Longman, Brown, Green, & Longmans, 1843.

University of London, The Historical Record (1836-1912). London: University of London Press, 1912, first issue.

Urban S., *The Gentleman's Magazine*. London: John Bowyer Nichols and Son, July 1843.

War Office., *Town Plan of Malacca*, 2nd ed. Oxford: Bodleian Library, Oxford University, 1945.

Ward, T. M. *et al*, *Official Papers on the Medical Statistics and Topography of Malacca and Prince of Wales' Island and on the Prevailing Diseases of the Tenasserim Coast.* Pinang: Government Press, 1830.

Wylie, Alexander, *Memorials of Protestant Missionaries to the Chinese: Giving a List of Their Publications, and Obituary Notices of the Deceased. With Copious Indexes*. Shanghae: American Presbyterian Mission Press, 1867.

Zetzsche, Jost Oliver, *The Bible in China: the History of the Union Version or the Culmination of Protestant Missionary Bible Translation in China*. Sankt Augustin: Monumenta Serica Institute, 1999.

《中華基督教會合一堂香港堂八十五周年堂慶特刊》，香港：中華基督教會合一堂，2008。

《中華基督教會望覺堂五十周年金禧紀念特刊》，香港：中華基督教會望覺堂，1978。

《東華醫院徵信錄》，香港：東華醫院，1873。

《整理中華基督教會廣東第六區會會務芻言》

偉烈亞力著，倪文君譯：《1867 年以前來華基督教傳教士列傳及著作目錄》，廣西，2011。

巴治安：《矜憫為懷──雅麗氏何妙齡那打素醫院百週年紀念特刊》，香港：雅麗氏何妙齡那打素醫院，1987。

王誌信：《道濟會堂史：中國第一家自立教會（1886-1926）》，香港：基督教文藝出版社，1986。

刑福增：《香港基督教史研究導論》，香港：建道神學院，2004。

何丙仲：《鼓浪嶼公共租界》，廈門：廈門大學出版社，2015。

李志剛：《香港基督教史研究導論》，香港：三聯書店，2012。

李金強主編：《香港教會人物傳》，香港：香港華人基督教聯會，2014。

肖喜學：《香港城市探微》，香港：中華書局，2016。

汪敬虞：《唐廷樞研究》，北京：中國社會科學出版社，1983。

周佳榮：《潮流兩岸：近代香港的人和事》，香港：香港中和出版有限公司，2016。

松浦章、內田慶市、沈國威編：《遐邇貫珍──附解題‧索引》，上海：上海辭書出版社，2005。

柯木林：《新華歷史人物列傳》，新加坡：教育出版私營有限公司，1995。

洪卜仁主編：《廈門老校名校》，廈門：廈門大學出版社，2013。

王慶成編：《影印太平天國文獻十二種》，北京：中華書局，2004。

香港建築中心：《十築香港：我最愛的香港百年建築》，香港：三聯書店，2015。

宮崎滔天著，佚名初譯，林啟彥改譯注釋：《三十三年之夢》，廣州：花城出版社，1981。

翁傳鏗主編：《中華基督教會創會九十周年紀念特刊》，香港：中華基督教會香港區會，2008。

馬禮遜（Morrison, R.）：《養心神詩》，馬六甲，1818。

區斯湛、區深湛編：《區鳳墀哀思錄》，香港，年份不詳。

張志春：《王韜年譜》，石家莊：河北教育出版社，1994。

梁景海：《梁發與中國基督教》，香港：香港中國近代史研究公司，2003。

梁發：《勸世良言》，廣州，1832。

陳湛頤：《日本人與香港——十九世紀見聞錄》，香港：香港教育圖書公司，1995。

麥沾恩、胡簪雲譯：《中華最初的佈道者：梁發傳（附勸世良言）》，香港：基督教輔僑出版社，
　　　　1955。

陸鴻基：《從榕樹下到電腦前——香港教育的故事》，香港：進一步多媒體有限公司，2003。

曾衍盛：《青雲亭個案研究：馬來西亞最古老廟宇》，馬六甲：羅印務有限公司，2011。

飯田基之：《第六回極東選手權競技大會記念寫真帖》，大阪：十字館，大正十二年。

馮思禹：《部身字典》，香港：右文書屋，1967。

黃汝恒：〈試析廣東香山黃勝（1825-1902）的社會網絡與事業發展的關係〉，香港：香港中文大
　　　　學歷史系學士論文（未刊稿），1993。

楊華日：《鍾榮光先生傳》，香港：嶺南大學香港同學會，1967。

葉深銘：《天道下濟：香港華人自理會道濟會堂傳教事業研究（1843-1926）》，香港：香港大學
　　　　博士論文（未刊稿），2014。

甄永全主編：《中華基督教會望覺堂鑽禧紀念特刊（1928-1988）》，香港：中華基督教會望覺堂，
　　　　1988。

劉國祥、鄧聰主編：《玉根國脉》，北京：科學出版社，2011。

劉紹麟：《中華基督教會合一堂史：從一八四三年建基至現代》，香港：中華基督教會合一堂，
　　　　2003。

劉紹麟：《古樹英華——英華書院校史》，香港：英華書院校友會，2001。

劉粵聲編：《香港基督教會史》，香港：香港浸信教會，1996。

劉璐：〈19世紀30至60年代傳教士中文報刊研究〉，陝西師範大學碩士論文（未刊稿），2017。

蔡義鴻主編：《中華基督教會灣仔堂150週年堂史特刊》，香港：中華基督教會灣仔堂，2014。

蕭麗娟、陳成漢、劉思詠、鄭惠元、梁嘉偉：《孫中山與香港》，香港：香港歷史博物館，2013。

謝洪賚：《名牧遺徵》，上海：中華基督教青年會全國協會，1915。

鮫島盛隆著，龔書森譯：《香港回想記：日軍佔領下的香港教會》，香港：基督教文藝出版社，
　　　　1971。

簡又文：《中國基督教的開山事業》，香港：基督教輔僑出版社，1960。

羅偉虹主編：《中國基督教（新教）史》，上海：上海人民出版社，2016。

蘇精：《上帝的人馬：十九世紀在華傳教士的作為》，香港：基督教中國宗教文化研究社，2006。

蘇精：《中國，開門！》，香港：基督教中國宗教文化研究社，2005。

蘇精：《馬禮遜與中文印刷出版》，臺北：臺灣學生書局，2000。

蘇精：《基督教與新加坡華人 1819-1846》，臺北：清華大學，2010。

蘇精：《鑄以代刻——傳教士與中文印刷變局》，臺北：國立臺灣大學出版中心，2014。

論文

Barnett, S. W., "Silent Evangelism: Presbyterians and the Mission Press in China, 1807-1860," *Journal of Presbyterian History*, Winter 1971.

Bremner, M. J. (tr.), "Governor Balthasar Bort on Malacca, 1678," *Journal of the Malayan Branch of the Royal Asiatic Society*, August 1927.

Eitel, Ernest John., "Materials for a History of Education in Hong Kong," *The China Review,* Vol. 19, No. 5, 1891.

Evans, Stephen, "The Beginnings of English Language Education in Hong Kong, 1842-1859," *Educational Research Journal*, Vol. 13, No. 2, Winter 1998.

Hanan, P., "The Bible as Chinese Literature: Medhurst, Wang Tao, and the Delegates' Version," *Harvard Journal of Asiatic Studies*, June 2003.

Hanan, P., "The Missionary Novels of Nineteenth-Century China," *Harvard Journal of Asiatic Studies*, December 2000.

"House of Commons Debate: Suppression of the Opium Trade," *Hansard*, Vol. 68, 4 April 1843.

Kataoka, Shin & Lee, Cream, "A System without a System: Cantonese Romanization Used in Hong Kong Place and Personal Names," *Hong Kong Journal of Applied Linguistics*, 11(1), 2008.

Kua, Paul, "Ying Wa Boys, 1818–1843: Who were they and what did they do?", a paper presented at "Sino-Western Cultural Exchange and the Development of Christianity in China: A Conference in Celebration of the Bicentenary of Ying Wa College," Hong Kong Baptist University, 11–13 October 2018, Hong Kong.

Kua, Paul, "Chinese Bibles published by Ying Wa," *Ying Wa College, 1818-1998: 180th Anniversary Issue*. Hong Kong, 1998.

Kua, Paul, "The Anglo-Chinese College in Malacca, 1818-1843: its Location and Facilities," *Journal of the Malaysian Branch of the Royal Asiatic Society (JMBRAS)*, June 2018.

Latham, Robert, "Patterns of the Spirit: Towards a Council," in Bernard Thorogood (ed.), *Gales of Change: Responding to a Shifting Missionary Context: The Story of the London Missionary Society, 1945-1977*. Geneva: WCC Publications, 1994.

Leung Yuen Sang, "Some Found It, Some Lost It", *Asian Culture*, Vol. 1, Feburary 1983.

Medhurst, W. H., "Connection Between Foreign Missionaries and the Kwang-se Insurrection," *North China Herald*, 27 August 1853.

Morris, Paul; Mc Clelland, Gerry; Wong Ping Man, "Explaining Curriculum Change: Social Studies in Hong Kong", *Comparative Education Review*, Vol. 41, No. 1, February, 1997.

O'Sullivan, R. J., "A History of the London Missionary Society in the Straits Settlements (c. 1815-1847)," Ph.D. thesis. SOAS The Library, University of London, 1990.

Richard, Timothy. "Presentation Testament to the Empress-Dowager of China," *Chinese Recorder*, 26, 1895.

Rule, Pauline. "The Transformative Effect of Australian Experience on the Life of Ho A Mei, 1838–1901, Hong Kong Community Leader and Entrepreneur," in Sophie Couchman & Kate Bagnall (ed.), *Chinese Australians: Politics, Engagement and Resistance*. Leiden: Brill, 2015.

Smith, C. T., "Dr. Legge's Theological School," *Chung Chi Bulletin*, 1971.

Su, Ching, "The Printing Presses of the London Missionary Society among the Chinese" (Unpublished Doctoral thesis). London: University of London, 1996.

Starr, B., "The Legacy of Robert Morrison," *International Bulletin of Missionary Research*, April 1998.

Wilson & Newbold, "The Chinese Secret Triad Society of the Tien-ti-huih," *Journal of the Royal Asiatic Society*, 1841.

Wong Man Kong, "The Stories of Urban Christian Women in Nineteenth-century South China: With Special Reference to Missionary-related Sources", Clara Wing Chung Ho (eds.), *Overt and Covert Treasures: Essays on the Sources for Chinese Women's History*. Hong Kong: The Chinese University of Hong Kong, 2012.

丁偉、李敏：〈馬六甲英華書院英語教學歷史研究〉，載《中國科技信息》，2006 年 7 月。

朱紫封：〈中華基督教會組織現狀〉，載《總會公報》，第 1 卷第 3 期，1929。

吳義雄：〈中華基督教會廣東協會與本色教會運動〉，載《世界宗教研究》，第 2 期，2002。

李雄溪：〈英華書院與《伊索寓言》的國學化〉，載《國學新視野》，2015 年 1 月 12 日。

周佳榮：〈香港「新語」——早期中英雙語辭典對近代中日兩國語文的影響〉，載《當代史學》，第 11 卷第 3 期，2012。

倉田明子：〈洪仁玕與「洋」社會——在香港逗留期間的洪仁玕〉，載《太平天國與中西文化——紀念太平天國起義 150 周年論文集》，廣州：廣東人民出版社，2003。

高伯蘭著，文南斗譯：〈合而為一〉，載《中華基督教會全國總會公報》，第 20 卷第 2 期，1948。

陳學霖：〈黃勝——香港華人提倡洋務事業之先驅〉，載《崇基學報》，第 3 卷第 2 期，1964 年 5 月。

程介明：〈教育的回顧（下篇）〉，載王賡武編：《香港史新編（下冊）》，香港：三聯書店，1999。

樊慧穎、劉凡夫：〈從漢譯《智環啟蒙塾課初步》看近代中日間新詞語的傳播〉，載《日本研究》，第 1 期，2010。

譚沃心：〈中華基督教會廣東協會三十年〉，載《新壇》，第 6 至 7 期，1948。

譚樹林：〈英華書院之印刷出版與中西文化交流〉，載《江蘇社會學》，第 1 期，2015。

蘇成溢：〈會員教會巡禮：中華基督教會香港區會〉，載《信息》，第 324 期，2014 年 9 月、10 月。

蘇精：〈從英華書院到中華印務總局——近代中文印刷的新局面〉，載林啟彥、黃文江主編，《王韜與近代世界》，香港：香港教育圖書公司，2000 年。

網頁資料

中華基督教會公理堂網頁 http://www.ccc.org.hk/

香港教育局網站 http://www.edb.gov.hk/

翻譯詞彙對照表

本表主要收錄與英華書院關係密切、欠缺統一譯法，或生僻罕聞的人物、地方、組織和刊物的名稱。讀者如有需要，可參考本校史英文版 *Two Centuries of Excellence: The Bicentennial History of Ying Wa College*。

兩劃

| 丁道爾 | William Tyndale |

三劃

| 士丹頓 | George Thomas Staunton |
| 大英輪船公司/ 鐵行輪船公司 | Peninsular and Oriental Steam Navigation Company (P&O Co.) |

四劃

《中英文會話及凡例》	*Dialogues, Chinese and English*
《中英文會話及書信》	*The English and Chinese Student's Assistant: Colloquial Phrases, Letters, &c., in English and Chinese*
《中國，或中國人之符號，哲學，古物等》	*Illustrations of the Symbols, Philosophy, Antiquities, etc. of the Chinese*
《中國的現狀與傳教展望》	*China: Its State and Prospects*
《中華之暑：中國通俗文選》	*Horæ Sinicæ*
《中華叢論》	*Chinese Repository*
中殿學院	Middle Temple
丹尼路	Danilo Delfin
丹拿	Frederick Turner
公理會世界傳道會	Congregational Council for World Mission

巴色會	Basel Evangelical Missionary Society
巴治安	Edward Hamilton Paterson
巴約翰	John S. Barr
巴夏禮	Harry Smith Parkes
巴登符騰堡青年管樂團	Baden-Württemberg Youth Wind Ensemble
戈斯波特神學院	Gosport Academy
《文法初階》	*Grammar for Beginners*
文理	Margaret C.B. Money

五劃

世界傳道會	Council for World Mission
世界傳道會（公理與歸正）	Council for World Mission (Congregational and Reformed)
世界傳道會那打素基金	Council for World Mission Nethersole Fund
主教學院	Bishop's College
加拿大合一教會	United Church of Canada
加拿大合一教會女宣道會	Women Missionary of the United Church of Canada
加拿大長老會	Presbyterian Church in Canada
加拿大長老會女宣道會	Women's Missionary Society of the Presbyterian Church in Canada
卡里古拉	Caligula
卡迪克	Michael F. Caddick
古柏夫人	Mrs Cooper
《古樹英華——英華書院校史》	*Sanctuary of Excellence: The History of Ying Wa College*
台約爾	Samuel Dyer
史丹理	Edward Smith-Stanley

史百川	Joseph Barton Starr
史密斯公司	Smith & Sons
史提芬遜	Graham Roger Stevenson
史慕爾	A. E. Small
司雷特	John Slater
司駱克	James Haldane Stewart Lockhart
布連拾街教會	Prinsep Street Church
布蘭德	Hermann Brandt
打金街	Goldsmith Street
甲必丹	*Kapitan Cina*
白士德	Alexander Baxter
皮堯士	Thomas William Pearce

六劃

伊士曼音樂學院	Eastman School of Music
《伊索寓言》	*Aesop's Fables*
伊雲士	John Evans
伊達善	Edward Caston Eates
伊榮	Edward Alexander Irving
伊德	W. N. Eade
《印中搜聞》	*Indo-Chinese Gleaner*
合信	Benjamin Hobson
同寅會	Church of the United Brethren in Christ
《地球儀論述》	*Treatise on the Globes*
《孖剌報》	*Hong Kong Daily Press*
安達臣	Keith Anderson

米爾頓	Samuel Milton
米憐	William Milne
《米憐的回憶錄》	*Memoirs of the Rev. William Milne D.D., Late Missionary to China and Principal of the Anglo-Chinese College*
艾伯特親王	Albert, Prince Consort
艾約瑟	Joseph Edkins
艾默生	Ralph Waldo Emerson
艾禮士	Terence Iles
西貝流士	Jean Sibelius

七劃

亨特	William Charles Hunter
伯戈因	William Burgoyne
伯雷	Berry
伯嘉祿	António Bocarro
何斯頓學院	Hoxton Academy
何翰	Ho Han
克樂	Samuel Kyle
克魯尼	John Clunie
利文斯頓	John Livingstone
利瑪竇	Matteo Ricci
《告別演詞》	*Farewell Address*
宏富禮	James Humphreys
《折衷評論》	*The Eclectic Review*
李愛銳	Eric Liddell
杜約克	Joy Drake

貝克	Charles Baker
貝林	Jacques Nicolas Bellin
貝敦	John Beighton
那打素醫院	Nethersole Hospital

八劃

亞士厘	Anthony Ashley-Cooper
《亞洲研究》	*Asiatic Researches*
《亞洲雜誌》	*Journal Asiatique*
京力士	Rex Frederick King
佩雷斯	Francisco Peres
卓文	Gilbert Wesley Chapman
叔未士	Lewis Shuck
姆曼・蒂森	Jan Samuel Timmerman Thyssen
委辦譯本	Delegates Version (Bible)
孟松學院	Monson Academy
孟冀如	Anne Vera MacKeith
怡和洋行	Jardine Matheson
拉薩爾	Johannes Lassar (*Hovhannes Ghazarian*)
明托伯爵	Gilbert Elliot-Murray-Kynynmound, 1st Earl of Minto
明普里斯	Robert Mimpriss
法夸爾	William Farquhar
法國巴黎亞洲學會	La Société Asiatique de Paris
法摩沙堡壘	A Famosa
波昂	James Bone
波特	Balthasar Bort

波特蘭公爵號	Duke of Portland
金文泰	Cecil Clementi
金爵士	Edward King, Viscount Kingsborough
阿卜杜拉	Abdullah bin Abdul Kadir (Munshi Abdullah)
《阿卜杜拉的故事》	*Hikayat Abdullah*
阿爾特納	Stefan Altner
阿諾	Arnold
亞羅號事件	Arrow Incident

九劃

勃朗	Samuel Robbins Brown
威克里夫	John Wycliffe
威廉‧克理	William Carey
威禮士	Herbert Richmond Wells
《宣教日誌與書信》	*Missionary Journals and Letters*
律勞卑	William Napier
恒河外方傳道會	Ultra Ganges Mission
施百偉	Bertrand de Speville
施約翰	John Smith
《星加坡自由報》	*Singapore Free Press*
《星加坡和暹羅宣教日誌》	*A Missionary Journal Kept at Singapore and Siam from May 1830 to January 1832*
《星加坡紀事報》	*Singapore Chronicle*
星加坡學院	Singapore Institution
柏立基	Robert Black
查理‧衛斯理	Charles Wesley

柯克斯	Josiah Cox
柯理	Richard Cole
柯理蘭	John Fullarton Cleland
洪任輝	James Flint
派克	Peter Parker
皇家工兵辦公室	Royal Engineer's Office
皇家亞洲學會	Royal Asiatic Society
祁濟時	Irving Gass
紀理斯裨	William Gillespie
約安娜	Johanna
約翰・威廉斯 IV 號	John Williams IV (Ship)
約翰・馬克	John Mark
美國公理宗海外傳道部（美部會）	American Board of Commissioners for Foreign Missions, ABCFM
美國公理會	Congregational Church of America
美國北長老會	Presbyterian Church in the U.S.A. (North)
美國南長老會	Presbyterian Church in the United States (South)
美國綱紀慎會	American Congregational Mission
美國歸正教會/ 復初會	Reformed Church in America
美瑞丹會	Swedish American Mission
美魏茶	William Charles Miline
耶茨夫人	Mrs F. Yates
英長老會	British Presbyterian Church
英格蘭及威爾斯公理宗	Congregational Church of England and Wales
英格蘭長老教會	Presbyterian Church of England
英浸信會	British Baptist Missionary Society
英國及海外聖經公會	British and Foreign Bible Society

英華小學家長教師會	Ying Wa Primary School Parent-Teacher Association
英華書院家長教師會	Ying Wa College Parent-Teacher Association
英聯邦傳道會	Commonwealth Missionary Society
范禮安	Alessandro Valignano
韋爾特	Heinrich Christian Werth
韋德厚	Johannes Bartholomeus Westerhout

十劃

修德	Samuel Kidd
倫敦傳道會	London Missionary Society
倫敦傳道會中國神學院	The Theological Seminary of the London Missionary Society's Missions in China
倫魯德	Frank Lenwood
哥頓公爵夫人學校	Duchess of Gordon's School
夏靜怡	Dorothy Hutchinson
奚禮爾	Charles Batten Hillier
容三德	Yong Sam Tak
庫克	John Angus Bethune Cook
徐慕法	T. Moffat
恩士	John Ince
晏樹庭	Frank Ashton
格老秀斯	Hugo Grotius
泰勒	Fitch Waterman Taylor
海布里神學院	Highbury Theological College
海倫	Helen Morrison

《海峽華人雜誌》	*Straits Chinese Magazine*
《浸信會雜誌》	*The Baptist Magazine*
特朗奎拉城門	Tranquerah Gate
《真理通道》	*Course of Sermons*
砵甸乍	Henry Pottinger
《神學雜誌》	*The Theological Magazine*
紐西蘭長老會	Presbyterian Church of New Zealand
紐惠露	Maria Newell
馬丁	Robert Montgomery Martin
馬士曼	Joshua Marshman
馬六甲濟困會	Malacca Chinese Samaritan Society
《馬六甲觀察報》	*Malacca Observer*
馬來學院	Malay College
馬治平	Charles Majoribanks
馬科姆	Howard Malcolm
馬若瑟	Joseph de Prémare
馬德拉斯	Madras
馬儒翰	John Robert Morrison
馬禮遜	Robert Morrision
馬禮遜教育協會	Morrison Education Society
馬禮遜學堂	Morrison Memorial School
馬蘭	Solomon Caesar Malan
高三桂夫人	Mrs Caldwell (Chan Ayow)
高大衛	David Collie
高德	Josiah Goddard

十一劃

偉烈亞力	Alexander Wylie
國分秀祐	Kokubun Shusuke
國際奉仕委員會	International Service Committee
基加拿希	Craigellachie
基思	Thomas Keith
基斯柏理	Benjamin Peach Keasberry
《基督教觀察報》	*The Christian Observer*
《基督新教在華傳道最初十年之回顧》	*A Retrospect of the First Ten Years of the Protestant Mission to China*
康沃利斯	Caroline Frances Cornwallis
曼徹斯特和薩爾福德英華協會	Manchester and Salford Anglo-Chinese Association
梭羅	Henry David Thoreau
理雅各	James Legge
畢比	Peter James Begbie
莫雷爾	John Reynell Morell, Catharine Morell
莫頓	John Morton
莫瑪莉	Mary Morton
《通用漢語之法》	*A Grammar of the Chinese Language*
郭士立	Karl Friedrich August Gützlaff
陳尚	Tean Tshoon
陳金聲	Tan Kim Seng
麥士維	Maxwell
麥沾恩	George Hunter McNeur
麥法臣	John Livingstone McPherson
麥祈莊	John Stuart MacKeith

麥科納基	Maconachie
麥理浩	Crawford Murray MacLehose
麥都思	Walter Henry Medhurst
麥華陀	Sir Walter Henry Medhurst

十二劃

傅利莎	Donald J. Fraser
傅林明	Robert Fleming
博格	David Bogue
博德曼	Eugene Powers Boardman
喜嘉理	Charles Robert Hager
《喬伊斯之科學對話》	*Joyce's Scientific Dialogues*
《寓言》	*The Parables*
惠愛醫館	Hospital of Merciful Love
斌列	George Bennet
普世教會合一運動	Ecumenical Movement
普希托文	Pushto
智朗文法學校	Geelong Grammar School
《期刊雜誌與少年教師》	*Periodical Miscellany and Juvenile Instructor*
湛約瀚	John Chalmers
湯生	Claudius Henry Thomsen
湯斯	Peter Perring Thoms
湯雅各	Jacob Tomlin
粦為仁	William Dean
腓力士	Leopold Gordon Phillips
舒活	Frank Short

華萊士	Mary Christie Wallace
華德利	George Turner Waldegrave
萊比錫聖多馬合唱團	Thomanerchor Leipzig
萊佛士	Stamford Raffles
鈕寶璐	Herbert Noble
雅廷敦基金會	Arthington Foundation

十三劃

《傳教士雜誌》	*Missionary Magazine and Chronicle*
傳道差會	Missionary Society
奧利維拉	Roque d'Oliveira
愛丁頓	Eddington
愛爾蘭長老會	Presbyterian Church in Ireland
楊格非	Griffith John
溫妮芙瑞德	Winifred Edith Andrews
滑達爾	Emer de Vattel
瑞秋・考惠	Rachel Cowie
聖巴托洛繆醫院	St. Bartholomew's Hospital
聖方濟・沙勿略	St. Francis Xavier
聖地牙哥城門	Landpoort / Porta de Santiago
《萬國律例》	*Le Droit des Gens*
葉道勝	Immanuel Genähr
蒂德曼	Arthur Tidman
路易士	B. T. Lewis

十四劃

嘉偉	Wendell Paul Karsen
《漢語箚記》	*Notitia Linguæ Sinicæ*
瑪麗・伊莎貝拉	Mary Isabella Morrison
《福音雜誌》	*Evangelical Magazine*
精力善用，自他共榮	Seiryoku-Zenyo, Jita-Kyoei
裨治文	Elijah Coleman Bridgman
裴理	W. Parry
赫曼	George H. Huttmann
赫爾	Hull
赫爾辛基學院男聲合唱團	Akademiska Sångföreningen of Helsinki
《閩南方言詞彙》	*Vocabulary of the Hokkien Dialect*

十五劃

《廣州番鬼錄》	*The 'Fan Kwae' at Canton before Treaty Days*
《德臣西報》	*The China Mail*
德國柏林大學東語學堂	Seminary for Oriental Languages, Berlin
慕維廉	William Muirhead
摩爾	John Henry Moore (Moor)
敵產監理專員	Official Receiver of Alien Property
歐德理	Ernest John Eitel
潘仕成	Powtinqua
潘恩	Douglas Payne
潘頓	Hedley Percival Bunton

衛三畏	Samuel Wells Williams
《衛理公會雜誌》	*The Methodist Magazine*
鄭美蓮	Evelyn Griffin Jenkins

十六劃

學士合唱團	Learners Chorus
曉士	Josiah Hughes (1804-1840) / Arnold Hughes (1887-1922)
澳洲長老會	Presbyterian Church of Australia
盧施	Nunsid
穆雷的英語語法簡介	Murray's Abridgment of English Grammar
蕭覺真	Vera Dorothy Alexandra Silcocks
諾里斯	William Norris
賴廉士	Lindsay Tasman Ride
鮑克斯	Stanley Victor Boxer
龍思泰	Anders Ljungstedt

十七劃

戴雅文	Daniel Tyerman
戴維斯	John Francis Davis
戴麟趾	David Clive Crosbie Trench
聯合歸正教會	United Reformed Church
韓山明	Theodore Hamberg
韓基	William Alers Hankey

十八劃

歸正會	Evangelical and Reformed Church
簡乃傑	William David Gregg
《舊中國拾零》	*Bits of old China*
醫學傳道會	Medical Missionary Society
醫藝盟	MedArt

十九劃

懷士堂	Swasey Hall
羅伯茨	John William Roberts
羅伯聃	Robert Thom
羅孝全	Issachar Roberts
羅素公司	Russell & Co.
羅富時	Edwin Ralphs

二十劃

寶路文	Rupert Baldwin
蘇格蘭長老會	Church of Scotland

二十一劃

顧盛	Caleb Cushing

Two Centuries of Excellence:
The Bicentennial History of
Ying Wa College

責任編輯：趙寅

設計顧問：劉小康

封面及版式設計：劉小康、顏倫意

作者：《皕載英華》出版委員會

出版：三聯書店（香港）有限公司 Joint Publishing (H.K.) Co., Ltd.

香港北角英皇道四九九號北角工業大廈二十樓

20/F., North Point Industrial Building, 499 King's Road, North Point, Hong Kong

香港發行：香港聯合書刊物流有限公司

香港新界大埔汀麗路三十六號三字樓

印刷：中華商務彩色印刷有限公司

香港新界大埔汀麗路三十六號十四字樓

版次：二〇一八年十一月香港第一版第一次印刷

規格：十六開（185mm x 260mm）六三二面

國際書號：ISBN 978-962-04-4415-9（特別版）

　　　　　 ISBN 978-962-04-4416-6（普通版）

三聯書店
http://jointpublishing.com

JPBooks.Plus
http://jpbooks.plus

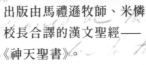

1818

馬禮遜牧師於馬六甲創辦英華
書院。11月11日舉行奠基禮，
米憐牧師擔任創校校長，校內
設中英文印刷所。

1823

出版由馬禮遜牧師、米憐
校長合譯的漢文聖經——
《神天聖書》。

1807 — 倫敦傳道會差派馬禮遜牧師來華傳教，打開中國福音大門。

1812 — 倫敦傳道會差派米憐牧師來華傳教

1826 高大衛牧師掌校

1828 修德牧師掌校

1832 湯雅各牧師掌校

1834 伊雲士牧師掌校

理雅各牧師掌校

1822

宏富禮牧師掌校

2003 英華書院遷校深水埗英華街1號，與剛復辦的英華小學結成「一條龍」學校。李志華先生和簡燕玲女士分別擔任書院和小學校長。

1972 京力士先生掌校

道1號 B

部，部分老師和學生轉
學。

生掌校。

1976 取消社制，比賽以班際形式進行。

1978 梅浩濱先生掌校

社制，五社以馬禮遜、米憐、梁發、
堂和鈕寶璐五位先賢命名。

《火炬》

2004 林浣心女士出任
小學校長

2008 轉為直資學校

1990 楊寶坤先生掌校

召收女生入讀預科，至 1972 年止，共四屆。

1991 復辦社制

首奪亞米茄玫瑰盃

2011 鄭鈞傑先生出任
書院校長

慶祝創校二百年

2003　　　　　2018